# 中国教育治理研究

2023

上

孙绵涛 主编

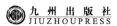
九州出版社
JIUZHOUPRESS

**图书在版编目（CIP）数据**

中国教育治理研究. 2023 / 孙绵涛主编. -- 北京：
九州出版社，2025. 1. -- ISBN 978-7-5225-3466-4

Ⅰ. G526

中国国家版本馆CIP数据核字第2025VR8126号

中国教育治理研究. 2023

| | |
|---|---|
| 作　　者 | 孙绵涛　主编 |
| 责任编辑 | 张皖莉 |
| 出版发行 | 九州出版社 |
| 地　　址 | 北京市西城区阜外大街甲 35 号（100037） |
| 发行电话 | (010)68992190/3/5/6 |
| 网　　址 | www.jiuzhoupress.com |
| 印　　刷 | 北京九州迅驰传媒文化有限公司 |
| 开　　本 | 720 毫米 ×1020 毫米　16 开 |
| 印　　张 | 38.75 |
| 字　　数 | 654 千字 |
| 版　　次 | 2025 年 3 月第 1 版 |
| 印　　次 | 2025 年 3 月第 1 次印刷 |
| 书　　号 | ISBN 978-7-5225-3466-4 |
| 定　　价 | 98.00 元 |

# 总目录

## 上册目录

# 下册目录

特约邀稿

# 以公平优质为导向，办好人民满意教育

## ——以天元公学为例

王国平

**【导言】**

　　教育是新时期人民日益增长的美好生活需要的重要组成部分。新时代背景下办好人民满意的教育，需要以公平优质为导向，全面深化教育综合改革。本文通过梳理人民满意的教育、教育的公平和优质、教育的宗旨和本质、教育体制改革的目标模式、城市教育问题研究、城市教育问题治理等六大理论问题，探讨如何以公平优质为导向，办好人民满意教育。同时，以天元公学为样板，剖析其创新探索路径，提炼出创建名校集团化标杆学校、创建 EOD 模式标杆学校、创建教育综合体标杆学校、创建拔尖创新人才培养标杆学校、创建智慧（OTO）教育标杆学校、创建未来社区标杆学校、创建终身教育一体化标杆学校等七大改革手段，以期为基础教育改革、公平教育与优质教育矛盾的破解提供经验借鉴。

## 一、引言

　　2018 年 9 月 10 日，习近平总书记在全国教育大会讲话中明确指出，"改革是教育事业发展的根本动力"，要"坚持深化教育改革创新""必须更加注重教育改革的系统性、整体性、协同性，及时研究解决教育改革发展的重大问题和群众关心的热点问题"，要"坚决破除制约教育事业发展的体制机制障碍"[①]。2022 年 10 月 16 日，习近平总书记在党的二十大报告中强调："要坚持教育优先发展、科技自立自强、人才引领驱动，加快建设教育强国、科技强国、人才强国，坚持为党育人、为国育才，全面提高人才自主培养质量，着力造就拔尖创新人才，聚天下英才而用之。""办好人民满意的教育。全面贯彻党的教育方针，落实立德树人根本任务，培养德智体美劳全面发展的社会主义建设者和接班人，加快建设高质量教育体系，发展素质教育，促进教育公平。"[②] 这为今后一段时期我国教育改革发展，加快推进教育现代化、建设教育强国、办好人民满意的教育指明了方向，也为杭州市教育事业高质量发展提供了根本遵循。

21 世纪以来，杭州高度重视教育这项民生大计，全面贯彻落实中央精神，深入研究教育发展的不平衡不充分问题，不仅致力于破解"好上学"问题，也致力于破解"上好学"问题，不仅彰显教育公平，也更关注教育优质。笔者认为，只有夯实以下公平优质教育的六大基石，才能从根本上破解中国教育长期以来的治理困境。

## 二、公平优质教育的六大基石

### （一）人民满意的教育

教育是民族振兴和社会进步的基石。党的十九大报告指出：办好人民满意的教育。首先，人民满意中的"人民"的具体所指是要解决的关键问题。这里的"人民"指的是领导还是专家、是企事业单位还是全体社会、是校长、老师

---

① 孙春兰. 深入学习贯彻习近平总书记关于教育的重要论述 奋力开创新时代教育工作新局面 [EB/OL]. （2018-09-30）[2024-11-13].http://www.qstheory.cn/dukan/qs/2018-09/30/c_1123498429.htm.

② 习近平. 高举中国特色社会主义伟大旗帜 为全面建设社会主义现代化国家而团结奋斗——在中国共产党第二十次全国代表大会上的报告 [EB/OL]. （2022-10-25）[2024-11-13].http://www.qstheory.cn/yaowen/2022-10/25/c_1129079926.htm.

还是家长、学生，人民满意的教育是否要指向全体人民等这些问题必须要有统一的认识。从宽泛的角度理解，人民满意中的"人民"应该指向全体人民，包括领导、专家、校长、老师、社会，其中社会既包括企事业单位，也包括家长、学生。但是笔者认为，人民满意的教育必须指向让家长和学生满意，要让教育发展成果惠及每一位家长和学生是办好人民满意的教育的重中之重。

从党的十八大开始，中国特色社会主义进入新时代，我国社会主要矛盾已经转化为人民日益增长的美好生活需要和不平衡不充分的发展之间的矛盾。教育问题是人民美好生活需要的重要组成部分[①]，破解教育发展中的不平衡不充分问题，是每一位城市领导的责任，也是每一所学校的使命。

**（二）教育的公平和优质**

办好人民满意的教育，即办好让家长和学生都满意的教育，笔者认为需要紧紧抓住"公平优质"四个字。过去最关注的是教育公平问题，是"好上学"的问题，现在越来越关注的是教育优质问题，是"上好学"的问题。相较于农村教育，城市教育问题更集中在能不能做到"优质教育的公平"，特别是在类似杭州这样的城市中，已演变成了一个社会问题，成为城市教育问题的主要矛盾。

联合国教科文组织对教育问题的关注亦集中在"公平优质"四个字上。《反对教育歧视公约》（1960 年 12 月）指出："联合国教科文组织不但有义务禁止任何形式的教育歧视，而且有义务促进人人在教育上的机会平等和待遇平等。"《世界全民教育宣言》（1990 年 3 月）指出："世界教育发展应从全民教育目标向全民优质教育目标转变。"《达喀尔行动纲领》（2000 年 4 月）指出："各国不仅要为所有人提供教育，还要为所有人提供优质教育，世界教育发展应从全民教育目标向全民优质教育目标转变。"可见，在 20 世纪，联合国教科文组织更关注的是教育公平，特别是发展中国家的教育公平问题。迈入 21 世纪以后，联合国教科文组织更关注的是教育优质，特别是发展中国家的教育优质问题。更准

---

① 朱永祥，庞君芳 . 共同富裕背景下美好教育的内涵、特征与推进理路［J］. 中国教育科学（中英文），2022，5（06）：3-13.

确地说，是在解决了教育公平的基础上，如何实现优质教育的公平。笔者认为，这种理念是完全符合家长和学生的心愿的。

**（三）教育的宗旨和本质**

教育有其自身的目标模式，比如德才兼备、德智体美劳全面发展、人的全面发展等，这些提法反映了一种更高层面的要求和追求。然而，教育的宗旨和本质（最低目标）首先要解决人的生存和发展问题，要让每一位学生或者让每一位受教育者，在经过教育后获得与社会经济发展相适应、相配套的能力，过上有尊严的幸福生活。对于弱势群体来说，他们对教育的期盼是希望通过教育改变孩子的人生境况，提高孩子的社会地位，确保孩子将来过上有尊严的幸福生活。对于具备经济优势的群体来说，他们对教育的期盼是希望孩子获得更优质的教育，提升能力，继承产业，希望子孙后代继续过上幸福有尊严的生活。这些需求正是对教育本质的有力诠释。如果对这个本质认识不清楚，那么教育界甚至城市领导，教育主管部门的领导，就无法和家长、学生统一认识，难以办成让人民满意的教育。

要解决教育公平问题，首先要解决教育起点的公平问题，保证教育起点公平是城市党委、政府的重要责任。教育的起点在学前教育，其公平就是无论弱势群体还是经济优势群体的孩子，都能有机会进入优质幼儿园学习。2009 年杭州市委、市政府正式提出要打造 15 年一贯制优质教育体系，从学前教育一直到高中阶段，全部视同义务教育来对待。杭州市出台了学前教育"1+4"新政，用法律法规来推动学前教育的发展，取得了显著成效。2004 年起杭州全面实施了"名校集团化"战略，要让杭州的孩子不仅能上幼儿园，还要上优质幼儿园。人民追求教育起点公平的动机、愿望，是对教育最基本的期盼，所以怎样做到与人民感同身受，是城市教育问题要研究的重大课题。

**（四）教育体制改革的目标模式**

习近平总书记在全国教育大会上强调"九个坚持"，其中特别强调"坚持深化教育改革创新"。改革开放 40 余年来，正是通过解放思想、改革开放，我国经济社会等各项事业取得了跨越式的发展，教育事业也突飞猛进。但是，要清醒地认识到，目前教育改革的成效距离"人民满意"，特别是距离"家长、学生满意"，仍然任重道远。

教育体制改革的目标模式仍然是公平和优质。家长和学生对教育的期待是公平优质，那么符合公平和优质导向的教育改革必然会得到家长和学生的拥护，不符合公平和优质导向的教育改革必然会遭到家长和学生的反对。以中小学生离校时间这一问题为例，十年前笔者在任杭州市委书记时，就要求教育主管部门认真研究这件事，当时称为"挂钥匙的孩子"问题，因为这涉及几十万个孩子，几十万个家庭。五年前，在杭州城学研中心主办的"城市教育问题"论坛上，笔者也提出了"办下午四点钟以后困难班"的建议，这也是关于减负所引起的思考。中小学减轻学生课业负担的理念是对的，但在政策实施的过程中也逐渐显现出一定的问题。当前城市交通拥堵，市民下班回到家往往要晚上七点多，但是教育主管部门规定学校下午三点半放学后必须关门，不能组织任何课后班。这样的政策实施后必然产生连带效应，例如各种培训班、晚托班的应运而生。当然，还有更多的家长，特别是农民工家长，无法送自己的孩子上这样的"班"。经济条件好的家庭可以请家庭教师，也可以请保姆照看孩子，弱势群体却无能为力，孩子的安全问题得不到保障，课业辅导也成为大问题。为此，杭州市酝酿了一个方案，即允许中小学四点钟困难班，这是一种理念上的突破。"困难班"可以有几种模式，一是社区办，二是物业管理公司办，当然最主要的还是中小学校办。因为中小学校拥有的资源能够更好地满足开办"困难班"的需求。综上所述，教育改革的关键是一定要站在家长、学生的立场去思考问题，去满足他们对优质公平教育的需求。

**（五）城市教育问题研究**

目前中国的教育问题大致可以分成三类，第一类是城市教育问题，第二类是农村教育问题，第三类是城乡一体化大背景下的教育问题[1]。有专家提出，明

① 王国平. 以公平优质为导向办好人民满意教育［R］. 研究通报，2018.

天的中国和过去的中国完全不一样，关键是人口在发生深刻变化。到 2030 年，中国将有三分之二的人生活在城市，所以现在城市教育问题变得越来越突出。但是仍然需要看到的是，中国未来仍会有 20–30% 的人要生活在农村，农村教育问题也将始终存在。农村教育问题的解决离不开城市教育问题的解决，而城乡一体化背景下的教育问题的解决也离不开城市教育问题的解决。因此要科学界定城市教育问题的研究范围，不仅要研究城市的教育问题，还要兼顾农村教育问题和城乡一体化中的教育问题。比如如何让流动人口特别是农民工子女能够在流入地城市享受十五年一贯制的优质教育服务，这也是城市教育问题研究的一个重点。

《城市学总论》全面梳理总结了中外专家学者关于城市研究的成果，系统阐述了城市发展是有规律可循的，对城市化中出现的问题，都要认真研究[①]。城市教育问题也是有内在规律的，要开展系统研究，采取积极措施，办好人民满意的教育。比如，进入人工智能、物联网、虚拟现实时代后，如何全面系统地研究教育技术学、教育经济学，推进"优质教育的公平"是一新型教育难题；又如，在追求高质量发展、高品质生活的进程中，如何把发展终身教育作为历史责任，发展好满足人民群众"从 3 岁到 83 岁"终身教育也是一新型教育困境；再如，新的历史时期，在教育工作中，如何更好地回答"钱学森之问"[②]同样也是教育工作者面临的问题。

**（六）城市教育问题治理**

城市发展要追求"高质量发展、高品质生活"，要让更多的人民群众享受到美好的城市生活，就必须正视并破解"城市病"[③]。只有破解"城市病"，才能真正使城市让生活更美好。这就必须坚持"先'治病'、后发展，边'治病'、边发展，寓城市发展于治理'城市病'之中"的方针。破解城市教育问题也是如

---

① 王国平．城市学总论［M］．人民出版社，2013．
② 杨德广，宋丽丽．我国应着力于"超常"学生的选拔和培养——兼论"钱学森之问"的破解［J］．教育发展研究，2019，39（22）：1-9．
③ 王国平．中国城镇化推进过程的五个问题［J］．经济研究参考，2013（22）：61-63．

此，要真正做到"发展为了人民、发展依靠人民、发展成果由人民共享、发展成效让人民检验"。

第一，推进城市管理从城市政府一家管理向党政界、知识界、行业界、媒体界、市民界"五界联动"的"社会复合主体"共同管理转变。围绕城市教育问题，各个社会主体，通过互动的、民主的方式，建立不同形式对话讨论协商参与机制等多渠道，来共同治理城市教育这一关系千家万户的公共事务，形成社会协商公众参与格局。第二，以"民生工程"为载体，建立以"四问四权"为基础的民主促民生的城市治理工作机制。"四问"即问情于民、问需于民、问计于民、问绩于民；"四权"即知情权、参与权、选择权、监督权。城市在实施教育改革等关乎民生的重大工程中，要建立健全基于"四问四权"的"以民主促民生"工作机制，不断拓宽民主参与渠道，创新民主参与方式，健全民主参与制度，为有效改善民生、促进社会和谐稳定提供机制保证。第三，推进社区党组织、社区居委会、社区公共服务工作站"三位一体"社区管理模式，实现城市基层自我管理、自我服务的管理目标。不断强化社区服务功能，努力构建集公共服务、市场化服务、志愿服务、邻里互助"四位一体"的社区服务体系，强化城市管理重心下移、属地化、社会化管理，助推城市教育问题的破解。

钱学森先生认为，城市是一个复杂开放的巨系统，要用系统科学的方法，科学系统地对城市进行研究[①]。城市学是一门从整体上研究城市产生、运行和发展的综合性学科，也是一门统领城市科学各分支学科的新型学科。开展城市学研究，同样要依靠全社会的力量共同来破解"城市病"。杭州城研中心作为一家智库，选择中国城市化中最为突出、党委政府最为关注、市民群众反响最为强烈的"城市教育问题""城市流动人口问题""城市交通问题""城市医疗卫生问题""城市住房（土地）问题""城市文化遗产保护问题""城市生态环境问题"七大城市问题，作为城市学研究工作的重点，开展一系列的研究、征集、评选、交流活动。为推进城市教育问题的破解，城研中心每年面向各界征集城市教育

---

① 钱学森.关于建立城市学的设想［J］.城市规划，1985（04）：26-28.

领域的最新理论成果和金点子。杭州市教育局关于"名校集团化"的研究曾获得"钱学森城市学金奖"。2017 年，上海师范大学学生的"如何破解小学生三点半难题"金点子获得了"西湖城市学金奖"。"两奖"征集评选活动，是用现代治理理念去解决"城市病"问题的一种实践，城市教育问题也要坚持"城市公共治理"理念，推进城市管理向城市治理转变。

## 三、公平教育与优质教育的探索

新时代背景下办好人民满意的教育，不仅在理论层面要以公平与优质为价值导向，在实践层面更要注重二者的统合与探寻。在党中央二十大精神的指引下，天元公学已然成为中国教育改革发展中一块已初见成效的试验田，对中国公平教育与优质教育展开了有益的探索。2020 年 9 月，天元公学首校钱学森路校区公办、民办幼、小、初、高全部开始按计划招生，第一年公办、民办各学段新一年级即全部招满。2022 年 6 月 1 日，天元公学西站校区开工奠基仪式顺利举行。这既是天元模式扩展复制和深化探索的新起点，代表着杭州市委市政府、余杭区委区政府和市、区教育主管部门对天元模式的肯定，同时也是对天元公学继续扩大改革创新成果的一份新嘱托和新希望。2022 年 9 月，在余杭区委主要领导的关心协调下，区教育部门将位于闲林街道北区块的配建学校交由天元公学教育集团领办（即天元公学和睦校区项目），并按照教育综合体和 EOD 模式对现有学校布点控规进行优化调整，利用"两降两升"创新举措，实现幼、小、初、高一站式融合办学。

### （一）以"知其不可而为之"为办学精神

"知其不可而为之"出自《论语·宪问》，是人们描述孔子明知做不到还要坚持做，体现了孔子最大的特点，同时也是中国古代士大夫精神的集中体现。在当代杭州城市建设发展过程中，知其不可而为之已经演变为干字当先不畏险阻的"杭铁头"精神 ①。

天元公学首校钱学森路校区是杭州首个真正意义上的教育综合体，在极为有限的城市教育用地指标内，通过对现有学校建设模式的系统性改革创新，充分利用浙江省"未来社区"建设试点有关政策，在集约节约土地资源基础上以"一调两宽两严"的规划调整首创实施"教育投入产出倍增计划"，即在标准规模基础上增加一倍优质教育资源，拥有从幼儿园至高中的十五年制全龄段基础教育与学前教育；同时融合建设高质量"青少年活动中心"与"老年大学"，通过高效共享管理手段，让"青少年活动中心"与"老年大学"拥有了与全日制学校同等水平的各类体育运动场地和专业教室；学校秉持开放办学态度，借助一流平台力量开展多种合作，与浙江图书馆、杭州图书馆共同打造"天元教育图书馆"，与杭州城市学研究会、中国棋院杭州分院、中国围棋博物馆等合作共建"天元世界教育博物馆"。

### （二）以"探、树、践、破"为办学追求

天元公学以"探求教育本源、树立学校标杆、践行因材施教、破解大师之问"为办学追求，体现了天元公学敢于践行教育改革和创新的信心与追求。其中，"探求教育本源"，强调教育要正本溯源，重申教育的本质作用。"树立学校标杆"，强调天元公学追求内外兼修的品质建设，追求"最好的建筑是学校、最好的职业是老师"的目标，努力打造"世纪精品、传世之作"的百年名校。旨在为新时代中国教育改革发展、城市优质教育品牌打造、拔尖创新人才特色培养提供系统化实践方案，努力成为一流的、引领性的学校。"践行因材施教"，是指天元公学把"标准化教育"与"因材施教"有机结合起来，旨在传承孔子的教育理念，又丰富其现代内涵，从学生成长实际出发，让教学方式、方法与学生认知水平与接受能力相匹配，同时充分尊重学生的个性特点与禀赋差异，帮助不同类型的孩子找到最适宜的发展道路。"破解大师之问"针对拔尖创新人

---

① 王国平.关于天元公学的思考（之三）——我们为什么一定要办好天元公学［R］.研究通报，2023.

才选拔培养，彰显的是天元公学的使命担当。天元公学尝试在棋、琴、书、画、外文、数学六个方面探索回答钱学森之问，为国家培养棋类世界冠军、音乐大师、书画大师、数学大师、高级翻译人才等各领域拔尖创新人才输送"苗子"。

教育公平是解决"好上学"的问题，让区域内的适龄儿童有学可上，满足受教育的基本需要；优质教育是解决"上好学"的问题，集聚一流名师、一流设施、一流理念、一流保障，促进学生自主发展、和谐发展、个性发展和可持续发展的教育。要解决公平教育和优质教育之间的矛盾，就要发挥好天元公学"国有""民办"双重属性的各自优势。

坚持"国有"属性。"国有"是坚持学校公益性质、确保办学正确方向、彰显教育公共服务功能、整合优质教育资源、提高办学综合能力的坚强保障。参与天元公学规划、建设、管理、运营的各单位均属国有，资源丰富、实力雄厚，为学校创新发展奠定了坚实基础；学校性质为"非营利性"，盈利部分将再投入则进一步确保学校创新发展的可持续性。这是教育国有资产投资主体多元化的实践，核心是解决教育成本控制和可持续发展问题。

坚持"高效"运营。通过引入现代化学校以及部分高质量民办学校灵活自主的管理机制，充分利用高水平学校的招聘、教学、激励、管理、评价机制，最大限度地发挥教师、学生、家长的积极性，提高办学质量。同时，通过引入市场化竞争机制，推动国有资产保值增值，推进学校治理现代化，有效解决"公平与效率"问题，实现真正的教育优质和公平兼顾，切实提高办学效率。

### （三）以"轻、高、低、真"为办学目标

"轻负担、高质量、低成本、真均衡"这四个问题看似矛盾，却又相互关联，想要同时解决必须将它们有机结合起来，而不是互相对立，找到四个目标定位的公约数和平衡点。破解这四个基础性问题，必须坚持系统论与重点论相结合，摆脱路径依赖，审时度势、顺势而为、趋利避害、扬长避短，以"名校再造"工程为抓手，在"认识、理念、目标、模式、基础、特色、载体、动力"八个方面取得新突破，进而加快推进教育现代化，建设教育强国，真正实现办好人民满意教育的目标。

所谓"轻负担"，就是按照《关于进一步减轻义务教育阶段学生作业负担和校外培训负担的意见》（中办发〔2021〕40号）的要求，减轻学生作业负担、校外培训负担等违反学生成长规律的不合理、不必要的负担，坚决摒弃扼杀孩子天性和学习兴趣的做法，使学生的天赋、个性、特长得以充分发挥。但"减负"不等于撒手不管、降格以求，也不能简单地把"减负"等同于素质教育，这是对素质教育的一大误解。只有在坚持教育高质量前提下的"减负"，才是正确的"减负"，才是可持续的"减负"，才是真正意义上的"减负"。

所谓"高质量"，即推动教育从粗放式外延式增长向高质量内涵式发展转变，真正办出让人民满意的优质教育，打破长期以来将以高考分数作为高质量唯一评价的价值观、质量观，是从行动上落实"以人民为中心"发展思想的务实举措，维护人民根本利益，激发全体人民积极性、主动性、创造性，也是促进社会公平，增进民生福祉，不断实现人民对美好生活向往的必由之路。

所谓"低成本"，就是按照教育经济学，既要重视教育的"生产性"，通过EOD模式、教育综合体理念，实现"教育倍增""资金平衡""以校养校""以教育养教育"，有效解决"上学难"特别是"上好学难"问题；又要重视教育的"效益性"，优化生均占地面积、提高生均建筑面积，优化建设经费标准、严控生均建设资金，有效提高教育的"投入产出比""性能价格比""费用效益比"三大指标，实现教育效率和效益的最大化、最优化。

所谓"真均衡"，就是按照教育技术学理念，通过OTO（OMO）教育新模式，用好人工智能、大数据、云计算、物联网、虚拟仿真等技术手段，探索智慧教育、游戏化教育、翻转课堂等新路径，促进教育模式改革、提高学生学习效率、推动优质教育资源充分共享，实现教育资源的全面均衡，真正实现优质教育的均等化。

"名校集团化"办学模式是促进教育优质均衡的重要手段。"名校集团化"办学是整合区域优质教育资源，加快推进教育现代化的"杭州特色"，被新华社列为中国推进基础教育均衡发展的五大模式之一。实践证明，实施名校集团化是杭州教育发展中的重大举措，是杭州破解"上学难"特别是"上好学难"问题成本最低、风险最小、成效最大的创新之路，也是杭州特色推进优质教育均衡化、平民化、普及化的成功之路。

新时期，"名校集团化"要继续放大已有成功模式，扩大优质教育资源供给和共享。积极探索"名校＋名校""高校（教科研单位）＋新校""名园＋街园"以及"教育联盟"式运作机制、"名校托管"式运作机制、优质资源再生发展机制等新模式，通过发挥名校（园）引领、传导、衍生、扩大效应，使名校（园）资源利用效益最大化，扩大优质基础教育资源覆盖面，推进校（园）际、区域、城乡教育均衡，整体提升办学品质。"名校托管"是当前成本最低、见效最快、收益最大、覆盖最广的优质教育资源扩张路径，要借鉴杭州在名校托管办学模式的成功经验，深入实施"托管办学"，迅速扩大天元公学办学规模，推进教育资源均衡化发展、实现教育公平，打造"公平＋优质"教育矩阵。

围绕"名校再造"，破解"轻、高、低、真"。从基本均衡到优质均衡的转变，是中国基础教育发展模式的战略转变，是教育进入新发展阶段的重要标志。天元公学自诞生之日起，即肩负着积极推进基础教育改革的使命。要加快改革步伐，必须把"名校集团化"作为发展壮大的第一步，把"名校再造"作为终极奋斗目标，在新时期中国教育改革实践中，实现跨越式发展，创造标杆性示范。实施"名校再造"工程，为中国基础教育改革探路，是一项复杂的系统工程，不可能一蹴而就，要坚持脚踏实地、久久为功，最终完成教育改革的重任。

**（四）以"七个标杆学校"为办学抓手**

1.创建名校集团化标杆学校

21世纪以来杭州首创"名校集团化"教育改革，成为打破城乡界限，探索跨区办学，形成不同区域、不同层级之间共建共享优质教育资源的有效路径。由名校（园）领衔，采用连锁、联盟、托管、共同体等运作机制，推进"名校＋新校""名校＋民校""名校＋名企""名校＋弱校""名校＋农校"以及中外合作办学等多种办学模式进行集团化办学，实践证明此举是杭州教育发展中的重大举措，对破解"上学难"特别是"上好学难"问题提供了成本最低、风险最小、成效最大的创新之路。

天元公学在吸取众多成功经验基础上，采用多种模式探索出一条"新名校集团化"发展之路，利用名校集团、名校（院）合作以及教育综合体创新，除整合杭州二中、文澜中学、崇文小学、市府幼儿园等杭州各学段名校管理团队与优势师资外，还与国内众多顶级高等院校、科研院所，以及中国棋院杭州分院、杭州智力运动中专学校、杭州城市学研究会等机构开展长期深入合作，为杭州基础教育学校改革注入全新内涵。

2. 创建 EOD 模式标杆学校

在 EOD 模式指导下建设的天元公学，强调向规划要土地、要资金，通过调整优化规划，集约节约利用土地资源，借地生财、借地发展。

天元公学在建设中坚持"一调两宽两严"模式。"一调"指调整优化既有规划；"两宽"指在不影响城市天际线和周边环境的前提下，放宽建筑容积率、放宽建筑高度，做好地上、地下两篇文章；"两严"指严保绿化率、严控建筑密度。通过集中供绿、立体绿化等方式，确保区块高品质的综合价值。

天元公学首校与西站校区，均通过坚持"一调两宽两严"，成功为学校发展规划出高度集约化建设用地，并实现教学场地设施与校舍面积的大幅提升，还腾挪出可以为学校高水平建设平衡资金的商业住宅用地，利用"级差地租"为教育高水平投入提供有力支撑。

3. 创建教育综合体标杆学校

天元公学教育综合体从未来社区教育场景的率先实践出发，对教育资源开发不充分、教育需求供给不平衡和社会知识流通不畅通等三方面对现有学校建设模式提出了改进方案，完全符合中央有关文件中鼓励系统推进育人方式、办学模式、管理体制、保障机制改革的要求，是通过顶层概念规划与设计、引入新的学习方式和颠覆性创新设计三个维度对空间引领的教育场景变革的一次成功探索，是对传统学校从"遮风挡雨"转向全面聚焦"服务学生核心能力培养"，突出以人为本因材施教，在空间、技术、资源等配套方面，为师生打造的高质量学习空间，是针对当前城市发展"地紧张、钱有限、人集聚"等客观现实的一种适应性变革。

### 4.创建拔尖创新人才选拔培养标杆学校

拔尖创新人才选拔培养已成为关乎国运的重大政治任务，其本质是尊重差异因材施教[①]。天元公学已率先在课程设置、教师配置、教学过程、评价机制等各个方面为此进行大量准备工作，并努力搭建高校联动、校际联合的培养架构，但是由于近年来"教育均衡化发展"往往被简单解读为"搞平均主义"，压制了以往"重点学校"在特长生选拔招生中的自主权，进而对极少数远超出平均能力水平的"超常儿童"选拔培养造成冲击。将"教育均衡发展"片面解读为"所有学校同样水平"，将"反对教育内卷"理解为"躺平式发展"，是对国家发展战略和教育政策的一种误判，其结果可能会加剧基础教育的扁平化，直接影响到顶尖人才和创新人才的培养。

### 5.创建智慧（OTO）教育标杆学校

由于传统教育中对于学生评价及教学策略的"唯成绩论"、教学手段"一刀切"等弊端，以及技术手段限制，导致科学全面的教育评价体系难以实现[②]。为贯彻教育评价改革，天元公学在2021年5月与之江实验室签署战略合作协议，利用自身十五年超长学制完整生态，联合双方优势在人工智能、大数据等现代信息技术基础上探索开展学生学习情况全过程纵向评价、全要素横向评价。

### 6.创建未来社区标杆学校

公园城市、公园社区的规划建设，是推动杭州打造美丽中国建设样本的重要路径，"公园社区"即为"公园化的社区"，其显著特点一是标准公园化景色秀美，二是全方位开放打破"围墙"界限，彰显空间的开放性和文化的包容性[③]。天元公学在设计之初即按照"公园社区"理念定位规划，与周边街区道路与北侧余杭塘河两岸景观进行统一规划设计，并利用"弱化围墙、强化管理"

---

① 钟秉林，常桐善，罗志敏.拔尖创新人才自主培养（笔谈）[J].重庆高教研究，2023，11（01）：3-13.

② 翟雪松，楚肖燕，王敏娟，张紫徽，董艳.教育元宇宙：新一代互联网教育形态的创新与挑战[J].开放教育研究，2022，28（01）：34-42.

③ 王国平.关于公园社区、未来社区的思考——以天元公园社区为例[J].城市开发，2020（19）：56-57.

等手段，在确保校园安全管控需要前提下尽力减小传统学校"高墙铁门"对周边社区造成的冰冷隔离感，采用爬藤类绿植和中国风柱灯营造绿色生态温暖和谐的社区氛围，并且利用有效物理隔离与智能安防，实现青少年活动中心与老年大学面向周边社区的全面开放共享，成为最受社区百姓喜爱的天元公园社区。

7. 创建终身教育一体化标杆学校

终身学习是目前全球最广泛共享的教育政策目标之一，也是各国教育政策制定的一种规范。数字化智能化浪潮带来的各种变革对包括职业工作、人际交往、商业形态、社区功能、生活方式甚至对个体身份的理解等都产生了重大影响，这也提醒着所有人为无时无刻不在发生的变化做好准备。为此，应将学习作为基本策略，这也是终身教育的宗旨所在。为此，天元公学在诞生之初即对终身学习终身教育有十分深刻的理解，并在终身教育实践探索中走在全国前列。

天元公学充分利用自身教育综合体优势，以天元公园社区为策源，不断推动学校教育、文化、体育、艺术等设施的社区化，用面向社区公众的天元世界教育博物馆、天元教育图书馆、天元超常儿童教育研究院、天元音乐厅、天元书画院（美术馆）、室内健身馆、室内运动馆、室内游泳馆等载体，长期持久践行"终身教育理念"，充分利用青少年活动中心、老年大学等平台为公众提供高水平终身教育服务和公益支持，实现满足"从 3 岁到 83 岁"终身教育需求。

## 四、结语

为人民办教育，办人民满意的教育是我国教育的根本宗旨和立足点[①]。教育是一个开放的巨系统，必须坚持"系统论"，通过系统科学的方法，科学系统地加以研究。同时，教育又是一个复杂的矛盾体，必须坚持"重点论"，强化"优先级"意识，抓住主要矛盾和主要环节形成突破，进而取得全局的胜利。教育

---

① 孙绵涛，吴亭燕. 党的二十大报告教育重大部署框架结构分析［J］. 教学与管理，2023（04）：1-4.

工作者要坚定信心，努力发扬勇于创新的精神，摆脱对办学体制机制的路径依赖。要有"虽千万人吾往矣"的大无畏精神，敢于改革；更要有"凡事预则立，不预则废"的科学精神，善于改革，做到"在善于改革的基础上，勇于改革"，保证基础教育改革的"投入产出比""性能价格比""费用效益比"实现最大化，防止"翻烧饼""朝令夕改""上热下冷""虎头蛇尾""叫好不叫座"等现象，实现基础教育改革成果的制度化、标准化、程序化，最终办好新时代人民满意的教育。

【作者简介】王国平，原中共浙江省委常委、杭州市委书记，杭州城市学研究理事会理事长，浙江省首批新型重点专业智库浙江省城市治理研究中心主任、首席专家，浙江省大运河文化保护传承利用暨国家文化公园建设工作专家咨询委员会主任，天元公学改革建设领导小组组长。

# 教育治理能力现代化的若干思考<sup>*</sup>

宣　勇

## 【导言】

　　教育兴则国家兴，教育强则国家强。当前我国的教育正在面临中国式现代化中的教育如何引领，高质量发展中教育如何支撑，教育、科技、人才一体化中教育如何发展的新使命，以及来自人才培养质量、科技革命、人口结构变化的挑战。在此背景下，提升教育治理体系和治理能力现代化水平是实现 2035 年国家发展总体目标"基本实现国家治理体系和治理能力现代化"的重要路径之一。为了提升教育治理体系和治理能力现代化水平，要从提升学校内部治理能力和造就未来的教育家两方面努力。提升学校内部治理能力就是要提升宏观决策层面的党建统领力和战略谋划力，提升执行层面的组织变革力和资源整合力，提升技术层面的氛围营造力和数字智造力。造就未来的教育家则是要从治理者能力、专业化发展和教育家期待三方面来把握，最终培养具有独特教育理念、成功教育实践的成熟教育家进行办学治校。

---

　　* 本文由浙江外国语学院教育治理研究中心何菲博士根据作者在海盐县面向教育现代化教育家型校长／教师内生性成长项目上的专场报告、河南省党委教育工作领导机构干部综合素质提升培训班上的专长报告和作者部分发表文章整理而成，蒋乐、薛伊婷参与了报告录音整理，由作者本人修改审定。

# 一、教育的新使命和新挑战

教育兴则国家兴，教育强则国家强。我国的教育正在发生战略性转变，一方面，教育从民生之首转变为教育、科技、人才的首位，是全面建设社会主义现代化国家的基础性、战略性支撑之一。另一方面，我国正处于从教育大国到教育强国的系统性跃升和质变，建设教育强国是全党全社会的共同任务。在此新阶段，教育有了新的使命：包括中国式现代化中的教育如何引领，高质量发展中教育如何支撑，教育、科技、人才一体化中教育如何发展。在此新阶段，教育也面临新的挑战，主要包括人才培养质量的现实挑战、科技革命的挑战和人口结构变化的挑战。

## （一）教育的新使命

### 1. 中国式现代化中的教育如何引领

党的二十大报告指出，中国式现代化包括五方面的内容，分别是人口规模巨大的现代化、全体人民共同富裕的现代化、物质文明和精神文明相协调的现代化、人与自然和谐共生的现代化，以及走和平发展道路的现代化。要把握中国式现代化，首先要明确什么是现代化。笔者认为，现代化既是一个名词，也是一个动词。作为名词理解的现代化，指的是领先的状态，包括物质领先、精神领先和生态领先等；作为动词理解的现代化，指的是追赶、学习、模仿和超越的过程。要把握中国式现代化，要直击现代化的本质。习近平总书记说过"现代化的本质是人的现代化"，也就是说，技术的现代化、制度的现代化以及其他方面的现代化，如果没有现代化的人来掌握是不行的。由此可以看出，人的现代化只能依靠本国的教育，一个国家的国民素质只能依靠这个国家的教育来培养和提高，并且这种教育应该是符合现代发展需求的现代教育。

无论是实现中国式现代化还是人的现代化，关键在于教育率先实现现代化。教育现代化的实现需要教育治理的现代化。如果不能尽快实现教育治理体系和教育治理能力的现代化，那么教育现代化的目标将无法按计划实现。

### 2.高质量发展中教育如何支撑

习近平总书记在中共中央政治局第五次集体学习时强调，要坚持把高质量发展作为各级各类教育的生命线，加快建设高质量教育体系①。当下，我国已建成世界上规模最大的教育体系，如何将规模最大的教育体系建设成高质量的教育体系，成为新时代教育改革发展的重要课题。

笔者之前发表了一篇文章，题为《论高质量高等教育体系的系统建构》，其中提到高质量高等教育体系在功能上需逐步实现从"适应"到"支撑"再到"引领"的升级。一方面，将高质量高等教育体系建设放在国家战略科技力量的全局考虑，建立知识生产全链条，有针对性地进行战略性布局建设，促进各个高校协同发展，主动对接国家战略。另一方面，逐步转变知识生产方式，摈弃同质化、跟班式、指标化、自娱性、碎片化的"被动适应"研究，发挥高等教育"源头性、支撑性和引领性"作用②。因此，未来高等教育体系的高质量发展应体现在引领上。

### 3.教育、科技、人才一体化中教育如何发展

党的二十大报告提出教育、科技、人才三位一体的发展战略，强调教育、科技、人才是全面建设社会主义现代化国家的基础性和战略性支撑。习近平总书记指出，要把服务高质量发展作为建设教育强国的重要任务。建设教育强国、科技强国、人才强国具有内在一致性和相互支撑性，要把三者有机结合起来、一体统筹推进，形成推动高质量发展的倍增效应③。

要把握教育、科技、人才一体化发展，首先要意识到三个"没有变"：一是

---

① 习近平在中共中央政治局第五次集体学习时强调加快建设教育强国为中华民族伟大复兴提供有力支撑［EB/OL］.（2023-05-29）［2023-05-30］.http：//www.moe.gov.cn/jyb_xwfb/s6052/moe_838/202305/t20230529_1061907.html.

② 宣勇，翁默斯.论高质量高等教育体系的系统建构［J］.中国高教研究，2022，（09）：25-31.

③ 习近平在中共中央政治局第五次集体学习时强调加快建设教育强国为中华民族伟大复兴提供有力支撑［EB/OL］.（2023-05-29）［2023-05-30］.http：//www.moe.gov.cn/jyb_xwfb/s6052/moe_838/202305/t20230529_1061907.html.

人才的核心地位没有变，二是科技创新的关键作用没有变，三是高等教育的先导性、支撑性、引领性作用没有变。在此基础上，要理解教育、科技、人才的相互关系，三者具有互相依赖的关系，彼此互相需要与促进。因此全力以赴致力于拔尖创新型人才的培养，是教育的首要任务。

**（二）教育的新挑战**

1. 现实挑战：人才培养质量

"今天，党和国家事业发展对高等教育的需要，对科学知识和优秀人才的需要，比以往任何时候都更为迫切"[1]，但人才培养质量的提高仍然面临困难。比如，在基础教育领域，"学而优则仕"的文化传统与"读书改变命运"的观念导致了教育的功利主义；攀比文化助长了家长的盲目教育竞争；教育不良竞争催生了校外教育培训机构和教育辅导材料、学习辅导材料乱象丛生；高考等评价考试制度指挥棒变相导致应试教育现象依旧得不到有效缓解，升学率成了地方政府的政绩工程[2]。在高等教育领域，人才培养质量问题主要体现在高等教育规模迅速扩张后大学毕业生的就业难。

2. 科技革命的挑战

刘延东在2012年《开创教育信息化工作新局面》中提到："当前，无论是发达国家还是发展中国家，都在着手布局信息化，力图抢占未来发展的战略制高点。信息化能力已经成为衡量一个国家或地区综合实力的重要标志，谁在信息化潮流中落伍，谁就会被时代所淘汰"[3]。现如今，人工智能高速发展，ChatGPT正在改变所有人的学习方式、工作方式和生活方式，它的出现被看作是"新一轮 AI 革命"。ChatGPT 对社会最根本的改变，将发生在教育领域。比如"中国

---

① 赵婀娜. 推动高等教育高质量发展（人民时评）[EB/OL]. (2022-06-07) [2023-05-30]. http:// yn.people.com.cn/n2/2022/0607/c372441-35303639.html.

② 顾明远. 顾明远：《中国教育的困境与出路》报告 [EB/OL]. (2015-11-30) [2023-05-17]. https://www.sohu.com/a/45310737_100928.

③ 刘延东. 把握机遇加快推进开创教育信息化工作新局面 [EB/OL]. (2012-11-02) [2023-05-30]. http://www.moe.gov.cn/srcsite/A16/s3342/201211/t20121102_144240.html.

式刷题"在未来教育中将无优势可言，文秘、翻译、编辑、作家等职业可能会在未来消失。毋庸置疑，ChatGPT 的出现会对教育带来深刻的挑战，技术自身走出了附属或辅助的角色，第一次走上教育改革的最前台，正在推动一场更为深刻的变革。这场变革推动我们重新思考需要培养什么样的学生、需要具备什么职能的教师，以及需要设计什么样的课堂等议题。

3. 人口结构的变化

我国出生人口从 2017 年起持续快速下滑，从当年的 1723 万人降至 2022 年的 956 万，而 2023 年的预计出生人口仅为 800 多万。由此带来的直接影响是，出现义务教育阶段在校生大幅减少、高等教育总体规模萎缩的趋势。但是在另一面，城市中小学学位在不断增加，2023 年以来，北京、广州、济南、大连多地发布了义务教育学位预警。可以看出，对稀缺优质教育的争夺会加剧学校之间、城乡之间的竞争。中国进入人口负增长时代之后，教育如何应对人口之变已经成为当下的重大挑战。

## 二、教育治理体系和治理能力现代化

二十大报告明确指出，到 2035 年，我国发展的总体目标之一是基本实现国家治理体系和治理能力现代化[①]。结合上文提到的教育的新使命和新挑战，笔者认为提升教育治理体系和治理能力现代化水平既可以成为基本实现国家治理体系和治理能力现代化的一个实现路径，也可以积极回应当前教育的新使命和新挑战。因为高等教育治理体系与能力是国家治理体系与能力的有机组成部分，其治理的效能直接关乎我国高等教育对于全面建设社会主义现代化的支撑性、

---

① 习近平：高举中国特色社会主义伟大旗帜为全面建设社会主义现代化国家而团结奋斗——在中国共产党第二十次全国代表大会上的报告［EB/OL］. （2012-11-02）［2023-05-30］.https：//www.gov.cn/xinwen/2022-10/25/content_5721685.htm.

引领性和决定性作用的发挥①。

　　教育治理体系包括哪些方面的内容，不同时期有着不同的理解。2014年，袁贵仁在全国教育工作会议上明确提出要深化教育领域综合改革加快推进教育治理体系和治理能力现代化，即"适应国家治理体系和治理能力建设，根据教育发展的自身规律和教育现代化的基本要求，以构建政府、学校、社会新型关系为核心，以推进管办评分离为基本要求，以转变政府职能为突破口，建立系统完备、科学规范、运行有效的制度体系，形成政府宏观管理、学校自主办学、社会广泛参与，职能边界清晰、多元主体'共治'的格局，更好地调动中央和地方两个积极性，更好地激发学校的活力，更好地发挥社会的作用"②。2019年，中共中央、国务院印发《中国教育现代化2035》提出推进教育治理体系和治理能力现代化，就是要"提高教育法治化水平，构建完备的教育法律法规体系，健全学校办学法律支持体系。健全教育法律实施和监管机制。提升政府管理服务水平，提升政府综合运用法律、标准、信息服务等现代治理手段的能力和水平。健全教育督导体制机制，提高教育督导的权威性和实效性。提高学校自主管理能力，完善学校治理结构，继续加强高等学校章程建设。鼓励民办学校按照非营利性和营利性两种组织属性开展现代学校制度改革创新。推动社会参与教育治理常态化，建立健全社会参与学校管理和教育评价监管机制"③。

　　其中可以看出，扩大与落实学校的办学自主权是教育治理体系和治理能力现代化的关键一环。"原则上凡是由省级管理更方便有效的事项一律下放省级管

---

　　① 宣勇.高等教育治理是国家治理体系中的源头治理［J］.高等理科教育，2020，（01）：7-9.

　　② 教育部.深化教育领域综合改革加快推进教育治理体系和治理能力现代化——2014年全国教育工作会议召开［EB/OL］.（2014-01-15）［2023-05-30］.http://www.moe.gov.cn/jyb_xwfb/gzdt_gzdt/moe_1485/201401/ t20140115_162641.html.

　　③ 中共中央、国务院印发《中国教育现代化2035》［EB/OL］.（2019-02-23）［2023-05-30］.http://www.moe.gov.cn/jyb_xwfb/s6052/moe_838/201902/t20190223_370857.html.

理,凡是由学校能自主决定的事项一律下放到学校。"① 把该放的放掉,把该管的管好,做到不缺位、不越位、不错位。笔者在《大学必须有怎样的办学自主权》提出,大学要有校长选择权、学生选择权、自主理财权、教师的聘任权②。针对中小学的办学自主权,《关于进一步激发中小学办学活力的若干意见》专门提出要保证教育教学自主权、扩大人事工作自主权、落实经费使用自主权③。扩大与落实学校的办学自主权的前提是学校主体性的重建。学校主体性包括目的性、自主性、自觉性、能动性等四个维度。一所学校的目的性是学校一切发展的出发点和归宿点,具有目的性的学校必须符合两个基本要求:一是要明确学校本身的目的和使命,要以知识为自身目的,以培养人才、追求真理等作为学校使命;二是具有明确的、合理的长远战略规划和行动计划。学校的自主性是指学校作为组织的自主性,指学校办学不受外界过多干扰,实现自我发展、自我管理、自我约束,有独立的决策权和管理权。学校的自觉性表现在:一是学校的活动是有远大目的的活动,并围绕着目的有计划、有意识地展开(合目的性);二是应认识并把握教育的规律,包括教育的外部规律与内部规律,即教育的实践活动的规律和教育与社会发展互相影响的规律(合规律性);三是对社会产生能动的作用,并预见到活动的结果,不仅能预见学校行为的直接的近期后果,而且能预见行为的间接的长期后果。学校的能动性是指学校作为类存在物进行有意识、有目的、自由自觉的知识实践活动,是学校和学校成员积极主动地认识世界和改造世界的属性,也是以客观世界为基础的一种积极主动的反应④。

① 袁贵仁.深化教育领域综合改革加快推进教育治理体系和治理能力现代化——在2014年全国教育工作会议上的讲话[EB/OL].(2014-01-15)[2023-05-30].http://www.moe.gov.cn/jyb_xwfb/moe_176/201402/t20140212_163736.html.
② 宣勇.大学必须有怎样的办学自主权[J].教育发展研究,2010,30(07):1-9.
③ 教育部等.教育部等八部门关于进一步激发中小学办学活力的若干意见[EB/OL].(2020-09-22)[2023-05-30].http://www.moe.gov.cn/srcsite/A06/s3321/202009/t20200923_490107.html.
④ 宣勇.论中国大学的主体性重建[J].国家教育行政学院学报,2014,(08):3-8.

## 三、如何提升教育治理体系和治理能力现代化水平

如何提升教育治理体系和治理能力现代化水平，笔者认为可以从两个层面去努力，一是要提升以校长治理能力为首的学校的内部治理能力；二是要造就和培养未来的教育家，由教育家来办学治校。

### （一）提升学校内部治理能力

学校内部治理能力分为三个层面，第一个层面涉及宏观的决策层面，是对学校方向的宏观把控，比如学校的办学目的、为谁培养人才等，主要包括党建统领力和战略谋划力。第二个层面涉及执行当中的组织变革力和资源整合力，主要关注办学效率和投入产出比等方面。第三个层面是技术层面，包括氛围营造力和数字智造力，比如如何营造校园氛围提高大家的积极性，如何引入数字化办学提升治理效果等。基于上述分析，学校内部治理能力分为三个维度六个力，其中党建统领力和战略谋划力属于宏观层面的决策范畴，目的在于增强效用；组织变革力和资源整合力属于中观层面的执行范畴，目的在于提高效率；氛围营造力和数字智造力属于技术范畴，目的在于提升效能，详见图1。

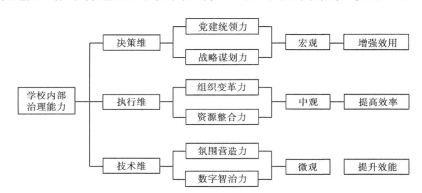

**图 1　学校内部治理能力框架图**

第一是党建统领力，即党对教育的全面领导，对学校来说就是党组织领导下的校长责任制。统领的意思是要有统一的目标和规范。党建统领力的核心是

要提高习近平总书记提出的"政治三力"①，包括政治判断力、政治领悟力、政治执行力。政治判断力应用在教育领域，就是要"看清楚"教育问题，审时度势，认清教育形势与方位。要做到善于从一般教育事务中发现政治问题；善于从倾向性、苗头性的教育问题中发现政治端倪；善于从错综复杂的教育矛盾关系中把握政治逻辑。政治领悟力应用在教育领域，则是要"想明白"，长期深耕教育，准确把握教育的规律与需求，主要包括：必须勇于承担政治责任，必须对党中央精神深入学习、融会贯通，坚持用党中央精神分析形势、推动工作，始终同党中央保持高度一致。政治执行力应用在教育领域，即"干到位"，在教育领域攻坚克难，要有正确的方法和路径。在确定工作思路、工作部署、政策措施时，要自觉同党的理论和路线方针政策对标对表、及时校准偏差；党中央做出的战略决策必须无条件执行，确保不偏向、不变通、不走样。作为校长，提升党建统领力要从三个方向去努力。

首先要明确什么是领导价值，即为什么要当校长，当校长的价值和使命是什么？要明白领导价值就在于办人民满意的教育。然后要明确校长的职责，包括提出愿景（要建设成什么样的学校）、进行组织变革（如何达成目标）、整合队伍（如何凝聚人心）。最后是校园内外部环境建设，对内最主要是要抓意识形态，不拉帮结派，不搞小团伙，学校内部一条心；对外主要是与街道、家长、政府、企业等联合，建设发展性、支持性的环境。

第二是战略谋划力，即一个组织如何通过组织变革和资源整合这些战略谋划行为把决策变为现实。这里涉及两个方面，一方面是要对组织的过去、现在、未来有基本的了解和判断，要回答"组织是什么、组织从哪里来、组织哪里去"等问题。回答"组织是什么"就是要搞清楚组织定位，回答"组织从哪里来"就是要明晰组织的历史、传统、优势、劣势，回答"组织哪里去"就是要明确组织的愿景和目标。通过调查研究可以科学而精准地获得以上认识，对于组织中存在的问题，可以成立专门小组进行调研；对危机和突发问题，要在发生之

---

① 提高"政治三力"，习近平总书记反复强调 [EB/OL].(2021-04-02)[2024-10-21].http://www.qstheory.cn/zhuanqu/2021-04/02/c_1127287798.htm.

前就储备好相应的知识和能力，在危机来临之时能够快速而准确地响应。另一方面是如何将决策变为现实。这与校长的专业化水平密切相关。校长的专业化水平越高，战略谋划力就越强。所以在学校管理中，要尽全力全面提高校长的专业化水平，具体包括"专心的事业、专长的从业、专门的职业"三个方面。专心的事业就是能够全身心把精力投入大学的管理工作，一方面是校长自己有意愿，愿意把所有精力投入办学治校过程，另一方面是排除其他因素的干扰，校长可以全身性地投入大学管理。专长的从业是指校长需要具备专门的能力特长。校长对外需要有效地处理好与政府、社会之间的关系，对内需要有效地协调好教师、学生、行政等之间的关系。专门的职业是指，不应该把大学校长看成是一种行政职务，而应该是一种社会职业。校长是一种受聘于大学组织的职业，理应同其他的社会职业一样，具有自己专门的任职条件、职责权力、专门的工作内容等①。

第三是组织变革力，一个机构的战略定位、愿景、谋划等，是要通过组织结构的调整实现的。以踢足球为例，踢足球要想实现进攻或防守的战略定位，就要呈现不同阵式的球员布局结构调整。我们现在最大的问题是，战略定位与组织结构不匹配，所以容易导致组织低效的情况出现。为了避免这一不匹配的问题，培养组织变革力十分重要。培养组织变革力，第一要务是回答"为什么要变革"的问题。组织需要变革的原因，既受到社会、政治、经济和文化等外部变化的影响，也受到内部资源战略变化的影响，还与校长本身专业化水平、教育情怀和教育使命水平有关。回归到校长本身，校长要促进组织变革，就是要根据学校内外部变化以及战略定位不断调整自己，还需要不断提升自身的专业化水平和教育使命感。

第四是资源整合力。简单来说，一个学校的采购预算、财务预算、理财、空间利用、资源配置等，都属于资源整合的范畴。笔者在这里主要想探讨的是人力资源整合问题。好的学校内部治理，其中一个非常关键的要素是能够提升

---

① 宣勇，钟伟军. 基于治理能力提升的中国大学校长管理专业化理论建构［J］. 教育研究，2017，38（10）：52-58.

教师的专业发展水平。学校与学校之间的竞争也是教师之间的竞争，学校治理水平的提升要依靠高水平的教师。所以校长对学校进行治理的最终目的就是要以教师为本，关注教师成长。人们常说"校长是学校的灵魂，教师是质量的关键"。笔者也在《什么是好的大学内部治理》这篇文章中提过，好的治理，就应促进教师的职业成长，激发其学术活力①。所以，作为校长，如何助人成长、助人成才，如何将教师这一重要的人力资源"整合"起来，充分激发他们的积极性，从而促进学生学习乃至学校活力的发展，是作为校长必须具备的能力。

第五是氛围营造力。学校氛围的好坏，直接影响身处其中的教师和学生。目前学校组织的氛围营造，还存在一定的问题，比如工具主义、官僚主义、形式主义等，特别是评价体系出现的一些问题，造成学校与教师之间剑拔弩张。理想的学校组织氛围是：第一，让教书、育人、学术成为教师的一种生活方式。即不以"考核、打卡、刷简历"等外在硬指标为要求，而是使教师从内心愿意追求教书、育人、学术，让他们觉得这是自己的天职，是快乐的源泉。在这样的氛围下，教师不需要外在的考核与评价，因为这些事情本身就是他们的生活方式，他们既承担相应责任，也乐在其中。第二，让学校弥漫知识的力量，使人们一进入校园就对学校肃然起敬。作为校长，如何营造这种教书、育人、学术的生活方式，如何建立知识传播、分享、创造的氛围感，是一项重要的课题。这既需要校长灵活运用专制型领导、民主型领导、放任型领导、交易型领导、变革型领导、教练型领导等不同的领导模式，也需要校长有环境美、心灵美等审美能力。

第六是数字智造力，即在学校治理当中通过数字化来提升校长的治理效率。这里要提倡的是把数字化作为重大教育问题的超前谋划，推动各级各类教育模式变革，支撑引领教育深层次的创新。党的二十大报告首次将"推进教育数字化"写入报告，教育部一直大力推动实施国家教育数字化战略行动，正在打造国家智慧教育平台，其中包括国家中小学智慧教育平台、国家职业教育智慧教

---

① 宣勇.什么是好的大学内部治理［J］.探索与争鸣，2018，（06）：35-37.

育平台、国家高等教育智慧教育平台和国家 24365 大学生就业服务平台四个子平台。由此可知，校长要对教育数字化有敏锐的认识，在数字教育理念、数字平台建设、教师数字素养等方面做好谋划，引领并适应数字变革带来的范式转变。

**（二）造就和培养未来的教育家**

教育家办学治校有着战略、时代、学校教育上的重大意义。第一，教育家办学治校是国家战略意志的要求。2019 年 6 月印发的《中共中央国务院关于深化教育教学改革全面提高义务教育质量的意见》专门强调要注意选优配强校长，提出要把培养好、选配好校长作为激发办学活力的关键要素，鼓励校长勇于改革创新，不断推进教育家办学治校[①]。第二，教育家办学治校是时代的呼唤。教育家代表着社会之良心、教育之良心，教育家办学是时代趋势及必然，社会期盼着教育家办学来解决"教育悖论"。第三，教育家办学治校对形成好的学校教育具有重大意义。陶行知曾经说过"校长是学校的灵魂，精神的汇聚，是师生敬仰和学习的楷模"，由此可知让校长成为教育家是打造一所好学校的基石。要造就和培养未来的教育家，可以从治理者能力、专业化发展、教育家期待三个方面着手。

1. 治理者能力

教育家办学治校的第一要素是治理者的能力。这里的治理者，既是作为领导干部的能力，也是作为教育者的能力。

习近平总书记在 2020 年秋季学期中央党校（国家行政学院）中青年干部培训班开班式上的讲话中提到，年轻干部要提高七种能力，勇于直面问题，想干事、能干事、干成事，不断解决问题、破解难题。这七种能力分别是政治能力、调查研究能力、科学决策能力、改革攻坚能力、应急处突能力、群众工作能力、

---

① 中共中央国务院关于深化教育教学改革全面提高义务教育质量的意见 . [EB/OL] . （2019-07-08）[2023-05-30] .https：//www.gov.cn/zhengce/2019/07/08/content_5407361.htm.

抓落实能力①。这里主要说的是作为领导干部的能力。

陶行知先生认为，教育家有三种。第一种是政客型的教育家，只会运动，说官话、说套话。第二种是书生型的教育家，只会读书、教书、写文章、发表论文。第三种是经验型的教育家，只会干、盲动，不去思考，只会就事论事地做事。第一种肯定不是教育家，第二种，第三种也不是最好的教育家。尽管教育家的确需要读书、写文章，尽管教育家也需要有实践，但这些并不全面。按照陶行知先生的说法，在下列两种要求素质当中得到一种，方才可以算为第一流的人物。第一种素质，就是敢探索未发明的新理。我们在教育界任事、做事的人，如果想自立、想进步，就须胆量放大，将试验精神，向那未发明的新理贯射过去；不怕辛苦，不怕疲倦，不怕障碍，不怕失败，一心要把那教育的奥妙新理，一个个地发现出来。第二种素质，则是敢入未开化的边疆。敢探未发明的新理，即是创造精神；敢入未开化的边疆，即是开辟精神②。敢探索未发明的新理和敢入未开化的边疆，主要探讨的是教育者的能力。

2. 专业化发展

关于校长专业化发展，《关于进一步激发中小学办学活力的若干意见》专门提到要"努力造就一支政治过硬、品德高尚、业务精湛、治校有方的高素质专业化校长队伍"③。这里的专业化与职业化密切相关，校长专业化是校长职业化的前提和基础，职业化是专业化的必然结果，职业化客观上需要校长的专业化，而职业化则是校长专业化的制度保障，没有职业化的制度环境，校长就无法实现专业化。笔者在做中国大学校长管理专业化研究时，曾总结过中国特色的现代大学治理结构图，其中校长负责在图的最中间，也就是说无论是外部的政府、市场、社会，还是内部的党委领导、教授治学、民主管理，都集中在校长负责

① 习近平在中央党校（国家行政学院）中青年干部培训班开班式上发表重要讲话［EB/OL］.（2019-07-08）［2023-05-30］.https：//mp.weixin.qq.com/s/Y1oVPiR31wW98liUN1vxhw.

② 陶行知.第一流的教育家［J］.教学管理与教育研究，2018（08）：7.

③ 教育部等八部门关于进一步激发中小学办学活力的若干意见［EB/OL］.（2020-09-22）［2023-05-30］.http：//www.moe.gov.cn/srcsite/A06/s3321/202009/t20200923_490107.html.

上。由此可以看出校长专业化是多么重要。强调校长专业化发展，就是让校长有负责的动力、有负责的权力和有负责的能力。

### 3. 教育家期待

笔者认为成熟的教育家要有独特的教育理念和成功的教育实践。独特的教育理念必须满足以下条件：第一是符合规律，教育理念必须符合学生成长的规律、知识增加的规律和组织发展的规律；第二是因地制宜，校长办学一定要与当下的实际结合起来，与当地的传统、历史和文化结合起来；第三是与众不同，人云亦云无法出类拔萃；第四是系统成熟。教育理念不是片面的几个观点，教育实践也不是碎片化的，而是要有一个系统的判断。另一方面，成功的教育实践是受到理念指导的，理念如何在实践中得到贯彻和检验，最终富有成效，这是每一位校长都要思考并践行的问题。普通校长与教育家的区别之一在于是否将教育理念转化为制度和相应行为。笔者提倡教育理念要转化为制度，进而变成行为，具体包括制度设计、管理行为、教学行为与方法、知识体系重构、教师素养提升、组织再造、文化重塑、关系调适等，这些都是制度体系的一部分。当理念转化为制度并被稳定执行之后，校长的理念才能逐步变为现实。检验教育理念和实践的标准包括检验学校的办学效能、培养质量、学校特色等，其中最核心的标准是人民满意。人民满意就是让学生和家长满意，让学生爱这个学校，让家长喜欢这个学校。

教育家会呈现出一种教育家精神。教育家精神是教育家在教书育人、办学治校活动中生成、发展和完善起来的一种特殊意识，是教育认识、教育情感、教育意志、教育行动的集中体现和概括，它对教育家在教育活动过程中提出了心理素质、思维方式、人格状态、价值观念等方面的要求与规范。教育家精神体现出一种历史的向度，这种精神是在教育活动过程中逐步形成、不断丰富和逐渐成熟的精神，并与教育发展的内在法则相符合，成为教育进步的内在动力和精神源泉，具有凝聚、激励等功能。教育家精神也体现出一种逻辑的向度，即知、情、意、行的逻辑统一。知是要钻研教育规律，包括认知规律、知识增加规律等；情是热爱，要有仁爱之心、家国情怀、终极关怀等；意是意志品格，包括坚守、坚持、矢志不渝、奉献、牺牲等；行是实践，正如陶行知先生所说，要敢入未开化的边疆，并在实践中取得成效。

【作者简介】宣勇，浙江外国语学院教育治理研究中心教授，主要研究领域为高等教育。

教育治理理论

# 超越"理性"与"本能":
# 学术不端治理的方法论视域

马焕灵　迟明阳

**【导言】**

　　在方法论层面上深入揭示学术不端产生的缘由及其之间的互动关系,在更广的范围内审视"需要制度构建的背后事物",建构根本性、系统性治理体系具有较高的理论价值和现实意义。当前学术不端治理的工具理性与价值理性分裂与冲突所体现出的"应激性""普适性"以及"单向度",导致治理陷入了表面化、短期化、碎片化误区。与人类生存本能密切相关的关系性缘由、学术场域的博弈及治理方式的惯习认同致使学术不端治理终至"无奈"之境。这需要平衡学术理性,优化学术不端治理场域和总体性治理提升学术不端治理效能。

　　20 世纪 90 年代以来,学术不端现象在我国日益暴露,学术不端治理引起学界和社会广泛关注。2018 年、2019 年国务院办公厅发布的《关于全面加强基础科学研究的若干意见》《关于进一步弘扬科学家精神加强作风和学风建设的意见》专项治理文件的出台为学术不端治理提供了政策依据。然而,接连出现的"学术妲己""学位论文抄袭""论文代写"等学术不端事件暴露出制度在"标""本"兼治方面的局限性。基于此,在方法论层面上深入揭示学术不端产生的缘由及其之间的互动关系,在更广的范围内审视"需要制度构建的背后事物",建构根本性、系统性治理体系,不仅有利于提升民众、学界、政府对学术不端治理的理性化水平和实践增量，而且对丰富治理理论、优化学术生态具有较高的理论价值和现实意义。

## 一、"理性"之殇：学术不端治理的方法论"陷阱"

社会学家马克斯·韦伯将理性划分为工具合理性和价值合理性两种。工具合理性重在考量行为手段的有效性和可控性，价值理性则仅仅关注目标而不在乎采取何种手段。学术不端治理本应在工具合理性行为与价值合理性行为选择上互为支撑，一体同构，否则"治理"理性就会陷入自我分裂之中。而在实际的学术不端治理过程中，工具合理性行为与价值合理性行为往往处于难以调和的冲突之中，更令人遗憾的是，工具理性常常压制了价值理性，成为学术不端治理成效主要的甚至唯一的考量标准，从而造成学术不端治理的内在冲突而不能取得"帕累托最优"之效。现有语境下，常见的理性分裂往往体现为"普适性"治理、"单向度"治理以及"应激性"治理。

### （一）从"普适性"治理到"表面化"误区

普适性治理开始于 20 世纪 70 年代末期，以新自由主义为旗帜的民营化改革在欧美取得了巨大成功，由此普适性治理渐趋成为一种新的治理范式，其主张命题和原则普遍适用。具体而言，普适性治理是指治理主体在针对某一问题的治理手段和方式全部或部分地适用于解决其他相同或类似的问题。学术不端治理政策制定者会基于显性视角审视学术不端现象，进而追求可操作层面的"普适性"治理并形成路径依赖，如实施严格的惩罚制度、严把学术期刊门槛、制定精细的学术不端管理制度等，这些治理策略虽对学术不端行为中的相同或类似问题起到一定的约束作用，但问题的根源依然存在，精准而系统的治理方略匮乏，在治理方法论上不可避免地陷入"头痛医头，脚痛医脚"的窠臼[①]，治理

---

① 么加利.高校学术不端的缄默向度及治理［J］.吉首大学学报（社会科学版），2018，39（02）：35-41.

成效甚微。

长期以来，学术不端问题往往以隐蔽样态存在，加之受中国传统上的亲情文化影响和庸俗市场经济观念的冲击，学术不端现象产生根源变得愈加复杂甚至难以全面解释。然而在"普适性"的治理取向中，相关治理主体并未能全面认识各学术不端事件的特殊性及其深层原因，进而采取诸如"制度化""一刀切式管理"等单一化、简单化的路径依赖式治理策略，导致学术不端治理陷入"表面化"误区。

学术不端治理"表面化"指治理仅着眼于学术不端问题产生的表层原因，未能触及其缄默层动因，从而导致学术不端问题治理浮于表面，未能从根源上得到解决。正如弗洛伊德冰山理论所释，可将学术不端现象视为一座冰山，表层仅是浮出表面的少部分，代表的是学术不端行为的表征，而缄默层则是埋在水面下的大部分，代表着不易被人发现却客观存在的实质性的学术不端的深层次根源。目前，学界大多从学术竞争氛围不良、评审制度供给不足、社会监督不利以及个人修养缺失等对学术不端成因进行分析。不可否认，此类分析大多停留于外显层面，未能深入现象背后对中国传统文化中的投机心理和宽容心态、现代性社会利益取向以及学术共同体（学术不端者、学术群体旁观者、学术不端评价者）的内在动机等学术不端产生根源进行深层次挖掘。而现实中，各学术不端治理主体以"普适性"的治理策略虽然显得正当化、制度性和合法化，但终究没有触及深层问题，由此学术界呈现一种"上有政策下有对策"的学术生态，治理收效甚微。

### （二）从"单向度"治理到"短期化"误区

学术不端治理的"单向度"指，政府、高校及其相关管理者利用其所拥有的行政权力控制话语权，对学术不端现象采取以管控等"硬方法"为主的单方面、单向度、单手段的管理行动，将学术权力以及学术群体置于被号召、被组织、被管理的位置，从而使学术不端治理呈现出"单向度"取向，其基本特征为权力运行自上而下、信息单向度流动、处理手段较为单一。马尔库塞认为，发达工业社会是一种单向度的社会。因为在这个社会中，"以技术为媒介，文化、政治和经济合并为一种无所不在的制度，这种制度吞没了或排斥了所有的选择"①。这主要表现在，它成功地同化了多种反对派别的反抗力量，巧妙地压制了一切与它不协调的声音，有效地通过现实的手段禁锢了各色各样的超越性思想②。单向度社会实现了对大众心理意识的操纵，使人们失去了否定性思考力和批判现实的内心向度，失去了想象或追求与现实生活不同的另一种生活的能力，从而异化为单向度的人。在"自上而下"的"知识规划时代"，政治性的权力和由它所确立的"学术"制度安排共同决定着知识生产方式③。因此，学术不端"单向度"治理往往呈现出为了治理而治理的"霸权主义"倾向，其一般注重治理结果，而轻视治理过程。这种治理是建立在泯灭学术人个人理性之上的专横与强制，否定个人的自由，贬抑学术共同体的价值④。此种专横强制的泯灭个人理性的单向度治理只能是短时地制止学术人产生不端学术行为，并未能使其从内心深处深刻认识到学术不端行为严禁性与可耻性，由此学术不端治理陷入"短期性"误区。

学术不端治理"短期性"即治理效果短，治理作用未能延续至未来较长时间。在实践中，学术不端问题"单向度"治理导致的治理"短期化"具体突出表现在两个方面。

一是，部分高校利用行政权力为学术不端者充当保护伞，致使治理流于形式，从而导致治理陷入"短期化"误区。首先，部分高校通过采取"低调"的方式对学术不端行为进行处理，即使是公之于众，也以"宽容""改过自新的机会"等措辞来掩盖问题，以弱化对学术不端者（一般为学校高层领导或学术权威者）的处理。其次，高校通过"甩锅"的方式为学术不端者推脱责任。高校为"保护"学术不端者，往往以"出版社传输失误""引用不当"等为由，掩藏

---

① [美] 赫伯特·马尔库塞. 单向度的人：发达工业社会意识形态研究 [M]. 重庆：重庆出版社，2016：46.

② 黄见德，毛羽，谭仲鹊. 现代西方人本主义哲学研究 [M]. 武汉：华中理工大学出版社. 1994：205.

③ 邓正来. 反思与批判：体制中的体制外 [M]. 北京：法律出版社，2006：51.

④ 陈亮. 学术治理的工具主义积弊及其超越 [J]. 教育发展研究，2018，38（07）：58-66.

其抄袭、造假等学术不端行为。在博弈中，高校以其权力保全学术不端者，力量单薄的学术个人不得不接受此种治理结果。此种"单向度"治理流于形式，其治理实质上仅是高校解决了其公关危机，不但未能解决问题，更助长了学术不端的不良风气。

二是，高校暴力解决校内学术不端问题。部分高校迫于外界舆论压力与上级部门的行政压力，从而对学术不端行为作出"大刀阔斧"的治理，对外宣称，"必将依法依规严肃处理""零容忍""绝不姑息"。最终结果往往是对学术不端者严厉惩处，至于审查细节过程却忽略不计。此种利用高校话语权对学术不端行为进行暴力处理的"单向度"治理忽视对学术人审查的实体性与程序性，以结论式对学术人进行"定罪"。此种治理方式看似很有力度、具有强制性，但实质上因缺乏教化的润养，未能发挥学术治理教化向善价值发展的守护者角色，难以释放大学治理学术不端行为应有的教化功能。

### （三）从"应激性"治理到"碎片化"误区

应激性是指生物体能接受外界刺激产生合目的的反应，使生物体能趋利避害和趋吉避凶。在学术领域，应激性治理是指当发生学术不端行为时，政府、高校以及相关管理者采取迅速而激进的治理办法或者方式，在短时间内取得舆论优势的行动。学术不端的应激性治理具有反应迅速、成效明显、路径依赖特征。一般而言，在学术不端事件引发舆情后，政府、高校以及相关管理者往往会因"麻烦"的刺激而紧张，迅速产生平息"麻烦"，恢复稳定平衡的需求。在工具理性和权威组织结构的帮助下，利益相关者通过一次性严重处罚处理回应需求，从而达到平息"麻烦"的目的。由于在短暂时间内满足了"公众期待"，成效凸显，学术不端的应激性治理逐渐成为政府、高校以及相关领导者的"必杀技"。然而，不幸的是，在面对学术不端问题时，各级各部门各自为政，缺乏相互协调、沟通与合作，致使学术不端治理呈现碎片化状态，未能从整体上进行综合治理，这些弊端使"应激性"治理陷入"碎片化"误区。

所谓"碎片化"（Fragmentation），最原始的意思是完整的东西破成许多零块形状。希克斯等认为"碎片化"是政府部门职、权、责的一种分割状态。而在学术领域，学术不端"应激性"治理导致"碎片化"，具体表现在治理主体碎片化与监督问询主体碎片化两大方面。一方面，应激性治理导致治理主体碎片化，即治理主体的缺失。应激性治理以短期内采取简单粗暴的方式急速解决突发的学术不端问题为目的，教育行政部门、高校以及相关管理者等治理主体为各自利益而不可避免地出现各自为政，缺乏沟通与协调的局面，进而导致治理主体的缺失。其一，在学术不端行为引发舆情时，一般是由教育行政部门采取自上而下的控制手段发起，而相关高校为减少考核压力，维护本辖区、集体的学术秩序，往往采取"上有政策，下有对策"的应对策略，由此学术不端治理主体将会出现"故意性"缺失。其二，在未引起社会广泛热议的学术不端行为的治理过程中，涉事高校为了组织荣誉等，往往采取"保全"策略或者重罚策略以迅速解决问题，并不征询上级教育行政部门以及相关学术利益主体的意见，由此导致某些治理主体实质性缺位。另一方面，应激性治理导致监督问询主体碎片化。目前学术不端治理多以涉事高校自主进行为主，其他主体未能真正参与其中并发挥作用，甚至因职责不清，而出现推诿、抱怨、攻讦现象。治理主体与监督问询主体的碎片化会使得学术不端治理滑向元素主义治理范式，即仅关注治理过程的零散的各要素，而未能重视整体治理，最终导致学术不端治理陷入"碎片化"治理误区。

## 二、"本能"之困：学术不端治理的方法论"无奈"

人类的"生存本能"涵盖包容需要、情感需要和支配需要三种最基本的本能需要，这三种需要的满足离不开人际互动。在学术场域内，人际互动在满足生存本能的过程中，离不开关系性缘由、学术场域的博弈及惯习的影响。无论是对治理群体、学术群体还是旁观者而言，这三方面作为学术的衍生物，仿佛是学术的天然"痼疾"，以至于其不论如何努力，都难以达到理想的治理状态，处于"无奈"之境。

### （一）关系性缘由

马克思主义辩证法指出任何事物都不是孤立的存在，其总是与周围其他事物存在着千丝万缕的联系。社会是人的集合，也是人们相互关系的集合，人的生存和发展离不开社会关系。从结成社会关系的主体视角可以将社会关系划分为个人与个人的关系、个人与群体的关系、群体与群体的关系，但个人与个人的关系是全部社会关系的逻辑起点，无论是个人与群体还是群体与群体的关系最终都落在人与人的关系上。学术领域是社会的一部分，其中同样充斥着复杂的关系网络，加之学术人的多样性且拥有不同程度的"学术资本"，加剧了关系的复杂程度。众所周知，学术不端治理的核心在人，只有人与人的学术关系清晰而公正，学术领域才能安定有序。面对纷繁复杂的关系网络，"关系性"已经成为普适性治理、单向度治理和应激性治理的一大诱因。

第一，"经济理性"促发治理困境。"经济人"假设认为，人可以根据市场情况、自身处境及自身利益做出理性的判断，使自己的行为适应于过往经验，从而最大限度满足自身利益。当利益至上取代学术至上的观念时，个体的学术良知和社会责任感便极易消逝，取而代之的则是每一学术个体在有限的领域内攫取更多的利益的渴望，致使学术不端的风气愈演愈烈。目前，学术不端的治理主体多为大学，众多治理者本身也是学术群体内的一员，同样遭受利益的诱惑和控制。在制定相关惩治规章时，他们往往以他人为惩治的"靶子"，而为自己及自己的小群体保留攫取学术利益和学术不端的空间，进而造成了单一化的普适性治理。在惩治学术不端的过程中，"趋利避害"的本能致使治理者只关心自身利益，无视他人利益和学术风气的恶化，以避免"惹祸上身"或给自己增加工作量，这又成为产生应激性治理的原因之一。

第二，非良性人际关系导致治理困境的出现。"社会人"假设认为，人们行动的主要目的不仅是为了经济利益，还为了追求良好人际关系。管理任务的重点不是满足个人的经济动机，而是要着重建立良好的人群关系和培养个人的良好动机，使其朝着有利于实现组织目标的方向发展。由此可见，人际关系对学术不端的治理也存在着影响。正式组织与非正式组织及其成员间的互相包庇，都源于关系的工具理性，而以关系的工具理性来解决学术不端问题，往往会出现混淆是非界限，模糊善恶标准，大事化小，问责无力的问题，其本质是对权力的滥用。此外，为了维系这些关系，极易出现群体失语现象，从而严重阻碍治理活动的展开。行政权力和学术资本的拥有者在治理过程中处于权力优势地位，他们拥有治理的惩治权和决策权，容易基于各类关系而影响治理的方式与程度。而一般的学术人则处于权力弱势地位，他们迫于上级与社会舆论的压力，大多会选择从众和服从，保持缄默，即使自身的利益受到侵害，也不发声、不反抗，长此以往，便造成了普适性治理、单向度治理及应激性治理的出现。

**（二）学术场域的博弈**

"场域"是布迪厄实践社会学中的一个重要概念。他认为，在高度分化的社会里，社会世界是由相对自主性的社会小世界构成的。学术场域就是一个小世界，它与行政场域、名利场域相互交织，是教育者、受教育者以及其他教育参与者相互之间所形成的一种以知识生产、传承和传播为依托，以人的发展、形成和提升为宗旨的关系网络。场域是由资本和惯习组成的权力空间，人们占有资本量的多寡决定了其在这个空间中的分量和位置，因此其是一种依赖于权力和资本争夺的关系性空间，学术场域亦是如此。学术不端的治理过程可以视为学术场域内权力和资本的博弈过程，在这个过程中，权力运行和资本分配不平衡也是造成上述三种治理方式的原因。

第一，学术权力及行政权力界限模糊。场域内个人所拥有的资本和地位结合，便形成了一种权力。手握资本越多，所处位置越高，加之人们对此资本的迫切需要，拥有权力越大。长期以来，高校占据了学术权力与行政权力，主导着学术不端治理，加之学术权力和行政权力过分交织和相互越位，治理者常常采用"普适性"手段来渗透其价值观与利益诉求，导致权力和资本分配不均。拥有行政权力的人往往利用已有资本和地位干预学术资本的分配，企图攫取更多的学术资源和荣誉，使自己获得更高的权力、资本和地位。与此相适应，学术权力拥有者常常为行政权力拥有者提供服务，从而在学术领域中占有竞争优势，攫取更多学术资本，甚至完成学术资本与行政资本的交换。长此以往，学术场域内权力和资本配置就会扭曲和低效，普适性治理、单向度治理和应激性治理就会沦为工具理性的"本能选择"。

第二，学术个体权力与集体权力严重失衡。一方面，相对于大学内的学术个体，拥有治理话语权的大学集体权力更为强大，学术个体长期处于"失语"的不利地位。因此，在进行学术不端治理时，大学集体权力可对学术个体做出单向度的重罚，而个体难以反驳或申诉。迫于权力的长期压制，处于弱势的学术个体易放弃"反抗"，逐渐适应和固化学术生态，成为学术不端的"共犯"。另一方面，高校及其管理者相对于旁观者而言，在学术场域内拥有更为强大的权力资本，他们往往为维护其利益进行单向度治理，即使旁观者对不端行为表示不满或提起申诉，在治理的过程中，治理者依旧占据主导地位，导致旁观者因无权过问审理过程，只能"吃哑巴亏"，并失去对学术场域的信任。

第三，各场域间权利失衡。学术不端现象是学术场域和其他场域相互交汇的不良产物。所处的阶层不同，权力的大小不同，需求也有所不同。级别低的个体，为满足上级的期待、获得一定的经济利益或避免责罚，即迫于生存的压力或为满足更高的利益诉求，常常表现为急功近利，学术成果重数量轻质量、抄袭、买卖、"找代写"乱象随之出现。而一部分治理者也往往会因"麻烦"的刺激而紧张，或是出于维系人际关系和自身利益而无视学术不端的问题，采用迅速平息"麻烦"，恢复稳定平衡的应激性治理方式。

### （三）治理方式的惯习认同

惯习是个体受客观社会条件限制和自身早期经验的影响而养成的一种独特、持久的行为及思维方式。人们在特定场域中所处的位置促成其形成相应的惯习，"惯习"使学术不端现象趋于"自我合法化"，纵容了普适性治理、单向度治理及应激性治理的恶化，严重阻碍学术不端的治理。

第一，普适性治理方式的惯习认同。学术个体初进学术场域时，通常是诚实守信的。但随着社会经验的不断积累，部分置身不良风气中的学术个体逐渐发现诚信行为所带来的结果并不能满足自身的利益诉求，已有的价值观被严重异化、扭曲甚至抛弃，取而代之的是功利主义至上的观念。当个体的某种负面惯习满足所在场域内人的利益诉求时，就会出现实践活动上的一致性，也就是说，学术个体为维护自身利益做出学术不端行为，而其他个体发现通过这种手段自己也可以获得额外的利益，且不易被发现和受到惩罚，就会逐渐走向认同。长此以往，集体自然而然地达成了一种共识，默认了普适性的治理方式。

第二，单向度治理方式的惯习认同。场域内资本的配置以及个人所拥有的资本会不同程度地影响个人在场域中的位置，而学术场域中个人所处的特定位置促其形成相应的惯习。学术不端治理者往往是由学术场域内的成员组成，部分人已经把学术不端行为当作维护和提升既得资本和位置的有力手段。由于治理者身居高位，掌握着绝大部分的权力，规章制度由其制定、行为性质由其判断、惩罚措施由其选择，因此，他们拥有"指挥"下级的权力资本，下级通常无法反抗。正如托克维尔所说，当权力不可抗拒，会使人不得不放弃自己的某些公民权利，甚至要放弃自己做人的本色。久而久之，群体就默认了单向度治理方式。

第三，应激性治理方式的惯习认同。人类拥有趋利避害的本能，且始终处于被场域形塑的动态过程之中，受外界环境和早期经验的影响，久而久之，负面惯习极易得到释放。对部分治理者而言，如果不能获得更多的利益，其就会选择"一切从简"以求迅速平息"麻烦"。对学术个体和群体而言，迫于组织和自身成长的需要，如评职称、申报课题和奖项、完成科研任务等，加上学术不端现象极少被披露，他们愿意为利益而冒险，使得学术不端治理逐渐成为一种应激性集体性行为。对旁观者而言，应激性治理恰如暴风骤雨后的风平浪静，这种对学术不端行为揭露过程不顺利、揭露失败等经历，使他们对整个学术场域感到失望，进而不再参与其中。

## 三、走向超越：学术不端治理的方法论选择

学术不端治理应该以维护学术诚信，促进学术创新和发展为目标，坚持预

防为主、教育与惩戒结合的原则，以提升学术自觉为根本，超越"理性"与"本能"，完善学术治理体系，建立科学公正的学术评价和学术发展制度，营造鼓励创新、宽容失败、不骄不躁、风清气正的学术环境。

**（一）理性的平衡：学术不端治理的价值选择**

学术不端治理的合理性是保障其治理成效的重要条件，由此，学术不端治理的合理性必须从工具理性和价值理性两个方面出发考虑，使治理方法既能够凸显学术不端治理的外在效果表现，也能够体现学术不端治理的内在目标。在学术不端治理过程中，为保证治理活动的事实合理性，治理者应摒弃单一的工具理性，注重治理的工具理性和价值理性并存，使得学术不端治理理性趋于平衡状态。

第一，学术不端治理的合理性是一种可辩证的理性关系。学术不端治理的工具理性和价值理性实际上是一种相对可辩证的、可以相互转化的关系，并非绝对对立的。

一方面，学术不端治理的价值理性是工具理性的精神引领。学术不端的治理最终要以学术自觉为目标，由此，正确的学术价值的引领是学术不端治理立场不可缺少的。学术不端治理的价值理性具有处理深层次且长期效果突出的特点，能够有效促进学术不端治理行为科学化，提升效果渗透层次更高。价值理性是人们在历史长期发展过程中，经过不断实践，在不断地接受批判和反思下，逐渐形成的对事物的科学认知，其不仅能够对人在社会实践中的行为进行正确的引导，而且能够为人精神世界的创设提供指引，使其在各种行为活动中始终遵循正确的价值引领，进而对自我行为进行规范。该种价值理性引导下的学术不端治理手段能够体现人们在长期实践中凝练的具有科学化的价值认知，也能够从更深层次的领域影响学术人，能够在长期的学术价值重构中取得效果显著的治理成果。

另一方面，学术不端治理的工具理性是价值理性的现实保障。学术不端治理的工具理性与价值理性应该是互相支撑的，仅有价值理性的学术不端治理永远只能从精神层面对学术不端的治理进行指导，赋有工具理性的学术不端价值理性才能够使得学术不端治理行为更具有可操作性。具备科学性和可操作性的学术不端治理方式是学术不端行为得以扼制的重要保障，而科学性的方法不能仅停留在精神方面，只有在保障其操作性的情况下，才能保证其效用的发挥，由此工具理性是学术不端治理的价值理性取得实效的基本保障。当学术不端治理的工具理性帮助相关部门解决学术不端行为的处理后，将积累更加深层次的治理实践经验，使学术不端治理的工具理性不断深化，促使价值理性不断升华，进一步反作用于工具理性，进而互相影响、共同提升。因为工具理性的存在，才使价值理性在不断的实践中得以优化。

第二，促进学术不端治理合理性关系统一，提升治理成效。学术不端治理的工具理性已经成为我国学术不端治理理性的一种"惯习"行为，为学术不端治理价值理性与工具理性的统一平衡带来阻碍。我国长期形成的学术不端治理机制中，已经形成了一定的学术不端治理人员结构体系、处理路径体系以及处理方法体系，即已经形成了由固定阶层人员等资本构成的治理体系，形成了处理学术不端事件的"惯习"，这种"惯习"一旦形成是非常难以改变的。

在以往学术不端治理的工具理性占主导地位的治理过程中，人们感受到该处理方式的及时有效性和由此带来的不断刺激，进而在接下来的事件处理方法选择中产生倾向性。在原有处理方式及时有效且暂未出现更深层次影响的情况下，人们往往对原有方式产生强烈的依赖性，在同样的问题产生后会下意识地采用已经固化的处理方式，对问题进行处理，这即是"惯习"的特征，其倾向于使行动者偏向于选择根据他们的资源和过去的经验最可能成功的行为方式。在该种"惯习"的影响下，在面对结合价值理性后需要更长的治理周期的治理方法时，相关人员为满足其原有的事件处理目标（及时有效）的需求，必然会拒绝价值理性的融入。因此，打破"惯习"，构建动态治理体系是学术不端治理价值理性与工具理性统一平衡的关键抓手。

一方面，挖掘学术不端行为产生的深层次原因，改变对学术不端行为治理的思维认知。原有"惯习"的形成建立在处理学术不端事件的相关人员对所有学术不端行为统一的治理思维上。在以往，处理该类事件的相关人员关注点均为平缓和解决该事件带来的表面化的社会影响，为避免事态的扩大化，尽量采取快速严惩的方式对该类事件进行统一的处理，在取得一定成效后，将此处理程序固化，久而久之使其对学术不端行为的治理目标产生偏差。由此，在打破原有治理"惯习"过程中，要抓住引起学术不端行为的深层次原因，以正确的学术不端治理目标为指引，形成正确的治理思维认知，从而促进学术不端治理价值理性和工具理性的统一平衡。

另一方面，打破资本的捆绑，建立以国家利益为核心的治理体系。原有"惯习"的形成夹杂着各层级管理人员的利益，各层级人员凭借其占有的资本，为保护自身的利益，采用有利于其自身利益的处理方法——通常是表面化的处理方式——对学术不端行为进行处理。学术不端行为会影响众多阶级的利益，依据布迪厄场域理论，通常占有较多资本的阶级具备较高的发言权，但是在学术不端治理面前，重要的不是个人利益的得损，而是其给国家利益带来严重影响，由此在对该行为进行治理的过程中，应该形成由国家宏观调控的治理体系，跳出资本的捆绑，建立以国家利益为核心的治理体系，跳出"惯习"的制约，形成动态治理体系。在打破资本的捆绑后，学术不端的治理不再局限于为某一群体或个人的需求而进行的活动，转而致力于整个国家学术场域的优化，促使治理过程中价值理性的融入，形成治理的工具理性和价值理性不断统一平衡的态势。

**（二）超越本能：优化学术不端治理场域**

学术不端的治理要以形成学术自觉的学术场域为目标，协调学术场域内的权力关系，使之处于平衡状态，进而从源头提高学术治理效能。而在学术场域内，通过教育获得的知识有可能会进一步加强各类主体的文化专断权力，在原有资本的叠加下，资本占有差距进一步增加，话语权的悬殊进一步加大，加剧了权力关系的不平等，在这种情况下，为追求权力的平等，极易产生学术不端的行为，并阻碍学术不端治理。因此，平衡场域内的权力关系显得尤为重要。

第一，保障受教育者合法学术权力，杜绝资本交易。学术场域内非行政权力关系主要指教育者和受教育者的关系，因此针对于此的平衡治理事实上就是针对师生关系中双方共同享有的平等权力进行保障制度建设的过程。

在非行政的关系中，教育者资本占有量的绝对优势导致了非行政关系权力失衡。在学术场域中，教育者所处的层级本身高于受教育者，因此其在经济资本、权力资本以及文化资本上均占有绝对的优势，进而其在与受教育者构建的师生关系中占有绝对的优势，这一绝对优势使其在师生相处过程中具有较高的话语权。在这一情况下，学生将面临合法的、与学术相关的权力受到侵犯的风险。而受教育者一旦遭受侵权行为，将迫于资本的弱势无法占据话语权，会导致其在整个学术不端行为中处于弱势，造成权力失衡的情形。

为保证学术场域内不涉及行政的人员之间学术权力的平等，从法律层面出发，既要保障受教育者享有的学术权力，又要对教育者的行为进行法律约束。首先，建立、健全受教育者学术权益保障法律、法规及体系，保障受教育者学术权力的享有，创造良好的师生学术交流环境。应从法律层面入手，确定该关系中的绝对弱势群体（受教育者）享有的合法学术权益，并制定一定的监管体系，通过监管体系的管理，避免其他资本介入对受教育者享受合法学术权力造成影响。与此同时，要完善法律法规的处罚条例，对教育者进行法律的规约，避免其利用资本占有优势，为自身谋取不法利益，出现对学生的学术成果进行侵占等行为。除此以外，也要通过法律条文的进一步细化，避免双方之间因各自利益进行资本的交换引发学术造假等学术不端行为。

第二，划分行政与学术边界，杜绝交叉影响。学术场域内行政人员与非行政人员间的权力平衡事实上是两对关系的权力平衡，即教育者与教育行政人员和受教育者与教育行政人员之间权力的评审。其中受教育者与教育行政人员的权力平衡与教育者与受教育者的权力平衡相同，主要从上述提到的几个方面进行，在此不作赘述。在行政人员与非行政人员间的权力平衡中，教育者与教育行政人员的权力平衡是治理的重点。

教育者和教育行政人员的资本占有情况复杂多变，使得双方可能主动或被动地以学术不端行为，去谋求自身利益的最大化。从行政管理方面来说，教育行政人员占有更多的权力资本，由此容易造成学术不端行为的产生。在行政管理视角下，学术场域内的教育行政管理者在权力资本的占有上处于绝对优势，并能够凭借其权力资本的优势，对处于权力资本弱势的教育者进行学术权力的剥夺，而教育者在权力资本失衡的情况下，只能被迫受到压制，造成学术不端行为的发生。从学术发展方面来说，教育者相较于教育行政人员占有更多的文化资本，由此在权力资本的吸引下，教育者利用自身文化资本的占有优势与教育行政人员进行资本交易，也能够引发学术不端行为的产生。

为避免教育者与教育行政管理者利用各自资本优势，进行资本交换谋求利益最大化行为的发生，必须明确学术与行政的边界，在学术场域内去行政化。学术场域内的行政化主要表现为两种形式：第一种是学术系统内部以行政标准而非学术标准处理学术事务的行为和现象；第二种是学术人员的行政化，即学术人员担任高校行政管理者，直接行使行政权或学术人通过学术影响，间接行使行政权①。学术场域内的行政化模糊了学术与行政的边界，使得学术人员和行政人员为了自身权力资本的扩张，利用自身所占有的资本优势，或采取压迫式的方式获取利益，或采取交易式的方式获取利益，进而为学术不端行为的滋生创造温床。由此，学术场域内的去行政化迫在眉睫，但要明确去行政化的目的在于明确行政与学术的边界，而非简单暴力地将行政化管理驱除于学术场域之外。

**（三）超越理性：学术不端的总体性治理**

学术不端治理中出现的工具理性和价值理性的分裂与冲突，导致要素主义的治理范式，这种范式在实践中扭曲了治理初衷、危害了学术治理生态。由此本文所提及的总体性治理范式，即是以弹性治理、双向度治理和规划性治理实现学术不端治理的深度化成效、长期性局面和系统性建构。

第一，从弹性治理到深度化成效。普适性治理实际上是以一种正当化、制度性和合法化的外衣，掩盖学术不端涉及的一些特殊性问题。而这并不意味着将普适性治理转向"差异化治理"，搞"一事一策"或"一人一策"。事实上，

---

① 刘磊 . 高校学术系统内部去行政化探究［J］. 教育评论，2016（04）：56-59.

普适性治理往往蕴含着一种制度性基础而契合教育法治的理念落实，而其问题的核心在于普适性治理的"一刀切式管理""简单粗暴的作用方式"等行为逻辑，将特殊性问题以一种不切合的方式加以解决。这意味着我们需要赋予治理制度和治理模式以一种弹性特征，相关治理主体可以根据学术不端涉及的一些特殊性问题，在制度的框架内灵活解决。这意味着相关治理主体可以对特殊问题予以特殊解决，最终实现学术不端治理的深度化成效。

第二，从双向度治理到长期性局面。单向度治理实际上指向一种一元治理格局，其核心特征是权力的单一指向性和单一支配性，造成了治理的短期性困境。而破局的关键在于双向度治理格局的形成。双向度治理格局的核心特征在于权力的双向指向性和双向的支配性。这指向了一种多中心治理格局，高校管理者、政府管理人员、高校教师、学生等等不同治理主体可以相互影响、相互约束、相互制约，达到一种治理博弈的制衡局面。而这种多中心治理格局即是个人理性的生发之地，学术共同体诞生的土壤，能够有效限制专制与霸权的横行。在这种双向度治理中，治理制度和治理模式得以优化，相关治理主体的行为得以引导与约束，良好的组织与文化得以生发，进而能够实现一种长期性的学术不端治理局面。

第三，从规划性治理到系统性建构。应激性治理的实质在于学术不端治理相关的体制机制不完善，相关治理主体对学术不端的治理问题缺乏系统性规划。出现某一问题，相关人员总是在一个点上"应激地"治理，进而走向碎片化误区。学术不端的规划性治理涉及两方面的问题：一是相关治理主体在治理理念、治理权力的架构、治理实践方式等方面进行系统性规划；二是对学术不端治理过程中涉及的人、财、物、事、时间、空间、信息和活动等各个要素进行系统性谋划。由此达到一种学术不端治理格局的系统性建构。这意味着不同治理主体要在转变组织文化、完善治理制度，以及在学术生态或学术不端治理过程中的正当利益分配等三个方面着手进行系统性建构。

【作者简介】马焕灵，广西师范大学教育学部教授，博士，博士生导师，主要研究领域为高等教育管理；迟明阳（通讯作者），广西科技师范学院教育学院讲师，主要研究领域为教育管理、教育治理。

# 生命质量视角下正念心理疗法
# 与儒家主敬工夫之比较

何伟强

## 【导言】

"生命质量"除了与"物质生活条件"这一客观因素有关之外，还与"主观幸福感""个人价值观和志向"等主观因素有关。"正念心理疗法"侧重于从"主观幸福感"入手，通过专业的技术干预，引导个体专注于当下，帮助其从消极的状态中抽离出来，以实现其即时性的情绪体验之乐。"儒家主敬工夫"则侧重于从"个人价值观和志向"入手，依靠个体生命自觉的力量，通过辨明人生志向，在日常生活中对己、对事、对人切实下功夫，注心于一处，享受沉浸式的生命体验之乐。两者在着眼点、主动性、效验感等方面有所不同，但两者之于个体生命质量的改善均有切实裨益，前者倾向于提供适度的外力支持，后者倾向于培育清醒的生命自觉。适度的外力支持与清醒的生命自觉共同构成个体生命质量改善的充要条件。

生命质量，又名生存质量或生活质量。不同学科的学者对之有着不同的理解，概括起来大致有以下三种情况：第一种理解侧重于从社会学角度出发，将其定义为"人们在生活舒适、便利程度以及精神上所得到的享受和乐趣"①；第二种理解侧重于从健康和医学角度出发，将其定义为"对个人或群体所感受到的

① 初炜，周佳：社会医学（案例版，第3版）[M].北京：科学出版社，2019：90.

躯体、心理、社会各方面良好适应状态的一种综合测量，所测结果用幸福感、满意感或满足感来表示"[①]。第三种理解则从社会学、健康和医学等综合学科的角度出发，将其定义为"亦即总体幸福度，是个人身体、物质、社交、情绪以及发展活动上的幸福度总和"[②]。本文倾向于第三种理解。个体的生命质量，主要与物质生活条件、主观幸福感、个人价值观和志向三个因素有关[③]。因而，若要改善个体的生命质量，自然也离不开这三者。相对而言，从"物质生活条件"入手，容易操作也能很快见成效，因而它通常成为领导层面做相关决策时的优先选项。然而，仅仅倚重改善物质生活条件这一客观因素，从而真正持续改善个体的生命质量，恐怕是难以实现的。或许我们需要潜下心来，试着走进师生个体的内心世界，尝试从个体的主观幸福感、个人价值观和志向等主观因素入手，引导个体寻回完整的本心。在平日的学习和实践过程中，笔者渐渐觉察到，"正念心理疗法"与"儒家主敬工夫"有着一定的内在联系，其着眼点都是个体的主观因素，旨在切实改善个体的内在生命景观。当然，它们之间究竟存在怎样的内在联系？各自的侧重点有何不同？两者之于改善个体的生命质量又有何特殊意义？这些问题正是本文想要探究的。

## 一、正念心理疗法：侧重于从"主观幸福感"入手来改善生命质量

"正念"（mindfulness）这一概念源于东方哲学，它倡导将自心真正复归到当下，并减少对当下所发生事情的反应。正念与人们日常生活、工作的所有体验（积极的、消极的和中立的）息息相关，它有助于降低总体痛苦程度，增进

---

① 初炜，周佳：社会医学（案例版，第3版）[M].北京：科学出版社，2019：90.

② Mark Rapley.*Quality of Life Research：A Critical Introduction*[M].London：SAGE Publications，2003：53.

③ Mark Rapley.*Quality of Life Research：A Critical Introduction*[M].London：SAGE Publications，2003：54.

幸福感<sup>①</sup>。这种带有东方文化烙印的"正念"，经历了一番逐渐磨合的过程，逐渐成为西方文化和当代心理科学领域中的一种重要理念，正念心理疗法正是东西方文化交融在积极心理学领域的具体体现。

在正念心理疗法发展过程中，主要出现了两大阵营：一个是以乔恩·卡巴金（JonKabat-Zinn）为代表的"东方阵营"，另一个是以艾伦·兰格（Ellen Langer）为主要代表的"西方阵营"。前者根植于东方智慧，其致力于解决的问题基点是"痛苦"（sufering），包括病、老、死以及我们渴望得到却没能如愿等方面产生的痛苦。痛苦的根源是人的"贪念"（craving），因而，要想解决"痛苦"问题，就需要设法消除人的"贪念"。其中，培养人的正念状态是一条比较好的途径，它是一种接纳、不作判断和怜悯共情的体验方式，可以通过不同的冥想练习来达成<sup>②</sup>。受此启发，乔恩·卡巴金将"正念冥想"方法与心理科学相结合，并将它创造性地应用到临床心理治疗之中，创立了广为流传的"正念减压疗法"和"正念认知疗法"，在临床实践中取得了很好的效果，帮助有着不同症状的患者减轻了痛苦。后者以艾伦·兰格为主要代表的"西方阵营"根植于西方心理科学，其致力于解决的问题基点是"心神不宁"（mindlessness），它与"正念"犹如一块硬币的两面。"心神不宁"的问题成因是个体在面对复杂的问题情境时，由于受到原有认知、周边环境等因素干扰，往往容易做出错误决定或无法做出选择，进而产生心理压力、消极情绪或问题行为。艾伦·兰格解决此问题的方法被称作是"没有冥想的正念"，她主张通过创设一种新事物或新情境，来引导个体专注于当下，全心投入其中，进而减少心理压力、消极情绪或问题行为，这种方式同样在临床实践中被证明行之有效。

相比之下，上述两种方式存在一定的差异，关于"正念循环"的图示有助于我们更加直观地理解这一点（如图 1 所示），图 1 的上半部分呈现了"东方

---

① Ie A，Ngnoumen C T，Langer E J. The Wiley Blackwell Handbook of Mindfulness［M］.West Sussex：Wiley Blackwel，2014：1.

② Ie A，Ngnoumen C T，Langer E J. The Wiley Blackwell Handbook of Mindfulness［M］.West Sussex：Wiley Blackwel，2014：142.

阵营"正念心理疗法的原理,下半部分则呈现了"西方阵营"正念心理疗法的原理。其中上半部分的"静观"(observing)是指在自然状态下静观自身内在体验,借助于冥想技术;"不加反应"(non-reacting)是指抑制自身对任何事物的自动反应,包括身体、心理和言语上的反应。下半部分的"描述"(describing)是指用简单词汇说出当下自己耳闻目见的事物名称或表达出即时感受,仅停留于简单认知层面;"不作判断"(non-judging)是指抑制自身对感知到的信息做出任何价值判断。值得注意的是,居于中间的"专注"(concentration)是两者的交集部分,它是彼此之间的共性,两者均强调积极专注于当下。诚如艾伦·兰格所坦言,"无论是通过默许和鼓励我们调动所有感官注意新事物,还是通过冥想保持清醒状态,当我们变得专注时,其结果都一样。两种方式殊途同归,并非互不兼容和非此即彼。在具体情境下可能某一种相对更合适一些而已。比如,力主改变生活的人们可能会发现冥想更适合自己;而感觉冥想太难或太陌生的人们,则选择我所研究的正念方式可能更合适"[①]。可以说,两种不同路径的正念心理疗法迎合了不同受众的需求,在具体实践中发挥了各自的积极作用。

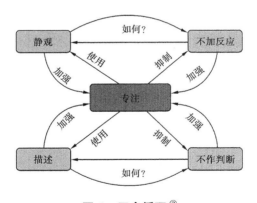

**图 1　正念循环**[②]

① Ie A, Ngnoumen C T, Langer E J. The Wiley Blackwell Handbook of Mindfulness [M].West Sussex:Wiley Blackwel, 2014:19.

② Gerhard Zarbock, Siobhan Lynch, Axel Ammann, Silka Ringer.Mindfulness for Therapists:Understanding Mindfulness for Professional Effectiveness and Personal Well-Being [M].West Sussex:Wiley Blackwell, 2015:16.

　　总体而言，正念心理疗法的着眼点是"主观幸福感"，其通过专业的技术干预，引导个体专注于当下，帮助当事人从消极的状态中抽离出来，减轻当下的"不乐"，以实现即时性的"乐"。临床实践表明，这是一种富有成效的改善个体生命质量的方式。当然，倘若我们对"不乐"与"乐"的这个问题继续探究下去，那么无法回避的一点是：当个体减轻了当下的"不乐"，是否意味着其就会产生真正的、持久的"乐"了呢？关于这点，西方的一些心理学家给予了一定的回答。比如，马丁·塞里格曼（Martin E.P.Seligman）将当下之"乐"（happiness）区分为两种情况："高兴"（pleasures）和"乐趣"（gratifications），他认为，"前者之'乐'带有鲜明的感官和强烈的情感成分，哲学家们称之为'粗感受'（raw feels），如：狂喜、惊喜、高潮、欣喜等，它们会逐渐消逝，而且是不假思索的。后者之'乐'是我们非常热衷去做的，但它们不一定伴随'粗感受'，我们全情投入，沉浸和享受其中，甚至于彻底忘我。相比而言，后者更为持久，涉及不少探索与精力投入，不大容易适应，而且与我们自身的力量和德性有关"①。据此，我们回头审视一下正念心理疗法，不难发现，其所关注的当下之"乐"基本停留于"粗感受"层面，大体上属于前一种情况。马丁·塞里格曼提到的第二种情况得到了另一位心理学家米哈里·契克森米哈（Mihaly Csikszentmihalyi）的研究印证，他对多个行业的精英人士曾经有过的最佳快乐体验进行访谈笔录，结果发现多数人不约而同地用一个叫作"心流"（flow）的词汇描述了一种浑然忘我、乐在其中的沉浸式高级生命体验状态，而且他同样提到了更持久的快乐与个体自身的力量和德性有关的观点②。他们的这一观点相当富有见地，让人不由得想要回到那个东西方哲人辈出的"轴心时代"去寻找可以印证的类似智慧。

① Martin E.P.Seligman.Authentic Happiness：Using the New Positive Psychology to Realize Your Potential for Lasting Fulfillment［M］.New York：Free Press，2002：83.

② Mihaly Csikszentmihalyi.Flow and the Foundations of Positive Psychology［M］.Berlin：Springer，2014：239-245.

## 二、儒家主敬工夫：侧重于从"个人价值观和志向"入手来改善生命质量

我们不妨先来看看西方先哲们的幸福观，如：苏格拉底认为，"美德和真正的幸福是一致的，如果一个人不节制、勇敢、明智和正直，就不会幸福"①。柏拉图认为，"有理性的生活即有德性的生活，是至善。过这种生活，才有幸福"②。亚里士多德认为，"欢乐是有德性的活动的必然和直接的结果，但不是生活的目的。欢乐是活动的完成，是某种附加物。活动最完善时，最使人感到欢乐"③。当我们再对照地来学习同时代的孔子和老子等中国先圣的智慧时，既会有一种亲切感，也会有一种自豪感。感到亲切的原因是，东西方先哲所触摸到的人类终极智慧几乎如出一辙；感到自豪的原因是，中国先圣的许多智慧显得更加精妙与高明。这种精妙与高明，很重要的一点体现在，以儒释道三家为代表的中国传统学问是以"生命"为其根本。诚如梁漱溟先生所言，"东方学术的根本，就在拿人的聪明回头来用在生命的本身上。此工夫则以儒家为彻底，他就是专门去开发你的自觉，并无另外的反观内观，他让当下自觉更开大"④。他还说，"儒家之所谓圣人，就是最能了解自己，使生命成为智慧的。普通人之所以异于圣人者，就在于对自己不了解，对自己没办法，只往前盲目地机械地生活，走到哪里是哪里"⑤。可以这么说，儒家的学问不仅回答了真正的、持久的"乐"源自哪里，它还回答了如何才能获得这样的"乐"。下面着重讨论一下这两点：第一，关于"真正的、持久的'乐'源自哪里"。当我们诵读儒家古书原典的时候，时常会感受到一种心有戚戚的莫名之"乐"，书中古代圣贤们的活泼泼生命气象潜

---

① 梯利.西方哲学史［M］.葛力译.北京：商务印书馆，1995：57.
② 梯利.西方哲学史［M］.葛力译.北京：商务印书馆，1995：71.
③ 梯利.西方哲学史［M］.葛力译.北京：商务印书馆，1995：92.
④ 梁漱溟.朝话：人生的省悟［M］.北京：世界图书出版公司，2010：155-156.
⑤ 梁漱溟.朝话：人生的省悟［M］.北京：世界图书出版公司，2010：146.

移默化地影响着我们。这或许正是中国儒家学问的精妙与高明之处，因为它是一门关于人的生命体验的学问。在儒家先贤心目中，真正的、持久的"乐"是从自己的内心生发出来的，而不是可以从外边攫取来的。举例来说，《论语》开篇第一章就涉及了这个问题，"学而时习之，不亦说乎？有朋自远方来，不亦乐乎？人不知而不愠，不亦君子乎？"（《论语·学而》）这里的"悦""乐"和"君子"是三重渐次升华的内心快乐体验。具体体现在：第一重内心体验：悦。当我们读到"学而时习之，不亦说乎"时，不禁要问：为何古人学习会感到愉悦，而多数今人则不然呢？"古之学者为己，今之学者为人。"《论语·宪问》中的这句话道明了其中缘由。因为古人之所学是指归自己的内在生命力开发的，他们专心致志于务本——开发人之光明本性（或"明明德"），心向光明，日省其身，日新其德。当身上的机械性（或"动物性"）一天比一天少去，生命力一天比一天活泼，岂能不悦？今之学者则以"弃本逐末"者或"心役于物"者居多，当其日复一日处于心驰神散的状态，生命力一天天无谓损耗，又岂能愉悦得起来？

第二重内心体验：乐。当"修己"到一定程度之后，才有"安人"可言，正所谓"修己以安人"（《论语·宪问》）。"修己"之乐与"安人"之乐有所不同，前者是"独乐"，后者是"与人同乐"，诚如孟子所说："独乐乐，不若与人乐乐。"（《孟子·梁惠王章句下》）此外，与志同道合的朋友交往，又有机会"见贤思齐"和"以友辅仁"，从朋友身上汲取到更多的生命力量，因而还可以继续叠加一层快乐体验。可见，这个阶段的"乐"较之于前一阶段有了升级，所以朱子解释"乐"的特征是"发散在外"[①]。

第三重内心体验：君子。乍看起来，"君子"一词与"悦""乐"不是一个语脉，似乎不属于"乐"的范畴，实则不然。孟子说："君子深造之以道，欲其自得之也。"（《孟子·离娄章句下》）这里的"君子"是一种自得其乐的状态。正像孔子那样，"饭疏食饮水，曲肱而枕之，乐亦在其中矣。"（《论语·述而》）

---

① 朱熹.四书章句集注［M］.北京：中华书局，2012：47.

像颜回那样，"一箪食，一瓢饮，在陋巷。人不堪其忧，回也不改其乐。"（《论语·雍也》）这种"乐"浑然忘我，乐在其中，妙不可言，已近乎极致。

第二，关于"如何才能获得这样的'乐'"。如前所述，"君子"之乐是儒家先贤所追求的最高境界的"乐"。那么，如何才能接近这样的状态呢？《论语·宪问》第 45 章对此做了很好的回答，"子路问君子。子曰：'修己以敬。'""修己以敬"即"主敬"，这是一项修身工夫，其核心要义是："己"是"敬"的生命主体，"敬"是"己"的自觉行为。因而"主敬"是一项"生命自觉"的修身工夫。以《论语》为例，整本《论语》共出现了 21 次"敬"字，另外与"敬"字密切关联的"礼"（凡礼之体主于敬[1]）字出现了 75 次，"恭"（恭，致敬也[2]）字出现了 13 次，"忠"（忠，敬也[3]）字出现了 18 次，合计共有 127 次。这么高的出现频率，足见"主敬工夫"之于儒家学问的重要程度。那么，究竟何谓"敬"？朱熹先生释曰："敬者，主一无适之谓"[4]。通俗地理解，"敬"即是将心专注于"一"处（这与"正念"可谓异曲同工）。所谓"主敬"，则是自觉主动地将心专注于"一"处。那么这个"一"又该如何理解呢？这个"一"是儒家学问的关键。这里我们需要区分一下两个层面的"一"：

终极层面的"一"。陆九渊先生对这个终极的"一"有着洞彻之见，他认为"盖心，一心也，理，一理也，至当归一，精义无二，此心此理，实不容有二。故夫子曰：'吾道一以贯之。'孟子曰：'夫道一而已矣。'仁即此心也，此理也"[5]。概言之，"仁"即是这个终极之"一"。"仁"是"本心之全德"[6]，是人之本体。所谓"明明德"要"明"的正是这个本体。只有"知止"于这个终极层面的"一"，专注于完善自身，最终才有实现"自得其乐"之可能，正所谓"知止而后有定，定而后能静，静而后能安，安而后能虑，虑而后能得。"（《大学》）

① 朱熹.四书章句集注［M］.北京：中华书局，2012：52.
② 朱熹.四书章句集注［M］.北京：中华书局，2012：52.
③ 许慎.说文解字［M］.北京：中华书局，2013：216.
④ 朱熹.四书章句集注［M］.北京：中华书局，2012：49.
⑤ 陆九渊.陆九渊集［M］.北京：中华书局，1980：4-5.
⑥ 朱熹.四书章句集注［M］.北京：中华书局，2012：133.

"知止"是定、静、安、虑、得的前提。

具体层面的"一"。学者明确了"知止"，或者说辨明了人生"志向"，也就明确了儒家主敬工夫的方向问题，它是向内发力的。紧接着需要解决如何"明明德（或开发'仁'）"的问题，《论语·子路》"樊迟问仁"中对此做了明示。孔子说："居处恭，执事敬，与人忠。"这里区分了三个具体情形的主敬工夫，分别是：对己、对事、对人。儒家特别强调在日常生活中下功夫，譬如："非礼勿视，非礼勿听，非礼勿言，非礼勿动。"（《论语·颜渊》）"君子有九思：视思明，听思聪，色思温，貌思恭，言思忠，事思敬，疑思问，忿思难，见得思义。"（《论语·季氏》）《论语·乡党》更是一整篇涉及了衣食住行等各个方面下主敬工夫的具体细节。总之，日常生活中，对己、对事、对人时刻都要专心致志，尽心投入，正所谓"战战兢兢，如临深渊，如履薄冰"（《诗经·小雅》）。

总体上看，"儒家主敬工夫"侧重于从"个人价值观和志向"入手来改善个体的生命质量，依靠个体生命自觉的力量，通过辨明人生志向，在日常生活中对己、对事、对人切实下功夫，注心于一处，沉浸体验一种高级的生命状态。

## 三、两者之异同比较及其各自之于改善个体生命质量的实践启示

### （一）两者之异同比较

通过上述讨论，我们可以看到，正念心理疗法和儒家主敬工夫之间既有联系，又有区别。两者之间的联系在于都强调从个体的主观因素入手来改善生命质量，都强调"专注"，各自之于个体生命质量的改善均有实际助益。两者之间的区别主要表现在：

1. 着眼点有所不同

前者的着眼点侧重于个体的"主观幸福感"，停留于"粗感受"层面的即时性初级情绪体验之"乐"；后者的着眼点侧重于"个人价值观和志向"，更看重沉浸式的高级生命体验之"乐"。相比之下，后者的着眼点更加深层一些。

2.主动性程度有别

前者更加依赖于适度的外力支持来改善个体生命质量，是一种外导的方式；后者更加注重个体清醒的生命自觉力量，是一种内生的方式。相比之下，后者的主动性程度更强一些。

3.效验感有所差异

前者见效快，易建立信心，但难以持久；后者用功实，投入大，但更为持久有效。相比之下，后者的效验感更加持久，更趋向于实现人生终极意义的幸福体验。

**（二）两者之于改善个体生命质量的实践启示**

实践证明，正念心理疗法和儒家主敬工夫之于改善个体的生命质量均具有切实裨益。主要表现在：

1.正念心理疗法之于改善个体生命质量的启示：专注当下，减轻"不乐"

正念心理疗法已构建了一套具有操作性的、结构化的正念训练体系，并逐步把它与人们的日常生活联系起来，比如：静坐冥想、身体扫描、正念瑜伽、正念徒步、正念吃饭、正念日记等。正是由于它具有操作性强、贴近生活和疗效显著等优势，因而具有非常强劲的生命力，一经问世便很快得以传播，如今已被许多国家或地区广泛应用于各个领域，教育领域自然也不例外。在诸多相关研究者中，尤以美国的帕克·帕尔默（Parker J.Palmer）最具代表性。他于1997年创立了"勇气与恢复中心"（Center for Courage & Renewal），该中心旨在通过培养个人和专业的真诚以及付诸行动的勇气，来创造一个更加公正、善良和健康的世界。帮助个体恢复勇气是它的一项中心工作，成千上万的教育工作者参与该中心的勇气恢复项目，其所采用的核心技术正是正念心理疗法。他用实践证明了正念心理疗法之于改善个体生命质量的意义，那就是：专注当下，减轻"不乐"。

2.儒家主敬工夫之于改善个体生命质量的启示：生命自觉，"乐"在其中

"在平日里与中小学教师的交往过程中，我们发现，带有消极情绪的'我很忙'是他们时常挂在嘴边的一个高频词汇。教师们总喊'忙'表面上看是因为

其有太多工作来不及去做而发出的无奈抱怨，实则不尽然，这或许还预示着他们的本心迷失了，每天疲于应付的自己并非真实的、完整的自己。这种'自我解体'所带来的'莫名焦虑'恐怕才是其关键的负担之所在"[①]。因而，教师的外在工作负担倒是其次，其本心迷失才是关键。儒家主敬工夫专注于人的本心开发，强调将驰散在外的心神收回到自己的腔子里，注心于一处。诚如孟子所言，"学问之道无他，求其放心而已。"（《孟子·告子章句上》）而且儒家学问是一门"体验之学"，它崇尚知行合一、以行为主的理念，只有一天天踏实践行主敬工夫，才能真正体验到乐在其中的高级生命体验状态。实践表明，儒家主敬工夫对于改善个体生命质量具有特殊意义，即：生命自觉，"乐"在其中。

值得一提的是，我们尝试着将正念心理疗法和儒家主敬工夫运用到了具体的教育实验中，比如：自 2016 年以来，我们分别在面向卓越师范生实验班的职前培养和面向中小学教师的职后培训中，实践了以正念心理疗法和儒家主敬工夫为基础的"晨跑晨读日课"，旨在帮助师生个体调理自己的生命质量。"晨跑日课"主要指向改善个体"物理生命"质量，其核心要领是在每日晨跑过程中反复诵念"脊柱挺、肩膀松、脚下扣"九字诀，并以此专注调理自己的跑步姿势，在不断地正念跑步过程中不知不觉地改善身体素质和精神状态；"晨读日课"主要指向改善个体"精神生命"质量，其核心要领是在每日诵读儒家经典的时候做到"三到"，即：眼到、口到、心到，积极专注于当下，在一轮一轮与经典静心对话、下笃实的主敬工夫过程中，渐渐修养自己的心灵，寻回完整的本心。我们的实验假设是：长期坚持基于正念心理疗法和儒家主敬工夫的日课实践，师生个体的生命质量将会有明显改观。六年多实践下来，我们发现：日课坚持得好的师范生和一线中小学教师，其内心向上的力量和积极乐观的状态的确明显占优，其在工作单位的综合表现亦明显占优[②]。目前，相关教育实验仍在持续

---

① 何伟强.从"学科人"到"自觉人"："双减"背景下教师的角色定位转向［N］.浙江教育报，2021-09-08.

② 黄铁成，何伟强.基于"校长—教师—家长—学生共同日课"的志向养成教育实践［J］.小学生（中旬刊），2021（11）：81-82.

进行中，更多的实验成效尚在追踪观察之中，我们渐趋形成的基本认识是，个体生命质量的改善离不开两个基本条件：一是适度的外力支持；二是清醒的生命自觉。其中，适度的外力支持是必要条件，清醒的生命自觉是充分条件，两者共同构成个体生命质量改善的充要条件，缺一不可。正念心理疗法和儒家主敬工夫之所以有助于个体生命质量的改善，主要缘于前者着眼于提供适度的外力支持，后者着眼于培育清醒的生命自觉，两者共同指向个体生命质量的改善。

【作者简介】何伟强，浙江外国语学院教育学院 / 教育治理研究中心教授，主要从事基础教育治理研究。

# 校长治理能力内涵、结构、模型、测评的研究演进与展望 *

## ——基于知网和 WOS 文献突现分析

袁晖光　范哲铭

## 【导言】

　　校长治理能力的内涵、结构、模型和测评研究旨在回答校长治理能力是什么、由哪些能力模块构成、能力模块之间的内在逻辑关系是什么，以及如何开发相关观测量表性工具进行检验四个序贯相连的核心问题。准确聚焦校长治理能力四维研究的真空地带和学术增长点，有助于进一步推进校长治理能力相关理论和实践研究向纵深发展。通过 Citespace 文献突现分析筛选出代表性文献并进行适度文献扩展，系统梳理校长治理能力四维研究领域的已知和未知，结果表明，校长治理内涵研究需以清晰的内涵界定为基础吸纳现有实证研究成果，进一步完善和细化校长治理能力的全纳性结构框架。模型研究需要在理论框架基础上，借鉴邻域模型内容要素，开发可供检验的校长治理能力本体模型。测评研究则需要在本体模型建构的基础上，借鉴其它校长相关能力测评的研究路径和范式，扎根中国大地开发具有本土适用性的工具量表进行测评。

　　校长是学校治理的关键变量。校长治理能力提升是教育机构有效发挥教育

──────────

　　* 项目资助：研究阐释党的十九届五中全会精神国家社科基金重大项目"二元经济转型视角下中国新型城乡关系构建研究"（21ZDA053）

效能,教育事业实现高质量发展,将党和国家实现办好人民满意教育目标落到实处的必要前提。国内外学者专门针对校长治理能力的研究刚刚起步,取得的相关成果和重要结论还没有得到系统的梳理。客观认识校长治理能力需要系统回答的内涵、结构、模型和评价等核心问题到底取得了哪些研究进展和共识尚不清晰,聚焦这些核心问题的代表性文献所引领的研究趋势、前沿性问题和主流研究方法也没有得到系统提炼和归纳。为了找到校长治理能力相关的研究真空和学术增长点,本文基于中国知网 CSSCI 和 WOS 的 SSCI 数据库,运用 Citespace 软件提供的共被引突现分析技术,对国内外公开发表的"校长治理能力"相关研究的代表文献进行筛选。根据筛选结果,补充部分突现文献所引用的重要文献,确定文献分析范围。在文献分析基础上进一步运用人为抽象方法对上述代表性文献进行思辨提炼,沿着应然框架构建—实然检验筛选—未然抽象提炼的思路,分三部分报告研究结果,具体如下:第一部分从理论应然的角度,基于内涵、结构、模型与测评四个维度论述整体分析框架;第二部分从实然检验的角度,运用突现分析筛选相关研究的代表性文献;第三部分从未然抽象的角度,基于现有研究结论,推论校长治理能力研究的未来学术增长点。

## 一、校长治理能力研究四维核心问题:一个应然综述框架

校长治理能力研究需要解决四个核心问题,即校长治理能力的内涵是什么?能力结构是什么?能力模块和子模块之间可验证的逻辑关系是什么?开发什么样的工具对校长治理能力进行测评?校长治理能力内涵作为第一层次的本体论问题,旨在清晰界定校长治理能力这一概念的本质属性和领域边界。结构作为第二层次的本体论问题,旨在明确解析校长治理能力内部的要素范畴结构。模型作为第一层次的方法论问题,力求在本体论认识的基础上探讨形式化或模拟抽象校长治理能力结构的具体方法。测评作为第二层次的方法论问题,旨在基于能力的结构模型探讨开发测评工具量表和进行相关循证检验的具体方法。

从内涵和结构来说，基于内涵和结构的本体论研究结论为模型和测评方法论研究提供必要的理论预设基础，关于校长治理能力本体论认识的理论预设越客观全面，越接近校长治理能力的核心本质和客观真相，则越可能获得来自校长治理的模型模拟和经验测评的实证支持。从模型和测评来说，科学客观的研究才能得到有关校长治理能力的全面客观的评价。基于模型和测评的方法论研究结论为校长治理能力本体论认识提供实证检验和经验证据。校长治理能力的本体论认识，最终需要接受实践的检验，而理论上的校长治理能力构成是不是在实践中确实能够起作用，不仅需要实践个案佐证，更需要借助科学客观的评价方法，开发适用工具，基于可观测的行为数据，对校长治理能力进行质性和量化两方面的分析、测评和检验。校长治理能力的模型和测评方法研究不仅可以为现有理论框架提供证实或证伪的经验证据，还有助于在质性和量化检验的基础上进一步发现个案背后的关于教育治理能力和实践方法的规律性现象。综上所述，对于上述四个核心问题的研究是一个螺旋上升过程，共同推动校长治理能力理论和实践研究不断向纵深发展。校长治理能力的内涵、结构、模型和测评研究四维核心内容共同构成了校长治理能力认识的一个逻辑小循环，即厘清校长治理能力的内涵和结构，构建校长治理能力模型，并在本体论理论研究的基础上完成关于校长治理能力的测评与检验。值得注意的是，完成上述研究过程并非对于校长治理能力认识的完结，而是新一轮认识的开始，通过检验结果和新的发现可以进一步修正和深化关于校长治理能力内涵和结构的认识。

需要说明的是，内涵—结构—模型—测评四维认识对象仅为校长治理能力的一个应然分析框架。实然的校长治理能力四维核心问题探究并非总是遵循内涵—结构—模型—测评的序贯应然逻辑。但无论从哪个逻辑环节入手对校长治理能力进行研究，最终都需要全面回答四维核心问题。也只有将四个核心问题都认识清楚，关于校长治理能力的认识才能更加接近关于校长治理能力的本质。

## 二、中外校长治理能力文献突现分析：代表性研究成果

为确定校长治理能力内涵、结构、模型和测评的代表性研究成果，需要通过精准确定检索范围，进行文献突现分析，筛选出校长治理能力研究四个主题的代表性作者和文献。为实现这一研究目标，本文将篇名作为检索项，围绕治理内涵、结构、模型和评价四个检索词分别对 CNKI 的 CSSCI 和 Web of Science 的 SSCI 文献进行检索，借助 CiteSpace 软件（潘黎，2015）[①] 进行文献计量分析。

### （一）基于中文文献的突现分析

在知网中以校长作为篇名检索词的 2289 篇文献中，分别以能力、胜任力和领导力为检索词进行二次检索，排除重复文献和与具体工作、任务能力相关的研究文献后，共计获得 192 篇文献。

对上述中文文献检索结果进行关键词突现分析发现，"治理能力"以 2.19 的突现强度值排在各个研究主题首位。将分析结果按照突现出现时间进行排序，分析结论如图 1 所示。在校长治理能力研究领域，最早形成的研究热点出现在 2010 年和 2012 年，主要包括"校长培训""学校改进""专业发展"和"学校发展"。领导者、校长治理和胜任力研究热点出现相对较晚，分别出现于 2015 年、2019 年和 2021 年。突现分析得出的研究热点时间轨迹反映了这一研究领域的理论发展逻辑。一个可能的解释是校长治理能力研究领域以校长领导为上层研究领域，与校长胜任、校长专业、专业培训、学校改进为关联领域。校长治理能力与领导力和胜任力为相邻概念。校长治理能力研究是在校长专业化发展的理论框架下，研究如何开展校长培训进而促进学校改进和发展的过程中，围绕新出现的治理问题，从校长领导力和胜任力研究中分离出来并逐渐形成的

---

① 潘黎，邱淞 .21 世纪以来国际学界学生学习研究的热点、趋势和走向——基于 WOS 检索平台 2000—2014 年"学生学习"主题词文献共被引网络图谱的分析 [J]. 教育研究，2015，36（07）：126- 135.

新研究文献群。从时间趋势看，校长治理能力研究需要以上级研究领域研究结论为基础，以关联研究领域的研究成果为借鉴，通过明晰划定自身的概念和范畴边界，阐明范畴之间的应然逻辑，构建完整的校长治理能力体系基本理论内核。

## Top 10 Keywords with the Strongest Citation Bursts

| Keywords | Year | Strength | Begin | End | 2000 - 2022 |
|---|---|---|---|---|---|
| 校长 | 2000 | 1.03 | **2006** | 2006 | |
| 校长培训 | 2000 | 1.23 | **2011** | 2013 | |
| 学校改进 | 2000 | 1.67 | **2012** | 2013 | |
| 专业发展 | 2000 | 1.23 | **2012** | 2012 | |
| 学校发展 | 2000 | 0.69 | **2012** | 2013 | |
| 科研校长 | 2000 | 1.25 | **2015** | 2015 | |
| 办学实践 | 2000 | 1.25 | **2015** | 2015 | |
| 治理能力 | 2000 | 2.19 | **2017** | 2019 | |
| 领导力 | 2000 | 1.24 | **2019** | 2020 | |
| 胜任力 | 2000 | 1.74 | **2021** | 2022 | |

**图 1　校长治理能力研究中文文献关键词突现分析结果（以时间为序）**

对上述中文文献检索结果进行作者突现分析，得出突现强度排在前十位的突现作者及其在校长能力研究领域的代表性文献，结果如表 1 所示。其中，突现强度排名第 1 位的代表作者卢乃桂，在 2010 年—2012 年发生文献突现期间，发表相关文献 8 篇，主要研究专题为校长培训。突现强度排名第 2 位的代表作者张东娇，在 2006 年— 2008 年发表相关文献 10 篇，主要研究专题为校长胜任力。突现强度排名第 3 位的代表作者宣勇，在 2014 年—2015 年发表相关文献 10 篇，主要研究专题为校长专业化发展与治理能力。

表 1　按照被引频次筛选的突现作者代表文献列表

| 序号 | 被引频次 | 突现率 | 作者 | 年份 | 文献 | 文献来源 |
|---|---|---|---|---|---|---|
| 1 | 41 | 1.89 | 卢乃桂 | 2010 | 中国校长培训政策的延续与变革（1989—2009） | 清华大学教育研究 |
| 2 | 63 | 1.67 | 张东娇 | 2006 | 英、美中小学校长胜任特征模型对中国校长管理制度的启示 | 比较教育研究 |
| 3 | 31 | 1.51 | 宣勇 | 2015 | 治理视野中的我国大学校长管理专业化 | 中国高教研究 |
| 4 | 149 | 1.45 | 张爽 | 2007 | 校长领导力：背景、内涵及实践 | 中国教育学刊 |
| 5 | 7 | 1.21 | 窦贵君 | 2007 | 现代校长应具备的学校领导能力 | 中国教育学刊 |
| 6 | 22 | 1.19 | 王飞 | 2011 | 论大学校长的主体性——教育家型大学校长成长的路径设计 | 中国高教研究 |
| 7 | 28 | 1.17 | 张雷 | 2014 | 中小学校长领导力问题探析 | 教育发展研究 |
| 8 | 22 | 1.13 | 李敏 | 2013 | 教育家型校长的角色定位及培养策略 | 教师教育研究 |
| 9 | 18 | 1.13 | 林天伦 | 2012 | 我国中小学校长胜任力研究述评 | 教育科学研究 |
| 10 | 30 | 1.1 | 刘志华 | 2015 | 以学习为中心的校长领导力与教师领导力关系研究 | 华南师范大学学报（社会科学版） |

数据来源：以作者、年份和标题为检索项的中国知网检索结果

### （二）基于英文文献的突现分析

基于 WOS 数据库中的 SSCI 文献库，以"principals"作为篇名检索词进行一级检索的基础上，分别以"governance""lead""leadership""abilities""capabilities""competence""competency"为篇名检索词进行二次检索，并在检索结果中排除重复项，共计获得 382 篇文献。

对上述英文文献检索结果进行关键词突现分析发现，突现强度值（strength）排在前五位的关键词分别为"principal leadership""performance""efficacy"

"instructional leadership" 和 "China"，突现强度值分别为 3.91、3.37、3.18、
2.97 和 2.88。突现分析得出的外文研究热点反映了这一研究领域的理论发展逻
辑。与中文文献不同，国外校长研究领域的热点集中于"校长领导""绩效""成
效""教学领导"和"中国"研究。根据 CiteSpace 分析结果，"校长治理"外文
相关研究相对比较集中出现的时间是 2013 年—2014 年。突现值为 1.17，突现
强度排在第 25 位，表明校长治理在外文语境下的研究热度相对较低，持续时间
相对较短。将分析结果按照突现出现时间进行排序，分析结论如图 2 所示。在
校长能力研究领域，最早形成的研究热点出现在 2011 年。热点出现顺序为"校
长领导""教学领导""南非""绩效""大数据分析""成就""公民行为""功
效""中国"和"学校发展"。分析结果表明，2013 年形成的对南非的地域性校
长研究热点从 2019 年开始向中国转移。研究热点的时间轨迹可以反映研究发展
的历史逻辑。在校长能力研究外文文献群中，"校长领导"是相对上层的研究领
域，在校长领导这一领域框架下逐渐开展关于"教学领导""绩效""大数据分
析""成就""公民行为""功效"和"学校发展"等专题探讨。研究地域热点之
所以从南非向中国转移，并在 2020 年—2022 年获得高达 2.88 的较高突现强度
且研究热度至今未减，可能与中国参加 PISA 测试且成绩斐然有重要关联。

Top 10 Keywords with the Strongest Citation Bursts

| Keywords | Year | Strength | Begin | End | 2009–2022 |
|---|---|---|---|---|---|
| principal leadership | 2009 | 3.91 | 2011 | 2016 | |
| instructional leadership | 2009 | 2.97 | 2013 | 2016 | |
| south africa | 2009 | 2.23 | 2013 | 2018 | |
| performance | 2009 | 3.37 | 2015 | 2018 | |
| metaanalysis | 2009 | 2.07 | 2016 | 2018 | |
| achievement | 2009 | 2.06 | 2015 | 2018 | |
| citizenship behavior | 2009 | 2.05 | 2015 | 2018 | |
| efficacy | 2009 | 3.18 | 2019 | 2022 | |
| china | 2009 | 2.88 | 2019 | 2022 | |
| school improvement | 2009 | 2.08 | 2019 | 2020 | |

图 2　关键词突现分析结果（以时间为序）

对上述英文文献检索结果进行参考文献突现分析，突现值越高，表明单篇文献的集中引用程度越高。突现强度排在前十位的突现被引文献如表 2 所示。其中，突现强度排名第 1 位的代表文献为 How School Leadership Influences Student Learning：a Test of "The Four Paths Model"，发表于 2020 年，作者为 Leithwood Kenneth，研究主题为校长领导力对学习成绩的影响。突现强度排名第 2 位的代表文献为 Principal Instructional Leadership，Teacher Self-Efficacy，and Teacher Professional Learning in China：Testing a Mediated-Effects Model，发表于年 2018，作者为 Liu，SN，研究主题为校长教学领导力。排名第 3 位的代表文献为 The Interpersonal Challenges of Instructional Leadership：Principals' Effectiveness in Conversations About Performance Issues，发表于 2015 年，作者为 Robinson Viviane M.J.，研究主题为教学领导力与效能。

表 2  被引文献突现分析结果（以强度为序）

| 序号 | 被引频次 | 突现率 | 作者 | 年份 | 文献 | 来源 |
|---|---|---|---|---|---|---|
| 1 | 36 | 4.89 | Leithwood, Kenneth | 2020 | How School Leadership Influences Student Learning：A Test of "The Four Paths Model" | Educational Administration Quarterly |
| 2 | 54 | 4.12 | Liu，SN | 2018 | Principal Instructional Leadership，Teacher Self- Efficacy，and Teacher Professional Learning in China：Testing a Mediated- Effects Model | Educational Administration Quarterly |
| 3 | 38 | 3.99 | Robinson, Viviane M.J. | 2015 | The Interpersonal Challenges of Instructional Leadership：Principals' Effectiveness in Conversations About Performance Issues | Educational Administration Quarterly |

| 序号 | 被引频次 | 突现率 | 作者 | 年份 | 文献 | 来源 |
|---|---|---|---|---|---|---|
| 4 | 242 | 2.96 | Louis, Karen Seashore | 2010 | How does leadership affect student achievement? Results from a national US survey | School Effectiveness And School Improvement |
| 5 | 204 | 2.78 | Neumerski, ChristineM. | 2013 | Rethinking Instructional Leadership, a Review: What Do We Know About Principal, Teacher, and Coach Instructional Leadership, and Where Should We Go From Here? | Educational Administration Quarterly |
| 6 | 32 | 2.61 | Hallinger, Philip | 2017 | Assessing the effects of Learning-Centered Leadership on Teacher Professional Learning in Thailand | Teaching And Teacher Education |
| 7 | 256 | 2.45 | Supovitz, Jonathan | 2010 | How Principals and Peers Influence Teaching and Learning | Educational Administration Quarterly |
| 8 | 78 | 2.27 | Clarke, Simon | 2017 | Educational Leadership and Context: A Rendering of an Inseparable Relationship | British Journal Of Educational Studies |
| 9 | 127 | 2.22 | Gris som, JA (Grissom, Jason A.) | 2013 | Effective Instructional Time Use for School Leaders: Longitudinal Evidence From Observations of Principals | Educational Researcher |
| 10 | 22 | 2.22 | Bush, T (Bush, Tony) | 2014 | Instructional and transformational leadership: alternative and complementary models? | Educational Management Administration & Leadership |

上述中外代表性研究成果所涉及的作者和文献既包括卢乃桂、Hallinger、Leithwood 等国内外校长研究知名学者，也包括一些代表作者的新节点文献。文献分析表明，这些文献的思想、观点、方法或结论在学术界产生了实质性影响，已经成为一种研究趋势。为了突出重点，同时又避免明显文献遗漏，下文综述将以上述突现代表性文献和作者为圆心，对代表作者的其他经典文献和代表文献所引用的重要作者文献做适当扩展。

基于校长治理能力研究文献突现分析结果，对筛选和识别出的中外代表性文献进行深入研读和分析，由已知到未知推论校长治理能力研究前沿，发现校长治理能力在内涵、结构、模型和测评四个维度已经获得许多重要共识，并且在已有认知的基础上，四个研究方向分别呈现出下述发展趋势。

## 三、校长治理能力内涵：从本质溯源到边界探究

### （一）校长治理能力本质内涵探究

校长治理能力内涵研究的核心任务是探究校长治理能力的核心本质，需要从是什么和不是什么的双重视角，厘清自身与其它关联概念的边界。代表性文献涵盖学者关于校长一般能力的研究成果，校长领导力和胜任力等关联概念的研究成果，以及校长治理能力本体内涵的研究成果。

从一般意义看能力内涵，能力是指主体所应具备的一般性心理能力、一般性动作能力以及综合活动能力。其中，综合活动能力是人的心理能力和动作能力在人的活动中的综合体现。管理者或领导者在教育管理活动或教育领导活动中表现出来的教育管理能力和教育领导能力就是这种综合活动能力的体现[①]。美国芝加哥大学佛罗因德杰出贡献教授玛莎·努斯鲍姆（2011）构建了一个人类核心能力清单，具体包括"生命、身体健康、身体完整、感觉—想象—思考、情感、实践理性、从属关系、其他物种、娱乐和控制环境 10 个平等关联，且无

---

① 孙绵涛.学生能力结构之我见［J］.湖北教育学院学报，1984（03）：24-27.

法互相取代的核心能力"①。

从邻域概念关照校长治理能力内涵，基于节点文献分析，与校长治理能力高度相关的两个邻域概念是校长领导力和校长胜任力。萨乔万尼（1984）②认为，校长领导力可以被隐喻性地看作是一系列力量的组合，由领导之心、领导之脑和领导之手共同构成。领导之心是与领导个人愿景和价值观相联系的内心世界，负责塑造领导之脑。领导之脑是与心智和理论相关的思考与观念，是领导之手制定策略和开展行动的基础。萨乔万尼（1992）③在对传统的片面强调技术控制的外生性领导力进行批判的基础上提出了道德领导力的概念，即在校长之心的引领下，校长之脑对于校长之手的指挥才是校长领导力发挥作用的真正驱动力量。在萨乔万尼道德领导力研究基础上，孙绵涛（2012）④进一步提出，校长领导力具体指校长在领导学校过程中所具有的影响力，由基础要素、条件要素和场域要素三个能力要素所决定。在具体场域中，校长领导力是指在实现组织目标的过程中，领导者影响被领导者及部分利益相关者的能力以及领导者与被领导者和部分利益相关者之间的相互作用⑤。校长胜任力则概指"校长胜任校长本职工作所需要的显性与隐性特质"⑥，"是与一定的工作情景相联系的、按照一定的绩效指标能够区分优劣并可以通过培训加以改善和提高的个人潜在的、持久的特征，包括知识、技能、能力、特质、态度、动机和行为等多方面"特性⑦。

---

① Nussbaum M C.Creating Capabilities［M］.England：THe Belknap Press of Harvard University Press，2011.转引自杨兴华，张格儿.阿玛蒂亚·森和玛莎·努斯鲍姆关于可行能力理论的比较研究［J］.学术论坛，2014，37（02）：31-34.

② Sergiovanni T J.Leadership and excellence in schooling［J］.Educational Leadership，1984（05）：4-13.

③ Serglovanni T J.Moral leadership［M］.New York：Jossey-Bass，1992.

④ 孙绵涛.校长领导力基本要素探析［J］.教育研究与实验，2012（06）：54-57.

⑤ 张爽.校长领导力：背景、内涵及实践［J］.中国教育学刊，2007（09）：42-47+54.

⑥ 林天伦，陈思.我国中小学校长胜任力研究述评［J］.教育科学研究，2012（06）：48-53.

⑦ 张东娇，胡松林.英、美中小学校长胜任特征模型对中国校长管理制度的启示［J］.比较教育研究，2006（04）：50-55.

关于校长治理能力本体内涵的解析，中文代表性文献中代蕊华（2019）[①]以学校治理作为上位概念，认为学校治理是"教师、学生、家长、社区以及上级教育行政部门等主体通过一定的制度安排进行互动合作，采用有效的方式依法处理学校公共事务的过程"，因此校长治理能力特指"校长通过与教师、学生、家长等教育参与者的互动与协作，遵循相应的制度安排，采用有效的方式依法处理学校公共事务的一种能力"。这一概念界定是从校长治理的方法路径视角对校长治理能力的一种抽象和提炼。

### （二）未来将基于边界探究进一步明晰能力内涵

内涵研究是校长治理能力研究的起点也是目的。对一个事物或者现象内涵的认识起始于概念研究，并最终汇聚于概念形成。一个好的概念界定需要具有以下特性：表达形式应为属加种差；属要明确揭示事物现象的本质属性；种差不仅可以反映事物现象的要素内涵而且能够确定与相邻事物现象之间的边界。上述代表性研究为客观认识校长治理能力本质内涵提供了重要参考，而未来校长治理能力内涵研究的重点是进一步明确本质属性和特征性边界，具体来说：一方面需要更加关注与上位概念建立统一联系，突出校长一般能力在学校治理应用场域的特殊规定性。从校长治理主体特性、专业化发展来看，校长治理能力的提升要以校长专业化发展为载体，校长治校能力则是校长专业化发展的必要构成要素之一[②]。而学校治理产生的独特价值现象、对象现象和途径现象要求校长治理能力必然具有与其他校长能力所不同的内涵和外延。另一方面需要进一步厘清与相邻概念的清晰边界，细致区分校长治理能力相对于其他校长能力的种差性规定。具体包括，在对治理和管理上位概念进行种差区分的基础上，厘清校长治理能力与管理能力的联系和区别。如果管理和治理并非与校长实践活动集合完全重合，那么所需要的能力也必然不会完全相同，问题的关键是能够比较清晰地发现二者之间的交集与边界。校长治理能力与校长胜任力也并非

---

① 代蕊华，张丽凤.校长信息化治理能力：内涵、核心要素及提升策略［J］.教师教育研究，2019，31（05）：67-72.

② 宣勇.治理视野中的我国大学校长管理专业化［J］.中国高教研究，2015（01）：26-28.

等同概念。校长胜任力是将校长视为一个整体角色并探求其能力特质，内在要求校长需要同时扮演好教育者、领导者、治理者和管理者等多重角色，因此从治理视角对校长能力进行研究是校长胜任力研究向纵深发展的一个必要内容。校长治理能力的核心本质属性与校长领导力也不完全相同。二者既有重合又有交叉，主要表现在校长领导力的核心本质是影响力，其影响力的实现显然要依靠一般性能力和具体能力，其中就包括校长治理能力。

## 四、校长治理能力结构：从框架思辨到实证检验

认识校长治理能力结构的实质是对其基本能力构成进行解剖分析。现有节点性研究所取得的重要进展是从系统论的视角，基于思辨分析，通过借鉴相邻概念系统的范畴体系，构建了校长治理能力的基本构成要素或内部范畴架构。

### （一）校长治理能力框架思辨研究

从校长领导力视角的相关研究来看，国内外学者既有理论对话，也有本土建构。萨乔万尼的"五力领导"框架包括技术领导力、人际领导力、教育领导力、象征领导力和文化领导力。其中，技术领导力和人际领导力是校长的基本能力。技术领导力代表校长的组织力、危机时刻的应对和管理能力。人际领导力代表校长在人际关系上坦率而真诚，可以通过有效沟通营造富有凝聚力的团队。教学领导力、象征领导力和文化领导力则是优秀校长必须具备的能力，能为学校发展带来独特的道德价值[1]。孙绵涛（2012）[2]进一步确立了校长领导力结构的全纳性理论框架，包括基础要素、条件要素和场域要素三个部分。如图 3 所示，基础要素是指校长领导力形成的基础性要素，由校长的心理要素和动作要素构成。条件要素包括校长的职位要素及非职位要素。场域要素指的是校长

---

① Sergiovanni, T J.Leadership and excellence in schooling [J].Educational Leadership, 1984
（05）：4-13.

② 孙绵涛.校长领导力基本要素探析 [J].教育研究与实验，2012（06）：54-57.

在领导活动过程，领导内容和个人活动方面应具有的能力要素。在三要素结构中的场域要素中，窦贵君（2006）[1]认为校长为了实现学校可持续优质发展的治理目标需要具有前瞻性的教育理念引领能力、战略思考的创新决策能力、科学艺术的经营管理能力、见微知著的文化培育能力、人才强教的队伍建设能力和知人善任的团结凝聚能力。张雷（2014）[2]认为在学校治理的大背景下，校长应正确定位个人角色身份，提高个体领导力；改变传统的组织行为方式，发展团体领导力；开发学校共同愿景，构建愿景领导力；培养团队合作意识，增强文化领导力。Clarke（2016）[3]则另辟蹊径，基于环境因素视角认为校长应充分认识所处复杂环境的重要性、学敏锐感知所处环境的重要性、灵活运用策略的重要性、持续不断学习的重要性，对于围绕环境认知开展相关研究的重要性。窦贵君、张雷和 Clarke 的框架可视为萨乔万尼道德领导力和孙绵涛两层次三要素领导力子系统或子要素的进一步细化。

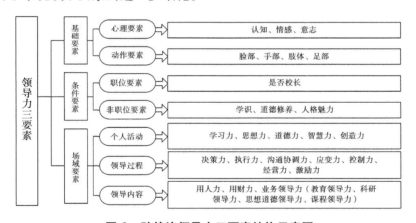

**图 3　孙绵涛领导力三要素结构示意图**

从校长胜任力视角看，根据"冰山理论"（Spencer，L.M.，Spencer，S.M，

① 窦贵君. 现代校长应具备的学校领导能力 [J]. 中国教育学刊，2007（09）：48-50.

② 张雷. 中小学校长领导力问题探析教育发展研究，2014，33（Z2）：93-98.

③ Clarke, S., O'Donoghue, T.Educational Leadership and Context: A Rendering of an Inseparable Relationship, British Journal of Educational Studies [J] .2016（09）：1-16.

1993）[1]，胜任力主要包括显性、中性和隐性三类共五个基本要素。知识和技能是显性要素，是露出水面的冰山，看得见并容易改变。特质和动机是隐性要素，是藏在水面下的冰山，不易触及、最难改变。自我和概念作为中性特征介于二者之间。从校长所需要扮演的角色看，校长可以具体化为教育者、领导者和管理者[2]。因此，校长胜任力既包括处理具体事务所需要的知识、技能等显性特质，也包括影响行为的态度、情感、价值观等隐性特质[3]。

从校长专业化发展视角看，国家提升校长治理能力的基本方向是将校长从其他角色中分离出来，通过大力推动校长专业化发展，提升校长的治校水平。为此，需要从政府和学校两个主体协力推动校长的管理专业化水平。政府主体应通过制度供给的方式，在党委领导下的校长负责制中，从负责动力、负责权力和负责能力的"三力"维度提升校长管理的专业化水平。学校主体应基于"专心事业""专长从业"和"专门职业"三个维度提升自身的管理专业化水平[4]。

在信息化发展大背景下看校长治理能力，其核心架构包括信息化引领能力、信息化协调能力、信息化建设能力和信息化评估能力。其中，引领能力包括构建信息化管理愿景、信息化课程教学愿景和信息化队伍愿景三个方面。协调能力指协调师生关系、学校与社会力量的关系、学校与上级教育行政部门关系共同助力信息化建设的能力。建设能力是指建设信息化环境、队伍以及课程教学的能力。评估能力包括环境评估、课程教学评估和队伍评估能力[5]。

**（二）未来需面向实证研究细化预设理论框架**

由已知推及未知，未来校长治理能力结构研究将在上述思辨研究结论的基础上沿着循证路径向纵深发展。

---

[1] Spencer, L M, Spencer S M.Competence at work: Models for superior performance [M]. New York: John Wiley& Sons, Inc., 1993: 9-11.

[2] Speck, M. The Principalship [M].Upper Saddle River: Prentice-Hall Inc., 1999: 33.

[3] 林天伦，陈思.我国中小学校长胜任力研究述评 [J].教育科学研究，2012（06）：48-53.

[4] 宣勇.治理视野中的我国大学校长管理专业化 [J].中国高教研究，2015（01）：26-28.

[5] 代蕊华，张丽囡.校长信息化治理能力：内涵、核心要素及提升策略 [J].教师教育研究，2019，31（05）：67-72.

一是现有校长治理能力相关的框架建构研究所取得的开创性进展为实证研究提供了重要的理论预设基础。傅蝶、周彬（2021）[①] 以宣勇（2015）构建的"两体三维"校长专业化发展框架为研究基础，通过将校长一般能力与治理表征相结合，应用于学校场域，提出了校长治理能力的"三基六力"框架结构。从学校治理表征看，校长治理能力在学校场域中需要接受"参与主体是否多元""互动是否有效"和"是否形成引领学校发展的共同愿景"三重考验。因此，校长治理能力的结构要素应包括"基于多元主体参与的引领与辨识能力""基于有效互动的沟通与协调能力"和"基于共同愿景的执行与团建能力"。上述研究结论为校长治理能力结构化研究提供了基于思辨研究的理论预设基础。

二是校长治理能力结构研究从思辨框架向实证探究发展的趋势已经初步显现。王飞（2019）[②] 基于学校治理的历史逻辑和实践逻辑，通过对历史上大学校长的研究和对现实中大学校长的深度访谈，将校长治理能力进一步分解为七种具体能力，包括：怎样建构办学理念增强自身的变革力；怎样把握学校变革发展问题的诊断力；如何通过哲学思考发展具有领导特质的思想力；怎样放下"胡萝卜加大棒"去激励他人的育人力；在决策中怎样认识并避免认知盲点的决策力；怎样切实把握治理权力的实践力；怎样认识并把握大学文化的文化力。

三是未来的校长治理能力结构研究需要系统架构思辨研究结论和实证研究结论之间的桥梁。作为相对成熟的研究成果体系，校长领导力和胜任力结构的代表性研究成果，为校长治理能力结构化研究从怎样实现思辨和实证之间的融通提供了重要范例。以目前影响力较大的"三基六力"校长治理能力结构为例，研究以基于校长专业化视角提出的"两体三维"校长管理能力框架结构为理论起点，充分兼顾了学校治理进程中所需要的多元利益主体协调能力。但是这一能力结构框架是否可以普适性地应用于不同教育类型和具象化治理能力运用场景，需要实证检验，并在吸纳实证检验结构的基础上进行框架修正。具体包括

① 傅蝶，周彬.校长治理能力建设：背景、要素与路径 [J].现代基础教育研究，2021，41（01）：54-59.

② 王飞.解析大学校长治理能力中的品格 [J].高教发展与评估，2019，35（05）：38-50+115.

基于校长治理实践活动观察的直接经验研究素材，基于民族志、扎根理论、现象学、叙事探究、个案分析和话语分析等多条研究路径进行循证研究[①]。在上述实证研究的基础上，本研究面向后续的模型建构，进一步丰富、细化和发展现有关于校长治理能力结构的理论预设框架，进一步厘清能力结构思辨性理论框架成立的边界条件，以及不同治理能力在实践中应用的场域条件。

## 五、校长治理能力模型：从邻域借鉴到本体模型构建

本文中校长治理能力模型特指基于校长治理能力结构性理论预设而建立的，具有某种稳定内在逻辑关系，可通过数据模拟检验的观测指标体系。基于上述界定，模型建立需要上位、本位和下位三个必要条件。上位条件是形成了相对成熟的经过相对充分理论论证的上位概念和范畴体系。本位条件是基于上位概念和范畴体系构建了细化的指标体系。下位条件是，细化指标体系可以通过可观测工具性量表实现数据模拟。对照上述三个条件，前述校长治理代表性文献均未涉及校长治理能力的本体模型。相对比较成熟可供构建校长治理能力模型参照的研究成果主要集中于校长胜任力和校长领导力两类模型。因此，校长治理能力模型研究急需借鉴邻域研究成果，填补本体模型构建的空白。

### （一）校长领导力和校长胜任力模型

与校长治理能力模型直接相关的两类邻域模型是校长领导力模型和校长胜任力模型。最具代表性的是校长领导力模型包括教学领导力和变革领导力模型。Hallinger（1985）[②]提出的著名校长"教学领导三维概念模型"包括"界定学校的使命""管理教导方案"和"创造学校学习环境"三个部分，每个部分又被细

① 陈向明，质的研究方法与社会科学研究［M］.北京：教育科学出版社，2000.

② Hallinger，P，Murphy，J.Assessing the Instructional Management Behavior of Principals，Elementary School Journal［J］.1985（02）：217-247.

分为二至四个具体维度①。随着美国80年代掀起针对青少年读写能力下降和高考成绩和下滑问题的"学校重建"改革浪潮②，很多学者认为，教学领导的核心本质反映的仍旧是一种自上而下的组织权力关系，无法满足"学校重建"改革浪潮对学校提出的新发展要求③。Leithwood（1999④，2003⑤）在批判地集成了教学领导模型主要内容的基础上，经过反复修正扩展，系统提出了一个"转型领导模型"，主要包括"设定学校发展方向""培养学生""组织规划"和"构建学习情境特征"4个维度和13类变量⑥。对于教学领导力和转型领导力两个概念化模型之间的关系，Bush（2014）⑦在一篇评论文章中指出，两个模型之间最重要的不同在于，教学领导力直接给出方向，而转型领导力则更加强调如何向追随者施加影响。Hallinger（2003）⑧则认为，"与其说两者是一对竞争性的概念模型，我更愿意说他们是相互补充的"⑨。

① 闫伟 . 西方校长领导力研究综述：理论、模型和启示［J］. 国家教育行政学院学报，2022（04）：78-87.

② 陈晓端，闫福甜 . 当代美国教育改革六次浪潮及其启示［J］. 陕西师范大学学报（哲学社会科学版），2007（06）：95-99.

③ Leithwood，K A，Poplin M S.The Move Toward Transformational Leadership［J］.Educational Leadership，1992（05）：8-12.

④ Leithwood K，Jantzi D.Transformational school leadership effects：a replication［J］.School efectiveness and school improvement，1999（04）：451-479.

⑤ Leithwood K，Riehl C.What we know about successful school leadership［M］.Philadelphia：Temple University Laboratory for Student Success，2003：1-7.

⑥ 闫伟 . 西方校长领导力研究综述：理论、模型和启示［J］. 国家教育行政学院学报，2022（04）：78-87.

⑦ Bush T.Instructional and transformational leadership：alternative and complementary models?［J］. Educational Management Administration & Leadership，2014（04）：443-444.

⑧ Hallinger P.Leading educational change：Reflections on the practice of instructional and transformational leadership［J］.Cambridge Journal of Education，2003（03）：329-351.

⑨ 转引自董辉，李路路，张婕 . 教学领导的概念创生与理论演进——基于菲利普·海林杰教授访谈的叙事与思考［J］. 华东师范大学学报（教育科学版），2020，38（07）：87-96.

在校长胜任力特征模型中，王继承（2004）[1]基于胜任力"冰山理论"这一上位概念和结构体系[2]，结合中国具体国情，构建了"校长胜任特征通用模型"，包含 6 个维度、21 个核心胜任特征指标和简略的 JND 量表。6 个维度包括成就特征、服务特征、影响特征、管理特征、认知特征和个人效能特征（见表 3）。校长胜任能力特征是个人能力、岗位工作要求和学校资源环境三者之间的交集。校长个人能力千差万别，只要校长个人能力大于等于上述交集即可胜任校长职务[3]。

表 3　胜任特征指标一览表

| 成就特征 | 助人 / 服务特征 | 影响特征 | 管理特征 | 认知特征 | 个人效能特征 |
|---|---|---|---|---|---|
| 成就欲<br>关注质量和秩序<br>主动性<br>信息搜集 | 人际洞察力客户<br>服务意识 | 影响力<br>组织权限意识<br>建立人际资源 | 带队伍<br>指挥<br>团队协作<br>团队领导 | 分析思维<br>概念思维<br>技术专长 | 自我控制<br>自信<br>灵活性<br>组织观念 |

### （二）未来需基于邻域模型构建校长治理能力本体模型

邻域模型为校长治理能力模型提供了重要内容借鉴。基于已有模型指标，未来校长治理能力模型研究可以从一般能力和场域能力两个层面入手进行模型建构[4]。一般能力层面的模型建构可以重点从校长胜任力特征模型获得重要的知识基础。比如王继承（2004）提出的"校长胜任特征通用模型"中的成就特征、服务特征、认知特征和个人效能特征，均为个人能力特征，可以作为校长治理一般能力模型构成的重要参照模块。场域能力层面的模型建构则可以从校长领导力系列模型中得到有益的内容借鉴。比如海林杰"校长教学领导力模型"解决的是校长在如何提升教师和学生教与学质量这一具体场域下需要具备哪些

---

① 王继承.谁能胜任——胜任模型及使用［M］.北京：中国财政经济出版社，2004：159，162，168.

② Speck M. The Principalship［M］.Upper Saddle River：Prentice-Hall Inc.，1999：51.

③ 张东娇.基于胜任特征的校长遴选与培训体系［J］.教育研究，2007（01）：86-89+96.

④ 孙绵涛.校长领导力基本要素探析［J］.教育研究与实验，2012（06）：54-57.

领导能力的问题，为教学场域下的校长治理能力提供重要的内容依据。雷斯伍德"变革型领导力模型"则与学校整体治理情境下的能力运用密切相关。在此基础上，校长治理能力模型建构研究需要在以下两方面做出调整与改进。一方面，模型构建需要更加严谨地回归和追溯治理理论、校长专业化发展、校长领导力和校长胜任力等理论框架基础，更加明确地进行基于上位理论的逻辑论证，获得来自教育治理和校长能力相关理论的依据与支撑。具体包括但不仅限于萨乔万尼校长道德领导力理论、孙绵涛两层次三要素校长领导力理论和胜任力"冰山理论"等理论的依据与支撑。另一方面，需要从校长治理能力形成的底层逻辑入手，从纵向和横向两个维度整合重塑模型基础架构和各层级子要素内容。纵向需要细分能力层次，进一步厘清校长治理一般能力和在学校治理场域下的具体应用能力之间的边界，进一步将一般化能力的要素构成和校长治理应用场景的具体能力要素构成区分开来。横向需要提炼子要素范畴，进一步从心理层面和行动层面细分一般化治理能力；进一步基于学校治理过程和学校治理内容两个维度细分场域治理能力。最后，校长治理场域能力模块建构研究需要基于本土话语体系进行基础架构搭建。由于外文和中文的符号互动规律不同，语词含义范围和文化承载功能不同，在外语语言逻辑标准下严谨清晰的校长领导力模型，直接转换成中文语词表达，必然会发生概念意义内涵的缩小和放大，凭空产生逻辑空间和概念范畴之间的交叉。因此未来的校长治理能力模型研究急需在中国学校治理话语体系下，构建应用边界更加清晰的校长治理应用能力模块。

## 六、校长治理能力测评：从舶来移植到本土工具深研

校长治理能力测评研究具体包括校长治理能力本身的测评、影响因素的测评和对于教育作用结果的测评。相关代表性文献主要由外文文献构成，虽然并没有专门针对校长治理能力进行研究，但在方法论方面却可以为校长治理能力

本土工具开发提供丰富借鉴。未来校长治理能力测评可以从研究路径和研究范式两方面获得经验借鉴。

**（一）聚焦本土学校治理实践语境的工具开发路径**

考察校长能力相关测评研究发展脉络发现，代表性校长能力测评研究均以实践逻辑为基础，随着实践问题的变化而不断演化和发展。20 世纪 20 年代到 60 年代，以美国为代表的西方公立中小学校长的角色主要是学校的行政管理者，相关测评均围绕行政管理绩效开展。60 年代开始至 70 年代，从国家层面自上而下发起的面对弱势学生群体，针对薄弱教学内容的系列课程改革，是这一时期校长相关测评问题的核心，研究的方向转变为什么样的校长才能胜任国家教育改革的项目经理人角色[1]。到了 80 年代，受到 Edmond（1979）[2] 关于教学领导和学校效能关系讨论的启发，Hallinger（1985）[3] 在系统构建校长教学管理行为模型的基础上，开发出一套教学管理分级量表（Principal Instructional Management Rating Scale，PIMRS），目的是解决校长应该通过什么样的"行为菜单"才能有效提升教师的教学效能和学生的学业成就。90 年代之后，校长实践表明无论是作为学校行政管理员、国家项目经理还是教学领导者，都无法解决外生校长理论与校长主体实践相脱离的问题[4]。基于上述学校管理实践问题产生的内生性转型领导力和道德领导力理论研究逐渐成为研究热点，相关建模和测评研究经过不断发展，至今仍然占据校长相关研究的前沿。以上述校长能力模型发展脉络为借鉴，未来的校长治理能力测评研究需要以本土校长治理实践活动为研究对象，紧密围绕本土校长治理实践问题进行模型解释和建构，基于

① Hallinger P.The Evolving Role of American Principals：From Managerial to Instructional to Transformational Leaders［J］.Journal of Educational Administration，1992（03）：35-48.

② Edmonds R.Effective Schools for the Urban Poor［J］.Educational Leadership，1979（01）：15-24.

③ Hallinger P.Murphy，J.Assessing the Instructional Management Behaviour of Principals，Elementary School Journal［J］.1985（02）：217-247.

④ Hallinger P.The Evolving Role of American Principals：From Managerial to Instructional to Transformational Leaders［J］.Journal of Educational Administration，1992（03）：35-48.

本土校长治理实践逻辑不断开发具有更强模拟性能和更精准表达水平的测评工具量表。

### （二）未来需建立思辨和循证双螺旋发展的测评研究范式

从研究范式看，理想的治理能力测评研究应沿着思辨结构化研究和循证检验性研究相互交织、彼此修正、不断整合的双螺旋轨迹不断向前发展。单纯的检验性研究虽然极富生命力，理论反哺实践相对便捷。但是由于缺乏基于思辨的整体性结构化视角，容易产生测评模型架构中基本要素间的逻辑关系基础模糊，要素范畴提炼粗糙，相互重叠甚至抵触等系统性问题。因此好的实证研究需要好的思辨理论预设作为起点，终点还是需要回归一个关于校长能力的结构性框架，才能最终完成一个理论认识的完整过程。思辨研究由于不受形式逻辑的束缚，又具有天然的创新性和全纳性，始终站在各种理论创新前沿的金字塔顶尖。但是未经检验的思辨研究成果由于理论边界模糊，逻辑再严谨也只能是一种理论预设和猜想，需要严谨的循证研究进行检验，并在吸纳检验研究成果的基础上对自身理论框架进行不断修正，从而推动理论认识突破表面猜想，不断向纵深发展。

基于 Hallinger 教学管理分级量表（PIMRS）开展的相关大规模测评研究是实证研究的典型代表。研究结论均支持教学领导力对学生的学业成就会产生影响，分歧主要在于产生影响的具体行为和路径。Supovitz，Sirinides，和 May（2010）[①] 基于 2006—2007 年美国东南部一个中等城市教学行政区的教师调查和学生成就数据，对校长领导、同行影响和教师教学和学生学习之间的关系进行检验研究。研究结果表明，校长领导通过促进教师之间的协作交流对教师的教学实践产生影响，进而提升学生成绩。Grissom 团队（2013）[②] 对近百名城市校

---

① Supovitz J.Sirinides P.May H.How Principals and Peers Influence［J］.Teaching and Learning. Educational Administration Quarterly，2010，46（01）：31–56.

② Grissom J A，Loeb S，Master B .Effective Instructional Time Use for School Leaders：Longitudinal Evidence from Observations of Principals.［J］.Educational Researcher，2013，42（08）：433-444.

长进行为期三学年的全天观察，测评哪些具体教学领导行为会对学生成绩产生影响。研究发现校长用在教学的总时长无法显著提升学校整体成绩，但是校长用于教师指导、教师评估和发展学校教育项目上的时间越长，则越可以显著提升学生成绩。Liu，Hallinger，Feng 团队（2016）[①] 和 Hallinger，Piyaman（2017）[②] 分别基于中国三个省份和泰国 60 所学校的抽样数据对校长教学领导和教师专业发展之间关系进行了检验。基于中国数据的检验结果表明，教学领导对教师专业学习的影响，很大程度上是依赖于教师信任和教师能动性的中介效应。泰国检验研究结果同样支持上述结论，同时还发现教学领导对教师能动性的直接影响虽然也在统计上显著，但影响同样相对较小。Liu 和 Hallinger（2018）[③] 基于中国青岛 186 个初中 3414 名初二年级教师的调研数据进行相关测评，结果表明校长教学领导对教师专业学习虽然具有显著影响，但影响有限。

尽管各国掀起的校长能力测评研究热潮至今仍未衰减，但是关于校长能力的理论认识和实践操作却并未取得显著进展[④]。原因之一在于现有研究未能在吸纳检验结论的基础上进一步形成一个关于校长能力四维核心问题的系统性结构框架。正如 Neumerski（2013）[⑤] 在对教学领导力研究文献进行系统梳理后发现，"领导测评研究文献缺乏基于教学领导基本内涵的统一综合性框架"。僵局随着

---

① Liu S, Hallinger P, Feng D.Supporting the professional learning of teachers in China：Does principal leadership make a difference?［J］.Teaching and Teacher Education，2016（59）：79-91.

② Hallinger F, Piyaman P, Viseshsiri P.Assessing the effects of Learning-Centered Leadership on Teacher Professional Learning in mailand［J］.Teaching and Teacher Education 2017（67）：464-476.

③ Liu S, Hallinger P.Principal Instructional Leadership, Teacher Self-Efficacy, and Teacher Professional Learning in China：Testing a Mediated-Effects Mode［J］.Educational Administration Quarterly，2018（04）：501–528.

④ Leithwood K, Jantzi D.Transformational school leadership effects：a replication［J］.School effectiveness and school improvement，1999（04）：451-479.

⑤ Neumerski, C.M .Rethinking Instructional Leadership, a Review［J］.Educational Administration Quarterly，2013，49（02）：310-347.

Leithwood（1992）[1] 提出"转型领导力"概念而有所松动。"转型领导力"在吸纳"教学领导力"实证研究的成果的基础上进行了概念扩展和修正。萨乔万尼（1992）[2] 则在前期相关实证研究的基础上，系统批判了以往的校长领导力研究全面照搬人力资源管理效率至上的管理理念，过于重视对于技术和工具性能力的评价，片面强调领导之手的作用，长久忽视了校长领导的事实逻辑，并在批判的基础上，加入了道德领导这一新的维度，重构了校长领导力思辨结构性框架。孙绵涛[3] 在综述了国内外思辨和实证研究成果的基础上进一步提炼了一个全纳性的两层次三要素的校长领导力框架。上述思辨研究成果对于主流校长能力测评研究长期偏实证轻理论建构的趋势，起到了重要的转承和纠偏作用。

基于变革型领导力和道德领导力等思辨框架的校长能力相关测评也随后开始蓬勃发展起来。Louis，Dretzkehe 和 Wahlstrom（2010）[4] 聚焦与检验校长的三类治理行为：教师共治、教学指导和建立互信关系。他们以全美教师抽样调查数据为基础围绕两个核心问题进行检验研究。第一个问题是三类校长治理行为对学校的专业共同体建设和教师专心从教是否有影响。第二个问题是校长三类领导行为是否有助于学生取得学业成就。研究结果表明，只有建立互信关系的校长治理行为会直接影响学生学业成绩。促进教师共治的校长治理行为会通过促进学校专业共同体建设影响教师专心从教程度，间接提升学生学业成绩。加强教学指导的校长治理行为则通过学校专业共同体建设，间接影响学生学业成绩提升。新西兰学者 Le Fevre 和 Robinson（2015）[5] 对校长人际对话的有效性进

① Leithwood, K A, Poplin M S.The Move Toward Transformational Leadership [J].Educational Leadership, 1992（05）：8-12.

② 萨乔万尼，道德领导——抵及学校改善的核心 [M].冯大鸣，译.上海：上海教育出版社，2002.

③ 孙绵涛.校长领导力基本要素探析 [J].教育研究与实验，2012（06）：54-57.

④ Louis K S, Dretzke B, Wahlstrom K.How does leadership affect student achievement?1 Results from a national US survey [J].School Effectiveness and School Improvement, 2010（03）：315–336.

⑤ Le Fevre D M, Robinson V M J. The Interpersonal Challenges of Instructional Leadership：Principals' Effectiveness in Conversations About Performance Issues [J].Educational Administration Quarterly, 2015（01）：58-95.

行测评，发现校长们更善于主张自己的立场，而不是深入询问并理解家长和老师的观点。表明教学领导者应该系统提升有针对性的和互相尊重的专业对话能力。Leithwood 和 Poplin（2020）[①] 一项近期研究表明，在认知、情感、秩序和家庭四个对学生学业成绩产生影响的途径中，校长治理的途径是为学生心无旁骛、专心学习创造秩序环境，而不应过多干预教师的课堂教学和教师如何利用教学时间，以及学生的学业压力。

将中外校长能力相关研究的发展历程放在统一框架下进行梳理不难发现，具有重要影响的国外校长能力相关测评的研究范式主要以实证研究作为起点，不断向结构性思辨框架汇入，再进一步引发新的实证研究。而国内校长能力相关研究则正好相反，通常以结构性思辨研究作为起点，然后再开展相关模型检验。尽管研究起点不尽相同，中外校长能力相关测评研究总体上均遵循思辨和循证双螺旋发展的应然测评研究范式。但国内研究与国外研究的一个重要区别在于，国内的测评性实证研究绝大部分以国外的思辨框架作为逻辑起点，缺乏基于本土权威思辨框架的模型构建、自主量表开发和相关测评检验。推及主要原因不外乎两方面，一方面现有的思辨框架过于宏观，没有关照后续研究的可模型化和可验证性问题。另一方面，基于全纳性思辨框架的校长领导能力具体化结构研究严重缺乏，另起炉灶的全面推翻大于兼容并收的批判性继承和基于否定之否定的理论深化发展。正如 Hallinger 在一次访谈中反复强调的，"不同的理论框架并不一定是竞争关系，用相互补充的眼光来看待或许才能全面揭示问题的本质"。盲人摸象寓言的启示是，"我们每个人看到的仅是事物的局部，而综合所有人的认识和判断就更有助于接近真实"。当下繁星璀璨的测评性研究的核心就是要不断用实证数据和跨文化比较研究对原有模型予以检验，并积极吸纳其他概念模型和研究成果的有益启示。[②] 因此，未来国内校长治理能力研

① Leithwood K，Sun J，Schumacker R.How School Leadership Influences Student Learning：A Test of "The Four Paths Model"［J］.Educational Administration Quarterly，2020（04）：570-599.

② 董辉，李路路，张健 . 教学领导的概念创生与理论演进——基于菲利普·海林杰教授访谈的叙事与思考［J］. 华东师范大学学报（教育科学版），2020，38（07）：87-96.

究应重点聚焦于弥补思辨和实证研究之间的鸿沟。具体包括以全纳性校长能力思辨框架作为模型建构的理论预设基础和测评检验的逻辑起点，以具有充分质性和量化实证基础的模型建构作为测评检验的桥梁，以校长治校真实行为观察作为测评检验工具开发的具体依据，以测评检验得到的经验研究结论为思辨理论框架的修正发展提供质性量化和实证证据，在思辨和循证的丰富对话中不断修正理论成立条件，共同推进校长治理能力认识不断向深入发展。

## 七、结论

　　基于文献突现分析结果进行适度文献扩展和分析表明，校长治理能力研究首先需要在本质溯源的基础上进一步探究校长治理能力的内涵边界。其次需以清晰的内涵界定为基础吸纳现有实证研究成果，进一步完善和细化校长治理能力的全纳性结构框架。第三，需要在细化全纳性结构框架基础上，借鉴邻域模型内容要素，开发可工具化的校长治理能力本体模型。最后需要在本体模型的基础上，借鉴国外测评研究经验，扎根中国大地开发具有本土适用性的工具量表，遵循思辨和循证双螺旋发展的测评研究范式，开展具有现实实践问题针对性的测评检验。

　　作为校长治理能力的四维认识对象，内涵、结构、模型和测评即相互依存，也各有侧重。厘清校长治理能力内涵独特的质的规定性和结构性边界，有助于回答为什么要在国内外相对比较成熟的校长领导力和胜任力研究基础上进一步开辟校长治理能力这一研究领域。以内涵和结构为基础，科学规范地进行校长治理能力模型建构和测评研究，则有助于回答到底应该怎样提升校长治理能力。校长治理四维认识构成的逻辑序贯整体，有助于为构建具有中国特色的校长治理能力相关理论提供客观的实证检验基础，有助于在中国国情和特色校长能力应用场景下进行学校治理实践，为实现办好人民满意教育的目标提供扎实的理论依据。

【作者简介】袁晖光，浙江外国语学院教育学院 / 教育治理研究中心 / 浙江省习近平新时代中国特色社会主义思想研究中心浙江外国语学院研究基地教授，主要研究领域为教育经济与管理；范哲铭，中国医科大学中英联合学院本科生。

# 走向综合整体的视角：素养的内涵及其评价 <sup>*</sup>

冯翠典

## 【导言】

素养为本的教育已成为全球范围内全学科、全学段的共同选择，我国开启的新一轮课程改革也是素养导向的，这对如何开展评价提出了新要求。本文从素养内涵的不同视角出发，认同了综合整体的视角的合理性，即强调素养是指能够解决具体情境问题的知识、技能、态度和心理社会学特征的整合，素养的内涵应同时重视有素养的人和有素养的表现的特征，素养既是领域相关的，也是情境相关的，并受到个人层面心理社会学特征的影响。在剖析了综合整体的视角的素养内涵基础上，介绍了开展综合整体视角下的素养评价的原则和框架。

当下，素养的理念已为基础教育、高等教育、职业教育等整体教育领域所采纳，关于素养为本的教育的讨论更成为国际范围内基础教育领域的核心话题。2022 年 4 月，我国教育部发布新版《义务教育课程方案和课程标准（2022 年版）》，开启了素养为本的教育改革，也对素养为本的教育中评价如何进行提出了新要求。本文对综合整体视角的素养概念进行剖析，介绍了开展综合整体的素养评价的思路和框架。

***
\* 浙江省社科联 2024 年度研究课题 "'5E'模式在幼儿园科学领域教育中的设计与实施模式研究"课题成果。

## 一、如何理解素养的内涵：走向综合整体的视角

理解素养的内涵是有效实施素养为本教育的前提。虽然素养有各种各样的定义，但当下多种定义的共同点就是强调素养应是足以解决问题的知识、技能和态度等多方面要素的整合。这种从综合整体的视角看待素养的内涵已经成为基本共识，但这种共识也是概念发展中的选择和澄清。理解这种视角是如何从多重视角中脱颖而出，并对这种视角进行边界澄清和内涵挖掘，对指导和评价素养为本的教育理念和实践非常重要。

1994 年，澳大利亚学者贡奇（Gonczi，A.）总结了素养定义的几种视角[①]，这种多重视角的澄清会对反思与建构素养的内涵和素养为本的教育有启发意义。

第一个也是最广泛持有的视角认为素养内涵是基于独立任务或行为主义的。这种视角下，素养被认为是完成原子化的任务所需的离散性行为。其目的是使素养行为透明化，从而对什么是令人满意的素养表现达成共识。这种视角下，需要完成的任务变成了事实意义上的素养。比如，如果机械师可以更换燃油泵或教师可以进行说课，就说他／她具备了更换燃油泵或说课的素养。这种视角并不关心不同任务之间的关联，而且忽视了将任务放在一起时可能发生的变化。这种视角下，素养获得的证据是对表现的直接观察。遵循这种视角的人往往把教育课程和培训计划直接和相应职业的素养标准的具体行为和任务相联系，这在行业标准中非常流行。虽然这个视角清晰明了，但其弱点也很容易列举：这是实证主义的、还原主义的、忽略了学习者内在的属性，忽略了群体效应对学习者表现的影响；这种概念也是保守的、反理论的，忽略了真实世界中表现的复杂性和专业判断在素养推论中的作用。而且这种视角孤立地看待了任务本身，并不能预测在真实工作场景的表现。

第二个视角关注对有效的任务表现至关重要的学习者的一般性属性，特别

① Gonczi，A.Competency Based Assessment in the Professions in Australia ［J］.*Assessment in Education：Principles，Policy and Practice*，1994，1（01）：27-44.

是一些基础属性，比如，获得的知识结构或批判性思维能力，并认为这将为更具可转换性和更为具体的属性提供基础。也就是说，能批判性地思考这样的一般性属性，被认为是可以应用在许多或所有的情境中。甚至一些学校会开发专门的课程集中关注如何培养和评价一般性的素养属性。这个视角中，素养被认为是合作、批判性思维等一般性的属性本身，忽略了它们可能被应用的情境，这在管理学科中非常流行。同样的，这种视角也有很多的问题。首先，并没有证据表明一般性的素养真实存在。来自新手／专家的研究和批判性思维的研究表明，专业性（体现为高水平的素养）是和特定领域相关的。也就是说，个体几乎没有能力将专业性素养从一个领域的活动转换到另一个领域。其次，这些一般性的素养属性对那些实际从事为教育和培训项目设计具体学习内容和评价活动的人帮助不大。这种视角下课程开发的逻辑是：无论是什么样的专业领域，都可以使用相同的教育活动来培养批判性思维等一般性属性。而对课程开发者来说，更为有用的是确定不同专业领域中共同的批判性思维和交流技能等属性是什么样的。但事实上，在不同的专业领域需要的批判性思维和交流技能的具体类型是不同的。

第三种视角是试图把一般性的素养属性和运用这些属性的情境结合起来。这种视角着眼于素养多重属性的复杂组合（知识、技能、态度和价值观），并强调素养要能在特定的情境中发挥作用。也就是说，素养的概念本质上是相关性的，即和领域相关、情境相关。素养概念的价值就在于它汇聚了不同的方面——个人的能力属性（来自一般性属性的组合）以及在特定情况下需要执行的任务属性。因此，素养被认为是在具体情境中成功的智力表现所需的不同属性的复杂组合。这种视角被称为综合性（integrated）或整体性（holistic）的视角。这种对素养内涵的理解支持将道德和价值观作为胜任性表现的要素，凸显了反思性实践和专业性判断的重要性，以及情境本身的重要性，特别是意识到可以有多种方式表现素养的事实。

## 二、从综合整体的视角来剖析素养的概念

综合性、整体性的素养内涵自提出后受到研究者的认可和深化，一些国际性组织和研究者均支持这种视角[1][2][3]。2021 年,英国剑桥大学的评价研究和发展中心出具了一个报告,基于前人研究从综合整体的视角明确提出了一个素养的概念并进行了剖析,期望作为指导素养为本的教育中的教学、学习和评价的出发点。他们提出：素养是学习者整合和应用与情境相适应的知识、技能和社会心理性因素（比如,信念、态度、价值观和动机）的能力,从而可以使学习者在特定的领域持续地表现成功[4]。该中心指出,这个概念的独特之处就在于从"综合全面"的视角理解素养。综合指的是该概念同时考虑到"有素养的人"和"素养被应用的情境"的特征。全面指的是对这些特征的分析包括了与素养相关的人和情境的所有特征。

相对来说,这种定义比从简化的角度定义素养有更大解释力和预测力,那些简化的观点要么聚焦素养的具体方面,比如,素养的外部的可见的成果（即表现或行为）,要么聚焦在脱离情境的人的个性特征。采取综合全面的视角并不排除对素养的具体要素的关注,但这种关注是在素养的整体涵义的背景下考虑的。在提出综合全面的素养概念的同时,该中心也阐述了隐含在这个定义背后的六大原则,即剖析了该视角的素养内涵：第一,素养是和领域相关的,并依赖于情境。"领域"和"情境"两个词紧密相关,但对素养概念的支撑作用是不

① European Commission Education and Culture.Key competencies for lifelong learning ：A European Framework［R］.European Communities，2007.

② OECD.Global competency for an inclusive world［R］.Organization for Economic Cooperation and Development，2017.

③ David Bechett.Holistic Competence ：Putting Judgements First［J］.Asia Pacific Education Review，2008，9（01）：21-30.

④ Vitello, S., Greatorex, J., & Shaw, S.What is competence? A shared interpretation of competence to support teaching, learning and assessment［R］.Cambridge University Press & Assessment.2021.

同的。"领域"是指素养所内含于或所归属于的研究领域、职业或兴趣。我们学会在特定的内容领域或活动中变得有素养，类似地，我们也会去教授、评估、判断和推理某个人在具体领域中的素养。在职业教育中，领域往往指特定职业，比如医生；在基础教育阶段，领域指的是学术性科目（比如数学）或问题解决、合作这样的内容领域，甚至可以指更为宽泛的兴趣，比如个人理财。领域也可以根据范围变化而变化（例如，数学与统计数学的不同）。

另外，涵盖多个学术研究领域的宽泛的内容指向并不被称为"领域"，因为这个术语是专门指感兴趣的职业或主题。和领域相反，"情境"指的是能够围绕素养的展现而必备的设置、场景和条件。情境对体现素养的可观察性（即可测量性）至关重要，因为素养是不能脱离情境进行观察的。有素养的表现一定是发生在具体的时间、地点，同时也是发生在特定的心理环境和社会条件下的。很重要的是，情境既要考虑具体任务或活动的特征，也要考虑这个任务和活动发生的具体环境。在素养展现中，情境的重要作用意味着需要仔细考虑具体的情境与需要展现的素养表现的相关性。这同时也引发了重要的问题，即展现的素养是否可以转换到它们所发生的情境之外。

第二，素养是一个整合性的概念。素养普遍被看作是一个整合的概念，也被看作是更复杂系统的一部分。素养既包括个人的内在因素，比如，知识、技能、态度和价值观等，也包括支撑素养表现的情境因素。这种整体的视角强调了素养的三个相互关联的方面：人、情境和行动。表现（即行动）是这个系统的核心部分，是因为素养表现可以帮助锚定素养系统中其他方面的考虑；这尤其确保了素养概念的功能相关性，即素养是有功能属性的，这一点应对包括评价在内的教育实践有重要的启发。采取整体性视角来理解素养的价值之一在于：应该将注意力集中在素养不同要素的相互关系上；这意味着，任何一个要素不够好，整体的素养都很难达到。从而，采取整体性的视角会一直考虑素养各个不同的离散性要素的特点，以及这些要素是如何发生互动的，这对设计教学、学习和评价活动意义重大。

第三，素养是在一个领域中跨情境的、连贯的表现，从而可以预测未来的表现。在一个领域中有连贯性的稳定表现，是素养概念的内在涵义。素养并不是指在特定领域的特定任务中表现成功，而是指在跨情境的情况下持续地、连贯地表现成功。连贯性不是指能复制和重复，而是指在不同的情境中都能表现成功。学习者在真实世界中是很难遇到完全相同的情况，所以，能够处理新的、不熟悉的情境是素养的重要内涵。素养表现的连贯性是素养的内在特征，这支持了对未来表现的预测。知道某人有素养意味着我们能预测他在相关情景中的可能表现，这提供了从"主张形成"的视角来看待素养；即素养其实暗示了或主张了一个人在特定的情境中将会如何行为。这些暗示或主张会在他／她实际承担任务或活动时得到验证，而这些暗示和主张也会为在学习和评价的过程中收集到足够、高质量的素养证据提供框架。

第四，素养意味着能应用和情境相适应的知识和技能。普遍被强调的是，素养涉及知识和技能的应用，甚至是同时应用知识和技能。而且，素养特别指的是某个人能够识别和应用与情境相适应的知识和技能，知识和技能的互动和整合是素养的基础。虽然什么样的知识和技能对情境是合适的还需要讨论，但可以肯定的是，在任何内容领域都有很多关于知识和技能的组合。这个原则上，有两个方面值得注意：其一，在素养的讨论中，技能常常是焦点。一个可能的原因是：素养的核心是人们能做什么，这自然会引起人们注意胜任性的表现所需要的技能。然而，"技能"和"素养"的内涵是不同的，技能只是素养的一个方面。素养是指在一个领域内的一致性表现，涉及为了某个情境的需要而将适当的技能和适当的知识，以及其他的心理因素综合起来。简单说，素养包含了知识、认知性技能、态度和其他非认知层面要素的复杂行为系统，是整体性的概念；而技能指的是用来执行独立动作和／或认知行为的能力。其二，在素养定义中有意识地把知识放置在技能之前，有两个原因：一是强调素养内涵中知识的重要性，二是因为技能是由知识支撑的（无论是显性还是隐性）。即素养为本的教育中，依然不能忽视知识和技能的重要性，特别是知识。在一个领域中拥有充足综合的知识是任何领域素养的必要要素。

第五，素养包括心理社会学的要素，并能影响表现和学习。心理社会性要素是指素养概念中知识和技能之外的所有心理性和社会性的要素，包括信念、态度、价值观和动机，也包括一些非常个性化的特征，比如，行为特点、情感特点和思维特点。心理社会学意义上的素养要素包括一般性的层面和领域特殊性的层面。一般性的层面，也包含两个维度，一是文化通用层面的，比如，有效率、有生产力、幸福、团结、公平和正义；二是文化特定层面的，不同国家、地区和组织会有意识地把特定价值观融入素养内涵，并体现在具体的课程中，从而有利于塑造相应的价值观和文化。另外，领域特殊性的心理社会性因素通常也是素养结构的一部分。例如，对建筑工人来说，素养的含义也包含了能安全工作和自动佩戴头盔的态度。另外一些心理社会性因素会从更一般的意义上影响素养表现。比如，根据期望价值理论，学习者对任务的价值认定（学习者是否认为任务是有用 / 有趣的，以及要不要参与其中）和信念（学习者是否认为其在某领域是有素养的）与他们承担任务和展现素养的动机高度关联。

第六，素养和一定水平的学习或能力相关。素养本质上是和一定水平的学习或能力相关的，这指向两个方面：一是有素养的人的表现标准，二是有素养的活动的需求。就第一个方面来说，许多素养的概念都关注有素养的人的表现水平，但有素养常被认为是一个二元概念，即在素养的具体水平上，学习者被认为要么是具备的，要么是不具备的，有素养被认为是获得最低程度的水平或者超过了 / 没达到的表现基准线；但另一方面，素养也被看作是一个连续体。一个素养连续体包含了胜任和不胜任的边界，也包括了达到和超出最初水平的不同层级。这种意义上，定义出不同层级的素养就变得很重要。就第二个方面来说，素养的水平除了从人的表现水平定义外，也可以从任务的要求来看，完成不同的任务要求也能体现人的素养高低。素养一般被认为是能够完成复杂挑战的能力，这意味着有素养的人应该能完成有高需求的任务。但其实，素养对低要求的情境同样有意义。从而，从活动的需求程度不同来定义素养的水平进展也很必要。

## 三、如何开展综合整体视角下的素养评价

素养为本的教育系统中，评价将占据更为核心的地位 [①]。素养为本的教育中，评价必然是基于学习者的表现（performance-based）的，也应体现情境意义和任务意义上的真实性。另外，素养为本的评价和专门的表现性评价又是不一样的。前者是通过对表现证据进行评价，从而确定学习者当下的素养水平，是可以使用多种评估技术的综合系统，而后者只是其中的一种技术。下面对综合整体视角的素养评价提供进一步的框架。

### （一）综合整体视角下的素养评价的基本原则

首先要明确地是，素养本身是不能直接被观察的。在素养评价中，评价者需要基于从学习者的表现中获得的证据做出其是否达到素养标准或具备素养的推论。这个意义上，专业性的判断在素养评价中占据核心地位。同样是 1994 年，贡奇等人提出素养评价中有助于评估者做出有力判断的三个原则 [②]：第一，应使用能以综合性的方式评估素养的方法。这种综合性的方式应能整合对知识获得、理解水平、问题解决、态度和伦理的综合评价。整合的关键在于要选择能同时评价多个维度素养的方法，比如观察法和访谈法，但同时，又要避免对表现的观察做出过多的推论。评价情境本身体现的要素多元性是评价者做出专业判断的挑战。第二，应选择与拟评估的素养最直接和最相关的方法。在某一时间使用某种方法，或者使用多样的方法组合，都需要做出判断和选择。只有采用最直接、最相关的方法来评价素养，才不会误导学习者的努力方向。第三，应使用多样性的方法来保障素养证据的有效性。评价效度的基本原则是：对学习目标做出推论的表现证据越狭窄，学习表现就越难推论到其它任务中。这也是纸

① 冯翠典.实施素养为本的评价：基于学习结果层级模型 [J].教育测量与评价，2017（06）：26-32.

② Andrew Gonczi.Competency Based Assessment in the Professions in Australia [J].Assessment in Education：Principles，Policy and Practice，1994，1（01）：27-44.

笔测试面临的困境，纸笔测试作为评价方法的最大困境并不在于难以保障本身的科学性，而在于由此获得的证据所得出的推论范畴有限。这同样也是存在于任何评价方法的挑战，而素养本身概念的综合性，评价方法的多元性和证据类型的多元性是保障素养为本的教育评价有效性的根本。

**（二）综合整体视角下的素养评价的设计与实施**

正如前面所强调的，在素养评价中，评价者需要基于证据判断学习者是否达到了素养标准，而不是仅仅依靠技术。素养评价的核心的问题是：如何收集到有效的数据、如何做出专业的判断、如何制定出判断所需要的标准等，与此同时还要明确如何设计和实施能支撑素养养成的教学，以及根据素养评价所做出的推论提供更个性化的教学。

对于如何评价素养的问题，贡奇等人也提出了整体性评价（Integrated or holistic assessment）的思路[①]。素养是整体性的，从而评价素养的方法和形式最好也是整体性的。即能够整体性地对知识、技能、态度和品格，以及整体性的情境理解和问题解决等方面进行评价。这种整体性评价具有基于问题、跨学科、包含专业性的实践、指向一组素养、关注情境的设置、需要分析性的能力和能够综合理论与实践等特征。虽然很难预先确定整体性的评价中应该用到什么样的方法，但他们提出了必将常用的五种方法，包括：第一，基于问题的方法：项目／作业、问题解决、个案研究；第二，模拟：模拟工作场景中的人，模拟工作场景本身，开展模拟性的实践；第三，技能测试：结构化的临床性的测验；第四，直接的观察：实践、实习等；第五，先前学习的证据：档案袋、日志、资格证明等。

贡奇等人提出的整体性评价的思路有重要的指导意义，但相对来说比较宏观。2004 年，荷兰的研究者提出了真实性评价的五个维度的框架[②]，这是基于对

①　Paul Hager, Andrew Gonczi, & James Athanasou.General Issues about Assessment of Competence [J]. Assessment & Evaluation in Higher Education, 1994, 19（01）：3-16.

②　Gulikers, J.T., Bastiaens, T.J., Kirschner, P.A.A Five-Dimensional Framework for Authentic Assessment [J]. ETR& D, 2004, 52（03）：67-86.

素养内涵的综合整体的理解提出的，可以作为综合整体视角下的素养评价的设计与实施的框架。五个要素是：评价任务；物理性的评价情境；社会性的评价情境；评价结果或评价形式；评价准则和评价标准。这些要素很好地体现了综合整体视角下的素养概念对具体的人、情境和表现的整体关注。

第一，评价任务。素养评价的任务应是真实性的，即学生面临的评价活动在专业性的实践中也会开展，评价任务需要学生能够像专业工作者一样融合知识、技能和态度。另外，这样的任务也应该模拟真实任务的复杂性。这并不是说每个评价任务都应该非常复杂，而是说应根据情境的需要体现具体的复杂性。再次，另外一个需要模拟的是任务的归属和解决问题的过程。学生在评价任务中的归属应该像真实生活中的标准任务类似。给学生评价任务和解决任务的过程的归属感非常重要，这可以让学生真正地投身到真实性的学习和问题解决中，也能够体现心理社会学意义上的素养属性。另一方面，在真实的生活中，任务一般都是由雇主和专业者提出的。

第二，物理性情境。即使评价任务是真实的，依然需要思考是在什么样的具体环境中评价素养，这些环境的因素包括任务的内部环境和外部环境。前者包括提供的设备或材料、给定的人员和时间、给定的问题情境的真实性和所能利用的空间等；后者包括天气情况、身体状况、环境熟悉程度，以及环境是否整洁安全等，这些都会影响到素养的表现。这样的物理性环境反映了在真实的专业实践中知识、技能和态度是如何被应用的。素养评价中物理性环境的保真性既体现在材料和情境中细节的呈现，也体现在评价情境中可用的资源数量和种类。这些物理性要素对真正的素养表现和有效的素养评价非常关键。

第三，社会性情境。从综合整体的视角看待素养，应认识到作为素养的属性的心理社会性的因素，不仅是评价的范畴，而且也是学习者的行为表现的重要影响因素。因此，如何设计和体现素养发生的社会性情境，也是需要考虑的评价问题，只有这样才能保障能真正地看到素养发生的社会性过程，才能真实地体现被评价者的心理社会学属性。这并不是说所有的素养评价都要发生在需要合作的情境，这依赖于评价的具体情境：如果评价情境的问题解决需要合作，相应的评价就应该考虑到合作的问题；但如果评价情境的问题需要独立完成，那评价也应该是指向个人，但即使是个人独立完成，也应该关注个人完成任务时的心理社会性品质。

第四，评价结果或评价形式。素养评价最重要的特征是一定要指向表现性结果，即"能做什么"依然是最需要定义和被重视的。素养评价是在一定的物理性情境和社会性情境中开展的指向评价结果的评价任务，这项结果是可以根据一定的评价标准进行评价的。素养评价的评价结果或形式有四个特征：其一，这应该是学习者在真实情境中或类真实生活的情境中展现的高质量的作品或表现，这种高质量体现在学习者在问题场景中综合运用了合适的知识和技能，并通过个人的特质和选择体现为独特的作品或表现。其二，通过这些评价结果或形式的展现应能对隐含的素养做出有效的推论，即做出产品或给出表现，并不是素养评价的根本目的，而是根据这些产品或表现如何来推论学习者的素养水平和素养结构。其三，因为素养的多维性、内隐性和发展性，不太可能通过一次评价进行素养的展现、推论和定性，从而需要设计系列化的任务和多重的指标，并采用多样性的评价方法来保障得出结论公平有效，进而基于不断系列化的任务和方法来推进素养的发展。其四，素养评价中，应注意营造和强调素养发生和体现的社会性场景，应让学生通过口头或书面的形式向他人展示自己的作品或表现，他们对作品或表现的辩护和解释既能很好地说明他们的掌握情况，也能让他们理解到素养的相关性和功能性。

第五，评价准则和评价标准。评价准则是那些评价结果据以评价的特征，评价标准是不同水平的学生期望达到的不同表现水平。由于素养的综合整体性和评价素养的情境多维性，在具体的素养评价场景中，提前制定评价的准则和标准，并清楚地分享给学习者非常重要。因为，这会让学习者清楚地知道评价的目标，并能影响学习过程。这说明素养评价需要进行标准参照的判断，但这种标准需要同时体现学习者的知识理解、技能应用、态度品质等综合的方面，并能够体现具体的情境设置和问题解决。这种标准通常是不能放之四海而皆准的，为特定的学习者群体和特定的评价情境制定具体的评价准则和评价标准是必然性的要求，也是体现素养评价的特征和评价者的专业判断的核心。简单说，关于素养评价中的评价准则和标准，其实是要根据如上四个要素的整体评价场景进行制定的。

## 四、综合整体视角下素养评价的未来走向

### （一）综合整体视角下的素养评价必将走向校本场域

素养为本的评价必然是标准参照的评价，也就是说素养为本的评价是根据预先确定好的标准，即学业质量标准来评价学习者的表现。如何把握素养标准的精确尺度是一个重要的问题，素养标准不能过于狭窄，也不能特别宽泛。当素养标准过于狭隘和工具化，评价就会过于关注表现成果；另一方面，如果特别宽泛，就会缺乏对情境的参考价值，从而也就与任何实际的表现或成果相距甚远。特别需要指出的是：当持综合整体视角的素养观时，其实也就是会认同素养标准的情境依赖性和任务依赖性，以及依据素养标准进行解释时考虑学习者个性的必要性。无疑，这将使得综合整体视角下的素养评价和素养培养极为依赖教师的专业判断。而且，超越纸笔测试的素养评价有赖于一个根本的原则，即坚信过去的行为可以预测未来的表现。换句话说，素养评价是基于学生在各种任务中的表现进行推论，可以推论学生过去的学习，也可以推论学生未来的表现。这说明，素养评价必须被看作是一个过程，而不是独立的考试或测量，而且数据收集的主要方法应该通过持续的、综合的系统观察，甚至使用直接观察的方法，而不仅仅是纸笔测试。这就凸显了教师作为评价者的必然性和必要性。这都说明了素养评价走向校本场域、走向教师主体的方向性。最重要的是，素养评价的基本伦理要求学生经历过相应水平的教学和学习，素养理念下的教学、学习和评价需要处在高度匹配的状态，这也说明了从校本场域进行系统设计素养为本的教学、学习和评价是根本要求，教师个体和教师群体在素养导向下开展真实情境中的反思性实践和探索性评价是必然要求。

### （二）综合整体视角下的素养评价必将引起教育变革

传统的教育变革往往难以跨越课堂之门，渗透到课堂实践的教学核心。但素养为本的教育共识、综合整体视角的素养内涵，以及基于此建构的素养评价的信念和框架将会引起全学段的教育变革，并旨在通过评价转型重构教学和学习、重塑学校结构和课程面貌[1]。比如，素养为本的教育应该根除"失败"的概念，其关注的焦点应该是学生而不是教师，应该给学生足够的学习所需的时间，以及让他们总有机会进行修正、总有机会得到支持，总有机会获得成功。在这个过程中，无疑应重视形成性评价[2]。比如，综合整体视角的素养概念强调了学习者的特质、情境的重要性和表现的重要性，特别是表现作为素养证据的重要性，那么教师必将从知识传输者转变为学生研究者、情境设计者、证据收集者和专业判断者，这不仅是角色的转变，更是专业实践的变革。素养为本的教育被认为是真正支持教师从"舞台上的圣人"转变到"学生身边的向导"的教育模式，是真正能支持学生走向成果导向的教育模式[3]。素养为本的教育变革将开启一个时代，将根本上提升学校的文化、教师的教学、社区的参与情况，也将成功地变革学生的学习。

### （三）综合整体视角下的素养评价中的效度问题成为关键

之所以学习评价要走向素养为本的评价，主要原因有两个：一是结构效度，二是评价对学生学习的影响，即结果效度。一项评价的结构效度是指评价是否测量了拟测量的东西。就素养为本的评价而言，这意味着：第一，评价任务必须反映需要评价的素养；第二，评价应涉及真实性的任务，能代表被评价的知识领域的真实生活的问题；第三，真实生活中专家用来解决问题的思维过程应

① Carla M.Evans.Suzanne E.Graham.Exploring K-12 Competency-Based Education Implementation in the Northeast States [J].NASSP Bulletin, 2019, 103（04）：300-329.

② 冯翠典.素养为本的教育：内涵、模式、原则和挑战 [J].教育科学研究，2017（04）：30-40.

③ Alison King.From Sage on the Stage to Guide on the Side [J].College teaching, 1993, 41（01）：30-35.

是评价任务所需要的。结果效度描述了一项评价对教学和学习产生的预期和非预期的影响。比格斯的建构性匹配的理论强调了有效的教学一定是教学、学习和评价相互匹配和兼容的[①]。如果学生觉察到教学和评价之间不匹配，是不可能对学生的学习产生积极影响的。学生的学习很大程度上是依赖于评价和学生对评价要求的理解。为引导学生的学习变革成素养导向，需要把真实性的素养为本的教学和真实性的素养为本的评价匹配起来。持有综合整体的素养观念，将会使得素养评价的结构效度和结果效度变成更为专业性和更具挑战性的问题，而素养评价的效度问题将成为关键。

综上，素养为本的教育变革的效果有赖于对什么是素养、如何支持素养养成、如何评价素养的教育共识的建立和教育实践的探索，综合整体视角下的素养定位以及素养为本的教育范式将对深刻反思当下的教育生态并全面重建新的教育生态有积极意义。

【作者简介】冯翠典，浙江外国语学院教育学院 / 教育治理研究中心副教授，主要研究领域为课程开发、教师发展、学习评价。

---

① Biggs, J.Enhancing teaching through constructive alignment [J] .Higher Education, 1996（32）：347-364.

全球教育治理

# 美国商学院院名命名模式研究 *

## ——基于 2023 年美国百强商学院的编码分析

蔡宁伟　　于慧萍

**【导言】**

院名是商学院的重要品牌，也是大众接触商学院的第一印象。文章依据美国新闻公布的权威的商学院排名，选择 2023 年美国前 100 强商学院，借助编码归纳商学院院名的命名模式。经编码分析，共获得 328 个初始编码、13 个关联编码和 6 个核心编码。经过研究发现，美国商学院院名的命名模式主要有六种，包括人名、校名、地理、办学内容、层级和阶段等。从研究结果来看，美国商学院命名的特色主要聚焦在人名、校名 2 类核心编码；存在个别校名＋人名的复合命名模式；商界成功人士人名与商学院命名结合可以实现"强强联合"。

## 一、引言

习近平总书记在二十大报告中提出："加快建设教育强国、科技强国、人才强国。"高等教育是达成上述要求的重要环节，是现阶段大国竞争博弈的利器之一，也是一国培养和吸引人才的重要渠道。其中，商科教育在我国改革开放进程中起到了重要作用。对于考生、家长和老师而言，好的大学校名能够帮

---

\* 本文为山西省教育厅 2020 年度研究生教育改革课题项目（2020YJJG191）阶段性研究成果。

助大学招徕优秀生源，拓展国际化视野，提升品牌的价值（Cleamon，2007；Jaquette，2013；潘昆峰、何章立，2017；王兆义，2019；蔡宁伟、张丽华，2020；蔡宁伟等，2021 等）。与之类似，好的学院院名在优秀生源面临同校不同院选择、不同校同院竞争时，也能起到正名、亮相、树碑的重要作用，吸引更多的关注、认同和选择。美国商学院是近现代商科教育的翘楚，不仅发源设立较早，而且采取理论教育与案例教学相结合的模式，教育质量长期位居全球前列，赢得了全球学子和知名企业的青睐，成为不少学生报考和公司招聘的首选（杨锡怀，1997；霍国庆、周晓慧，2004；罗刚、李华，2006；赵江，2008；孙黎等，2011；李佳、廖文武，2019 等）。1916 年起，哈佛大学商学院（The Business School at Harvard University）等 17 所顶尖美国商学院发起成立了国际商学院协会（The Association to Advance Collegiate Schools of Business，简称 AACSB）并吸引全球更多优秀院校加盟，成为美国商学院高质量的衡量标准（庄丽君，201；游春晖、王菁，2020 等）。需要关注的是，院名之于学院如校名之于大学都是大众接触的第一印象，商学院也不例外，优秀的商学院院名朗朗上口、便于记忆，能够起到良好的口碑作用、营销效果和示范效应。但是，目前国内关于美国商学院院名的研究还比较缺失，已有研究仅限于对个别知名美国商学院予以探讨，对于美国排名靠前商学院院名的命名模式、历史沿革和文化传承还处于初步探索阶段，缺乏系统的梳理、归纳和总结。对此，本文针对上述不足，拟采取质性研究（Qualitative Research）的思路来研究美国商学院的命名模式，并运用三阶段编码（Coding）的技术抽取合理的样本对标讨论，探索哪些命名模式有助于提升商学院的影响力和品牌价值。

## 二、文献综述

美国商学院（包括国际商学院、管理学院、国际管理学院等）多从事工商管理、工程管理、市场营销、经济金融、组织行为和人力资源管理、财务会计、国际贸易、旅游管理、健康管理、信息管理等商科以及 MBA、IMBA、EMBA、MEM 等专业学位教学与研究（霍国庆、周晓慧，2004），在全球商学院排名中历久弥新、久负盛名，长期得到研究者的关注（杨锡怀，1997）。从行政管理层次和是否独立招生上看，美国的商学院大致可以分为两类：一类是大多数作为美国大学的二级学院，层次比较清晰，如哈佛大学商学院、宾夕法尼亚大学沃顿商学院（Wharton Business School at University of Pennsylvania）等；另一类是少数作为文理学院（National Liberal Arts College）或专业性学院的二级学院，会出现两个层级的"学院"，如威廉玛丽学院的雷蒙·梅森商学院（Raymond A.Mason School of Business at William & Mary）、百森学院奥林商学院（F.W.Olin Graduate School of Business at Babson College）等[①]。目前，对美国商学院命名的模式研究相对不足，系统性、全面性和完整性还比较匮乏，现有研究大多聚焦在探讨美国大学的命名模式。综上所述，考虑到美国大学商学院要么隶属于美国大学，要么类似于美国大学，且对美国大学命名模式的研究更为丰富，所以我们的文献既回溯了美国大学的命名，也综述了美国商学院的命名。

**（一）美国大学的命名模式**

美国大学命名的模式自有特色，各有渊源，办学的地理、人名、主体、内容、宗教和特色是其主要的命名模式，有学者做过比较系统的研究（蔡宁伟等，2021）。第一，地理命名模式主要包括国际、国家（地区）、大区域（跨州）、州、小区域（州内）、城镇、名胜、地名、街道等 9 种，起到了反映当代，追忆历史的作用。例如，伊利诺伊州的西北大学（Northwestern University）位于如今的美国中部，而非西北部，但命名以其 1851 年建校时的美国疆域为据。第二，人名命名模式主要包括大学纪念人、创始人、捐赠人、领导人和资助人等 5 种，起到了铭记重要相关者的作用；例如，哈佛大学（Harvard University）就是以捐赠者约翰·哈佛（John Harvard）牧师命名，这类命名模式已广受研究关

---

① 注：此外，还存在一些独立办学的商学院但未进入 2023 年 U.S.News 全美商学院百强排名，例如：霍特国际商学院（Hult International Business School）等。

注（张炎，2001；蔡宁伟、张丽华，2020 等）。第三，主体命名模式主要包括公立、州立、私立、市立（城市）4 种，起到了大学与学院传承的作用；例如，俄亥俄州立大学（Ohio State University）等。第四，内容命名模式主要包括复合、理工、采矿、健康、军事 5 种，起到彰显特色的作用；例如，得克萨斯农工大学（Texas A&M University）等。第五，宗教类命名模式主要包括圣人圣物、宗教典故、宗教流派 3 种，例如，圣母大学（University of Notre Dame）等。最后，特色命名模式主要包括等创办机构、纪念族裔、历史沿革、培养目的、培养对象 5 种，起到了缅怀过往，突出目的的作用；例如，强调创新的新学院大学（The New School）等。

**（二）美国商学院的命名模式**

相比之下，对美国商学院的命名研究并不系统，研究者关注程度有限。但是，对于美国顶级商学院，不少学者早有关注，并且比较深入地了解了其命名原因、历史沿革和文化传承等内涵。从现有资料来看，美国各商学院的命名模式与美国大学命名模式基本类似，但主要模式的类型和数量少于大学，并存在作为大学二级学院与大学同名的情况。首先是大部分商学院选择的人名命名模式，例如，宾夕法尼亚大学沃顿商学院就是以学院的捐建者费城企业家约瑟夫·沃顿（Joseph Wharton）命名。其次，也有少数商学院选择地理命名模式；例如，亚利桑那州立大学雷鸟国际管理学院（Thunderbird School of Global Management at Arizona State University）就是以其所在地、亚利桑那州格兰岱尔（Glendale）的第二次世界大战空军基地雷鸟场（Thunderbird Field）命名，而非鸟纲动物雷鸟。2003 年，学院因捐赠改名为亚利桑那州立大学凯瑞商学院（W. P. Carey School of Business at Arizona State University）。第三，有部分商学院作为大学二级学院与大学同名，例如，哈佛商学院（Harvard Business School），正是以哈佛大学的捐赠人命名，且与哈佛大学同名。最后，美国的商学院可能还存在其他例外情况，例如是否有兼顾人名和校名，或者人名和地名等复合命名模式等，有待我们进一步系统梳理和发掘。

## 三、研究设计

本研究选择 2023 年美国排名百强的商学院，依据质性研究方法加以分析，借助三阶段编码发现并归纳商学院院名的命名模式。因此，本文的研究设计更加强调样本的代表性和选择的统一性，也强调研究方法的一致性和研究过程的协调性。

### （一）研究方法

商学院院名是一种专有名词，对其理解和认知属于语义学的范畴，用以研究符号在全部表述方式中的意义（郭毅等，2010）。从语义学的视角，商学院院名在很大程度上展示了该院的特点，而学院命名实质是对其历史沿革、办学内容、所在地点、自身特色的综合反映，美国商学院尤其重视其创建升级、捐赠捐助、历程荣誉等传承。因此，商学院院名适用于内容分析（也称"文本分析"）（Content Analysis）、扎根理论（Grounded Theory）等质性研究方法，借助编码来理解学院命名和改名的规则，得出美国商学院的命名模式。本文主要采取内容分析法，运用 Excel 2021 、Nvivo20 等软件，从语义学角度分析美国商学院的名称。编码过程采取了开放编码（也称"初始编码"，Initial Coding）、关联编码（Relational Coding）、核心编码（Focused Coding）三个阶段（蔡宁伟、张丽华，2021）[①]，用以规范地梳理、展示和提炼研究的问题与结果。本文的研究架构如图 1 所示，从商学院院名的价值和影响出发，提出研究的问题；以文献综述分别梳理了美国大学、美国商学院的既有命名模式，归纳了各自特色；运用扎根理论对代表性美国商学院院名逐一编码，提出美国商学院命名模式，并尝试进一步讨论并提出政策建议。

### （二）样本选择

截至 2021 年末，美国有 4724 所大学，涵盖了 3039 所四年制大学和 1685

① 也可分为开放编码和集中编码两个阶段。

所两年制职业学校，也涵盖了大学和文理学院，包括 1826 所公立大学、1913 所私立大学和 985 所营利性学校①。在 3039 所四年制大学中，绝大多数大学设立了商学院（包括管理学院等）或商学系（包括管理系等），有数据称大约有 1300 多所商学院或管理学院（孙黎等，2011）。其中，U.S.News 全美商学院排名评估了 486 所商学院，该排名在美国影响力较大、排名相对科学、覆盖面较广且具有一定延续性，其评分标准如表 1 所示。这一排名由来已久，且已被不少学者关注或研究（杨锡怀，1997；赵江，2008；邱寿丰等，2020；王涛利、王晓娜，2021 等）。我们选取了 2023 年 U.S.News 全美商学院排名中上榜的 100 所最佳商学院（2023 Best Business Schools）②作为样本，由此确定样本数量为 100。

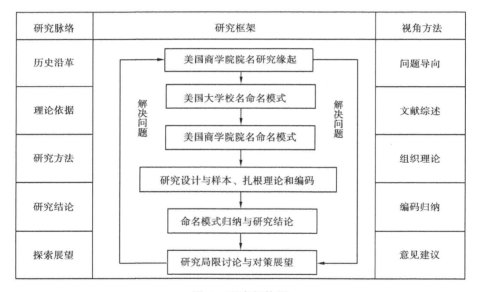

**图 1　研究架构图**

―――――

① 美国教育部网站：https：//www.ed.gov；以及 U.S.News 网站报道：https：//www. usnews. com，截至 2022 年 4 月 30 日。

② U.S.News 网站：https：//www.usnews.com，截至 2022 年 4 月 30 日，排名提前一年给出。

表 1　U.S.News 全美商学院排名评分标准 [①]

| 序号 | 评分项目 | 评分占比 |
|---|---|---|
| 1 | 同行评价 | 25.00% |
| 2 | 雇主评价 | 15.00% |
| 3 | 平均起薪 | 14.00% |
| 4 | 就业率 | 21.00% |
| 5 | 平均 GMAT 和 GRE 成绩 | 16.25% |
| 6 | 平均本科 GPA | 7.50% |
| 7 | 录取率 | 1.25% |
| 合计 | 七类评分指标 | 100.00% |

**（三）研究检验**

在研究信度上，本文借鉴了质性研究信度检验三要素（蔡宁伟等，2021）。一是设法关注空想性信度（Quixotic Reliability），确保单一方法能获得不变结果；二是尝试保证历时性信度（Diachronic Reliability），确保不同时间所获结果的稳定性；三是努力提升共时性信度（Synchronic Reliability），确保同一时间通过不同工具所得的稳定性和一致性。本研究首先需确保美国商学院院名的信度，对此我们做了三项工作。一是抽取 20% 的样本美国商学院，回溯 U.S.News 全美商学院排名名录核实名称的完整性、准确性和一致性。我们借鉴等距抽样法，抽取美国前 100 所最佳商学院中，排名 1-5、25-29、50-54、75-79 位的商学院，合计 20 所，验证一致。二是同样等距抽取 20% 的样本美国商学院，换时倒查学院官网，验证无偏差。在研究效度上，严格按照研究设计的要求，确保研究过程的严谨，即保证了程序信度（Procedural Reliability）。同时，我们按照质性研究准确记录、尽早写作、尽量完整等九点意见保证程序效度（Procedural Validity）。

---

① 注：本表为作者编制，内容和数据源于 U.S.News 网站报道：https：//www.usnews.com。

## 四、研究过程

在美国商学院院名编码过程中，我们根据研究设计和规范，对主要流程和特殊情况做了详细记录。这种记录便于读者理解初始编码、关联编码、核心编码的提取和产生过程，便于研究者对比和回溯，也更容易理解后续对美国商学院命名模式的归纳和结论。其中，可能出现一些编码存在混淆、模糊或者多种含义的情况，因此研究者对此反复做了搜索、分析、查找、比对和讨论，并对典型的情况做了举例和处理，使得研究的过程更为规范、研究的结论更加可信。

**（一）美国商学院院名的编码过程**

经过研究和讨论，并借鉴以往编码的经验，美国商学院院名的编码过程主要分为以下三个阶段。首先，由一位研究者将 2023 年 U.S.News 全美商学院排名中上榜的 100 所最佳商学院统一编码，并制作表格加以记录。这一过程比较复杂，不仅需要去百度百科、维基百科查找上榜的 100 所最佳商学院的历史资料，对于疑难命名还需要到该商学院的网站上去搜索验证。一般而言，美国商学院在网站介绍中都会有关于（About）的选项，其中有其历史（History）栏目，详细记录了学院发展的重大事件和关键变革，商学院的命名和改名均在其列。然后，由另一位研究者独立将上述材料逐一复核，对不同意见及时记录并展开讨论，直到双方达成一致。需要说明的是，经过复核、讨论和验证，研究者们对本次美国商学院院名编码过程和结果形成共识、无不同意见。最后，根据研究设计，我们还需要做好美国 100 所商学院原院名的信效度检验，经等距抽样，2023 年 U.S.News 全美商学院百强院名与该学院官网名称的完整性、准确性和一致性，结果显示二者完全相同。

**（二）美国商学院院名的处理过程**

在美国大学校名的编码过程中，研究者对于由于历史和文化的差异，采取了如下措施：一是规范样本大学校名，将排名中的缩写、别称、俗称等还原为全称。例如：以纪念人命名的罗格斯大学（Rutgers University）为其俗称，实际全称应为新泽西州立大学（The State University of New Jersey）。二是运用百度、Google 等搜索平台查找样本大学详情，通过介绍、历史等栏目逐一了解命名渊源。例如：本次排名第一的是芝加哥大学布斯商学院（Booth School of Business at University of Chicago），从芝加哥大学商学院更为现名是为了纪念院友大卫·布斯（David Booth）于 2008 年 11 月 6 日捐赠 3 亿美元。三是明确编码的规则。例如：编码只能保留实词，须去掉 of、the、in、at、and 等虚词。四是对个别疑难校名，尝试联系校友了解命名的渊源。例如：对未在学院网站上查到的波士顿学院卡罗尔管理学院（The Carroll School of Management at Boston College），我们专门请教了该学院毕业的博士、现在美国某高校任教的教授，了解到是以捐赠人的姓氏命名。五是对命名的编码、数量等做了回溯，借助编码数量、编码原则等查验编码的过程，检验编码的结果，确保前后编码逻辑一致，符合研究设计的要求。

## 五、研究结论

2023 年 U.S.News 全美商学院 Top100 所美国商学院中，我们对每所学院逐一编码，共获得 328 个初始编码。由此，按语义汇聚成 13 个关联编码，最终按实质归纳成 6 个核心编码。其中，人名相关类核心编码包括大学捐赠人（86 个）、纪念人（4 个）、创始人（1 个）相关 3 个关联编码，含 93 个初始编码（其中有 13 所商学院同时涉及 2 个人名编码，一般为夫妻，因此实际涉及商学院数为 80 个）；大学校名类核心编码包括地理名（11 个）、人名（8 个）、办学内容（2 个）相关 3 个关联编码，含 21 个初始编码（其中有 2 所商学院命名既有人名又有大学校名）；地理影响类核心编码包括国家（1 个）相关 1 个关联编码，含国家别名 1 个初始编码；办学内容类核心编码包括商学（79 个）、管理（21 个）、商学和经济学（3 个）相关 3 个关联编码，含 103 个初始编码（有 3 所大学各涉及 2 个办学内容编码）；办学层级类核心编码主要包括学院（24 个）、学校（76 个）相关 2 个关联编码，含 100 个初始编码；办学阶段类核心编码主要包括研究生（10 个）相关 1 个关联编码，含 10 个初始编码。

## （一）人名命名模式：捐赠之恩，永世不忘

表 2　美国商学院的人名命名模式

| 核心编码 | 关联编码 | 初始编码 | | | | |
|---|---|---|---|---|---|---|
| 人名相关 | 学院捐赠人 | Booth | Kellogg | Sloan | Haas | Tuck |
| | 学院纪念人 | Darden | Jesse H.Jones | David Eccles | Raymond A.Mason | |
| | 学院创始人 | Wharton | | | | |

样本涉及人名相关编码 93 个，约占全部初始编码的 28.35%，成为美国商学院排名第三的命名模式。主要呈现如下特征：一是以捐赠人命名中包括不少成功商人和亿万富翁，其中不乏长期支持学院的院董、院友。例如，芝加哥大学布斯商学院的捐赠人大卫·布斯（David Booth）和加州大学伯克利分校哈斯商学院（The Haas School of Business at University of California——Berkeley）的捐赠人沃尔特·哈斯（Walter Haas）分别是两所商学院的院友。二是学院以纪念人命名相对有限，其中有的纪念人可能对商学院有捐赠但未见具体捐赠说明。例如：弗吉尼亚大学达顿商学院（The Darden School of Business at University of Virginia）就以弗吉尼亚州州长高露洁·怀特黑德·达顿（Colgate Whitehead Darden）命名；又如：莱斯大学杰西·琼斯商学院（Jesse H.Jones Graduate School of Business at Rice University）是为纪念休斯敦著名商业和公民领袖杰西·琼斯（Jesse H.Jones）而命名。三是学院创始人实质也是学院捐赠人，差别在于前者从学院创立就开始给予学院捐赠支持。例如：宾夕法尼亚大学沃顿商学院就以学院捐建者约瑟夫·沃顿命名至今。四是有 11 所学院存在以 2 名捐赠人（多为夫妻）命名的情况。例如：北卡罗来纳大学教堂山分校凯南·弗拉格勒商学院（Kenan-Flagler Business School at University of North Carolina——Chapel Hill）就以玛丽·莉莉·凯南（Mary Lily Kenan）和她先生亨利·莫瑞

森·弗拉格勒（Henry Morrison Flagler.）夫妻命名；又如：杨百翰大学万豪商学院（Marriott School of Business at Brigham Young University）得到了万豪国际创始人约翰·威拉德·万豪（John Willard Marriott）和其夫人爱丽丝·S·万豪（Alice S.Marriott）的巨额捐赠，因此以夫妻二人命名。

### （二）大学校名命名模式：大学校名，亦有传承

表 3　美国商学院的大学校名命名模式

| 核心编码 | 关联编码 | 初始编码 | | | | |
|---|---|---|---|---|---|---|
| 校名相关 | 大学地理名 | Miami | Wisconsin | NY① | Leeds | California |
| | 大学人名 | Harvard | Stanford | Yale | Rutgers | George Washington |
| | 大学办学内容 | A&T | Tech | | | |

　　样本涉及大学校名相关编码 21 个，约占全部初始编码的 6.40%，成为美国商学院排名第四的命名模式。主要呈现如下特征：一是以大学地理名命名最多，包括排名居于中后的 11 所商学院。例如：威斯康星大学麦迪逊分校威斯康星商学院（Wisconsin School of Business at University of Wisconsin——Madison）实际采取了双重地理命名模式，他是大学地理命名中排名最靠前的商学院，位列第 47 位；又如：加利福尼亚大学戴维斯分校管理学院（Graduate School of Management at University of California—— Davis），位列第 52 位；其他以大学地理名命名的商学院均在其之后。二是以大学人名命名，包括 8 所商学院且不乏名校。例如：哈佛大学商学院、斯坦福大学商学院（The Graduate School of Business at Stanford University）等都是如此，这类商学院实则没有人名命名，但一般与大学校名合称某某大学商学院。三是以大学办学内容命名，以办学内容命名的商学院只有 2 所，且均比较靠后。例如：北卡罗来纳农工州立大学商学与经济学院（College of Business and Economics at North Carolina A&T

---

　　①　注：NY 是 SUNY 简称中的地名部分，后者一般指纽约州立大学（State University of New York）。

State University）排名并列第 94 位，采取了大学地理名＋办学内容复合命名模式；又如：路易斯安那理工大学商学院（College of Business at Louisiana Tech University）排名并列第 98 位，采取了大学办学内容命名模式。

**（三）地理命名模式：重视当代，追忆历史**

表 4  美国商学院的地理命名模式

| 核心编码 | 关联编码 | 初始编码 | | | | |
|---|---|---|---|---|---|---|
| 地理影响 | 国家（地区） | Columbia | | | | |

样本涉及地理影响编码 1 个，约占全部初始编码的 0.30%，成为美国商学院排名最后的命名模式，主要呈现如下特征。例如：哥伦比亚大学哥伦比亚商学院（Columbia Business School at Columbia University）实际使用了美国的女性化代称，而非南美国家哥伦比亚。从某种意义上讲，该学院也可以归为大学校名命名模式，也就是采取了双重命名方式。但考虑到地理命名模式在美国大学命名模式中的占比和重要性（蔡宁伟、张丽华，2020；蔡宁伟等，2021 等），仍将其作为美国商学院的一种独立命名模式。

**（四）内容命名模式：商管为主，特色鲜明**

表 5  美国商学院的内容命名模式

| 核心编码 | 关联编码 | 初始编码 | | | |
|---|---|---|---|---|---|
| 办学内容 | 商学类 | Business | | | |
| | 管理类 | Management | | | |
| | 经济（复合）类 | Business and Economics | | | |

办学内容类核心编码包括商学（79 个）、管理（21 个）、经济（3 个）相关 3 个关联编码，含 103 个初始编码（有 3 所大学各涉及 2 个办学内容编码）样本涉及办学内容编码 103 个，约占全部初始编码 31.40%，成为美国商学院排名第一的命名模式，这也是各专业学院必不可少的命名要素。主要呈现如下特征：一是商学命名模式达 79 个，成为该模式的主流。例如：芝加哥大学布斯商学院、哈佛大学商学院等。二是管理学命名模式有 21 个，成为该模

式不可忽视的组成部分。例如：西北大学凯洛格管理学院（Kellogg School of Management at Northwestern University）、麻省理工学院斯隆管理学院（Sloan School of Management at Massachusetts Institute of Technology）等。三是存在商学＋经济学的复合命名模式，这类学院数量只有 3 所，且排名相对靠后。例如：排名并列第 72 位的查普曼大学乔治·阿吉罗斯商学与经济学院（George L.Argyros School of Business and Economics at Chapman University）、肯塔基大学盖顿商学与经济学院（Gatton College of Business and Economics at University of Kentucky）、和排名并列第 94 位的北卡罗来纳农工州立大学商学与经济学院。

**（五）层级命名模式：学院称谓、各有传承**

表 6　美国商学院的层级命名模式

| 核心编码 | 关联编码 | | 初始编码 | | | |
|---|---|---|---|---|---|---|
| 机构层级 | （更高层级）学院 | College | | | | |
| | （更低层级）学院 | School | | | | |

样本涉及办学层级编码 100 个，约占全部初始编码的 30.49%，成为美国商学院排名第二的命名模式。由于大学、学院等办学层级编码是大学命名的必要组成部分、不可或缺，因此其数量和占比相对较大。尽管 College 和 School 都可以作为美国综合性大学中的学院，但二者存在一定层级差异，College 的层级更高，可下辖多所 School。此外，前者也可以作为美国的大学使用，如威廉和玛丽学院（College of William and Mary）等文理学院、"既不在波士顿也不是一所学院"的著名综合大学且仍坚持以学院为名的波士顿学院（Boston College）（蔡宁伟、张丽华，2020）和商科专业强项突出的百森学院（Babson College）等，上述 3 所学院的商学院都位列样本榜单之中。美国商学院的层级命名模式呈现如下特征：一是以（更低层级）学院（School）命名的有 76 所，其下层级一般是系（Department 或 Faculty）。例如：哈佛大学商学院、宾夕法尼亚大学沃顿商学院等。二是以（更高层级）学院（College）命名的有 24 所，其下层级一般是学院（School）。例如：佛罗里达大学沃灵顿商学院（Warrington College

of Business at University of Florida）拥有三所下属学院，分别是霍夫商学研究生院（Hough Graduate School of Business）、费舍尔会计学院（Fisher School of Accounting）和海文纳商学院（Heavener School of Business）。

### （六）阶段命名模式：阶段明晰，培养区分

表 7　美国商学院的阶段命名模式

| 核心编码 | 关联编码 | 初始编码 | | | |
|---|---|---|---|---|---|
| 研究生阶段 | 研究生 | Graduate | | | |

样本涉及研究生阶段编码 10 个，约占全部初始编码的 3.05%，成为美国商学院排名第五的命名模式，其主要特征是：带有 Graduate 的名称的商学院一般包括了硕士和博士等研究生教育，例如：斯坦福大学商学院（Graduate School of Business at Stanford University）、康奈尔大学萨缪尔·柯蒂斯·强森管理学院（Samuel Curtis Johnson Graduate School of Management at Cornell University）等。但是，这并不意味着其他不带有 Graduate 名称的商学院就并不开设研究生教育，这取决于各个学院的历史、文化、课程和特色等因素。例如哈佛大学商学院、耶鲁大学管理学院（School of Management at Yale University）等就不含 Graduate 的命名要素。

## 六、讨论展望

综上所述，研究者对 2023 年 U.S.News 全美商学院 Top100 所美国商学院中的每所学院逐一编码，共获得 328 个初始编码，由此按语义汇聚成 13 个关联编码，最终按实质归纳成 6 个核心编码。即美国商学院院名命名的六种主要模式，包括人名相关、校名相关、地理影响、办学内容、机构层级、研究生阶段。这些特点对我国商学院命名、办学、创新很有借鉴价值，有助于我国商学院聚焦主业、坚定自信、保持竞争力、提升吸引力，进一步更好地培养理论型、创新型、实践性和应用型等多种类型的复合型或专业型人才，更加坚定我国商学院

做大做强做新的信念和"四个自信"。

### （一）美国商学院命名的特点

按照研究设计，借助编码我们发现如下结果。美国商学院院名的命名模式主要有六种，而美国大学校名的命名模式主要有八种（蔡宁伟等，2021）。其中，相似的包括人名、地理、内容、层级等命名模式；而差异较大的主要集中在美国商学院院名共用大学校名、办学层级等命名模式。别除办学内容、机构层级2类必要命名模式，且暂不考虑研究生阶段这一与商学院培养计划和教学特色密切相关的命名模式，美国商学院命名的特色主要聚焦在人名相关、校名相关2类核心编码中，前文对此已有阐述。其中，在校名相关核心编码中，涉及几种特殊命名模式，属于在人名、校名相关核心编码基础之上的组合或延伸：一是迈阿密大学迈阿密赫伯特商学院（Miami Herbert Business School at University of Miami）采取了大学校名 + 捐赠人名复合命名模式，其中大学校名实质是地理名；二是佩珀代因大学佩珀代因格拉兹道商学院（Pepperdine Graziadio Business School at Pepperdine University）也采取了大学校名 + 捐赠人名复合命名模式，其中大学校名实质是创办人名；三是科罗拉多大学波尔得分校利兹商学院（Leeds School of Business at University of Colorado—— Boulder）确实是以大学校名命名，但并非其所在的美国科罗拉多大学波尔德分校，而是其千里之外的合作办学大学方的英国利兹大学（University of Leeds），该英国大学以所在城市利兹命名。

### （二）美国商学院命名的借鉴

校名是大学的名片，容易体现高校办学品质、实现吸引优秀生源、做强品牌营销的目的（Morphew，2002；Treadwell，2003；Cleamon，2007；Jaquette，2013；潘昆峰、何章立，2017；王兆义，2019；蔡宁伟等，2021 等）；商学院院名也能起到相似的作用，包括突出内涵吸引、强化品牌效应、促进考生选择和减少同质化竞争等。目前，全球前 100 商学院排名中美国商学院仍占据半壁江山，依然吸引着莘莘学子不断报考求学。美国商学院基本采用市场化的手段，培养能够"问鼎陶朱"且理论联系实际的经营管理人才。结合美国商学院的命名特征，至少有如下几点值得借鉴：一是美国商学院的捐赠人大多事业有成，甚至白手起家建立了庞大的商业帝国，他们的名字和经历都是一种传奇，与商学院命名结合可以实现"强强联合"。例如：阿尔弗雷德·斯隆（Alfred P.Sloan）被誉为第一位成功的职业经理人，他曾任通用汽车公司的第八任总裁长达25年，麻省理工学院斯隆管理学院以捐赠人斯隆命名，在资金支持和品牌影响上都实现了强强联合，该学院在2023年排名并列第5位；又如：山姆·沃尔顿（Sam M.Walton）是沃尔玛和山姆会员店的创始人，1985年成为美国首富，以之命名的阿肯色大学山姆·沃尔顿商学院（Sam M.Walton College of Business at University of Arkansas）同样实现了双赢，在2023年排名并列第64位。二是美国商学院的资金来源更为多元，其中以校友、企业捐赠为主，排名靠前的大学吸引的资金捐赠往往更多，这与中国商学院甚至中国大学的资金来源不同，校友捐赠具有积极的舆论导向和带动效应。例如：麻省大学艾森伯格管理学院（Isenberg School of Management at University of Massachusetts）命名的捐赠人艾森伯格（Isenberg）既是成功的企业家，也是学院的毕业生；又如：爱荷华州立大学艾薇商学院（Ivy College of Business at Iowa State University）实质是两位夫妻校友达比（Debbie）和杰瑞·艾薇（Jerry Ivy）捐赠而命名，成为该大学第一所命名学院。

**参考文献：**

［1］王涛利，王晓娜.美国精英大学商学院教师互聘网络分析［J］.黑龙江高教研究，2021，39（08）：57-63.

［2］蔡宁伟，宗博强，于慧萍，张丽华.中美大学校名命名模式比较研究——基于中美Top 400高校的编码分析［J］.宁波大学学报（教育科学版），2021，43（04）：87-101.

[3] 蔡宁伟，张丽华.组织理论视角下中国大学校名雷同现象分析 [J]. 教育与教学研究，2021，35（02）：106-120.

[4] 游春晖，王菁.国际精英商学院协会与美国商学院认证委员会专业认证的比较及选择——地方本科高校财务管理专业的视角 [J]. 高教论坛，2020，（11）：70-72.

[5] 蔡宁伟，张丽华.美国大学校名命名模式研究——兼论校名雷同现象的组织理论思考 [J]. 教师教育论坛，2020，33（09）：40-56.

[6] 邱寿丰，林萍，刘伟松.《美国新闻》的最佳商学院排名分析及启示 [J]. 中国市场，2020，（01）：123-125+130.

[7] 王兆义.德国应用科学大学更名现象研究 [J]. 比较教育研究，2019，41（03）：53-60.

[8] 庄丽君.美国商学院促进协会的商科认证研究 [J]. 高教发展与评估，2019，35（02）：93-99+113-114.

[9] 李佳，廖文武.我国高校 MBA 实践教学模式的构建——基于对美国哥伦比亚商学院的实地考察 [J]. 上海理工大学学报（社会科学版），2019，41（01）：85-91.

[10] 潘昆峰，何章立.高校名称与学生认知判断：实验的证据 [J]. 教育与经济，2017，（04）：74-82.

[11] 孙黎，刘刚，周楠.基于认识论的案例教学法——美国商学院的经验 [J]. 管理案例研究与评论，2011，4（04）：323-329.

[12] 郭毅，王兴，章迪诚，朱熹."红头文件"何以以言行事？——中国国有企业改革文件研究（2000～2005）[J]. 管理世界，2010，（12）：74-89+187-188.

[13] 赵江.浅析美国商学院及其发展特点 [J]. 世界教育信息，2008，（09）：63-66.

[14] 罗刚，李华.美国金融研究生的商学院培养模式及其启示 [J]. 学位与研究生教育，2006，（09）：73-76.

［15］霍国庆，周晓慧. 美国华盛顿大学商学院管理教育的实证研究［J］. 管理评论，2004，（06）：50-58+64.

［16］张焱. 从中美两国大学校名看社会、历史和文化［J］. 外语教育，2001，（00）：180-183.

［17］杨锡怀. 一九九六年美国优秀商学院排名及启示［J］. 学位与研究生教育，1997，（05）：67-70.

［18］Jaquette，O.Why do Colleges Become Universities? Mission Drift and the Enrollment Economy［J］.Research in Higher Education，2013，54（05）：514- 543.

［19］Cleamon，J.M.A University Name Change：Significance of Faculty Involvement［J］.Journal of Marketing for Higher Education，2007，17（01）：117-145.

［20］Treadwell，D.F.Can Your Institution's Name Influence Constituent Response? An Initial Assessment of Consumer Response to College Names［J］. Public Relations Review，2003，29（02）：185-197.

［21］Morphew，C.C."A Rose by any Other Name"：Which Colleges Became Universities［J］.Review of Higher Education，2002，25（02）：207-223.

【作者简介】蔡宁伟，中信银行合规部整改督查处副处长，管理学博士，正高级经济师，主要研究领域为人力资源管理，高教管理等；于慧萍，山西财经大学工商管理学院教授，管理学博士，硕士研究生导师，主要研究领域为组织行为与人力资源管理。

# 英美高等教育法权治理的经验与启示 *

左崇良

## 【导言】

以"法权"视角考察英美大学教育治理的逻辑和实践，梳理凝练英美高等教育法权治理的特点和相关经验，能够为中国的教育实际提供借鉴。法权是法定之权，是制度化的权力或权利。法权治理表征着现代教育管理的方向，高等教育领域各类法权主体相互联系形成法权治理结构。美国高等教育的法权治理是宏观法权治理的典范，形成了完善的高等教育治理体系和全国性的学术秩序，既有效地促进了大学的多样分化，又维持着教育的质量标准。英国大学的双层治理结构是微观法权治理的典范，既维持了传统的学术自治，又增强了社会适应性。英美高等教育的卓越发展及其治理特征给了世人的启示是：高等教育治理体系结构并非刻意设计的结果，而是由大学的内在逻辑和外部力量的对抗而历史地形成的，是高等教育内外部规律作用的结果。

在现代法治社会，任何一个领域都有法权的存在，高等教育领域也不例外。"法权"是法定之权，是权利与权力的统一体，是一个反映法律承认和保护的全部利益的法学范畴[①]。权利和权力是法律世界最基本的现象，是法权的两种基本类型，同样也是高等教育法权的两种基本形态。高等教育领域内法权的构成要

———————————
　*　基金项目：湖南省教育厅科学研究项目重点课题"普及化阶段省域高等教育治理的体系结构与协同机制研究"（21A0446）。

　①　童之伟. 法权与宪政 [M]. 济南：山东人民出版社，2001：294.

素是该领域内法律上的一切"权"，除此之外还有由它们各自所共同派生的权利和权力，如大学法人内部行使的职权等。

不同文化背景和社会制度的国家，高等教育的法权配置有其特殊的方式与构成。综观当今世界的高等教育治理，最具影响力的当属美英两国的高等教育法权治理模式。

# 一、宏观法权治理的典范：美国高等教育的法权治理

美国高等教育的法权治理，有效地促进了大学的多样分化，又维持着教育的质量标准，各利益相关主体基于一种共同的理念，在法律规则的约束下，各司其职，各负其责，形成了完善的高等教育治理体系和全国性的学术秩序。

## （一）指导思想：分权制衡

美国高等教育宏观治理的特点是分权与共治，这种配置与其政治经济体制相关。美国现行的分权共治制度源于其早期的分权思想，受孟德斯鸠等思想家的影响，美国以自由民主为核心，确立了三权分立的政治体制。独立战争后，联邦形式的资产阶级政治制度为美国非中央集权的高等教育管理体制打下了政治基础，1789 年宪法又为其奠定了坚实的法律基础，最终演变成当下的民主协商的高等教育分权共治模式。美国政府认为，不受束缚的高等教育系统具有长远效益，因此通过宪法、法令、预算拨款和行政管理政策等方式为大学提供了自由的发展空间，大学被赋予了制定办学使命和目标的权力与责任。

美国高等教育的分权制衡旨在建立一个分化而又制衡的高等教育法权结构，通过异权分割与并立，形成不同权力主体之间的权力制约关系。从法理上分析，完整意义上的高等教育的"分权"必须包括"分立"与"制衡"两个因素，缺一不可。高等教育的分权制衡存在纵向和横向两个维度。纵向上的权力主体是联邦政府和州政府，横向的权力主体是政府、市场、社会和高校。美国以州为主、联邦辅助的高等教育管理体制反映出两级政府的上下协调关系，有利于更

多地方利益主体参与到高等教育中来。在横向上，政府对高等教育的治理是一次公共教育权力在政府、市场、社会、院校之间更大范围的分配。政府通过高等教育的分权，实现了权力在不同主体之间的转移，形成了权力的多中心。相对于政府对大学的纵向控制，从法律的角度来讲大学与市场之间的关系主要是一种平等的民事主体关系。大学与市场的关系，实质上反映出政府与市场在高等教育领域的力量博弈。由于政府是一种强势的公权力，政府的决策影响着市场介入的程度。美国联邦政府和州政府都选择主动退出一些领域，而让市场更多地参与进来，因此，市场对美国高等教育的调节作用十分明显。政府向市场分权，增强美国高等教育的市场取向，促使政府调控与市场调节构成一种既矛盾又统一的两种力量，共同地作用于高等教育的运作过程。总体上，美国高等教育系统是十分庞大和复杂的，表面上看起来是杂乱无章，但是，各个层次和各种主要形式的权力在自由博弈中构成了一套相互平衡和制约的力量，这是一种系统化的力量①。

**（二）目标取向：增进效率**

美国是一个重视教育尤其是重视高等教育的国家，增进效率、提高质量是美国当代教育改革的基本目标。1958年美国颁布《国防教育法》，明确了国防和教育的关系，把教育的发展视作关系国家安危的关键因素。《国防教育法》极大地改变了美联邦与教育之间的关系，对美国高等教育的影响深远，具体表现在高校规模、师资、通识教育、外语教学、研究生教育、科研等方面的显著改变。六七十年代，美国高等教育进入到大众化阶段，大学面对的各种关系更为复杂，传统的院校自治受到威胁，"利益攸关者"（stakeholders）成为大学治理的一个新的要素。一方面，大学利益攸关者增多，包括教师、学生、雇员、资助委员会和社会公众等；另一方面，大学利益攸关者对大学的关注度增强，重要的是，诸多利益攸关者对大学的要求不一，有时甚至是矛盾的，冲突不可避

---

① ［加］约翰·范德格拉夫等，王承绪等译. 学术权力——七国高等教育管理体制比较［M］. 杭州：浙江教育出版社，2001：125.

免。

高等教育质量被美国视为一种参与全球竞争的核心竞争力，高等教育的效率和效益是其关注的重点所在。80年代中期以来，美国公共部门的管理方式发生了变化，出现一种以市场为基础的新公共管理模式。新公共管理模式是以质疑官僚行政有效性为前设，以精简、重建和不断改进为手段，以追求"3E"即economy（经济）、efficiency（效率）、effectiveness（效能）为目标。与此同时，美国政府通过放松政府管制的方式对大学进行授权，通过主动退出一些领域对市场和社会公众进行授权，通过下放决策和解决问题等权力对教师进行授权，通过多元资金援助方式吸纳校外人士参与大学治理，通过赋予课程选择权反映学生的需求。在现今环境下，学术人员、行政人员和校外人士共同发挥作用的协商模式是比较高效且令人满意的。这是一种宽泛的、成功的共同治理模式，强调尊重学术自由，提供学术人员主动参与院校管理的空间和条件，但同时也并不妨碍院校规范其职责，使大学对迅速变化的外部环境做出适当的反应。

**（三）内在要求：以法定权**

美国高等教育分权共治的内在要求是以法律为基础，分权与问责相结合，以法定权，权责对称，最终实现高等教育法治化。首先，高等教育分权的立法机制保证了美国高等教育立法活动规范、有序、有效地运作，从而为美国高等教育法治化提供了制度保障。其次，良好的治理结构实现了高等教育的分权和制衡，调动了各方的积极参与，在契约管理下实现共同的使命。第三，规范的制度设计创造了良好的学术秩序，授权与问责的有机结合，使得高等教育的权利主体各司其职，各负其责。

美国高等教育宏观治理有一个特征是注重立法权的"分权"和权力重心的下移，立法权的分权包括"分立"与"制衡"两个因素，权力的重心下移表现在州政府对本州的高等教育负主要责任。美国高等教育微观治理的特征是大学法人化。大学法人化是以法律的形式确认大学的独立法人实体地位。在美国，存在着两类大学群体：公法人和私法人。两类大学，按照不同的性质享有不同的法律地位：美国的私立大学根据契约性的特许状享有私法人地位；大部分州立大学具有独立于政府的公法人地位；少数从属州政府的大学被看成是政府机构的延伸，没有独立于政府的法人地位，或者说其有限的法人地位依赖于政府的授权或委托。法人意味着人格独立、组织自治。美国大学大多实行"法人—董事会"制度，每所大学都有自己的章程，董事会的权限载于批准设立该校的特许状或议会法案中。

美国高等教育的分权共治制度与问责是相配套的，其制度设计力图使每一个法权主体的权力与其所承担的责任相对称，在法权主体所被赋予的权力和它所承担的责任之间建立对等关系。与分权授权相配套，美国高等教育建立了复杂的问责制度。高等教育问责制是一种法律制度，是在权责明确、权责统一的基础上，利益相关者对承担责任的高校及其教育工作者在教育、教学与管理过程中的误为、不为和滥为产生的后果进行责任追究的一系列制度。其实质是以公众权力制约高校权力，以消费者本位代替学校本位的一种关于民主监督的制度设计。其中，政府对大学的问责最为严厉，不仅对大学进行合法性监督，还要对大学进行合理性或合目的性监督。

### （四）外在格局：多方共治

美国高等教育治理的外在格局是多方共治，形成纵横两个维度的法权结构。美国高等教育系统的纵向法权结构中，国家级的正式权力比较小，中间级（州、联合大学、大学）的组织较强，基层（学院和系）在人事和课程方面有很大发言权。纵向结构总体上呈现出"两头小中间大"的权力格局，各层次的权力相互依托，形成一个橄榄形的梯次分权，因此，有学者将其权力配置模式概括为"强有力的中层管理"。进入到21世纪之后，美国高等教育又出现权力分配新趋势，即教授们的专业权威在基层机构得到加强，行政人员的官僚权威在中层机构得到加强，董事和其他校外人士的公众权威在州和国家一级得到加强。

美国大学的横向法权结构的特点是社会的多元参与，通过适当地引入市场机制，打破了政府对公共教育的垄断和大学对学校事务的绝对控制，形成了权力的多中心格局。在保障高等教育质量方面，更多地依赖民间机构和公民个人对高等教育的热情参与，建立起公私部门的伙伴关系。显然，大学治理的基础和前提就是明确大学与政府、社会、教师、学生的法律关系，政府与大学形成彼此负有责任的章程，国家宏观调控与大学面向社会自主办学相结合形成平衡机制。沙托克（Michael Shattock）在《重新平衡大学治理的现代理念》提出一个对策：通过共同治理来均衡两者的发展[①]。在共同治理中，特别明确了外行成员的作用，进行有效的评审，通过第三方组织监控高等教育质量。

高等教育治理的发展方向是分权和共治。早在 1966 年，美国教授协会（AAUP）发表的《大学和学院治理声明》阐述道："大学外部日趋严峻的挑战和大学承载任务的多样性和复杂性使得董事会、校长和教师不可避免的日益相互依存，迫切需要董事会、校长和教师之间充分理解和沟通，并采取适当的共同努力"[②]。这种共同努力在中美两个国家可依据各种具体的情形而采取不同形式，但至少应该遵循两项基本原则：（1）凡重要行动领域应由大学所有成员根据其不同能力共同参与决定；（2）大学各成员依据其所承担的职责拥有不同的发言权。

美国自由而又分权的高等教育体制具有一定的优越性。政府与大学之间是指导、服务与被指导、被服务的关系。国家和政府对大学的管理主要是经费的支持和质量的监控，较少直接干涉大学自身事务。这样，在政府与大学之间通常会出现各种形式的缓冲组织。每一所大学都自成一体，形成独立的学术中心，进行高水平的科学研究。大学与大学之间，进行激烈而又友好的竞争，竞争生源，竞争资金，竞争设备，在相互竞争中明确了目标，提高了创造力和适应性。在大学内部，通过明确院校的目标和绩效，使大学组织对自己的行为负责，对公众负责，进而带来了大学组织成员的价值观、行为规范、态度和期望值的改变。

---

① Michael Shattock. Re-Balancing Modern Concept of University Governance [J]. Higher Education Quarterly，2002，56（03）：235-244.

② AAUP Statement on Government of Colleges and Universities 1966 [EB/OL].（2007-10-10）[2023-04-17]. http：//www.aaup.org/AAUP/pubsres/policydocs/governancestatement.htm.

## 二、微观法权治理的典范：英国大学的双层治理结构

在漫长的历史进程中，大学组织逐渐形成了双重权力：学术权力和行政权力。双层治理结构是欧洲大学的一种标准范式，实现了学术权力和行政权力的适度结合，达成了两类法权主体的良性互动，在复杂多变的现代社会中，既维持了大学传统的学术自治，又增强了大学的社会适应性。

### （一）大学双层治理结构的演变

大学的双层治理结构，最初出现在英国，也以英国大学最为典型。1870 年曼彻斯特欧文斯学院创立的一种现代管理模式——校外人士和本校学者共同参与学校管理，被认为是现在大学双层治理结构的雏形，具有里程碑的意义①。该模式后来很快就成为英国大学治理的一种典范，并影响到牛津、剑桥，以及苏格兰的传统大学。

英国大学被认为是双层治理结构的典范，其治理结构具有鲜明的特征。第一层：校务委员会和执行董事会，负责所有校务。校务委员会和执行理事会都有学者参加，但校外人士占其中的多数。第二层是学术评议会，它由校长和各科教授组成。

在英国大学，无论是"联邦制"的伦敦大学，还是地方大学，治理结构中引入校外人士参与是其主要特色。校务委员会作为最高决策机构，成员大多是非大学成员，包括议员、宗教领袖和社会名流等。校务委员会的功能是，审议财务、解决重大争论，但并不参与决策学校具体事务，因为它主要代表的是公共利益。而在地方大学的理事会，通常也有四分之三的成员是非教育界人士，其中包括地方当局指派的人员，主要负责财务决策和对外联络。20 世纪以来，评议会开始获得正式的决策权，特别是决策中广泛的惯例权。校长作为大学教务和行政官员中的最高领导人，是上述两层结构的联系人。校长权力转移有效

---

① ［加］约翰·范德格拉夫等，王承绪等译. 学术权力——七国高等教育管理体制比较［M］. 杭州：浙江教育出版社，2001：93.

地减少了董事会的权力，为加强教授权力提供了基础。这种制度环境，为英国大学的学者提供了一种相对宽松自由的授课与研究氛围，使其能够集中精力实现目标。

英国大学首创的双层治理结构较好地适应了现代社会的需要，英国大学高质量的教学科研赢得了较高的国际声誉。2010 的欧洲大学评估中，欧洲大学协会 EUA（European University Association）把双层治理结构的发展作为评价欧洲各国大学组织机构的核心指标，并开发出一个详细的评估方案①。在欧洲，由于博洛尼亚进程（Bologna Process）的推动，欧洲高等教育试图整合欧盟成员国的高教资源，打通教育体制。鉴于英国大学的良好声誉，双层治理结构作为大学组织机构的一种标准范式，开始在所有欧盟国家推广。

双层治理结构是西方大学治理的精髓，创造性地解决了困扰现代大学的诸多难题，并将其影响扩展到亚非拉等发展中国家，反映出大学治理的发展趋势和走向。在双层治理结构的基础上，现代大学治理过程得以展开——通过法律对大学的各种权力进行整合和配置，建立一种组织性框架及机制，在冲突和多元利益的状况下共同管理其一般事务。

**（二）大学双层治理结构的制度优越性**

双层治理结构是 21 世纪大学治理的一个趋同模式，是在现代社会中运行得最好的大学治理模式，其优越性表现在以下几个方面。

1. 传统大学与现代大学的结合

双层治理结构是西方大学治理的精髓，显示出大学法权治理旺盛的生命力。自中世纪以来，大学是具有社会内聚力和有弹性的机构，大学组织显示出非凡的稳定性。大学双重治理结构呈现出一个矛盾的结合：传统与现代的结合，传统大学与新型大学的结合。一方面，这种类型的大学极力忠于传统，坚守学术自治；另一方面这些大学又具有相当的灵活性和适应性，能够迅速对社会变化

---

① Thomas Estermann.University Autonomy in Europe ：Exploratory Study［EB/OL］.（2009-11-06）［2023-04-21］.http ：//www.eua.be/eua-work-and-policy-area/governance-autonomy-and-funding/projects/ university-autonomy-in-europe/.

做出反应。大学双重治理结构实现了大学学者与校外人士共同治理。通常情况下，大学管理层与董事会保持良好的关系，但有时也会发生矛盾。例如，2008年，全英有 6 位大学校长因为管理不善而被董事会解聘。英国大学是独立的机构，不会受到政治压力的直接影响，并能够自觉地追求自己的议程。在现代社会中，没有一所大学是纯粹的学者团体，大学规模的扩大也带来了职能的专门化，事务工作和学术工作必须分开。教授们主持学术工作，而管理者负责事务工作，校外人士代表的是公众的利益，双层治理结构可以有效防止大学变得狭隘并尽可能符合公众的目标。由此可知，大学双层治理结构的组织运行模式，是把教授行会与院校董事会及其行政管理人员的适度影响结合起来的模式。

2. 自然属性和社会属性的结合

科学合理的治理结构是大学内外不同利益群体有效合作的基础和前提，有助于维护大学的秩序，提高大学运行的效率，实现大学的使命。大学的双层治理结构具有双重属性，即自然属性和社会属性。大学是探究高深学问的场所，大学的权力最终来自知识，大学治理模式取决于处理知识的方式。大学的基本生产过程是知识集约型的，知识的领域构成大学机构的基本组织，如同一个个专门化的细胞，紧密地结合在一起，因此，大学的内部治理结构必须遵循大学自身的逻辑，符合大学的自然属性，由学者做出专业判断。然而，现代大学往往是由若干专业化知识集团组成的聚合体，各个学院存在于不同的专业领域，大学像是一个联邦系统，存在多个权力和利益主体，存在多种利益的诉求。因此，大学的内部治理结构还须遵循社会的逻辑，符合大学的社会属性，实行公共管理。这样，在漫长的历史进程中，大学逐渐形成了与此相一致的学科和事业地位双向维度的矩阵组织结构。

现代大学的功能正在发生着变化，自由、开放与创新是其鲜明特征。在今天这样一个充满变革的时代，大学制度将应对更多的需求和更强的挑战。面对社会对大学提出的要求，大学需要及时做出反应，对自我进行改造。双层治理结构使得大学在追求自己的目标和使命时，不断对外部社会的不断变化的环境做出回应，使自己适应所处的社会，并努力做出自己的贡献。大学在回应教授的期待时，遵循的是大学内在的发展逻辑。必须承认，一定程度的自治是必要的，也是有条件的。但是自治并不是一种权利，自治必须不断地通过负责的行为和对社会有效的服务去获得。可以说，大学双层治理结构创造性地解决了当前社会的需要，既提高了大学运行的效率，又增强了大学的适切性。

3. 国家控制和纯粹学术的结合

双层治理结构是现代大学的一种标准范式，在复杂多变的现代社会中实现了政府适度分权和大学有限自治的结合，达成了多元利益主体的平衡，既维持了传统的学术自治，又获取了足够的办学资源。在大学双层治理结构中，各种层次和各种主要形式的权力构成了一套相互平衡和制约的网络，国家宏观调控与大学面向社会自主办学相结合形成平衡机制。根据权力分享的原则，政府与大学形成彼此负有责任的章程。

现代大学的双层治理结构坚持国家指导与学术自由相一致的原则，这是一种解决各方面矛盾和冲突较为有效的办法。在双层治理结构中，政府较少致力于对大学运作的微观管理，更多地通过它们的政策和准则为支持大学提供服务而进行的宏观管理。在大学的内部，一方面通过逐级分权的层级制，实现了所有者对于管理者和教师违约风险的治理；另一方面通过评议会实现教师对管理者和所有者的监督管理，以权利制约权力，从而形成了一个环环相扣、首尾相接的监督约束链条。大学双重治理结构注重决策的多主体参与，加强横向约束和协调，增强管理透明度，畅通信息渠道，打破行政人员与学术人员的隔阂，解决好互不认同的问题，在行政人员与学术人员之间建立良好的合作工作关系，双方共同致力于创设一种学术的秩序以提高学校的核心竞争力。

自 20 世纪 60 年代以来，受民主宪政、新自由主义、国际化以及信息化等因素的交叠影响，学术界与法律界之间的疏离乃至"隔绝"状态被打破。在大陆法系，大学法被视为学术法的经典领域；在英美法系，法律的触角在高等教育领域不断延伸，高等教育治理内外部的法律规制强度持续提高[①]。在大学的双

---

① 姚荣. 当大学与法律相遇：高等教育法律研究的全球图景 [J]. 清华大学教育研究，2020（01）：101-110+125.

层治理结构中，董事会遵循公共规则和社会逻辑，通过角色分配和责任制实现治理，评议委员会遵循学术规则和自然逻辑，通过大学章程和学术自律实现治理。双层治理结构达成了多元利益主体的平衡，既获取了足够的办学资源，又增强了大学的适切性。

## 三、英美高等教育法权治理的特征及其启示

综观世界高等教育发展史和发展现状可以发现，现代大学治理结构并非刻意设计的结果，而是由大学的内部逻辑和外部压力的对抗形成的。

### （一）法权治理：高等教育治理的新模式

"法权"是法定之权，是权利与权力的统一体。权利和权力是法律世界最基本的现象，是法权的两种基本类型，同样也是高等教育的两种基本法权形态。依据高等教育的发展进程，其法权形态及其进展路径为：权利、自由、特权、豁免、权力、职权、权限等，并表现为相应的法权类型。

美国高等教育的多样分化和自由竞争得益于其极具弹性的高等教育法权治理。相对于欧洲各国和日本，美国高等教育具有整体上的优势，成为高等教育宏观治理的典范。权力与权利作为现代大学的两种法权形态，在美国已经成为经验性的运作，并被中国高等教育研究领域的专家学者所关注。由于高等教育治理的复杂性，权力与权利在传统意义上作用于公共领域与私人领域的疆域已经打破且日益相互渗透。

### （二）高等教育治理的法权逻辑：权力限制和权利保障

高等教育法权具有两种形态，一是权利，二是权力。前者是私法的基本范畴，后者属于公法的基本范畴。高等教育治理的法权逻辑是对高等教育的法权关系进行重新梳理的一种思维和理念，并通过这种思维和理念，对大学的法权结构和制度进行重新安排和建构的过程。高等教育治理内含的法权逻辑即以权力限制和权利保障为出发点，矫正较强的权力和较弱的权利，使权利与权力对

抗，权力与权力抗衡，最终实现权利与权力之间及权利与权力所隐含的权利与义务之间、权力与责任之间的均衡。

现实的大学运行过程中，法权形态的异化，导致权力权利化和权利权力化，形成了权利与权利功能的二律背反的状况。中国大学治理的良性运行，需要明确权利与权力的边界，建立法权关系的制约机制，以防止权力与权利的相互异化。

### （三）法权结构：权力与权利的"互动"关系

法权结构是指包含于法之中的权力和权利二者之间的互动关系。法权结构由主体认知、法律规定和现实表现三个层面有机组合而成。传统大学的法权结构中的权力与权利处于"互侵"状态，而现代大学的法权结构的本质要求则是权力与权利之间的"互动"。英国大学首创的双层治理结构是西方大学微观治理的一种标准范式，通过科学的制度设计实现了学术权力和行政权力的良性互动，共同致力于大学各项事务。

高等教育治理的实质就是高等教育各个利益相关群体之间的法权配置，主体间的法权配置模式即为治理结构，包括重构高校的外部法权结构、优化高校的内部法权结构[①]。故而，从法理的视角上看，中国高等教育治理体系现代化的过程，其实质是治理结构优化的过程，对于如何重新挖掘并梳理高等教育系统的权力，与权利之间何以实现互动，这种互动又是怎样演变而成等问题，需要给予一个清晰明确的回答。

### （四）法人制度建设：现代大学制度建设的核心命题

现代大学制度建设的核心命题是现代大学法人制度建设，没有健全的大学法人制度就不可能建立良好的府学关系[②]。从中国建设现代大学制度的进程来看，法权理论的实践维度，对高校自主权的实现和学术权利的保护有着重要的意义。

---

[①] 高松元，龚怡祖.型塑大学治理结构：一种法权结构的重建［J］.教育发展研究，2011（11）：44.

[②] 解德渤.我国公立高等学校法人制度改革研究［D］.厦门大学，2017.

中国高等教育治理变迁，大致经历了中国高等教育制度的探索与建立（1949—1977 年）、中国高等教育办学体制和管理体制改革（1978—2011 年）以及以教育治理体系和治理能力现代化改革为旨归（2012 至今）三个阶段。

从数十年的治理变迁中可以发现，我国高等教育改革发展呈现出鲜明的中国特征，主要体现为始终坚持和完善党的领导、政府政策始终发挥主导作用、高等学校内部治理的基本制度框架始终是党委领导下的校长负责制等，这些相关治理制度在高等教育实践中不断形成、确立、完善和定型，并逐渐成为中国高等教育治理的根本制度。同时，在这 70 多年中，中国高等教育治理在高等学校的法律地位、学术权力在高等教育治理中的作用以及全球化背景下中国高等教育治理方式等三个方面都发生了转变①。未来的一段时期，在国家治理视域下，中国高等教育治理应着重考虑如何将制度优势转化为治理效能。

【作者简介】左崇良，衡阳师范学院教授，博士，博士后，主要研究领域为高等教育管理。

---

① 李立国，张海生 . 国家治理视野下的高等教育治理变迁——高等教育治理的变与不变 [ J ]. 大学教育科学，2020（01）：29-36.

各级各类教育治理

# 关于提升南疆地区中小学国家通用语言文字教育质量的思考

陈立鹏　任　彤

**【导言】**

　　语言文字是人类传递信息、交流思想、凝聚共识、传承文明的必要工具，是促进历史发展和社会进步的重要载体。习近平总书记高度重视推广普及国家通用语言文字，多次强调要加强民族地区国家通用语言文字教育。基础教育阶段是推广普及国家通用语言文字的"黄金时期"，将直接影响学生语言能力的发展与民族意识的形成。新疆南疆地区因特殊的地理位置与多样的人文环境，国家通用语言文字教育发展相对薄弱。结合南疆地区教育教学现状，从充分发挥学校教育主阵地作用、全面履行政府职责职能和大力营造家庭语言环境三个角度对南疆地区中小学阶段分析研讨后，提出提升南疆地区中小学国家通用语言文字教育质量的对策建议。

　　新疆南疆地区特指新疆维吾尔自治区天山以南部分，包括喀什地区、和田地区、阿克苏地区及克孜勒苏柯尔克自治州，总面积占全疆面积近三分之一，总人口 670 多万，呈现多民族聚居、多民族语言存在、多民族文化交汇的地区特色。丰饶的语言文化资源是南疆地区在语言文化战略上得天独厚的优势，拥有无可比拟的文化底蕴，同时本区域内各民族语言的高频率使用也使各民族在交往交流交融中存在语言壁垒，进而影响到南疆地区社会稳定与长治久安。习近平总书记指出："语言相通是人与人相通的重要环节。语言不通就难以沟通，不沟通就难以达成理解，难以形成认同"[1]。只有书同文、语同音，方能心相通，情相融。因此，要大力推广普及国家通用语言文字，进一步更好促进各民族广泛交往、全面交流、深度交融，铸牢中华民族共同体意识。

中小学阶段是语言素养提升与语言技能发展的"黄金时期"，学校是开展国家通用语言文字教育的关键场所，必须充分发挥其"主阵地"作用，进一步提升国家通用语言文字教育教学成效。因此，学术界开展了一系列的研究。吴明海、娄利杰（2020）从政策史的角度，对新中国成立 70 年来新疆国家通用语言文字教育政策进行系统梳理，总结历史经验为后续政策制订提供借鉴[2]；曾丽娟，金鑫（2021）选取新疆阿克苏地区两所民族小学，对师资队伍建设、教材使用、课堂教学与课程设置、家庭语言环境及社会语言环境进行调研，并在此基础上提出改进措施[3]；王智（2020）基于阿克苏市五所学校的田野调查，分析南疆地区全力推进国家通用语言文字教学全覆盖的实施效果，并在此基础上对政策宣传落实、师资队伍建设、学生管理与服务、评价机制建立提出相应建议[4]；司马雪莲（2022）关注和田地区基础教育阶段国家通用语言文字推普效果，倡导要减弱生活环境差异影响、降低学生自身差异影响、缩小教师素质差异影响[5]。

通过文献梳理分析可以发现，有关南疆地区国家通用语言文字教育质量提升的文章数量较少，提出的改进措施欠缺系统性，缺乏指导性的改进建议与指向性的提升策略。由于南疆地区中小学的国家通用语言文字教育教学质量是不

---

① 国家民族事务委员会.中央民族工作会议精神学习辅导读本 [M].北京：民族出版社，2015.

② 吴明海，娄利杰.新疆国家通用语言文字教育政策的发展历程、经验与意义 [J].民族教育研究，2020（05）：113.

③ 曾丽娟，金鑫.新疆民族小学国家通用语言文字教学的调查研究——以新疆阿克苏两所民族小学为例 [J].凯里学院学报，2021，39（05）：118-124.

④ 王智.南疆地区推进"国家通用语言文字教学全覆盖"政策研究——以阿克苏市为例 [D].西南大学，2020.

⑤ 司马雪莲.和田地区基础教育阶段国家通用语言文字推广普及效果研究 [D].新疆师范大学，2022.

均衡、不充分的，因此要切实提升南疆地区国家通用语言文字教育质量，不仅需要深度钻研语言学习规律和教育教学规律，找出教育过程中的普遍性短板，更需要深入实际调研，结合地区特点，找出特殊性症结，从而提出有针对性的建议和措施。本文紧跟党的政策导向，基于南疆教育现状和大教育背景，聚焦政府、学校和家庭三个主体，对南疆中小学阶段国家通用语言文字教育质量提升提出指导性建议和可行性措施。

## 一、充分发挥学校教育的主阵地作用

学校是语言文字工作的基础阵地，是推广和普及国家通用语言文字、培养国民语言文字规范意识、增强国民文化自信的重点领域，使用和推广国家通用语言文字是各级各类学校的法定义务，是学校依法办学的基本要求。[①] 因此，南疆地区的中小学校必须扎实有效地开展国家通用语言文字普及教育工作，切实发挥出学校在南疆地区语言文字事业建设中基础性、全局性、引领性作用。

### （一）以课程育人为核心，创设生成性课堂，重塑教学生态

课程育人是学校教育的基本途径，是民族地区学校推广普及国家通用语言文字教育的最优途径。但在实际调研中发现，南疆地区中小学课堂教学模式多为传统式课堂。这种课堂模式表现为教师的"一言堂"，教师以绝对权威的地位主导教学进程，是课堂的表演者，惯用单一讲授和机械练习的教学方式。在此过程中，学生是课堂的观众，被动参与课堂互动，课堂结构封闭性强，学生自由发挥和经验生成的空间十分有限，导致课堂教学质量不佳，学生国家通用语言文字能力提升效果不明显。因此，必须变革原有课堂教学模式，用课程育人理念引领教育教学回归本真，创设经验生成性课堂，重塑教学新生态。

第一，坚持完善国家通用语言文字教学全覆盖教育成果，由追求教学全覆

---

① 教育部　国家语委 . 国家语委关于进一步加强学校语言文字工作的意见 [ EB/OL ] . [ 2023-08-21 ]（2017-01-18）.http: //www.moe.gov.cn/srcsite/A18/s3129/201702/t20170208_295894.html

盖转向追求教学高质量。教师应形成自觉意识，熟练掌握国家通用语言文字，在学校生活的全过程、全方面、全方位皆使用国家通用语言文字，最大程度降低民族语言对学生语言学习的干扰。南疆地区中小学教师应率先垂范，在日常授课教学期间，需时刻留意自己口语的语音、语调、语序是否正确，以及文字的书写、笔画、结构是否合理。

第二，在课程设计上留白，在课堂教学中留心，打造生成性课堂。中小学课堂教学是一种建构、对话、创生与体验的过程，是随着教学过程的不断变化发展而动态生成的过程[①]。课程与教学是内嵌教育规律的科学，更是外含自我构建的艺术，给予学生经验生成的空间。首先，课程目标与教学目标的设计要弹性灵活。每门学科、每节课程都应将提升学生国家通用语言文字能力纳入到教学任务体系中，关注学生学习活动过程，鼓励学生对所学内容"尝试"与"创造"；其次，课程内容的安排要巧妙留白。斯宾塞指出，在教育中应该尽量鼓励个人发展的过程。应该引导儿童自己进行探讨，自己去推论[②]。教师在进行课程内容设计时要有意留白，在精准把握课程重点与难点、抓取主干内容的前提下，联动学生生活经验，预留一定教育内容和教学时间让学生自我生成学习经验，自我构建知识结构。当学生将语言文字不再视为冰冷的文字符号，主动赋予自我标识的经验意义，将会有效生成高质量学习。最后，教学过程的实施要留心观察，深入挖掘学生原生文化背景、民族语言与国家通用语言文字的相融点和联系点，勤问善问，引导学生深度思考，转变学生原有固化的语言认知，最大程度提高国家通用语言文字学习成效。

第三，以一核心多维度的教学方式，优化生成性课堂。生成性课堂，不再强调知识本身，而是聚焦于学生与知识"相遇"的可能情境，强调的是个体与知识的每一次"相遇"中所产生的经验与情感，最终达到理论知识创造性转化

① 张翔，张静，周晓清.中小学课堂教学动态生成的底层逻辑、发生机理与实现路径[J].教育理论与实践，2023，43（14）：46-50.

② ［英］赫・斯宾塞.斯宾塞的快乐教育[M].福州：海峡文艺出版社，2002：75、31、81、30、82.

为个体能力，两者建立起一种意义关系，使知识增值，让课堂生成。中小学生所具有的发展的不确定性与发展的无限可能性是生成性课堂建立的基础。以往南疆地区中小学课堂单一枯燥的知识灌输教学方式，是教师在代替学生"生成"，从而导致南疆地区中小学生在国家通用语言文字学习中存在一个普遍现象：学生的语言能力发展极不均衡，听和读的成绩会显著高于写和说，语言输入明显优于语言输出。这对于学生学习与熟练使用国家通用语言文字是不利的。所以，要秉持"以学定教"的教学原则，以提升中小学生国家通用语言文字能力为核心，依据教育对象不同的文化背景、学段特征和年龄特点，采取多维度多样化的教学方式。在教学中创设"学生中心"的学习情境，善提非结构化问题，设置开放性合作任务，布置创造性实践作业，引导学生主动组织语言文字阐述不同观点看法，挖掘学生的巨大潜能。同时，教师要将班级自身所拥有的语言资源进行优化配置，鼓励汉族学生和少数民族学生"手牵手"和"结对子"，以小组合作和小组竞争的方式激励整个班级知难而进，好学不倦。最终实现学生在语言学习的进程中，思维与精神熠熠向阳、蓬勃生长。

第四，大力开发兼具民族特色与学校特色的校本课程。如果说国家课程与地方课程是已经描绘好的工笔画卷，那校本课程就是师生能自由绘画的空白宣纸。学校应找准自身定位，明确回答要"开发什么样校本课程"和"怎样去开发校本课程"这两个基本问题。以"以校为本"为理念、以合作共享为原则、以师生内心需求为着力点，以国家通用语言文字为基底，融合中华传统优秀文化和民族特色文化，开发目标明确、形式新颖、内容扎实、多方共创的校本课程。此类课程既能引领学生去了解语言文字的千年演变过程、品味语言文字发展的悠久历史；还能带领学生去品鉴书法，体悟蕴藏于内的中华文化的博大精深。学生以语言文字为桥梁，穿梭于五千年的华夏文明，唤醒深藏于内心的文化基因，赞叹于中国在绵延历史中的刚毅坚强，培育学生对祖国的热爱崇敬，最终坚定高举铸牢中华民族共同体意识的伟大思想旗帜。

**（二）以环境育人为抓手，力求文化润校、书香育人**

2019 年，习近平总书记指示"要更加注重以文化人、以文育人，广泛开展文明校园创建，开展形式多样、健康向上、格调高雅的校园文化活动，广泛开展各类社会实践"①。校园环境文化是一门具有长效育人功能的隐性课程，如何建构与开发这门课程，如何发挥其价值导向、心理熏陶、行为约束、集体凝聚等功能，都密切关系着国家通用语言文字在中小学阶段的教育成效。在南疆地区，多种语言并存，少数民族学生在国家通用语言文字学习过程中必然受到本民族语言的影响，若想进一步降低原生语言环境对学生语言学习的影响，就需营造语境真实、洋溢活力、内容充实、形式多样的校园文化氛围，让学生担当国家通用语言文字推广主力军，从而全面提升南疆地区国家通用语言文字的教育质量。因此，可以从校园物质文化、校园精神文化、校园制度文化三方面系统构建。

第一，以校园物质文化为载体，耳濡目染深化学生语言印象。学校物质文化包括校园建筑、校园设施、校园绿化以及承载校园文化的雕塑、标语、板报、校刊校报等，是学校成员凝力共创的，体现着人文情怀和精神价值的物质结构，是看得见、摸得到的校园文化。应以国家通用语言文字与校园物质文化建设深度融合、互促共进作为校园设计的出发点，从教室的图书角、班级的板报、走廊的标语到学校的宣传栏、文化墙都正确运用国家通用语言文字，使校园的陈设与布置都达到"一草一木皆风景，一事一物皆育人"的育人目标。与此同时，倡扬学生主动性，鼓励学生担任"校园设计师"，对校园的各个建筑景观美化装饰，用国家通用语言文字编写简介。学生既是欣赏者，又是建设者；既认识文字，又运用文字。最终营造语言统一、协调一致、以景育人、以美育人、以情育人的校园文化氛围。

第二，以校园精神文化为引领，春风化雨塑造学生语言观念。校园精神文化包括校风、教风、学风、班风和学校人际关系等，是学校成员共同认可、自觉遵循的价值观念，是一个学校精神面貌的集中反映。南疆地区中小学要把国家通用语言文字与民族团结、民族认同高度交融，共同融进学校的校风、学风

---

① 习近平. 把思想政治工作贯穿教育教学全过程开创我国高等教育事业发展新局面［N］. 人民日报，2016-12-09（1）.

和班风体系建设中，从而培植正确的语言观念。例如喀什市城区第二十一小学提出做"六美"小学生的口号：思维美、行为美、语言美、健康美、创造美、艺术美。其中的语言美是专门针对学生对于国家通用语言文字的学习和应用的要求，要求每一位学生写好中国字，说好中国话，做好中国人。

第三，以校园制度文化为保障，刚柔并蓄规范学生语言运用。校园制度文化是学校为确保稳定持久地开展日常教育教学工作而制定的一系列规章制度、管理条例和检查评比标准等，是维系学校正常秩序必不可少的保障机制，是学校文化的内在机制。南疆地区中小学应健全校园语言文化管理制度，明确将使用国家通用语言文字纳入学校管理条例，定期评估教师的语言水平与能力，实时检查和更新校园内的文化符号与文化标语，自觉引导学生在校园中的语言选择与语言应用。同时，建立体系化的师生语言考核制度。由原先以读写能力为主语言考察转变为对听说读写等综合语言能力的考察，由原先以试卷分数为主的评价转变为对日常语言态度与语言能力提升过程评价，由原先以学生为单一评价对象的评价方式转化为对师生的双向评价，教师要对学生的语言能力做出评估，学生也应对教师的语言素质做出评价。以刚性的规章制度搭配柔性的管理模式，实现一方面形成塑造学生的语言观念，一方面又约束保障学生的语言运用。

### （三）以活动育人为手段，强化自身建设，扩大对外交流

校园文化活动是思政铸魂、文化育德、实践育人有机结合的重要载体，是推动民族地区中小学教育夯基提质的基本途径，是提升国家通用语言文字教育质量行之有效的教育手段。一方面，校园文化活动承载与传递民族地区深厚的文化积淀，用无形教育来育有形之人，全面提升学生的核心素养。另一方面，校园文化活动自身强烈吸引力、深刻感染力、持久渗透力的特性使其成为各民族学生都喜闻乐见的学习方式。在集体参与和共同活动过程中自发认同国家通用语言文字、自觉选择国家通用语言文字，实现各民族学生交往交流交融，打造多民族共事共乐共学的"石榴籽"校园。

依据前期调研结果，南疆地区中小学在校园活动建设方面普遍存在两类困

境：一类是校园文化活动定位不够清晰。一些学校管理者未能清晰认知校园文化活动在学生语言能力发展与核心素养提升方面的推动作用，校园文化活动目标设置混乱，仅仅看作是学生课余时间的消遣，形式单一、内容浮于表面。另一类是校园文化活动资源不足、渠道狭隘。不少中小学受制于空间与时间限制，校园活动大多只在校园内部开展，与社会缺乏紧密联系，难以紧跟最新的教育发展理念与趋势。因此，要解决这两大困境，就必须从校内校外两条实践路径入手。

首先，立足本校，全员参与。学校管理者应更新教育理念，以长远的眼光去统筹学校教育发展格局，突出校园文化活动建设在学校育人的重要地位。鼓励本校师生共同挖掘校内文化资源，齐手创办类型多样、生动有趣、以国家通用语言文字为唯一载体的校园文化活动。文化如水润人心，百花齐放满园春。各学校可以在国家通用语言文字规律的基础上，找准自身学校定位、结合学生成长规律、以央视优秀文化节目为蓝本，策划新颖多彩的主题活动。例如举办"汉字听写大赛""古诗词大会""成语大赛"等；可以将社会主义核心价值观设为主题，举办演讲比赛、辩论赛、诗歌朗诵等校园文化活动，构建多样化、多层次、多形式的校园文化活动参与体系。既通过校园文化活动去提升与强化国家通用语言文字的教育成效，还能在校园文化活动建设与实践过程中凝聚思想，以文化人。久而久之，使用国家通用语言文字成为校园语言生活的常态和主流，在有形有感有效的校园文化活动中增强学生的国家认同感。

其次，扩宽视野，多方联动。南疆地区的教育资源整体呈现不充足、不平衡的现状。由此，要转变传统"关门办教育"的旧理念、树立"多校合作、多方学习"的新理念。校际建立分享互鉴共提升的交流互动机制，联合开展"跨校式"的大型校园文化活动。例如喀什地区疏附县托克扎克镇中心小学每年四月所举办的"感恩日"文化展演，现在已是疏附县几乎所有学校都积极参与、踊跃展示的大型文艺活动，成为疏附县本地的文化名片。在活动中，各校师生积极交流、相互欣赏，互鉴互长，在人际沟通与活动参与中极大提升了国家通用语言文字应用水平。同时，各校要着力思考"研学活动"应如何开展与怎样完善，将"研学"活动看作突破地理限制的应对之策。积极把握国家政策对南疆地区教育的大力扶持，与内地学校"拉小手""结对子"，利用寒暑假的宝贵时间让学生，特别是少数民族学生能走出校园、走出南疆，深入到内地发达地区去参观学习，在更优质的语言环境中开阔学生眼界、增进学生体验、在学生小小的心里埋下未来的种子，让未来的崇高理想成为督促其不断提升国家通用语言文字能力的源源动力。

**（四）以管理育人为保障，以"相互嵌入式"校园结构促进各民族学生的心理融合**

语言文字能力提升的最主要途径是相互交流，语言文字教育的最重要的目的是学会交流。在学校场域中，学生同伴群体间的交流是最有效、最便捷、最简化的巩固发展语言文字能力的渠道。但是通过实际调研发现，在南疆地区，介于地理位置的特殊性、宗教文化的复杂性、经济发展的不平衡性、民族语言的差异性等因素在学校中出现了族群交往单一化现象：即在校园自由活动中，学生会依据自身所属民族自发结成群体，使用本民族语言进行内部交流交往，不同民族的学生群体之间互动较少甚至不互动。这一现象不仅严重削弱了国家通用语言文字的教育成效，还易引起文化上的误解和相处时的摩擦。因此，打破学生群体间的"交往围墙"，群体间在相互沟通、相互学习、相互吸收中形成共性交集和共享格局，最终确立民族认同，这是学校工作的重要使命，这就要求学校要树立科学管理理念，打造"相互嵌入式"校园结构。

"相互嵌入式"是一个新提法，是党中央在治疆方略上的丰富与发展[1]。习近平总书记在第二次中央新疆工作座谈会发表的重要讲话中明确指出：要"推动建立各民族相互嵌入式的社会结构和社区环境"[2]。"相互嵌入"指的是各民族相互尊重、相互包容、相互依靠，是你中有我、我中有你，是在工作上、生活上、

---

① 寇新华.做好民汉学生混合住宿，推动民族间交流交往交融［J］.新疆警察学院学报，2016（04）：78.

② 习近平在第二次中央新疆工作座谈会上发表重要讲话［EB/OL］.（2014-05-29）［2016-06-22］.http://news.xinhuanet.com/photo/2014-05/29/c_126564529.htm.

感情上的紧密联系和深度融合。它需要互信互容、互帮互助、互惠互利，核心是各民族在新型民族关系的基础上彼此交往、交流、交融，互相包容、影响、融合，最终形成相互交织，紧密连接的利益和情感共同体。在南疆地区打造"相互嵌入式"校园，实施"相互嵌入式"学校治理，不仅可以解决学生群体交流不畅、沟通不足的棘手难题，还可以发扬各民族团结互助的优良传统，对实现真正意义上的"两个共同"具有重大意义。

第一，以民汉互学为内容，以民汉兼通为目标。费孝通先生曾说过，"文化上的故步自封，对其他文化的视而不见，都不是文化的生存之道，只有交流、理解、共享和融合，才是文化共荣共存的根本出路"①。语言文字不仅仅是一种交流工具，更具备强大的文化传播和文化功能。南疆地区拥有的丰富多样的民族文化，是课程开发可以充分利用和大力挖掘的宝贵资源。南疆地区的中小学应该因地制宜、因时制宜、因校制宜、守正创新。在课程设置上和内容编排上，既要符合普通基础教育的共性要求，又要具有针对少数民族特殊性的个性化要求。将中华文化和民族文化的精髓加以选择和梳理，吸纳到中小学的教材与课程编制中去，用国家通用语言文字讲述民族团结故事，传承中华优秀文化，建立南疆特色多元文化课程体系。既要体现对不同民族文化的尊重理解，更要体现中华文化的包容开放与博大精深。将培养民汉兼通，具有跨文化教育交际能力的新时代社会主义建设者作为学校培养目标。

第二，进一步推动民汉合校、民汉混班。民汉合校是以各民族学生为主体的学校组织形式，是以各民族青少年自身需求和发展为基础的教育活动，其目的是培养学生的跨文化交际能力与适应能力②。21世纪以来，新疆维吾尔自治区党委政府全力推进民汉合校，改善国家通用语言文字教育环境，极大提高了民族教育质量。但在文献阅读和实际调研中发现，民汉合校教育举措在落实环节中出现认识不到位，地区间民汉合校规模差异明显；办学实效性不高，学生民

---

① 于影丽.文化自觉视域下新疆少数民族双语教师培训审思［J］.民族教育研究，2014（03）.
② 胡玉萍.试论多民族杂居地区民汉合校的应有之义——以新疆民汉合校为例［J］。湖北民族学院学报（这会社会科学版），2019（01）：151.

族成分普遍一边倒；管理不够规范、名合实分现象时有发生等三大问题。随着民汉合校进入到高质量提升阶段，解决三大难题的关键之策就是升级优化学校管理。南疆地区中小学校应积极探索民汉管理一体化的新型管理模式在学校日常管理、教师配备、教研活动及资源配置方面的发展方向和实践路径，以期达到科学化、规范化、体系化。

第三，设置文化互赏课程，开创文化交融实践活动，在学习实践中增理解，消误解。跨文化心理学研究表明，人们对于自身所属群体有着强烈的感情依赖和积极态度，对其他群体的文化则倾向于否定和排斥，但是这种倾向会随着对其他群体的了解增多而减弱[①]。南疆地区的中小学在组织日常教学时要把"文化互鉴""文化共享"理念贯彻其中，安排一定的文化互赏实践课程，学生组成团队收集整理资料，在课堂上讲解不同民族的历史文化、风俗习惯，文学作品。在不同的民族节日里教师要抓准时机进行文化科普与推介。与此同时，开展具有文化交融色彩的社会实践活动，在实践中破除交流障碍，激发情感共鸣。通过不断深入地文化学习，学生之间深入了解，增进理解，达成共识，深化友谊。在群体接触与交流中清楚各自民族的特征与禁忌，最大程度降低了误解与摩擦，让各民族学生"像石榴籽那样紧紧抱在一起"。

## 二、全面履行政府的职责职能

推广普及国家通用语言文字是促进各民族地区交往交流交融的重要基础，是促进经济发展，社会进步的必要条件，更是构筑中华民族共有精神家园、铸牢中华民族共同体意识的关键纽带。政府是中国教育巨轮上的舵手和罗盘，为教育航行之路指明方向。在这个过程中，政府要主动承担自身责任、切实履行自身职能、不断强化监督指导，用"无形"的大手推动国家通用语言文字在南疆中小学阶段的教育迈入高质量发展的新阶段。

---

① 沙莲香. 社会心理学 [M], 北京：中国人民大学出版社，1986.

在新疆维吾尔自治区党委政府的持续推动下，自治区国家通用语言文字推广普及工作取得了卓越成就。至 2018 年 9 月，新疆义务教育阶段 294.19 万名学生全面实现国家通用语言文字教育全覆盖[①]。国家通用语言文字工作重心由全面普及转向提质增效。在实地调研中，南疆地区中小学教育管理者和教师们普遍反映，当前国家通用语言文字教育缺少政府指导与监督的常态化机制，原生母语环境干扰学校教育成果，教师队伍整体数量不足，质量不高等。针对这些问题，政府需要采取以下措施。

**（一）积极宣传国家相关政策，建立健全科学规范的督导机制**

现阶段，教育部已出台了一系列相关政策来加快推广普及国家通用语言文字。2020 年，《国务院办公厅关于全面加强新时代语言文字工作的意见》中强调，坚持学校作为国家通用语言文字教育基础阵地，加强学校语言文字工作，全面落实国家通用语言作为教育教学基本用语、用字的法定要求，坚持把语言文字规范化纳入学校教师，学生管理和教育教学、评估评价等各个环节，开展学校语言文字工作达标建设[②]。

政策要真正落实到基层，就必须从宣传工作做起，需要让一线工作者去理解政策的内涵和要求，在实际工作中不断实践和改进。政策要在基层长久落实，就必须建立科学规范的督导机制，时时指导与调控政策方向。目前，南疆地区在政策宣传与督导方面都存在一定短板。政策宣传大多以文件方式下达，没有真正为教师讲清说明政策的内容和意义，而督导机制的缺失，使得政策实施效果难以准确评估，对出现的问题视而不见。

首先，各级教育主管部门应认真学习贯彻相关政策，将政策内容精简化、直白化、清晰化，用灵活生动的方式展示出来，例如编写宣传手册、制作宣传视频，开设宣传讲座等，跳出形式主义的枷锁，让政策真正融入教师的认知结构。同时，在每年的"推普宣传周"，政府应利用新闻媒体营造舆论声势，宣传

① 中华人民共和国教育部.新疆今年实现国家通用语言文字教育全覆盖.［EB/OL］.（2018-06-29）.http：//www.moe.gov.cn/jyb_xwfb/s5147/201806/t20180629_341546.html.

② 高慧斌，担当好人民教师的时代重任［J］.教育研究，2019（05）：20-23.

推广《国家通用语言文字法》。采取群众喜闻乐见、广泛参与的竞赛类活动形式，以国家通用语言文字为唯一语言工具，推动语言文字的规范化与大众化。

此外，南疆地区部分学校领导依然秉持"唯分数论"的评判标准，偏重升学率，将分数成绩作为学校评价体系的唯一标准，忽视学生国家通用语言文字学习进展，极少考评授课教师的国家通用语言文字水平。以上现象表明南疆地区教育部门在政策落实督导上的缺位。要真正提高南疆地区中小学国家通用语言文字教育质量，需要建立健全教育行政部门—学校—教师三级督导机制，教育行政部门不定期不定时对学校教学与教师国家通用语言文字水平进行抽检核查，及时对不合格者提供在职培训。同时，给予教师向上反馈的通道，充分保护教师的隐私。赋予教师对学校管理的参与权、表达权、决策权。把中小学学生国家通用语言文字能力发展纳入到对学校的评估标准中，把如何更好运用国家通用语言文字进行教育教学作为自治区重要的教研主题。

**（二）加大教育经费投入，加强寄宿制学校建设**

南疆地区是多民族融合地区，其中维吾尔族人口占据总人口的 83.74%。高频率使用民族语言文字会影响中小学生国家通用语言文字的学习，使中小学未成熟未完善的语言系统出现"语言错位现象"。并且，南疆地区地理环境复杂多样，交通不便、信息闭塞、经济发展不平衡，自治区政府始终高度重视控辍保学工作，在校生巩固率逐年攀升，但是时常出现反弹现象。所以，加大教育经费投入，合理调配教育资金，大力建设一批寄宿制学校，完善寄宿制学校制度建设，为中小学生提供稳定舒适的教育环境是首要任务。鉴于当前南疆地区的寄宿制学校在制度建设上仍缺乏统一的管理规则和一致的配备要求，政府应尽快制定在经费投入、学校布局、人员管理和基础设施建设等方面的基本标准。科学管理寄宿学生日常活动，创新寄宿制学校的供餐机制，营造舒适宽松的住宿氛围，切实保障学生的身体健康与财产安全。

**（三）建立健全教师培训机制，提升教师职业素养**

习近平总书记提出"教师是人类灵魂的工程师，是人类文明的传承者，教师承载着传播知识、传播思想、传播真理、塑造灵魂、塑造生命、塑造新人的时代重任"①。这是每位教师的重要使命和责任担当。在南疆地区,教师是国家通用语言文字的直接传授者和质量监督者。也就是说,师资的数量决定着国家通用语言文字推行的进度,师资的质量决定着国家通用语言文字推广的成效。因此,建设一支有质量、有效率、有温度的教师队伍是实现提升南疆地区中小学国家通用语言文字教育质量这项重大使命的关键一环。

1. 以量为先,攻克师资力量不足的难题

南疆地区师资严重短缺是长期以来的棘手难题。南疆地区在师资储备上存在着数量严重不足、年龄明显偏大,人员流失严重三大问题。若要真正提升教师队伍的素质,就要从这三方面对症下药。

第一,向外引流。政府应充分利用人才引进、特岗教师、定向就业、财政招聘等渠道来吸引人才,依据本地区学校的实际需求配备相应的事业单位编制,进而扩充教师队伍。同时与内地高校制定各项西部志愿服务计划吸纳更多新鲜血液。

第二,向内扩源。要狠抓本地师范教育的教学质量,优化基础课程、深化专业课程、强化核心课程,强调国家通用语言文字的学习与运用,夯实语言基础,实现师范教育课程体系综合化。以培养更多专业过硬、知识充实、师德高尚的复合型教师为教育目标,源源不断提供后备人才。

第三,稳定队伍。将提升南疆中小学教师待遇体现在行动中。国家、自治区、各地州要逐步提高教师工资报酬,让教师劳动价值在物质层面有更好的体现。针对教师在教学中职业幸福感低,职业成就感不足的问题,安排定时针对教师职业倦怠的心理疏导,调整教师心态。并且积极对教师工作价值给予肯定和支持,用人文关怀温暖教师。

2. 向质迈进,完善多渠道教师培训机制

南疆地区的少数民族教师在国家通用语言文字使用和教学上存在发音不规

---

① 习近平在全国教育大会上强调:坚持中国特色社会主义教育发展道路培养德智体美劳全面发展的社会主义建设者和接班人 [N]. 人民日报,2018 - 09 - 11(001).

范、语序不正确、使用频率低，未接受正规培训等短板。要扭转这一情况，需要从四方面入手：

第一，南疆地区需要借鉴内地先进经验，拟定符合南疆地区实际需求的师资培训计划，对现有教师进行分期分批培训，进一步强化教学能力和规范国家通用语言文字的使用。科学制定南疆地区少数民族教师国家通用语言能力认定标准，抬高教师队伍的语言门槛。

第二，综合运用线上渠道，为南疆地区中小学教师与内地基础教育发达地区的教师提供多样的交流平台和学术论坛，让教师们去汲取内地一流的教学理念，共享内地优质的课程资源，吸纳内地新颖的教学模式。同时，在与内地教师互动交流中，逐渐加强少数民族教师对于国家通用语言文字的认可，更新教师语言教学观。

第三，多校联合，建立南疆各校之间，学校内部之间的观摩学习机制。教师是一门需要终生学习，不断自我发展的光荣职业。学校之间，学校内部举行的各种观摩学习活动是教师自我学习的重要途径。教育部门应该将这种观摩学习机制标准化、规范化。例如定期牵头举办各种公开课展示，同课异构、读书沙龙等各种活动。本地教师在相互的教学研讨中能够总结最适配的教学模式和最优化的教学方法，将内地的先进教学经验进行改造融合，富有地方特色。

第四，给予教师发展空间，健全科学合理，公平高效的教师考核机制。语言文字能力不是一蹴而就的，更不是一成不变的。要使南疆地区中小学教师具有高水平的国家通用语言文字能力和教学能力，就必须为教师提供高质量的发展培训平台。重视岗前培训、在职培训，为教师提供国家通用语言文字的培训班、进修班，教师拥有更多选择机会和发展方向。与此同时，减少教师岗位非教学工作，让教师回到教书育人的本职岗位，为教师"松松绑""减减压"，有机会、有精力、有时间提升自己的专业水平。关于教师的评价考核，各学校应结合自身发展状况和先进地区的优秀范例，制定出科学的、符合实际的、具有可操作性的教育教学评价机制，对本学校推进国家通用语言文字教学效果进行评估，科学性和人文性并重。既要找出教师教育教学过程存在的缺陷，又肯定教师的每一分进步，让每一滴汗水都得到回报。

## 三、大力营造家庭语言环境

家庭，是幼儿接触的第一场所，更是儿童语言文字发展的起点和基础。在南疆地区，家庭是少数民族地区学生母语使用频率最高的场所，其父母在日常生活中对于语言的选择和使用都是潜在的影响因素。若为南疆地区中小学生营造和谐一致的语言环境，家庭与学校要相互配合，共同发力，形成积极的教育合力。但目前南疆地区家校之间几乎为单向交流，信息传达不及时，家长常常意识不到国家通用语言文字的涵义和价值，在家庭生活中对民族语言的高频使用会影响学生的国家通用语言水平，甚至出现语言停顿或倒退现象。为了克服这一问题，需要从两方面入手。

第一，提升家长教育意识，更新家长语言观念。学生的家庭背景不同，父母自身的文化水平不同，导致每个学生在学习国家通用语言文字的过程中遇到的问题和困难也不同。学校和教师要综合运用多种渠道与家长互通信息。定时电话沟通和上门家访，及时解决学生的学习困惑。定期举办家长见面会，线上回访会，开设家长课堂，在交流中为家长们反复梳理讲解使用国家通用语言文字的深度价值，强调构建语言环境的重大意义，转变家长的语言教育观念，提升家长的教育意识。双方保持长期的、稳定的、高效的教育联系，创建家校教育共同体。

第二，学生带动家庭，促进语言渗透。学生是国家通用语言文字向社会面普及的最好桥梁，也是最有效的传播渠道。经常性开展"家庭里的小老师""给爸妈讲讲学校里的那些事"等活动。让学生将自己在学校里的所见所闻用国家通用语言文字复述给家长，带着家长一同认识、学习、运用国家通用语言文字，在"输出"过程中不断加深"输入"知识的理解，打造独属于自己的语言结构。以一个个小家庭作为传播中心，以点带面、向外辐射，不断推动南疆地区国家通用语言文字普及工作的进程，同时在家校互动中不断巩固和提高国家通用语言文字教育的质量和效果。

【作者简介】陈立鹏，喀什大学南疆教育发展研究中心特约研究员，喀什大学"天池特聘计划"教授，中国人民大学心理学系教授、博士生导师，中国人民大学铸牢中华民族共同体意识研究院学术带头人，教育部民族教育发展中心民族心理与教育重点研究基地主任；任彤，喀什大学教育科学学院 2022 级硕士研究生。

# 国外城乡迁移人口教育治理研究的内容及趋势 *

张佳伟　周金燕　彭渝琳

## 【导言】

国际社会因工业化发展导致城市化进程持续加快，城乡迁移人口快速增加，迁移过程中携子女就学和教育问题日益成为研究者关注的热点。通过对国际文献的检索，发现已有研究主要涉及城乡迁移研究中教育治理的相关内容，并形成了丰富的研究成果，主要包括迁移前的乡村教育、迁移后的城市教育状况以及如何提升迁移人口的教育适应等方面，旨在寻找促进城乡迁移人口教育发展和城乡间经济、政治、文化协调平衡的有效方法。目前国际上对于城乡迁移人口教育治理的研究也出现了一些新的趋势和方向，即未来需进一步对不同背景下的迁移模式进行深入细化的探讨，更加优化迁移儿童在城市的教育适应，重视城乡迁移人口教育的多重主体及其积极作用，并为后续进一步开展中国情境下不同迁移模式的本土化探索奠定基础。

## 一、引言

党的二十大报告指出，"加快义务教育优质均衡发展和城乡一体化"，这是促进教育公平的重要内容。我国正在经历大规模快速城镇化进程，改革开放

　　* 本文系 2021 年度江苏省社会科学基金项目"江苏流动儿童学情追踪与政策回应机制"（21JYB019）的阶段性成果。

之初，中国城镇化率尚不足 20%，而到 2020 年末中国常住人口城镇化率超过 64%（国家统计局，2022）[①]。据联合国经济和社会事务部发布的《2018 年版世界城镇化展望》（*World Urbanization Prospects: The 2018 Revision*）[②] 报告数据，目前世界上有 55% 的人口居住在城市，这一比例预计到 2050 年将增加到 68%，其中中国将新增 2.55 亿。该报告指出，建立新型城市化发展框架，确保城市化的益处能够人人共享，对于实现 2030 年可持续发展议程至关重要。在城镇化的过程中，农村向城镇转移的劳动力是世界各国城市化速度加快的重要因素。据《2021 年农民工监测调查报告》（国家统计局，2022）[③] 显示，2021 年农民工总量为 29251 万人，其中年末在城镇居住的进城农民工 13309 万人，比上年增加 208 万人，增长 1.6%。流动人口在流入地稳定居住和长期就业已成趋势，且呈现明显的流动家庭化特征。如何解决好农业转移人口市民化是城镇化战略的关键环节。而在市民化过程中，城乡迁移人口的教育是教育治理体系和治理能力现代化的重要组成部分，同时也一直是国际关注的问题。本研究对国际城乡迁移人口教育治理问题进行梳理和述评，以期对我国城乡迁移人口教育治理，尤其是随迁子女教育问题提供借鉴。

## 二、城乡人口迁移的模式及相关理论

国际有关城乡人口迁移的相关研究成果，大致可分为三类。一是对不同迁

---

① 国家统计局 . 中华人民共和国 2021 年国民经济和社会发展统计公报［M］. 北京：中国统计出版社，2022.

② United Nations，Department of Economic and Social Affairs，Population Division.World Urbanization Prospects：The 2018 Revision［R］.2018.

③ 国家统计局 .2021 年农民工监测调查报告［EB/OL］.（2022-04-29）［2023-04-27］.http：// www. gov.cn/xinwen/2022-04/29/content_5688043.htm.

移模式的研究。蒂莉（Tilly）（1978）[1]以地理距离和社会分离程度为向度，将迁移划分为四种模式，分别是本地（Local）迁移、循环（Circular）迁移、职业（Career）迁移和连锁（Chain）迁移。本地迁移指，在相邻或相近区域内的迁移，移动距离小，且目的地与原居住地的割裂程度也可能很小。总的来说，移民在搬迁前已经非常熟悉目的地。循环迁移指，通过一个社会单位将人口迁移到达目的地的一组安排，并在明确定义的间隔后将其返回原点。如季节性的农工与牧民、军人、支教老师等。职业迁移是指个人或家庭想要改变职位而进行的迁移，如跨国公司、政府机构等。连锁迁移，即为迁移者在另一个地区提供一系列链条式的社会安排，提供各类社会帮助和社会信息，鼓励迁移。连锁迁移被认为是历史上城镇人口增长的主要机制（York, et al., 2011）[2]。二是对城乡迁移的原因和动力进行研究，主要集中于发展经济学上对一些经典的城乡人口迁移理论的解释和拓展，将人视为理性的经济人，在原居地与迁移地两地推与拉的各项因素考量下，做出最有利的决定（收益比花费成本高）。如刘易斯模型（Lewis, 1954）[3]、哈里斯—托达罗（Harris-Todaro）乡城迁移劳动力流动模型（Harris & Todaro, 1970）[4]，以及罗杰斯等人（Rogers, et al., 1978）[5]利用瑞典等国的人口普查资料提出的年龄——迁移率理论模型。哈里斯和托达罗（Harris & Todaro, 1970）[6]发展的早期移民理论模式认为城乡迁移人口是对所期望的（薪

① Tilly, C. Migration in modern European history, in W.H. McNeill and B. Adams（eds）, Human Migration. Patterns and Policies［M］. Bloomington, IN: Indiana University Press, 1978: 48–72.

② York, A., et al.Ethnic and class clustering through the ages: A transdisciplinary approach to urban neighbourhood social patterns［J］.Urban Studies, 2011, 48（11）: 2399-2415.

③ Lewis, A. Economic development with unlimited supplies of labour［J］.The Manchester School of Economic and Social Studies, 1954, 22（2）: 139-191.

④ Harris, J.R.& Todaro, M.P.Migration, Unemployment & Development: A two-sector analysis［J］. American Economic Review, 1970, 60（01）: 126-142.

⑤ Rogers, A.& Raquillet, R.& Castro, L.J.Model migration schedules and their applications［J］. Environment & Planning A, 1978, 10（05）: 475-502.

⑥ Harris, J.R.& Todaro, M.P.Migration, Unemployment & Development: A two-sector analysis［J］. American Economic Review, 1970, 60（01）: 126-142.

资或其他物质），而非对当下的城乡收入差距的一种行为反应。换言之，劳动者们会持续迁移直至他们的乡村预期收入比得上城镇预期收入。三是对城乡迁移后的结果进行研究，主要集中于对迁移后居住满意度（residential satisfaction）的研究。居住满意度是影响迁移农民"市民化"的重要因素，个人和家庭对迁移后居住地的满意程度会影响其搬迁和留下的决定（Lu，1998）[①]，同时也会影响其获得更好居住环境或更高社会地位的意愿（De Jong，1999）[②]，而居住满意度也会受到年龄、性别等人口统计学因素的影响（Barcus，2004）[③]。

一般来说，迁移人口并不能作为总体人口的一个随机样本。拜尔利（Byerlee，1974）[④]表明这些迁移人口一般是年轻人，受过良好的教育，不惧风险，更具有成功倾向，相比出自同一移出地的一般人群，他们在目的地有更好的人际网络。但同时金斯伯格等人（Ginsburg et al，2016）[⑤]也提到，欠发达的乡村教育体系和支持技术、非技术就业机会相结合的劳动力经济也导致了不受教育水平而决定的劳动力迁移情形。成人的城乡迁移并非与其教育水平唯一相关，而是受到了多重因素的影响，但对于随成人迁移的儿童而言，教育对其的影响无疑更为突出。托马斯（2019）对英国内部迁移人口的研究表明，儿童的存在会增加迁移的复杂性：在确实发生迁移的家庭中，向大家庭的迁移有助于获得可靠的儿

① Lu，M.Analyzing migration decision making：Relationships between residential satisfaction，mobility intentions，and moving behavior［J］.Environment and Planning A，1998，30（8）：1473-1495.

② De Jong，G.F.Choice processes in migration behavior.In K.Pandit & S.D.Withers（Eds），Migration and Restructuring in the United State［M］.Lanham，Boulder，New York，Oxford：Rowman Littlefield Publishers，1999：273-293.

③ Barcus，H.Urban-Rural migration in the USA：An analysis of residential satisfaction［J］.Regional Studies，2004，38（06）：643-657.

④ Byerlee，D.Rural-Urban migration in Africa：Theory，Policy and Research Implications［J］.International Migration Review，1974，8（04）：543-566.

⑤ Ginsburg，C.，et al.Human capital on the move：Education as a determinant of internal migration in selected INDEPTH surveillance populations in Africa［J］.Demographic Research，2016，34（30）：845-884.

童保育以及更密集的社会互动；同样，基于生活方式或消费的偏好，寻求更多的住房空间和 / 或更好的教育环境，可能是促使决定迁移的关键原因①。本研究将从教育的治理的角度，进一步探讨携带子女城乡迁移的原因与存在的问题。另，本文中出现的"城乡迁移""城乡迁移人口"的对象特指从乡村到城市的迁移群体。

## 三、国外城乡迁移人口教育治理的相关研究

教育是城乡迁移的重要内容和原因，与之相伴的是乡村地区的文化传统正随着时代发展发生着巨大变化。在扎戈（Zago，2016）②的研究中，许多乡村父母转变传统思想，认为男女皆有权学习，拥有平等的学习机会，因为女性同样可以在城市中新兴的纺织、护理等部门找到好工作。父母们努力工作，甚至变卖土地以支持孩子在城市接受更高教育。儿童的迁移已不是家庭的个体问题，而是与农民家庭再生产的社会环境、与城镇就业市场的新要求紧密相连。本研究通过 Social Science Citation Index（SSCI）数据库及 Scopus 数据库等搜集国外相关文献，围绕城乡迁移中的教育治理，从迁移前乡村教育的状况、迁移后城市教育的状况，以及促进城乡迁移人口教育适应三个方面对文献进行回顾和梳理。

### （一）迁移前乡村教育状况

在研究者扎戈（Zago，2016）③实地调查的巴西农村区域内，大多数学校都拥有复式班级，并只提供从一年级到四年级的课程，而在这些教育层次范围内

---

① Thomas，M.J.Employment，education，and family：Revealing the motives behind internal migration in Great Britain [J] .Population，Space and Place，2019，25（04）：e2233.1-e2233.11.

② Zago，J.Rural-urban migration，youth，and higher education [J] .Revista Brasileira de Educação，2016，21（64）：61-77.

③ Zago，J.Rural-urban migration，youth，and higher education [J] .Revista Brasileira de Educação，2016，21（64）：61-77.

的学生学校参与度都很高（90%—100% 之间）。但家长和老师们也提到，在这些早期的年级完成之后，由于附近很少有学校继续提供高年级教育，大多数孩子通常离开了学校。巴西国家教育研究所（INEP，2007）[①] 报告指出 2004 年全国（巴西）家庭抽样研究的数据显示，居住在乡村地区的 15 岁或以上人口的平均受教育年限（4 年）相当于城市地区同样年龄段人口的估计受教育年限（7.3 年）的一半。针对这种情况，巴西出台了一个整合乡村学校、提供往返学校交通补贴的政策，许多学生因此而逐渐从乡村转移到城镇地区继续学习（Zago，2016）[②]。但乡村学校教育的机会与资源本质上并没有增加，教育质量也没有提升。而许多儿童在本地乡村学校拆除后并没有足够的能力前往城镇地区继续学习，由于遥远的上学距离与路途中的不安全因素的威胁，没有父母陪伴或校车接送的幼小儿童往往只能被迫放弃学习或继续在乡村学校重复低年级学业。这种现象不仅仅在发展中国家存在，在美国等地的研究也表明，农村地区的上学路程往往比城市地区的上学路程更长和更艰难[③]。除了客观上乡村学校教育相对落后，导致儿童无法继续有效学习的原因外；主观上，乡村儿童厌弃农业活动，不愿意学习农业相关知识，而是想通过获取其他知识与技能为将来在城市求职做准备。研究者认为这主要由于两个原因：第一，父母作为文化水平较低的农民，希望自己的子女能获取更高的学历，这种思想深深影响了他们的子女，乡村儿童不愿意将来继续从事农业活动。如发达国家传统的通过土地流转维持儿童从事农业活动的做法已越来越局限，并产生了发达国家特有的问题：即乡村

---

[①] INEP- Instituto Nacional de Estudos e Pesquisas Educacionais Anísio Teixeira.Panorama da educação do campo［R］.Brasília：Inep，2007.Cited by Zago，J.Rural-urban migration，youth，and higher education［J］. Revista Brasileira de Educação，2016，21（64）：61-77.

[②] Zago，J.Rural-urban migration，youth，and higher education［J］.Revista Brasileira de Educação，2016，21（64）：61-77.

[③] Gristy，C.Journeys to school in rural places：Engaging with the troubles through assemblages［J］. Journal of Rural Studies，2019，（72）：286-292.

财产继承困难（Aguiar & Silvestro，2010）[①]。其中的原因主要是相比于留在乡村继续从事农业相关工作，年轻人更希望在完成学业后定居于城市，不再回到乡村；留在农村的老一辈人因子女远离自己而不得不出售乡村产业，跟随子女一同搬迁至城市。第二，学校作为重要的教育场所，在培养学生时侧重于非农业知识学习，较多传播城市的积极形象，造成了"工业与农业、城市与乡村"形象的不平等、舆论的不平衡。譬如在苏瓦娜（Suwanna，1994）[②] 的研究中，泰国基础教育使乡村儿童接收到的外界信息大多关于城市而非身处的乡村，学生很少有机会全面、深层地了解家乡的环境，从而未能从小培养对家乡的归属感、荣誉感。并且在这些大城市信息的长期影响下，乡村儿童对城市生活产生极大的向往，刺激他们在长大后从乡村来到城市。OECD 对于农村教育的一项大型研究报告也指出，农村学生在学校里学到的东西往往贬低农村的生活方式，可能与劳动力市场的需求不一致。这通常会导致农村学生，特别是高技能学生，迁移到城市地区 [③]。

### （二）迁移后城市教育状况

2005 年，蒙古儿童贫困研究和政策中心（Batbaatar，et al.，2005）[④] 的一份报告总结显示，对于年龄较小的儿童来说，他们中的许多人都以"迁移者"的身份成长，且携带孩子的迁移家庭在不断上升。报告指出，这种迁移很可能持续进行，大多数居住在现今房子超过五年的家庭正打算迁移至另一个地方。这

① Aguiar, V., & Stropasolas, V.L.Abramovay, Ricardo（coord）.Os Impasses Sociais da Sucessão Here- ditária na Agricultura Familiar.Florianópolis：Epagri；Brasília：NEAD, Ministério do ［J］.2010.Cited by Zago, J.Rural-urban migration, youth, and higher education［J］.Revista Brasileira de Educação, 2016, 21（64）：61-77.

② Suwanna, C. The role of education in rural-urban migration：A case study in Chiangmai, Thailand［D］. University of Hawaii, 1994.

③ Echazarra, A., & Radinger, T.Learning in rural schools：Insights from PISA, TALIS and the literature［EB/OL］.（2019-03-12）［2023-04-27］.https：//www.oecd-ilibrary.org/education/learning-in-rural - schools_8b1a5cb9-en.

④ Batbaatar, M., et al.Children on the move：Rural-urban migration and access to education in Mongolia［R］.Childhood Poverty Research & Policy Centre, Chip Report No.17, 2005.

种不断变更居住地和学校的迁移行为也会给随迁儿童造成不利的身心影响：比如儿童对所处环境感到持续不安、排斥周围的新事物和新环境、拒绝与父母、同伴沟通等。另外，父母在迁移后也会忙于在新地方找工作，并最终大多在非正式部门就业（通常为低薪资、不安全、长工时的工作），而长时间工作或失业也会影响父母可陪伴孩子的时间，使家庭关系紧张。

同时，受迁移人口大量涌入的压力，城市教育质量及资源也受到挑战。比如在蒙古的研究中：因城镇学校学生过多，出现三班制教学；当迁移儿童刚到城镇学校时通常在课程上落后，在学校里可能会发生歧视迁移儿童的现象。在城市公共教育供应压力的同时，越来越多地要依赖家庭支付更高质量教育所需费用。尽管在大多数地区，迁移儿童的家庭感到教育教学质量比迁移之前好很多。但同时，一些数据也显示迁移儿童比长期居住于城镇的儿童更易辍学，且大多数儿童在初级教育阶段（1—4 年级）就辍学了，而非中级教育阶段（Batbaatar，et al.，2005）[1]。

迁移儿童辍学的原因主要有如下几种：城镇学校不予接收；儿童居住地附近没有合适的学校，或学校通常离迁移家庭居住地较远，给儿童造成安全和交通出行上的问题；儿童需要照看牲畜；迁移家庭无法承担教育费用等（Batbaatar，et al.，2005）[2]。这些辍学原因中部分与乡村儿童的辍学原因相重合，表明儿童迁移后同样会出现接受教育困难，并非迁移到城市后就能顺利地继续学习。此外，辍学儿童的家庭特征也很明显：更多是正不断努力以求满足基本需求（如供暖、供电、供水等）的贫困家庭；收到的援助（亲戚或政府）比以前少的家庭；拥有六个及以上成员的大家庭；失去牲畜的家庭（Batbaatar，et al.，2005）。[3] 而

---

① Batbaatar, M., et al.Children on the move：Rural-urban migration and access to education in Mongolia［R］.Childhood Poverty Research & Policy Centre，Chip Report No.17，2005.

② Batbaatar, M., et al.Children on the move：Rural-urban migration and access to education in Mongolia［R］.Childhood Poverty Research & Policy Centre，Chip Report No.17，2005.

③ Batbaatar, M., et al.Children on the move：Rural-urban migration and access to education in Mongolia［R］.Childhood Poverty Research & Policy Centre，Chip Report No.17，2005.

对于年龄较大的儿童来说，扎戈（Zago，2016）[1] 的研究表明，虽然父母大多鼓励自己的孩子接受更高教育，但这种鼓励由于家庭收入较低，所以通常是象征性的鼓励而非经济上的援助，继续参加学习的学生在满足基本生活费和接受更高层次教育上也会有困难。

### （三）促进城乡迁移人口教育适应的研究

随着城市化进程的加快，城乡迁移人口持续增加，并将会维持较长一段时间。由此，许多研究者也将关注点放在如何促进城乡迁移人口教育发展和协调城乡间经济、政治、文化等方面发展的不平衡。研究者主要从家庭、学校及政府层面进行了研究。

1. 家庭方面

一般而言，城乡迁移的目的是获得更高的经济收入，但仍有许多迁移者会因此变得更加贫困，甚至极不适应迁移后的社会，他们被喻为所谓的"地区男孩和女孩"（Area boys and girls）（Remi，et al.，2011）[2]，这些迁移者在一定程度上更容易受到地域歧视与排挤。并且，一些政策在积极鼓励男性劳动力迁移时也提出不倡导整个家庭在移入地重置（Crush，2000）[3]。但研究也认为，迁移家庭的子女可能会受益于移民过程给父母的教育观念带来的变化。虽然父母没有受过教育，或者在农村无法完成学业，但迁移后父母更愿意送子女上学，特别是在学校免费的情况下。迁移后的父母更容易接受教育对儿童产生积极影响，这将提高孩子的生活质量，并会进一步帮助家庭改善在城市环境中的生活

① Zago, J.Rural-urban migration, youth, and higher education [J].Revista Brasileira de Educação, 2016, 21（64）: 61-77.

② Remi, A.J., Ibraheem Adegoke, A.A., & Nurain.A., O.An appraisal of the factors influencing rural- urban migration in some selected local government areas of Lagos State Nigeria [J]. Journal of Sustainable Development, 2011, 4（03）: 136-141.

③ Crush, J.Migrations past: An historical overview of cross-border movement in Southern Africa. In D.A.McDonald（Eds）, On Borders: Perspectives on international migration in Southern Africa [M]. New York: St Martin's Press, 2000: 12-24.

（Giani，2006）[①]。

布迪厄（Bourdieu，1986）[②]将个人或群体拥有的社会资本定义为"社会资本是实际的或潜在的资源的整合，这些资源与占据了一个持久性的网络有关，在这个网络中，相互熟识的关系多少已经制度化了——换句话说，这些资源与网络身份（即是否属于这个网络）有关，这些资源能通过集体享有的资本向网络中的每一个成员提供支持，这个资本是广义而言的，它能赋予成员以信用"。根据这一理论，迁移决定在很大程度上受到人际关系的影响，通过亲属关系，友谊关系和乡亲关系将迁移者、早期迁移者和非迁移者在乡村和迁移目的地区域联系起来（Massey，et al.，1993）[③]。鲁尼恩（Runyan，1998）[④]也认为社会资本来源于家庭与社区中的社会关系所产生的利益，并认为社会资本指数产生于：父母双方或家庭中代表父母形象的人、母亲般的看护者的社会支持、家庭中至多两个子女、邻里支持和规律的教堂活动参与。帕斯尔与杜福尔（Parcel & Dufur，2001）[⑤]认为，家庭社会资本主要表现为父母与儿童交往的时间以及对儿童的注意，父母的情绪控制、教养方式和人际相处都需要引起父母足够的重视，以提高儿童心理幸福感，避免对随迁儿童造成不利影响。科尔曼（Coleman，1988）也指出"家庭社会资本是促进群体中个体心理幸福感与能力的社会资

---

[①] Giani, L.Migration and Education：Child Migrants in Bangladesh［R］.Sussex Migration Working Paper，2006：33.

[②] Bourdieu P. The forms of capital.In J G Richardson（ed.）：Handbook of Theory and Research for the Sociology of Education［M］，New York，Greenwood Press，241- 258. 转引自王雨磊．论社会资本的社会性——布迪厄社会资本理论的再澄清与再阐释［J］.南京师大学报（社会科学版），2015（01）：21-28.

[③] Massey, D.S., et al.Theories of international migration：a review and appraisal［J］. Population and Development Review，1993（19）：431–66.

[④] Runyan, D.K., et al.Children Who Prosper in Unfavorable Environments：The Relationship to Social Capital［J］.Pediatrics，1998，101（1）：12-18.

[⑤] Parcel, L., & Dufur, J.Capital at home and at school：effects on child social adjustment［J］. Journal of Marriage and Family，2001（01）：32-46.

源"[1]。父母、青少年以及其他社会成员相互联系所形成的关系网络能够传递期望、规范与信息等资源给其他网络成员，这会增加个体的成长机会。对此，爱普斯坦（Epstein，1973）[2] 提出在工业化迁居过程中出现的"共享家庭"，即"包括由亲戚、邻居等组成的圈子，各个家庭不生活在同一屋檐下，各自独立生活，但同时达成共识共同承担某些责任或者共享某些资源"。

2. 学校方面

迁移儿童进入城市学校，面临的最大挑战是学校融入或适应问题。在学校适应研究中，研究者指出，1960 年代之前，人们普遍认为假如家庭和学校环境有不一致的地方，那么应该是孩子或者孩子和家长一起进行改变，形成适应学校的行为，以更好地接近学校文化。而在 1960 年代之后，研究的关注点从指责孩子和家长逐渐转向到要让学校也融到孩子的学校适应中。人们开始逐渐期待学校也可以做些调整使孩子能够更加适应学校（Lightfoot，1978）[3]。但正如研究者（Graves & Graves，1974）[4] 所指出的，教育者们对迁移学生的态度是"我们如何给迁移学生最好的教育使得他们和我们一样？"，而忽视了也可以从这些迁移学生的文化中进行学习。因此，大多对于迁移儿童在城市学校的适应仍是采用"补足模式"（deficit model），即认为存在不足，再进行教育。比如，研究者对蒙古迁移儿童的研究认为，城市应尽量满足高移入率地区的学校容量扩张需求，向迁移儿童提供额外的支持以帮助他们赶上城市地区的课程。同时应鼓励城市教师帮助迁移儿童，而不是歧视他们（Batbaatar，et al.，2005）[5]。相比而言，

———————

① Coleman，J.Social capital in the creation of human capital［J］.American Journal of Sociology，1988（94）：95-110.

② Epstein，T.S.South India：Yesterday，Today and Tomorrow［M］.London：Palgrave Macmillan UK，1973：207.

③ Lightfoot，S.L.Worlds apart：Relationships between families and schools［M］.New York：Basic Books，1978.

④ Graves，N.B.，& Graves，T.D.Adaptive strategies in urban migration［J］.Annual Review of Anthropology，1974（03）：117-151.

⑤ Batbaatar，M.，et al.Children on the move：Rural-urban migration and access to education in Mongolia［R］.Childhood Poverty Research & Policy Centre，Chip Report No.17，2005.

布里苏埃拉和加西亚—塞勒斯（Brizuela & Garcia-Sellers，1999）[①] 的研究更为积极，研究建议学校中应有"协调员"（mediator）的角色，协调员应鼓励教师去更好地理解学生和家长的需求以及特点，并能够参与到每个学生的发展中。

3. 政府方面

研究者认为，政府应在以工业发展为主的基础上协调农业发展，不可过度偏斜工业。主要是加快对农业部门的建设，在乡村地区建设一批农基产业、加快颁发更多的利农政策、增加农业生产津贴补助，营造一个积极的乡村就业市场和尽量降低迁移概率（Suwanna，1994）[②]。如：农业相关产业应尽快建立以为乡村地区的人们提供更多就业机会；农业投入与如机械化等的养殖科技应向乡村百姓广泛介绍，并建设好乡村公路；争取创建一个宽松的信贷融资环境（Remi，et al.，2011）[③]；鼓励乡村百姓加快发展生态农业、观光农业，或在政府帮扶下向农业产业化经营努力。为了提升农村的职业教育水平，缩小城乡技能差距，一些国家如加拿大已经通过在线平台让农村居民可以无需离开当地即可提高技能并获得证书[④]。同时，在大都市中心周围建设小的卫星城市，也是缓解人口过于集中导致教育资源短缺的重要举措。正如研究者指出的，在全球许多国家，大城市周边小城市的廉价住房、就业机会、环境设施和生活质量因素都被证明是吸引城市居民前往较小城市的重要因素（Wirth，2016）[⑤]。同时，

---

① Brizuela, B.M., & García-Sellers, M.J.School Adaptation：A Triangular Process [J]. American Educational Research Journal，1999，36（02）：345-370.

② Suwanna，C. The role of education in rural-urban migration：A case study in Chiangmai，mailand [D]. University of Hawaii，1994.

③ Remi，A.J.，Ibraheem Adegoke，A.A.，& Nurain.A.，O.An appraisal of the factors influencing rural- urban migration in some selected local government areas of Lagos State Nigeria [J]. Journal of Sustainable Development，2011，4（03）：136-141.

④ David Zarifa，Brad Seward，Roger Pizarro Milian Location，location，location：Examining the rural- urban skills gap in Canada，Journal of Rural Studies，2019（72）：252–263.

⑤ Wirth，P.，& Elis，V.，&Muller，B.，&Yamamoto，K.Peripheralisation of small towns in Germany and Japan Dealing with economic decline and population loss [J] .Journal of Rural Studies，2016（47）：62–75.

政府应重新审视教育预算分配方法及教育资源流动监察，在乡村地区加大功能性设施建设，如自来水管道、电力等，娱乐性设施、良好的教学设施和优质的师资等。有力发展促进最贫困者及边缘化人群接受教育的教育项目，在非正式教育上需要更好地去分配资源。并且需要及时关注对学校的援助，在必要时增加援助的内容，承担起更大比例的费用，以使有需要的迁移儿童能够得到援助（Batbaatar，et al.，2005）[1]。

## 五、国际研究趋势及启示

在城乡迁移人口有关教育治理的国际研究中，也出现了一些新的趋势和研究方向，以下内容值得进一步关注。

一是城乡迁移人口的研究应更关注历程性的分析，强调动态研究、传记式研究。当前关于年轻一代的城乡迁移中，试图在迁移研究中增加一些"鲜活的传记式研究"（biographical flesh）（Jones，2004）[2]。研究者指出，过往的很多研究偏向于对迁移者进行具有刻板印象的类型学划分（Gabriel，2006）[3]。例如，琼斯（Jones，1999）[4]将来自苏格兰边远地区的迁移者划分为"旅行者"（对童年家庭保持"怀旧情感"的人）和"流浪者"（没有身份空间认同感的人），以及"循矩者"（遵循"家庭已形成的迁移和社会阶层模式"的人）和"开拓者"（没有家庭先例可以参照）。由于分类时难免会有价值倾向，因此更重要的应

① Batbaatar，M.，et al.Children on the move：Rural-urban migration and access to education in Mongolia［R］.Childhood Poverty Research & Policy Centre，Chip Report No.17，2005.

② Jones，G.W.A risky business：experiences of leaving home among young rural women［J］.Journal of Youth Studies，2004，7（02）：209-220.

③ Gabriel，M.Youth migration and social advancement：How young people manage emerging diferences between themselves and their hometown［J］.Journal of Youth Studies，2006，9（01）：33-46.

④ Jones，G.W.A risky business：experiences of leaving home among young rural women［J］.Journal of Youth Studies，2004，7（02）：209-220.

是揭示迁移者如何在原居地"连根拔出（uprooting）"和在新迁移地"再植入（regrounding）"的过程（Ahmed, et al., 2004）[①]。对于迁移中的教育问题也面临这样的研究转向，目前很少有研究采用回溯、趋势和追踪等纵向研究方法。随父母迁移的流动儿童由于家庭原因可能会出现多次流动、多次转学的现象，这对其在城市就学会产生重要影响。如，塞缪尔（Samuel, 2016）[②] 对于迁移儿童的研究发现，迁移儿童的心理和行为受家庭流动的影响，并且家庭流动的次数越多，儿童的心理及行为出现问题的可能性也越大。因此对城乡迁移中的教育问题开展"传记式"的纵向追踪研究显得尤为重要。同时对于农村的研究也应更进一步细化，研究中往往只区分城市居民和农村居民，但不同的农村在财富、面积、年龄组成、服务提供或靠近城市中心等关键特征方面存在差异，需要对城乡迁移中的农村做进一步的类型学分析[③]。

二是迁移儿童在城市的教育适应需要学校及社区的关注和介入。吉亚尼（Giani, 2006）[④] 对孟加拉国城乡迁移儿童的研究中指出，迁移儿童的教育在很大程度上取决于家庭对城市生活方式的适应和对迁移模式的调整。儿童从一种教育适应模式转换到另外一种教育适应模式并不是自动发生的，并且发生的变化也并不完整或完美，需要学校及教师的介入促使迁移儿童优化城市教育适应模式。因此，前文提到研究建议学校中应有"协调员"（mediator）的角色（Brizuela & Garcia-Sellers, 1999）[⑤] 以便于熟悉迁移家庭和学校教育状况，并且为了沟通方便，最好由校外人员担任，而这就需要更多社区力量关注迁移儿童

① Ahmed S., Castaneda C., & Fortier A., & Sheller M.Migrant Belongings：Memory，Space，Identity［M］. Berg，Oxford，2004：2.

② Samuel，R.L.Selective attrition in a Newly hostile regime：The case of 1980 sophomores［J］. Social Forces，2016，75（02）：511-513.

③ Hubatkova，B.Older adults' well-being by the type of residential setting：The case of small municipalities in the Czech Republic［J］.Journal of Rural Studies，2019，（72-）：72.

④ Giani，L.Migration and Education：Child Migrants in Bangladesh［R］.Sussex Migration Working Paper，2006：33.

⑤ Brizuela，B.M.，& García-Sellers，M.J.School Adaptation：A Triangular Process［J］. American Educational Research Journal，1999，36（02）：345-370.

的城市教育适应问题。学校应主动构建更为积极的学校—社区关系，如卡尔伯格 - 格兰伦德（Karlberg-Granlund，2019）[1] 对芬兰学校的研究指出，学校应成为"社区活跃学校"（community active school），将教与学融入当地环境，并在社区生活和文化中扮演积极的角色，而不仅仅是被动地利用社区资源或是孤立于社区之外，积极的学校—社区关系有利于随迁子女更好地适应城市生活。

三是重视农村和农民的知识如何在迁移城市继续发挥作用。正如前文所述，过去大多对于迁移人口在城市的适应是采用"补足模式"，而很少会认为需要从迁移群体的文化中进行学习，这就导致乡村迁移群体对教育会产生无力感和宿命论（Graves & Graves，1974）[2]。有的研究则出现了转向，认为城市对乡村迁移人口的文化应给予更多认同和尊重。蒂尔尼（Tierney，1999）[3] 提出扶助低收入家庭学生的文化整合模式（cultural integrity model），即通过提升学校和学生在小区中的声誉，让学生对自己的文化产生认同，从而提升学生的学业成绩。若要从根本上影响弱势群体被定型的环境，那么文化整合模式是相对较为合理的介入方式。在农村学校，需要更加重视将农村教育与农村环境和劳动力市场联系起来，例如，美国有"农场到学校"项目（farm-to-school programs）将学校与当地食品生产商联系起来，培育学校花园，组织学校前往农场，并将课堂时间分配给营养，健康和食品系统（Schafft，2016）[4]，从而提升农业知识在教育中的作用。对乡村迁移人口而言，如果其具有的农业知识和技能在城市中可以得到认同和肯定，并且能在城市生活中继续发挥作用，这将对迁移家庭及其子女

---

① Karlberg-Granlund，G.Exploring the challenge of working in a small school and community：Uncovering hidden tensions ［J］.Journal of Rural Studies，2019（72）：293-305.

② Graves，N.B.，& Graves，T.D.Adaptive strategies in urban migration ［J］.Annual Review of Anthropology，1974（03）：117-151.

③ Tierney，W.G.Models of minority college-going and retention：cultural integrity versus cultural suicide ［J］. Journal of Negro Education，1999，68（01）：80-91.

④ Schafft，K.A.Rural Education As Rural Development：Understanding the Rural School–Community Well-Being Linkage in a 21st-Century Policy Context ［J］.Peabody Journal of Education，2016，91（02）：00- 00.

教育产生积极的影响。譬如，沙瓦等人（Shava, et al., 2010）[①] 提出随着农村人口迁移到城市并重新定居，应重新审视他们的文化。他们具有生物多样化的农业实践和文化传统，这种文化和知识应用可以运用于确保粮食安全、园艺工作、以及在人口稠密的城市中如何创造空间享受大自然。同时，该研究也指出，农业知识也可以融入学校的正式课程中，改变城市文化主导的现象。比如，在南非东开普省的学校，哈尼西（Hanisi, 2006）[②] 和科特（Kota, 2006）[③] 分别将传统发酵饮料的酿造过程与科学中化学发酵的抽象概念联系起来，这反过来又可以吸引学习者对本土知识的尊重。

四是关注城乡迁移人口教育研究中的一些新议题，比如在英国已经出现了为教育而返乡村移动的现象。史密斯等人（Smith, et al., 2015）[④] 指出，一部分英国的中产阶级家庭感受到饱和的城市学校资源的限制，而已经被乡村地区高质量的学校环境所吸引。其中具有代表性的研究是史密斯和希格利（Smith & Higley, 2012）[⑤] 调查了从伦敦这一大城市迁移到英格兰东南部肯特郡克兰布鲁克（Cranbrook）镇的家庭，这些家庭追求高质量的农村学校以及田园般的乡村生活，而这种为了教育的返乡迁移进一步带动了这些家庭的祖父母从伦敦迁入克兰布鲁克，目的是更接近他们的儿子 / 女儿和孙子女。这一研究案例有助于证明教育主导的迁移模式可以产生与大家庭相关的相当大的连锁效应，并且可

① Shavaa.S., et al.Agricultural knowledge in urban and resettled communities：Applications to social – ecological resilience and environmental education［J］.Environmental Education Research，2010，16（5–6）：575–589.

② Hanisi，N.Nguni fermented foods：Mobilising indigenous knowledge in the life sciences［D］.MA thesis，Rhodes University，2006.

③ Kota，L.Local food choices and nutrition：A case study of amarewu in the FET consumer studies curriculum［D］.Master thesis，Rhodes University，2006.

④ Smith，D.P.，& Finney，N.，& Walford，N.Internal Migration：Geographical Perspectives and Processes［M］.Ashgate：Farnham，2015：47-63.

⑤ Smith，D.P.，& Higley，R.Circuits of education，rural gentrification，and family migration from the global city［J］.Journal of Rural Studies，2012，28（01）：49-55.

以激发其他形式的内部迁移（Smith，et al.，2015）[①]。此外，在快速城镇化的过程中，也出现了一些乡村学校在关闭或者合并过程中出现的新的学校形态，如芬兰的小型农村学校（Karlberg-Granlund，2019）[②]以及对美国研究中所提到的类似城中村的学校[③]。

在我国，家庭化的城乡迁移模式使得随迁子女数量也日益增多，其中随迁子女的就学和教育问题是研究者关注的热点。我国政府出台了多项政策以解决随迁子女的就学和教育问题，如针对随迁子女实施了"两为主""两纳入"政策，即以流入地政府为主、以公办学校为主，同时将常住人口纳入区域教育发展规划、将随迁子女教育纳入财政保障范围。自"两为主"政策实施以来，各地在推动入学降门槛、进一步扩大城镇学位供给等方面推行了有力的保障措施。而在新的历史时期，随迁子女在迁移过程中已跳出传统"城市—乡村"的钟摆式流动模式，呈现回流、再迁、流动中的留守等复杂样态（21世纪教育研究院，2021），复杂的样态对人口流入地的教育带来不确定性。这也和国际上城乡迁移的趋势相同，来自发展中国家的证据表明，从农村到农村、从城市到城市、循环迁移和返回迁移等形式越来越多样（Cattaneo & Robinson，2020）[④]。然而，目前的文献还很少涉及不同类型迁移的驱动因素、迁移者如何在不同类型中作出选择以及这些不同的迁移模式可能如何对经济增长和教育等问题产生影响[⑤]，未来可以进一步针对不同的迁移模式开展中国情境下本土化的深入探索。

① Smith，D.P.，& Finney，N.，& Walford，N.Internal Migration：Geographical Perspectives and Processes［M］.Ashgate：Farnham，2015：47-63.

② Karlberg-Granlund，G.Exploring the challenge of working in a small school and community：Uncovering hidden tensions［J］.Journal of Rural Studies，2019（72）：293-305.

③ Casto，H.G. "We're nine miles from the board building，but the perception is that we're 100 miles away out in farm country"：The case of a rural school in a non-rural district［J］.Journal of Rural Studies，2019（72）：164-173.

④ Cattaneo，A.，& Robinson，S.Multiple moves and return migration within developing countries：A comparative analysis［J］.Population Space and Place，2020（01）.

⑤ Selod，H.，& Shilpi，F.Rural-urban migration in developing countries：lessons from the literature. Regional Science and Urban Economics，2021：91.

【作者简介】张佳伟，苏州大学师范学院副院长、教育学院副教授，博士，主要研究领域为教育政策；周金燕，北京师范大学教育学部副教授，博士，主要研究领域为教育经济；彭渝琳，苏州大学教育学院本科生。

# 泛行政化和市场化：
## 大学人文教育式微的双重机制 *

彭现堂

## 【导言】

人文教育以塑造学生健全心智和完整人格为价值追求，实现灵魂塑造与全面发展，是人才培养的出发点和落脚点。加强人文教育有助于培养高质量的人才，有助于国家新一轮"双一流"建设。国内大学人文教育式微，是泛行政化和市场化共同作用的结果。泛行政化是内因，市场化是外因。泛行政化对人文教育的影响主要表现为大学使命的工具化、管理逻辑的行政化、思想教育的单一化；大学市场化则是通过"成本—收益"的效率标准和利益竞争机制对人文教育发生作用。大学需要合理平衡行政与市场的关系，积极发挥行政和市场的作用，使人文精神和大学个性充分彰显。

在教育部、财政部、国家发展改革委正式启动新一轮"双一流"建设后，"双一流"建设为大学发展提出了新方向、新使命和新要求。毋庸讳言，本科教育是大学独有的使命，是高等教育的基础和根本，其它社会组织无法替代。一

---

\* 本文系教育部人文社科研究一般项目"法律视角下高校学术腐败行为的防治研究"（16JDJYLZ03）阶段性研究成果。

流本科教育是建设世界一流大学和一流学科的重要基础和基本特征①。而一流本科教育的重要任务之一就是塑造学生灵魂，忘记了学生的灵魂，大学也就失去了自己的灵魂②。人文教育旨在培养学生健全心智和完整人格，实现灵魂塑造与全面发展，是本科人才培养的出发点和落脚点。大学教育目的实现，离不开人文教育的发展。因为人文教育不仅改变人的知识结构，而且还改变人的思维结构和价值结构，是使人更像人，并使人获得解放的教育③。由于管理思维和市场逻辑的双重作用，大学人才培养和人文教育的地位受到挤压，导致人才培养质量下降。一些学生表现得较为功利和世俗，缺乏社会责任感和远大理想，显然与大学教育目的背道而驰。因此，在党和国家深入推进新一轮"双一流"建设之际，分析大学人文教育式微的原因，无疑具有重要的现实意义。

## 一、国内大学人文教育的发展与现状

### （一）大学人文教育的发展

民国既是中国近代大学教育的发端，也是中国大学人文教育的辉煌时期。以蔡元培、梅贻琦、张伯苓为代表的杰出教育家，将自己对大学的理解和人文教育理念，贯穿于大学治理当中，使各自主持的北京大学、清华大学和南开大学迅速成为国内大学的标杆。

蔡元培于 1916 年 12 月担任北京大学校长，奉行"思想自由、兼容并包"的教育理念。他认为，大学是"研究高深学问、养成硕学宏才"的场所，大学固然要适应国家培养高级实用人才的需要，但决不能堕入狭隘的实用主义泥潭，大学更应培养人格健全、心灵自由的个体。为此，在培养模式上，蔡元培校长

---

① 钟秉林，方芳. 一流本科教育是"双一流"建设的重要内涵 [J]. 中国大学教学，2016（04）：4.

② 杨叔子. 是"育人"而非"制器" [J]. 高等教育研究，2001（02）：8.

③ 张楚廷. 大学人文教育与人的解放 [J]. 高等教育研究，2011（02）：1.

提出"沟通文理、合为一科"的思路，主张文理兼重、学科融合；在课程设置上，实行必修和选修相结合，课程涉及面广，涵盖自然科学、社会科学和人文科学等领域。在蔡元培校长大刀阔斧的改革下，北京大学一跃成为全国学术文化的中心，孕育并催生了五四文化运动。

梅贻琦在担任清华大学校长期间，秉承"通识为本，专识为末"的理念，并对其进行了详细阐述："通识，一般生活之准备也，专识，特种事业之准备也，通识之用，不止润身而已，亦所以自通于人也，信如此论，则通识为本，而专识为末，社会所需要者，通才为大，而专家次之，以无通才为基础之专家临民，其结果不为新民，而为扰民"①。在培养模式上，实行"1+3"模式，即大学第一年不分院系、实行通识教育，第二年开始分院系。在课程设置上，规定大学第一年必须学习包括自然科学、社会科学和人文科学在内的课程，夯实学生的知识基础，提高学生的人文素养。梅贻琦校长创造了清华大学的黄金时期，培养了无数精通文理、贯通中西的学术大师，使得清华大学堪与北京大学比肩。

张伯苓于1919年创办南开大学，坚持"允公允能"的教育理念。在他看来，唯"公"故能化私，化散，爱护团体，有为公牺牲之精神；唯"能"故能去愚，去弱，团结合作，有为公服务之能力。所以，发展个体的素质，培养强壮、活跃的生命，也即健全的人，才是救国强国的唯一之道②。在课程设置上，张伯苓校长不仅注重知识面的广度，而且强调实践、在做中学，增强学生适应社会的能力。在张伯苓校长的主导下，南开大学虽然规模不大，却涌现了一大批爱国、救国的栋梁之材。

三位民国教育家担任校长的三所大学都非常注重人文教育，注重对学生人文精神的养成和健全人格的塑造。即使受到日本侵华战争的摧残，由这三所大学联合组建的西南联合大学，也没有因为临时组建而失去原有的生机与活力。相反，在自由、民主和人文等传统精神力量的引导下，西南联合大学依然能维持很高的学术水准，培养了众多优秀才俊，成为我国乃至世界高等教育史上一

---

① 梅贻琦.中国的大学［M］.北京：北京理工大学出版社，2012：8.

② 杨桂青.教育现代化背景下看张伯苓教育思想的价值［N］.中国教育报，2016-04-14（06）.

大奇迹。

新中国成立后，中国大学教育在教育理念、培养模式和课程设置上均发生了大幅调整。在教育理念上，提出专才教育，着力培养社会主义经济建设所需要的各类专业人才；在培养模式上，采取专业教育模式，以专业和学科为依托开展教学、科研和人才培养，"建立了包括生源、师资、教学设施等各类教育资源，都是按照专业进行分配的专业管理体制"①；在课程设置上，实行模块化，加大了专业课程的比例，取消了与专业知识关系不大的人文社科课程，仅保留了思想政治理论和思想品德课。自此，国内大学在教育体制和教学活动层面已经告别了"通、融、达"的中华教育传统和民国时期的人文教育理念，形成了具有牢固社会政治经济基础的专业教育体制②。

20 世纪 90 年代中期以来，为了扭转国内专业教育"窄化"和"重科技、重专业、轻人文"的局面，国务院出台了《关于深化教育改革，全面推进素质教育的决定》。教育部积极贯彻国务院的指示精神，批准符合条件的高校建立"国家大学生文化素质教育基地"，进而揭开了"加强大学生文化素质教育改革"的序幕。以北京大学、清华大学、复旦大学、中山大学、华中科技大学（前身为华中理工大学）等为首的重点高校，陆续推行了一系列改革举措：实行大类招生、大类培养，强调文理相通、科学和人文并举的多样化培养体系；开展"通识型"本科人才培养模式改革、增设人文教育课程比重，甚至尝试在低年级实行通识教育、高年级实行宽口径专业发展的思路等③。力图通过对学生实施通识教育，丰富学生的知识结构、培养学生的人文素养。这些大学的人文教育改革虽然颇具特色，为其他大学推进人文教育的深入发展，提供了非常有益的参考。但总体而言，以上大学的改革实践，距离人文教育的本质内涵仍有差距，个别

---

① 孟卫青，黄崴 . 我国大学实施通识教育的制度困境与出路 [ J ] . 清华大学教究，2013（04）：47.

② 孟卫青，黄崴 . 我国大学实施通识教育的制度困境与出路 [ J ] . 清华大学教究，2013（04）：47.

③ 甘阳 . 大学人文教育的理念、目标与模式 [ J ] . 北京大学教育评论，2006（03）：39.

大学的实践甚至流于形式。人文教育弱化、人文精神缺失的现象依然存在。

2019年4月，教育部在高等教育领域发起了"新文科"建设运动，旨在通过学科交叉与融合，为大学文科教育注入新理念、新内涵，进而让文科教育回归育人本质，更好地发挥价值引领的作用。

**（二）大学人文教育的现状**

一是大学人文学科专业设置受到影响。国务院2021年8月23日签发的《"十四五"就业促进规划》中明文规定："要优化高校学科专业布局，推进专业升级和数字化改造，及时减少、撤销不适应市场需求的专业。"大学在进行专业增设申请时，大多以社会需求调研为基础，通过积极与用人单位开展深入的交流和沟通，获得翔实的专业和人才需求数据，以此作为专业增设的理由。导致市场需求相对较低的人文学科专业设置受到影响，甚至面临被停办或撤销的命运。

二是将人文教育简单理解为人文科学课程的开设。国内大学人文教育存在一个误区，即将开设人文科学课程等同于人文教育，片面地认为只要开设若干数量的人文科学课程，就实现了对大学生进行人文教育的目的。毋庸置疑，人文科学课程的开设，在一定程度上有助于人文教育功能的实现。然而，人文教育与人文科学课程是既有联系又有区别的，并且区别大于联系。人文教育旨在塑造学生灵魂、完善学生人性。一方面，大学开设人文科学课程，向学生传授人文知识，通过知识的积累而内化为一种品格；另一方面，大学还需要借助道德情感教育、校园文化熏陶、音乐艺术陶冶等内容，培养学生的灵魂。因此，人文科学课程仅仅是开展人文教育的一个方面，而非全部。如果将人文教育简单理解为开设若干门人文科学课程，"不但窄化了人文教育的范畴，也弱化了人文教育的功能和价值"[①]。

三是大学人文教育面临新压力。自"双一流"建设启动以来，某些大学对

---

① 别敦荣.人文教育、文科教育、"新文科"建设概念辨析与价值透视［J］.高等教育研究，2022（08）：80.

"双一流"学科建设的认识存在偏差，在经费依赖和评估验收的压力下，集中全校资源大力发展优势学科或者重点学科，造成人文教育的发展面临新压力。一方面，人文教育需要为优势学科或重点学科的发展让道，原有经费投入被缩减，使得人文教育无法获得良好发展的资源条件。另一方面，大学为了实现跻身一流学科的目标，在全校范围内进行学科布局的优化，导致一些人文学院被合并或撤销，人文学科被边缘化，"人文学科的发展空间受到抑制、身份地位日益固化"①。人文教育的作用日渐式微。

## 二、人文教育式微的原因分析

针对国内大学人文教育式微的态势，学者们从多个维度进行了原因分析。概言之，主要有如下五个方面：第一，科技教育的强化。科技教育在大学不断得到重视，大学甚至出现唯科学主义现象，科技教育取得了主导地位，使得人文教育逐渐被冷落，人文教育和科技教育的位序发生了改变（李维武，2000；吴全华，2002）。第二，功利主义作祟。一方面，大学的专业设置大多从市场需要和职业需要出发，很少考虑大学生的灵魂塑造和全面发展，人文教育的内容遭大幅削减（顾明远，2002）；另一方面，市场竞争机制加剧了大学经济功利主义的膨胀，牺牲了学术精神和价值理性，排斥了大学人文精神的传承（冷余生，2003；王建平，2007）。第三，强国复兴使命的影响。中国现代大学诞生于危难之际，建立伊始就以实现国家强盛、民族独立为目的，从"救亡图存"到"科教兴国"，大学从清末开始便肩负强国、复兴的使命，这种使命感使得科技教育和专业教育在国内大学得到前所未有的强化，但从一定程度上导致了我国大学人文教育的式微（牛金芳，2005）。第四，西方文化全球化的冲击。西方文化的全球化运动，对中国人文教育传统产生了强烈的冲击，使其几至断裂，以致中

---

① 周海涛，闫丽雯."双一流"建设背景下高校文科建设的意蕴、困境与对策 [J]. 高等教育研究，2018（10）：46.

国人文教育难以吸收自身丰富的人文素养，丧失了生命力（李维武，2000）。第五，人文传统的自我否定。五四新文化运动对中国传统文化进行了猛烈的批判，传统的人文价值和人文精神教育被否定、践踏，造成国内大学人文精神传统的断裂，从而出现人文精神的真空现象（涂又光，1999；王建平，2007）。

　　基于上述观点，笔者认为：其一，科技教育挤占人文教育地位，是世界各国大学共同面临的问题。针对大学教育"重科技、轻人文"的现象，西方学者曾清醒地指出科学技术是把双刃剑，在给大学教育带来发展机遇的同时，也带来了挑战，如人文精神弱化、人文教育边缘化。因此，有学者提出科技教育的强化，是造成我国大学人文教育式微的原因，不能说不具有一定的合理性。然而，把我国大学人文教育的式微简单地归因于科学教育的挤压和科学理性的过度膨胀，显然陷入了非此即彼、二元分立的思维模式，是一种从知识论、教育功能论出发单向度考察事物的方式，忽视了教育与政治、经济、文化之间多维复杂的依赖与制约关系，缺少对人文教育式微的多元分析与批判①。其二，市场化的办学逻辑，主要表现为用经济功能的指标来衡量学术和教育。有学者发现了市场化逻辑对人文教育的排斥，但是在分析其对人文教育的排斥作用时，未能从"成本—收益"标准和利益最大化原则的角度详细阐述市场机制对学校、学者团体、学生的负面效应。其三，众所周知，洪堡等建立的柏林大学和蔡元培执掌的北京大学，都承载着强国、复兴的时代重任。这两所大学没有因为时代赋予的使命而迷失了方向。相反，在大学自治、学术自由理念的指引下，两所大学的人文教育获得了空前发展，并在各自所属国均成为大学发展上的璀璨明珠。特别是德国柏林大学在 19 世纪中叶之后成为欧美、日本仿效、学习的典范②。因此，肩负救亡图存、民族振兴使命的大学与人文教育式微之间不存在必然的因果关系，关键要看大学采取何种办学理念、大学如何平衡与政府和市场之间的紧张关系。其四，西方文化的全球化运动仍在持续，很多非西方国家对西方先进的文化积极进行学习和借鉴，取长补短。世界各国相互借鉴他国的先

---

① 王建平．对中国语境下"科学挤压人文"命题的审思［J］．高等教育研究，2007（10）：18.

② 龚放．柏林大学观的当代价值［J］，高等教育研究，2010（10）：105.

进文化和教育经验并取得成功的例子俯拾皆是。比如蔡元培先生学习德国大学的做法，遵循柏林大学"大学自治、学术自由、教授治校"的理念，来改变北京大学的办学原则、办学思想和教育制度等。从此，北京大学不仅褪去了封建的色彩，呼吸着自由、科学、民主的新鲜空气，真正走上了现代大学之路，而且还成为新文化运动的中心，为中国高等教育开辟了一片新的天地[①]。因此，简单地认为西方文化的全球化运动是造成中国人文教育式微的原因，缺乏科学性和严谨性，带有一定的政治色彩。最后，人文教育传统被否定，割断了人文教育传统与近代大学的联系，使得人文精神无法延续，在一定程度上确实造成了国内大学人文教育的式微，但绝非内因。

世界各国大学的人文教育出现式微状态，固然有某些共性的原因。但是，由于各国之间国情各异、教育传统千差万别，中国大学又具有自身的特殊性。上述学者的分析为我们探究大学人文教育的式微提供了不同思路，但是鲜有从大学内外部行政化管理、"成本—收益"标准和利益最大化原则的视角，阐述我国大学人文教育式微的根源。事实上，国内大学人文教育式微，是泛行政化和市场化共同作用的结果，泛行政化是内因，市场化是外因。

**（一）泛行政化：大学人文教育式微的内因**

大学行政存在的条件在于确保学术的有效开展，行政权力应服从于学术权力[②]。然而，泛行政化现象在一定程度上阻碍了大学的健康发展，人文教育式微就是表现之一，其对人文教育的影响主要表现在以下三个方面。

第一，大学使命的工具化。中国现代大学是在内忧外患的背景下产生的，从"救亡图存""巩固新生政权"到"科教兴国"的历史演进脉络中，大学始终肩负着强国、复兴的重任。新中国成立后，我国仿效苏联高等教育模式对大学教育进行了改造，强调大学教育服务国家、服务经济建设的使命。20世纪90年代以来，大学教育虽然经过了不同程度的调整和矫正，但是大学教育依附于

① 吴民祥.由"庙堂"走向"讲堂"——"新思潮派"与北京大学的近代化[J].高等教育研究，2004（05）：95-100.

② 彭道林.大学行政化的外在表现及其危害[J].高等教育研究，2010，30（10）：19-23.

经济建设，服务于经济建设的使命并未转变。

大学使命的工具化，挤占了人文教育的生存空间，容易造成人文教育出现失衡，给大学教育带来一定的负面影响。首先，本科教育理念以培养专才为主，旨在为国家经济建设输送急需的专门人才，教育的工具性倾向明显。其次，本科专业设置过细、学科结构固化。专业的分化和学科的隔阂，不仅导致学生知识面渐趋狭窄，而且侵蚀了人文教育落地生根的土壤。因为人文教育要求打破专业和学科之间的限制，实现学科之间的融合和协调。最后，课程设置和教学内容紧紧围绕经济建设的要求展开，市场需要什么方面的人才，大学就开设什么样的课程。社会科学和人文科学课程，注重对受教育者"情"和"志"进行潜移默化的影响，对受教育者价值观的养成发挥着基础性作用，而当需要大学教育对推动国家经济发展起到立竿见影的效果时，处于隐性状态的社会和人文教育课程就相应地处于边缘化地位。

第二，管理逻辑的行政化。无论从大学与政府的关系而言，还是从大学内部的管理体制来看，大学活动基本上按照行政体制和管理思维组织实施的。大学管理的行政化，导致大学的核心价值发生异化，学术权力屈从于行政权力。

大学管理的行政化主要表现为如下三个方面：其一，大学自治权少、教师参与度低。大学要接受上级部门的集中统一领导，在培养模式、专业设置、教学大纲等方面，没有太多的自主决定权。大学内部行政权力的运行，抑制了学术权力的活动空间，教师在学生培养、课程设置、计划安排等事务中的话语权和决策参与度非常有限。其二，量化考核机制"重物轻人"。量化考核是行政化管理追求效率的一种方式。对大学教育进行量化考核，容易使大学注重物质利益的追逐，偏离育人的发展轨道；大学内部的量化考核，会让学科之间、教师之间的竞争加剧，进一步加深学科间的对垒和教师间的分化，从而损害大学的文化品行和人文气息。其三，教育资源分配受制于行政权力。大学在行政力量的作用下，被塑造成不同的身份和等级，而这种身份与等级必然影响着来自政府部门的资源配置，尤其是在办学资源仍然较多依赖政府的情况下，这种身份和等级实质性地影响着大学的发展①。政府下拨给大学的各种资源，由大学内部的行政机关掌握并分配，按照行政化的管理逻辑和扶持优势学科的需要，资源大多向优势学科倾斜。在获取资源的能力和范围明显不足的情况下，人文教育很难有较大的发展空间。

第三，思想教育的单一化。新中国成立初期，大学特别注重加强学生的思想政治教育工作，通过学习马列主义的基本原理来培育大学生的社会主义世界观和人生观，并且强调大学教育必须为无产阶级政治服务②。大学将马列主义融到学生的思想教育体系中，有利于大学生养成正确的价值观、人生观，有利于抵制西方利己主义、拜金主义等思想的侵蚀，为国家的现代化建设培养了众多先进的建设者。而遗憾的是，从 20 世纪 50 年代中期开始，大学的思想教育变得单一、僵化，人文社会科学逐渐旁落。尽管改革开放以来，人文科学和人文教育在大学教育中逐渐得到恢复和重视，但是大学思想教育的单一化现象并未得到彻底解决。

思想教育的单一化表现为两个方面：一是思想教育内容较为单薄。大学的思想政治教育课程包括马克思主义理论课和思想政治教育课，马克思主义科学理论课以马克思主义哲学与政治经济学、中国近现代史纲要、毛泽东思想和新时代中国特色社会主义进程中马克思主义中国化的理论成果为主，思想政治教育课主要包括思想品德修养、法律基础和形势与政策等。思想政治教育的内容未能充分吸收、传承党的红色文化和我国优秀传统文化，使得文化育人、思想育人的作用发挥不明显。红色文化是中国共产党人带领广大人民群众在革命战争时期共同创造的文化，与优秀传统文化一起都是我国宝贵的精神资源。二是思想教育方法比较单一。课堂讲授是大学思想政治教育课的最主要方式，实践课、讨论课等形式多样的方法缺乏。过多依赖课堂教学，对其他形式的渗透教

---

① 蒋达勇，王金红 . 现代国家建构中的大学治理——中国大学治理历史演进与实践逻辑的整体性考察［J］. 高等教育研究，2014（01）：28.

② 陈磊，栗洪武 . 也论新中国成立后十七年的高等教育改革［J］. 高等教育研究，2015（08）：31.

育重视不够，存在"重形式、轻实效"和"重灌输、轻渗透"的弊端，导致出现思想政治教育呈现方式不够鲜活、内容不够生动的现象，学生的思想性、创新性、人文性略显不足。

**（二）市场化：大学人文教育式微的外因**

政府和市场是联接大学与社会的两个重要媒介。大学的健康发展，离不开政府和市场作用的有效发挥。我国大学引入市场机制，是转变政府职能、扩大办学自主权、建立现代大学制度的需要。但是，市场在大学中的作用是有条件的，过分依赖市场，就会偏离大学教育的本质。

其一，市场以追求效率为目标。效率是经济学上的概念，主要指资源的有效配置和利用。市场以"成本—收益"标准来衡量经济效率，往往关注短期目标。大学教育具政治属性、经济属性、文化属性和社会属性，与各个领域密切相关，是有别于经济的一种教育形态。大学教育培养的是人，而不是标准件的产品。标准件的产品按照统一的模式，在短期内就可以批量生产，也便于操作和控制质量；作为教育对象的人则是有差异的个体，其受教育的过程也不是被动接受、单向作用的。大学教育的起点和归宿都在于培养人，即个性的塑造、人文素养的形成和创新能力的培育等。它们是无形的、不可量化的，需要在长期的教育中潜移默化才能完成，绝不能通过市场的标准化来降低培养成本，获得立竿见影的效果。大学应遵循自身的发展规律和逻辑，不能简单地套用"成本—收益"标准。赫钦斯曾指出："大学必须具有自己独立的教育理念，不能完全被外在的市场和就业需要所决定。大学应该作为现代社会的头脑领着社会走，而不是成为市场的奴隶被动地跟着社会走"①。过度市场化容易抹杀大学的教育性和学术性，使大学成为世俗化的名利场。以追求效率为唯一目标的大学，往往对社会目标的实现和人类文化的发展关注不多，对学术自由氛围的营造和学术健康文化的养成重视不够。

其二，市场以获取利益为导向。市场主体在交换中坚持利益最大化原则，

---

① 甘阳.大学人文教育的理念、目标与模式［J］.北京大学教育评论，2006（03）：47.

市场竞争机制本质是利益竞争机制。如果超越合理的限度，使利益的追求膨胀起来，以至不惜以牺牲学术之道、教育之道为代价，那么，这样的市场化就会同大学的价值产生尖锐的矛盾①。在利益的驱使下，一方面大学为迎合市场和就业单位的需求，教学内容更加具体和实用，大学教育在某种程度上变成了专业教育和技能训练，人文教育受到冷落，或是成为点缀。爱因斯坦对于专业教育的警言犹在耳畔："用专业知识教育人是不够的。通过专业教育，他可以成为一种有用的机器，但是不能成为一个和谐发展的人。要使学生对价值有所理解并产生热烈的感情，那是最基本的。他必须对美和道德上的善具有非常鲜明的辨别能力。……过分强调竞争制度，以及依据直接用途而过早专门化，这就会扼杀包括专门知识在内的一切文化生活所依存的那种精神"②。另一方面，教师逐渐远离利他主义的价值，远离知识的公共价值而贴近市场价值，以至于不再能够追寻自己的好奇心，沿着追求真理的逻辑或者学科知识生长的逻辑确定自己的科研方向和选择自己研究项目，竞争、趋利等价值势必会导致学者社团和学术职业的变异③。另外，市场化导致学生的价值观发生异化，变得急功近利、唯利是图。他们以就业为导向，注重与市场需求直接相关的实用性专业和技能，热衷于考取各种资格证书，对训练思维、陶冶心智的人文教育知识则关注甚少，从而错失了锻炼人格、养成个性的美好时光。

## 三、总结

大学人文教育受到泛行政化的不利影响，如何适度去行政化是当前需要解决的问题。首先，大学使命应回归本真。大学使命以高度浓缩的方式，展现其

---

① 冷余生.大学精神的困惑[J].高等教育研究，2004（01）：4.

② 许良英，赵中立，张宣三，编译.爱因斯坦文集（第三卷）[M].北京：商务印书馆，1979：310.

③ 王英杰.大学文化传统的失落：学术资本主义与大学行政化的叠加作用[J].比较教育研究，2012（01）：6.

内在品质、文化精髓和独特风格，彰显大学的核心价值观，是大学之"魂"①。尽管美国、英国等一流大学的大学使命表述各异，但都强调知识创造、能力培养和社会服务。不论是直接表述还是间接隐含，国外一流大学所崇尚的核心价值都很鲜明，使命宣言与其核心价值互为表里②。相比较而言，我国大学存在的问题之一是缺乏核心价值理念，使命目标定位不清，缺少精神底蕴③。大学虽然已经走出象牙塔，但仍是以传播知识、发现真理为价值追求的教育机构，理应积极转变"大学教育附属于、服务于经济建设"的传统观念，形成凸显自身核心价值的大学使命。其次，大学管理应摒弃行政化逻辑。行政化管理追求效率，大学则注重"慢工出细活"。大学具有自身的特点，不能简单地用行政命令进行管理，行政管理的目的只能是为学术服务。大学固然应服务于社会经济发展，但绝不能背离自身的价值目标，即进行文化传承、促进社会整合和陶冶人格品性等。政府应尊重大学的特性，要切实转变职能，加强对大学的监督和宏观指导，允许大学有较大的自由和独立的空间，赋予学者享有学术自治和学术自由的权利。政府在强调专业教育的同时，也要重视人文教育，防止大学教育的失衡和异化。最后，思想教育应多样化。发现真理是大学的永恒追求，发现真理的前提条件是自由表达。没有自由的表达和思想的交锋，大学就如一潭死水、激不起涟漪。政府应当尊重人文教育的发展规律，避免将人文教育政治化，要继承和吸收世界各民族文化的精髓，建立起与我国经济和政治制度相适应、与世界文明相合拍的大学人文教育。大学应丰富思想教育的形式和内容，注重对学生人格、个性的培养。

大学引入市场机制不是替代政府，而是辅助政府更好地发挥宏观调控的职能④。市场本身是有缺陷的，如果将市场机制完全套用于大学，势必造成大学之

---

① 史静寰.现代大学制度建设需要"根""魂"及"骨架"［J］.中国高教研究，2014（04）：3.

② 陆一.世界知名大学使命宣言的文本解析［J］.比较教育研究，2012（09）：28.

③ 史静寰.现代大学制度建设需要"根""魂"及"骨架"［J］.中国高教研究，2014（04）：4.

④ 褚宏启.教育公平与教育效率——教育改革与发展的双重目标［J］.教育研究，2008（06）：12.

间、大学内部各部门之间的竞争，进而导致资源在学科之间的不平衡分配，"无疑会破坏大学精神活动的自由气氛和创造空间"①。因为"在追求效率的大学组织中，管理者按照量化标准进行评价，管理者天然的情感减少了，自己的道德本性削弱了……导致大学发展目标中原有的价值取向被遮蔽、被抛弃"②。政府应加强对大学的宏观指导，充分发挥市场对大学的积极作用，抑制市场逐利性的负面影响，"改变重科技、轻人文的教育观念，改变片面按照市场需要塑造现代大学教育的观念，明确把现代大学教育的目标规定为人格的培养和人自身的完善"③。大学也必须坚守学术价值和使命，警惕市场竞争机制的过度膨胀，以免滑入世俗化、功利化的泥沼。

大学人文教育的复兴，固然需要发挥政府和市场的积极作用，但必须抑制泛行政化和市场化。伴随着教育功能的扩张和外部压力的侵入，以"人才培养为中心"的发展思路，日益受到"行政化思维"和"市场化导向"两种发展逻辑的冲击。"行政化思维"逻辑强调师生的服从而非为师生服务，违背了创新人才培养和以人为本的教育规律；"市场化导向"逻辑加剧了知识和人才的商品化现象，加速了大学逐利主义观念的抬头，并将不能产生立竿见影效益的人文社会学科边缘化。该两种发展逻辑忽视了大学是以学生灵魂塑造为核心的文化基因，进而与大学"先人后物"的发展思路产生内在冲突④。世界一流大学不仅非常重视人文社会科学、艺术等在人才培养中的作用，很好地实现了人文社会科学、艺术等与自然科学的融合，而且正逐步实现从"关注学科"到"关注人"的转变，更加注重学生能力、心智和理性的培养。因此，政府一方面要尊重大学的发展逻辑和办学规律，真正赋予大学自治权，切忌过多地干预大学事务；另一方面，应抑制市场逐利性对大学的消极影响，充分发挥人文社会科学的作

---

① 马和民，何芳.市场化与自主办学：高等教育变革的两翼［J］.高等教育研究，2006（07）：50.

② 毛亚庆.高等教育管理方式转型的知识解读［J］.教育研究，2013（12）：73.

③ 李维武.大学人文教育的失落与复兴［J］.高等教育研究，2000（03）：9.

④ 刘益东.论"双一流"建设中的学术文化困境［J］.教育科学，2016（3）：55.

用，做到科学文化与人文文化的协调发展，将人文教育理念贯穿大学教育的始终。大学正在使用市场的逻辑和管理主义的途径进行重构，大学在市场和社会中发生着日新月异地变化[①]。在大学的重构中，政府需要在放权和管理之间找到平衡，帮助大学在市场化和人文精神之间形成良性互动，促进大学人文教育复兴。

【作者简介】彭现堂，中央财经大学科研处副研究员，主要研究领域为高等教育、教育法学。

---

① 王英杰.大学文化传统的失落：学术资本主义与大学行政化的叠加作用［J］.比较教育研究，2012（1）：7.

# 校园长、教师谈治理

# 集团学校构建"云"管理模式的实践研究

胡小红

## 【导言】

"云"管理是湖北省武汉市武昌区中山路小学以习近平总书记关于"加快建设教育强国"的重要论述为指引,以"绿色·实践"教育为办学理念,以满足教育高质量发展、教育数字化发展和集团学校发展需求,所提出的一种新型管理模式。该模式依托网络平台,打破部门边界,使集团的"四部十六中心"架构中各个团队以"公转+自转"蜂窝群组式进行组织运营,"公转"是指进行顶层设计、立体考量和统筹实施,"自转"是结合校区实际开展工作。经过实践检验,"云"管理模式提高了管理效率,激发了办学活力,使学校的高质量教育体系更加公平、更加完备、更加丰富、更可持续。

当今世界正经历百年未有之大变局,能否应对好这一大变局,关键要有识变之智、应变之方、求变之勇。习近平总书记在中共中央政治局第五次集体学习时的重要讲话指明教育强国建设方向。以教育之强夯实国家富强之基,从教育大国到教育强国是一个系统性跃升和质变,必须以改革创新为动力,以体制机制变革为支撑,以末端实践为思维起点,以构建组织运营新模式为突破口,汇聚全社会之力,形成教育高质量发展的磅礴之势。

# 一、"云"管理提出的背景及意义

## （一）"云"管理提出的背景

### 1. 教育高质量发展的需要

习近平总书记在中共中央政治局第五次集体学习时强调："建设教育强国，是全面建成社会主义现代化强国的战略先导，是实现高水平科技自立自强的重要支撑，是促进全体人民共同富裕的有效途径，是以中国式现代化全面推进中华民族伟大复兴的基础工程"①。习近平总书记的重要讲话，阐释了建设教育强国的重要意义，指明了教育强国建设的前进方向。"云"管理是集团学校以习近平总书记重要讲话为指引，积极投身教育强国实践，为基础教育中五育并举、家校共育找到的实践路径。

### 2. 教育数字化发展的需要

时至今日，以"云、网、端"为依托，以数字资源为核心要素，以信息技术为内生动力，以融合创新为典型特征的教育数字化，不断涌入学校教育的各个方面，彻底改变了学校与学生、学校与教师、学校与教育、学校与家庭社会的互动方式，将现实世界与虚拟世界的边界打破并融合在一起，催生出更多元的教育数字化生态。在当下万物互联的云时代，集团学校创生出与新数字经济、新信息技术和新思维方式相适应的"云"管理模式，这是应运而生，也是应时而生。

### 3. 集团学校发展的需要

武昌区中山路小学教育集团是由中山路小学、千家街小学、白沙洲小学、堤前街小学组成的一校四校区的融合性教育集团。为了实现融合后的高质量发展，应对社会发展的巨大变化，对学校管理模式进行变革，是学校高质量发展的第一要务。

---

① 习近平主持中央政治局第五次集体学习并发表重要讲话［EB/OL］.（2023-05-29）［2023-06-12］.https：//www.gov.cn/yaowen/liebiao/202305/content_6883632.htm.

### （二）构建"云"管理模式的意义

1.有效应对学校内外部环境的变化

一切事物都在实时实地，永不停顿地发生着变化，我们来到了一个现实世界和虚拟世界并存的世界，学校外部环境的变化是显而易见的。而从学校内部来讲如何让集团学校的四个学区的资源，尤其是让集团学校各部门工作流程、运营等释放出更大的效能，充分调动师生的积极性和创造性，努力实现课程、教学、制度、评价和文化一体化，和实现效能最大化，是集团学校管理的核心任务。因此，集团学校构建"云"管理模式，用以形成高效能的学校管理，让学校具有新的管理能力，确保学校发展目标的实现，个体价值的实现，动态适应环境变化的态势实现。

2.重构学校教育价值

我们的师生生长在数字技术驱动变化的时代，这是一个从旧发展模式快速迭代到新发展模式的转型期。其中的未知远大于已知，一些全新的知识概念、模式正在渗透并影响着教育，我们教师所擅长的能力，验证过的成功的教育经验，已经不能够适应教育发展的需要。为了寻求学校的新价值，帮助学校掌握新价值的来源，集团学校创造"云"管理，通过管理变革激发更多人的潜能，释放更多人的激情与创造力，实现可持续的发展和开放合作。

## 二、中山路小学教育集团构建"云"管理模式的内涵、特点

### （一）中山路小学教育集团"云"管理模式的内涵

1.中山路小学教育集团管理模式的内涵

集团学校管理模式是指组成集团的几个校区相互影响、相互支持的有机体系，包括集团学校的治理结构的确定、总部及各校区的特色定位和职责划分、集团学校组织架构的具体形式选择、集团重要资源的管理方式以及绩效管理体系的建立。

2. 中山路小学教育集团"云"管理模式的内涵

中山路小学教育集团"云"管理模式分为两个层面的理解。本义的理解是互联网时代集团学校管理模式的颠覆性变革，它运用社交网络、移动互联网、云计算等新兴技术，让集团学校的管理架构到"云"上，通过创新管理模式，将集团学校打造成为一个和谐运营、高效能管理、生机勃勃的智慧体。"云"管理可以将集团学校从有形的、看得见的集中统一办公与教学教研、面对面连接的形态，变成无形的、看不见的自主化云办公、云教研、云教学和云连接的形态。引申义的理解是把学校教育教学的工作颗粒化，化成一朵朵的"云"。通过"任务＋团队"的方式扁平建构，"绩效＋发展"的方式进行评价，"网格＋开放"的方式进行主体建设。其中任务团队一般有常规团队、活动团队、项目团队、评价团队等，学校网格实体有校区内的班级、年组、教研组、部门和集团的学部、中心等。这种运营机制打破了固有的身份边界和层层传递的方式，实行一键到底、一线直接指挥。

**（二）中山路小学教育集团"云"管理模式的特点**

1. 中山路小学教育集团"云"管理模式运营的特点

中山路小学教育集团"云"管理模式运营的特点是化整为零、自动存储、结构扁平、高信息化、高效能、低成本、无边界，让任务直接承担者自主组织团队，成为学校发展过程中的自组织，在完成授权且规范流程、标准之后，自主协调进行资源分配和组织技术保障，确保任务高水平完成。在具体的实施过程中强化"三步解决问题、三方协同解决问题"的意识，使得学校组织更为开放，组织边界更为模糊，共同服务于学生的成长。

2. 中山路小学教育集团"云"管理模式结构的特点

"云"管理与传统组织管理有根本性的不同（如图1、图2所示），传统组织结构是金字塔形的科层级关系，是线性思维，强调个人服从组织。"云"管理组织结构是网状的，是"既要、又要、还要"的思维模式，组织变得扁平与多边，能够为每个师生提供更多的关联和机会。

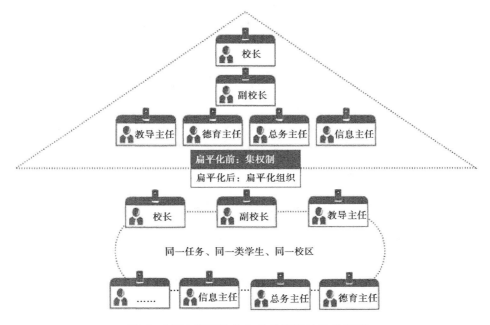

图 1 "云"管理结构与传统管理结构的区别

　　传统组织的内部是依靠分工来获得组织效率的，但也带来部门边界和组织内耗。"云"管理组织的内部是协同工作的关系，通过彼此的协同合作，产生更快的响应速度，从而获得更高的组织效率。从评价的维度看，传统组织管理以投入为评价标准，更关注工作态度而非工作结果。"云"管理以产出为评价标准，让产出更显性化，从而获得高绩效。因此，集团学校传统组织的特征是角色固化，组织固化，而"云"管理组织的特征是持续变化，打破平衡，具有更多连接跨界的可能性。

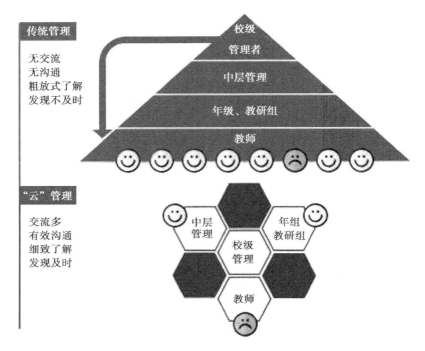

**图 2 "云"管理模式与传统管理模式的区别**

3. 中山路小学教育集团"云"管理模式价值实现的特点

当今时代，"云""互联网＋"等带来连接方式、关系结构、权力结构重构的同时，让供给与需求、课程与教学、合作与协同、管理与激励、运营与协调、效率与效能等传统的管理都发生了变化。这些变化需要学校重构自己的价值，以实现学校教育的价值共生。学校管理工作要做什么改变，怎样在这些变化中贡献管理的价值，如何重新理解学校管理的价值，这些问题都需要学校管理者思考并且给出回答。数字化时代的学校价值重构的核心是赋能、共生和协同，数字技术带来的无线连接使今天的学校无法独立创造价值，需要与更多相关方、更多系统以及与更广泛的外部环境共建共生，创造价值。

## 三、中山路小学教育集团"云"管理"公转＋自转"的组织运营

### （一）中山路小学教育集团"公转＋自转"的体制

1. 中山路小学教育集团"公转＋自转"的管理架构

体制是为保证教育治理活动有序高效运行而建立的机构和制度的结合体①。
学校高质量的发展，需要靠学校整体的机构架构和建立规范来支持保障。

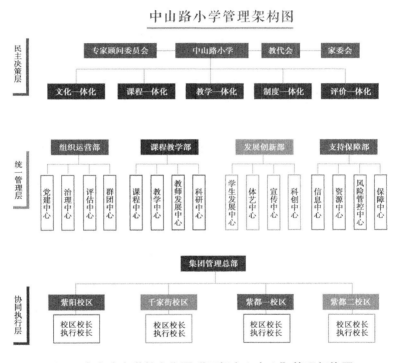

**图3　中山路小学教育集团"四部十六中心"管理架构图**

中山路小学教育集团采用了"四部十六中心"架构（如图3所示），四个学
部分别是组织运营部、课程教学部、发展创新部、支持保障部。其中组织运营
部由党建中心、治理中心、评估中心、群团中心组成；课程教学部由课程中心、

---

① 孙绵涛.教育体制理论的新诠释［J］.教育研究，2004，（12）：17-22.

教学中心、教师发展中心、科研中心组成；发展创新部由学生发展中心、体艺中心、宣传中心、科创中心组成；支持保障部由信息中心、风险管控中心、资源中心、保障中心组成。

2. 中山路小学教育集团"公转＋自转"的团队组织方式。

中山路小学教育集团"公转＋自转"的团队组织方式是蜂窝组织，它由多个六边形任意相连组成蜂窝状，整个蜂窝组织形式形成了一个庞大的平台，形成蜂窝组织群组，并可以成几何级数的增加，突出团队之间相互独立而又相互协作，如图 4 所示。

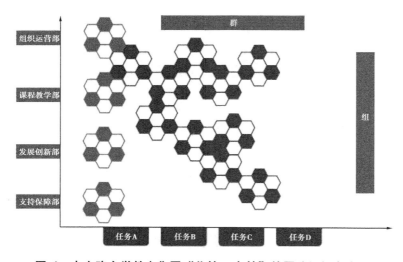

**图 4　中山路小学教育集团"公转＋自转"的团队组织方式图**

"公转＋自转"蜂窝群组构成。纵向群组结构由组织运营部、课程教学部、发展创新部、支持保障部等"四部十六中心"组成，这是集团学校基本的组织单位，基本的蜂窝群组让每个师生都能找到基本定位，并明确工作范围以及职责。横向蜂窝群组以任务和项目为导向，根据特定的任务、项目、活动组成任务式主题式组织。其中"群"不会轻易解散，而"组"在解决完问题后即可解散退出。

"公转＋自转"蜂窝群组的特点。蜂窝群组中的每个人都像变形金刚一样，根据任务负责人邀请、工作需要和工作职责等，自愿出现在不同的蜂窝组织中。

每个团队成员的身份都可以变化，比如在这个蜂窝中的身份是负责人，在另外一个蜂窝组中，可能是团队成员。蜂窝组织像一个充满活力的生命体、智慧体，可以让团队成员之间随时保持互动，不断形成新的想法流。让团队变得更智慧，在内部互相理解、互相学习，在外部争取各类支持，吸纳资源，这种整体众筹、互动、思考和协调合作的团队，能产生巨大的、持久的创造力。

**（二）中山路小学教育集团"公转 + 自转"的机制**

1. 中山路小学教育集团"公转 + 自转"的理念

机制是教育治理现象各部分之间的相互关系及其运行方式①。中山路小学教育集团采用的"四部十六中心"实行"公转 + 自转"的"云"管理运营模式中，集团总部进行"公转"，四校区创造性的执行落实为"自转"，这种"公转 + 自转"组织运营模式的基本理念是"赋能、连接、共生"。

2. 中山路小学教育集团"公转 + 自转"的运营

"公转"是指进行顶层设计、众筹智慧、立体考量和统筹实施，"自转"是结合校区实际开展工作，"公转"可以让"自转"更趋同、轻负与整全，"自转"可以让"公转"更全面、清晰和实际。在四个校区的统筹合作中，又形成"紫阳大校区""紫都大校区"两大校区的竞争氛围，在常规工作、课堂教学、课程设计、活动设计、学生素养、管理服务等方面进行比拼，激发办学活力。中山路小学教育集团"公转 + 自转"的运行机制见图 5、图 6 所示。

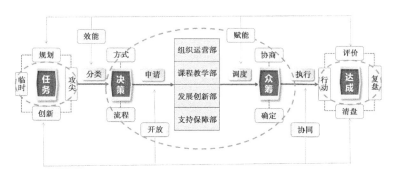

**图 5  中山路小学教育集团"公转"运行机制图**

①  孙绵涛，康翠萍. 教育机制理论的新诠释［J］. 教育研究，2006，（12）：22-28.

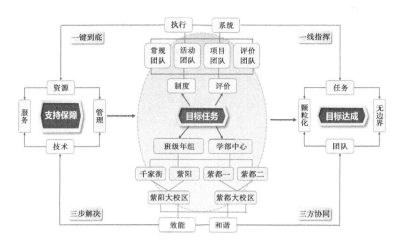

**图 6　中山路小学教育集团"自转"运行机制图**

3. 中山路小学教育集团"公转 + 自转"的运营文化

积极向上、充满活力的文化是学校管理追求的发展态势。我们从云的自然形态想象，尽力通过"云"管理激发教师内心的那种原始的创新本能，激活教师自我实现需要的动力源泉，让一朵云推动一朵云，一朵云卷入另一朵云，朵朵云汇聚成云团。当阳光照耀云端，它能如彩霞般绚烂，当云团凝结，它又能变换成雨滴，滋养万物，焕发出无穷无尽的，可持续的生命活力。

**（三）中山路小学教育集团"公转 + 自转"的组织运营理念**

"绿色·实践"教育是武昌区中山路小学的办学理念。它传承武昌区"绿色教育"的价值导向，紧紧围绕学校教育价值观念、学校教育活动过程、学校教育实践方式三个核心问题，从全局层面的建构实践并达成教育高质量发展。

1. "绿色·实践"教育的核心解释

绿色是一种原生态，是我们各种事物发展的起点，绿色象征着生命的健康，代表着希望，象征一种蓬勃向上的状态和态势。绿色也是一种理念，实践是在这种理念上的如何做，是一种落实理念的行动。绿色有三层基本意义：和谐、高效能、可持续。其中和谐是基础，高效能是桥梁，可持续是发展的态势。

实践是人类一切有意识、有对象、有目的指向和行为策划并实施的活动。

实践是实际的行动,其能够影响学生生长的每一个元素与环节。实践有三层意义:积极的行动、规则的活动、日常的生活。

教育是绿色理念和实践的一个结合点,教育是一种理念,也是一种实践。"绿色"发展是新时代提出的重大命题,教育本身就是以"人"为核心,始终隐藏着"绿色"发展的内在冲动,需要激发自身活力,在教育全过程进行"绿化",实现健康、可持续、自由全面的发展。

2."绿色·实践"教育的涵义

"绿色·实践"教育是以人的自然发展为起点,以人的实践活动为载体,以人的实质全面自由向上扩展为目标,符合自然规律、社会规则和时代发展,实现健康、全面、可持续发展的教育活动。"绿色·实践"教育牢牢把握住人的生命历程中最重要的这一对张力,以人的自然发展为着力点,以人的实践为发力点,不断走向促成人的生命生长的终极目标。

3."绿色·实践"教育与"云"管理的关联

"绿色·实践"教育是以生为本的教育、全面发展的教育、生态和谐的教育。追求不以牺牲学生自有资源(身心健康、个性特长、兴趣爱好)和学习环境(时间空间、和谐氛围、求知方式)为代价取得良好的学业成绩,着眼于学生的全面发展、个性成长和可持续发展。

集团学校构建"云"管理模式是为了让教育知行合一,追求价值共生的教育。当教育价值出现从独创到共创的改变,便能够催生出截然不同的管理模式,那么数字技术使学校具备新管理样态,自然而然地创造了更大的可能。只要学校能构建技术框架下的沟通和共享能力,学校就能实现开放而具有弹性的内部协同,在外部达成以学生为导向的价值共同体,这也是"绿色·实践"教育的育人目标。

国势之强由于人,人才之成出于学。加快建设高质量教育体系,是新时代新征程办好人民满意教育的重点任务,也是构建新发展格局的基础环节。中山路小学教育集团践行"云"管理模式,使学校的高质量教育体系更加公平、更加完备、更加丰富、更可持续。学校着眼于每一位学生的高质量发展,积小成为大成，努力探索科技原创启蒙教育，为中华民族伟大复兴提供不竭的动力源泉。

【作者简介】胡小红，武汉市武昌区中山路小学教育集团总校长。

# "卷入式"研修：
# 幼儿教师专业发展的路径探析

胡惠娟

**【导言】**

　　教师是幼儿园发展的核心竞争力，幼儿教师专业发展已为全社会共同关注。探讨"卷入式"研修对幼儿园教师专业发展的价值，对为教师专业发展赋能，为教师专业成长助力具有重要意义。海盐县陌桑幼儿园着力解决教师专业发展方面存在的问题，以教师专业精神、专业知识、专业能力为重点，通过全情投入，凝心认同——生发教师专业精神的"凝心"路径；通过全景植入，慧心融智——生长教师专业知识的"慧心"路径；通过全神浸入，暖心赋能——生成教师专业能力的"暖心"路径。

　　教师是教育的第一资源，是幼儿园发展的关键点和核心竞争力。以习近平同志为核心的党中央高度重视教师队伍建设。从习总书记提出教师要做"四有"好老师，到当好学生的"四个引路人"、成为"大先生"，成为"经师"到"人师"的统一者，确立了教师"立教之本、兴教之源"的战略地位①。建设一支高素质善保教创新型的幼儿园教师队伍，既是幼儿园高质量内涵式发展的需求，也是新时期学前教育优质发展的根本保障。

　　随着课程改革的不断深入，教师的专业发展已成为推进课程改革、提高保

---

　　① 朱永新 . 以教育家精神引领教师队伍建设 [J]. 教育家 ,2024,(37):8-9.

教质量的重要内容。然而当前，由于园本研修方式的相对单一，研修目标不够明确，研修效果不尽人意，导致教师出现专业精神懈怠，专业知识缺乏，专业能力薄弱等问题。如何让教师向内有凝聚力和向心力，向外有传播力和竞争力，关键在于教师专业发展的路径。通过研究发现，教师的专业发展可以通过"卷入式"研修方式来培养和实现。"卷入式"研修，就是从"凝心认同、慧心融智、暖心赋能"三个维度展开园本研修，创生三条不同的园本研修路径，对应指向教师专业思想、专业知识、专业能力等不同方面的发展。一是"凝心"路径，通过"合伙式同心——立足园所规划，实现文化育人；点灯式聚暖—— 立足特色建设，发挥强项智能；个性式定制——立足立德树人，追求幸福生活"三个侧面生发专业精神。二是"慧心"路径，通过"聚焦式卷入——融贯研究主题，解读分析优化；碰撞式反思——融合疑难问题，复盘碰撞重构；理论式研习—— 融通教育理论，科研解决问题"三个层面来生长专业智慧。三是"暖心"路径，通过"三人式互动——聚焦主题研磨，打通互动借能，学导式推动——依靠专家力量，启迪方向助能；内生式驱动——倾注个人规划，自身内发燃能"三个维度生成专业能力，以此推动教师的专业发展。

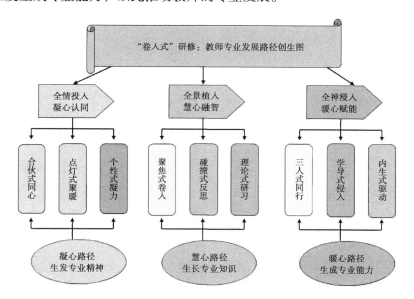

图 1　卷入式研修：教师专业发展路径创生图

# 一、全情投入，凝心认同——生发专业精神的"凝心"路径

"凝心"就是凝聚人心，指向教师的职业道德、立德树人的教育观念以及主人翁的精神。通过人文的管理，激发教师内在的动力，用团队的力量去感化、同化和引领教师朝着共同的梦想幸福愉悦地工作。通过合伙式同心、点灯式聚暖和个性式凝力三个方面帮助教师凝聚力量，建立归宿，拥有追求，提升专业精神。

## （一）合伙式同心：立足园所规划，实现文化育人

合伙式同心是幼儿园人文管理的一种模式，旨在形成平等尊重、积极向上的正能量，为幼儿园高品质内涵发展凝聚力量。幼儿园秉承"合伙人"办学理念，让教师以主人翁的姿态参与幼儿园的规划，设计幼儿园发展愿景，营造"团结一心、抱团前行"的团队氛围，构建幼儿园愿景目标共同体，以健康向上的正能量推动幼儿园发展。例如：我们提出"桑格"文化品牌，全体教师讨论研究，提炼梳理，最终形成"让每颗星星在陌上闪光，办'师生有活力，课程有张力，幼儿园有生命力'的人民满意的学前教育"的目标愿景，大家坚持"阡陌纵横有去处，回首依然是儿童"的理念，脚踏实地履行本职，构筑起文化栖息地。

## （二）点灯式聚暖：立足品牌建设，发挥强项智能

教师的成长，始于对教育事业的热爱与执着，是心灵的觉醒与精神的升华[①]。点灯式聚暖就是点燃每一位教职工的热情，发挥每一位教师的优势，激发每一位教师的价值认同，以特色创建为目标，汲取全体教师的力量，用好每一个人的资源优势，发挥每一位教师的强项智能，积极创设平台，让每一位教师在幼儿园找到自己独特的位置，感受自己被尊重，被重用，以此形成一股暖流撬动幼儿园品牌特色建设。幼儿园通过"好话放送播音台、优秀榜样点将台、

---

① 本刊编辑部.向未来，看见教师的成长 [J].教育家,2024,(37):4.

最美员工展示台"等，结合"感动幼儿园十大人物评选""每月人物推送"等活动载体，让每一位教师在幼儿园找到自己独特的价值，让每一位教师被看见，被尊重，被信任，激发教师潜能。

**（三）个性式凝力：立足立德树人，追求幸福生活**

个性式凝力指根据教师精神追求、个人发展需求方面存在的差异，为教师量身定制适合的研修活动，以菜单式方式引导教师"点餐"培训，通过青蓝工程、青春闪光工程、生命亮丽工程等不同方式，为教师量身定制不同的研修内容、必修课程和考核细则，每一位教师对标对表实行园本研修。同时针对教师的不同个性与需求，采取差异化导师带教模式，帮助每一位教师实现更好成长。

## 二、全景植入，慧心融智——生长专业知识的"慧心"路径

"慧心"就是生长智慧，指向教师的专业知识，包括通识性专业知识、学科类专业知识以及现代信息技术的运用和心理学相关知识等。通过聚焦式主题卷入，碰撞式问题反思，理论式通识教育等聚焦问题，整合思维，夯实教师的专业知识，让教师增长知识智能，获取教育智慧。

**（一）聚焦式卷入：融贯研究主题，解读分析优化**

聚焦式卷入就是在园本研修中聚焦某一个问题，请每个人参与讨论研究，经验共享，使每位教师在聚焦问题，聆听过程中，将同伴经验转化为自身经验并加以储备和运用。在课程改革的推进中，我们聚焦主题课程的研究，把课程审议作为常态的园本研修模式。教师以教研组为单位，依据儿童年龄特点审议主题，选择内容，整合资源，熟练运用现代信息技术手段，推进主题的深入实施。通过团队研讨、分析优化、审议整合等，激发教师的专业智慧，分享各自的主题经验，提升教师的专业能力。

### （二）碰撞式反思：融合疑难问题，复盘碰撞重构

碰撞式反思是教师在研修活动中，直面问题，思维碰撞，解决问题，共同提升的反思过程。我们聚焦日常一日活动中共性的疑难问题，进行诊断研修。研修前收集教师遇到的困惑和疑难问题，针对性选择共性问题作为研讨内容。确定主题后，大家各自思考，学习专业知识，做好发言准备。研究中，采用"击鼓传花""轮流发言""六顶思考帽"的形式开展研讨，未能发言的教师用书面形式在钉钉分享，帮助教师在共同的思维碰撞中，复盘原有经验，重构新经验，达成新共识，解决新问题。

### （三）理论式研习：融通教育理论，科研解决问题

理论式研习是教师专业理论的学习与提升。我们通过"专业阅读"，共享好书等形式，学习儿童教育学、心理学相关理论，寻找教育智慧。同时，开展"理论补给站"研修，通过集体补给、小组补给、个体补给等不同方式引发教师深入学习、思考与研究。推荐胡华名师工作室、上海托幼、西湖儿童研究等优秀公众号，让教师静下来去学习、思考、研究，并努力将"理论学习转化实践"，以此提升自己的理论素养。

## 三、全神浸入，暖心赋能——生成专业能力的"暖心"路径

"暖心"就是温暖人心，倾情服务，指向教师专业能力提升。针对教师专业行为的局限和专业领域的不足，努力为教师创设条件，激发教师智慧，通过"三人式同伴结对，学导式专家帮扶，内生式自我驱动"等途径，为教师专业赋予能力和能量，以此帮助教师实现更好的自我成长。

### （一）三人式同行：聚焦课堂研磨，打通互动借能

三人式同行就是课程改革推进过程中采用三人协作的方式，将"孤军奋战"走向"多方共赢"。幼儿园以专用室活动和集体教学作为研修的主阵地，实行专

用室三人负责制，每个年段有一位教师负责具体的工作坊，共同研究具体的内容。同时以课堂教学为主战场，每年段 3 个班，每班 1 位教师进行三人行课堂研磨，通过随堂听课、半日蹲点、同课异构、教学展示等研磨，凝聚三个人的力量，在共同协作中提升专用室指导能力和课堂驾驭水平。

**（二）学导式浸润：依靠专家力量，启迪方向助能**

学导式浸润指发挥专家、名师的专业优势，高位引领指导，帮助教师专业能力提升。幼儿园拥有嘉兴市学科带头人，海盐县名师、学科带头人等多项专家、名师资源，借助幼儿园中的这些优秀资源，实行"1+1+N"学导模式，即：预约 1 位"专家"，寻找一个"专题"，通过"N 次研修"，帮助教师补足弱项，帮助教师实现更快成长。通过针对性地学导捆绑带教，提升教师的专业能力。

**（三）内生式驱动：倾注个人规划，缔造内发燃能**

内发式驱动就是激发教师内在需要的动力，这是教师专业素养提升的关键所在。因为一名教师的成长与内部的动机与需求紧密相连。成尚荣曾说："教师发展计划性要与自然发展相结合，做一个有追求的教师，在自然状态促进自己，丰富自己，提升自己"[①]。幼儿园聚焦教师个人发展规划，开展园本研修。依据教师个人的主观需求，能动意识、知识结构、能力发展等，组织教师量身定制个人规划，积极为教师创设平台，外部走出去让教师拓宽视野；内部评比展示激发教师智慧。同时，依据教师的个人需求，为他们创造条件，借助"三项工程"评价体系激发教师内在能量。

幼儿教师专业发展是一个庞大的系统工程，需要幼儿园管理者全情投入，聚心认同，生发教师专业精神，让教师发现教育的温暖与美好；全景植入，慧心融智，生长教师专业智慧，让教师感受专业的幸福与尊重；全神浸入，暖心赋能，生成教师专业能力，让教师享受生活的诗意与烂漫，使教师获得尊重、实现价值、健康心灵，使幼儿园友爱、温暖、接纳、开放的团队之花永远鲜艳

---

① 成尚荣.名师基质 [M].上海：华东师范大学出版社，2018.

明亮，促进教师专业思想、专业知识和专业能力等方面大幅度提升，为提升幼儿园教育质量，促进学前教育高质量内涵式发展贡献力量。

【作者简介】胡惠娟，海盐县陌桑幼儿园园长。

# 向阳追梦营：
# 新进教师"四力并举"研训实践

黄华芳

## 【导言】

"向阳追梦营"立足校情、立足教师、立足问题，围绕职业追求、专业积淀、教育教学成长、科研思辨四大领域开展新进教师的校本研训。在团队破冰中，追"文化聚合力"之梦；在锤炼专业中，追"职业竞争力"之梦；在精研课堂中，追"岗位自信力"之梦；在思辨教学中，追"教育科研力"之梦，四力并举式地提升其师者素养、学习素养、实践能力、研究能力，实现研训的高品质发展。

教师是立教之本、兴教之源。习近平总书记在主持中共中央政治局第五次集体学习时强调："强教必先强师。要把加强教师队伍建设作为建设教育强国最重要的基础工作来抓，健全中国特色教师教育体系，大力培养造就一支师德高尚、业务精湛、结构合理、充满活力的高素质专业化教师队伍"[①]。加强新时代教师队伍建设，为培养德智体美劳全面发展的社会主义建设者和接班人提供支撑，是新时代党和国家赋予我们的使命。教师发展也是学校教育的基石，加强教师

---

① 习近平在中共中央政治局第五次集体学习时强调加快建设教育强国为中华民族伟大复兴提供有力支撑［EB/OL］.（2023-05-29）［2023-07-28］.http：//www.moe.gov.cn/jyb_xw 钓/s6052/moe_838/202305/ t20230529_1061907.html.

职前培训和职后培养，促进教师专业发展，也是学校发展的根本需求。近几年，随着学校规模的急速扩大，教师数逐年攀高。向阳教育五校区已有四百多名教师，且以每年 30 余名的速度不断增加，其中有新入职教师，也有通过竞聘调入的县内外骨干教师。他们怀揣着对教师职业的情怀及对向阳教育的憧憬加入向阳大家庭，可以说是追着教育梦、向阳梦而来。如何落实党和国家对学校教育的期待，如何让这些教师以最快的速度、最稳的步伐融入学校文化，踩稳向阳的工作节奏都是值得我们思考的问题。为此，学校与时俱进，在已有的校本研训基础上，为新招聘、新调入的教师搭建了"向阳追梦营"，主要围绕职业追求、专业积淀、教育教学成长和科研思辨四大领域定期开展研训活动，在形成向阳文化共识的基础上，循序渐进地提升学员的师者素养、学习素养、实践能力、研究能力，实现其专业发展、主体发展和自由发展。

## 一、团建破冰：追"文化聚合力"之梦

管理学家罗伯·戈夫加雷思·琼斯认为："文化就是社群，是人与人相互建立关系的产物。"学校文化是一所学校的办学灵魂，反映了学校的核心价值观和教育目标，指引着教育教学工作的方向。每一位新进教师在进入向阳初期，都需要快速了解并认同向阳教育"全人浸润　慧见未来"理念下的特色办学文化。这有助于新进教师快速融入学校的教育团队，与其他教师建立共同的目标和价值观，从而更好地与团队开展合作，提供高质量的教育。基于此，学校一般在教师新学年报到之前，安排二至三天的集中研训。其研训路径一般为：

### （一）破冰组团，认识彼此

破冰是团建的组成部分，也是首要环节。全体新进教师分成若干组，由校级领导各带一组，进行破冰行动、推荐组长、绘制队旗，阐释对学校办学文化的见解。学员在愉悦的氛围中互相认识，在团队设计队徽、绘制队旗的过程中碰撞出思维火花，在团队展示中带着对向阳教育的认同和期许，阐释对"全人

浸润　慧见未来"办学文化的独到见解。

### （二）名师主导，高位引领

一个卓越的教师团队，才能积淀优秀的学校文化，才能造就更多的优秀教师。向阳小学之所以成为家长眼中、社会口中值得信赖的学校，与学校专业优秀的教学团队、严谨细致的工作态度、和谐融洽的科研氛围息息相关。在研训时，学校邀请市、县级名师及优秀教师授课，从不同方面展现学校特色与要求：有向阳特色办学文化的深入解读，有教学常规工作具体实施的专业指导，有学校德育工作与班级管理常规的具体要求，还有经验丰富的优秀教师通过实例引领指点。在名师的高位引领下，学员们能够置身于和谐融洽的教研氛围中，有助于迅速融入教研团体。

### （三）主题聚焦，情境思辨

在研训时，除名师主导的讲座外，还安排小组合作研讨，包括教育教学情景模拟、现场思辨问答等环节。学员们围绕教育教学、班级管理、学生成长等主题，分组深入研讨，共同提升。以教育教学实践力团建活动为例，主要过程是：

1. 现场抽题，确定题目。教务处和德育处针对教师日常教育教学中经常遇到的问题，各自准备情境主题题目。各组抽取题目后共同商议确定现场模拟和阐述题。

2. 团队合作，寻找策略。各组进行卷入式研讨，寻找解决问题的策略及依据。有的学员化身资深班主任，对孩子循循善诱，借用各种方法建立良好的家校沟通；有的学员化身家长，从家长角度思考问题；有的学员化身学生，深入剖析学生心理。学员们将名师讲座中的教育教学理论联系到实际，用语言及行动阐释了教育是一场温暖的修行，是用生命温暖生命的过程。

3. 情境展示，专家引领。各小组采用情景模拟的形式对所遇德育或教学问题进行展示，呈现集体智慧、团队合作的结晶。校内精英骨干教师现场助力，或融入团队帮助分析，或点评讲解指出关键，倾囊相授，毫无保留。

### （四）一日一得，研训留痕

在学校文化浸润、专家引路、情景模拟点评等环节中，每日每位学员选择印象最深的、感触最大的、共鸣感最强的一个点形成个人感受，通过"研训钉钉群"记录研训心得。

### （五）多元展示，分享收获

一场好的研训就是一场思维的突围，一次生命的唤醒，一次灵魂的洗涤。学校通过微信推送研训心得，并在全体教师大会上安排展示亮相环节。学员们以团队上台介绍自己、展示才艺，通过向阳文化的浸润，在头脑里形成向阳思维，在行动上探索向阳新招，更快地融入向阳团队。

## 二、锤炼专业：追"职业竞争力"之梦

锤炼教师过硬的专业能力，应将阅读与实践融为一体，将理论联系实际，获得教师职业的竞争力。为此，"追梦成长营"采用"集中＋自主""线上＋线下"相结合的方式开展系列化的专业锤炼类研训。以"阅读悦享型"研训为例，其路径一般为：

### （一）推荐好书，自主阅读

阅读是知识获取的主要途径之一。假期里，学校分别推荐学员自主阅读《写作并非难事》《重新认识课堂》等书籍，指明假期自主研修的方向，便于学员们开启自读模式。

### （二）思考心得，即时留痕

学校充分利用学员钉钉群，设立了自主阅读专属分享单，为学员们在"云上"实时分享阅读心得提供了平台。学员们或分享书中有共鸣的内容，或结合个人专业成长谈收获，或结合教学进行自我反思等，促使学员们从不同的学科中汲取相通的方法，使之内化，共同奋进。

**（三）系统思考，研训提炼**

每一位学员结合阅读心得撰写读书笔记，记录好书带来的启发与成长。学校还组织了部分名优教师进行匿名打分，同时选择读书笔记中具有代表性的经验开展线下集中或分组研训。学员们或深度会谈，或轮流主持，或故事分享，或头脑风暴，了解最新的教育研究、教学资源和教学策略，不断学习、成长和提高阅读质量。

教师专业发展不是一蹴而就的，它是一个由量变到质变的逐步积累、厚积薄发的过程。因此，除了共性化的阅读研训之外，"向阳追梦营"还针对不同学科教师开展专业化的、针对性的引领。各学员在分管领导的引领下分组学习蓄力，相互促进与融合，赋予职业竞争力。

## 三、精研课堂：追"岗位自信力"之梦

教师专业是知识、技能和情感的统一体，而教学技能是教育教学得以实现的基础。可以说教师的自信，在于讲台，在于课堂。"向阳追梦营"聚焦课堂，主要采用"课例研磨型"的研训模式，在精研课堂的过程中，领悟"生态开放，全科浸润，主体凸显，差异发展"的课堂特质，赋予学员教学实践能力，实现岗位自信。课堂教学研训的一般路径为：

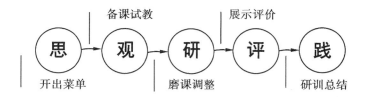

**图 1 "课例研磨型"研训一般流程**

在此基础上，针对不同教学基础的学员形成个性化的研磨路径，促使青年教师快速适应，加快成长；骨干教师不断积累，稳步发展；名优教师不断创新，辐射引领。以三年内学员的教学研磨路径为例：

## （一）明确主题，师徒探讨

学员们在导师的协助下选择好课例，找准课堂定位，初定教学目标。对于较难把握的教学重难点，进行重点探讨。在大量学习的基础上，学员自主备课，形成初稿。导师和学员面对面针对初稿进行第一次研磨，形成初步流程，并对疑点进行标注，以备实践验证。

## （二）组内研训，剖析提升

教学实践"是透过现象看本质的过程，旨在追根溯源，在分析中理解与质疑，最终修矫与丰盈自己的课堂教学理念和行为"。我们经常在学科组内围绕"如何上好一节"课展开研磨。学员进行初次试教，呈现教案全貌，组员以圆桌式会议的形式，剖析课堂生成情况，大到一个环节，小到一句话，帮助学员在实践中反思，在研磨中提升。在这过程中，学员会有从迷茫到清晰的过程，也可能会产生新的困惑点，需要继续研磨突破。

## （三）试教研磨，聚焦优化

学员在导师和学科组老师的团队助力下，再次备课调整，再次试教研磨。这一阶段重在磨教学细节，比如问题的指向性能否更明确，环节的衔接处能否更自然，课堂的生成如何捕捉利用等，以期精益求精，不断优化教学预案，展现个人教学主张。

## （四）研训展示，多元评价

在学校的统筹安排下，进行青年教师课堂教学展示活动，学员同台竞技、展示亮相。这样的做法，能够使教师在展示个人教学素养的同时，体现各自的教学特色：有的设计新颖，充满趣味；有的节奏鲜明，语言灵动；有的巧抓资源，精彩生成。

## （五）研训回眸，总结反思

课堂研训是为了在实践与反思中解构表象，挖掘本质，改善自己的教育行为。课后开展课堂教学专题研训，开课学员说课反思，其他学员换位思考，以"如果我来上"进行评课，导师作课堂小结引领，实现全员卷入式研训，帮助学员在反思中不断成长。

## 四、思辨教学：追"教育科研力"之梦

教育科研能力可以帮助教师更好地理解教育理论和实践，并将其应用于教学中。通过教育科研，教师可以评估和改进自己的教学方法，了解学生的学习需求和特点，不断提升自己的教学水平，为学生提供更好的教育服务。因此，学员们在实现追梦专业和追梦课堂之后，需要将大量的实践内化为反思力，凝练为理论，实现教育教学与科研的同步增量。"向阳追梦营"抓住"课题专题月""论文专题月"契机，通过多渠道、多方位展开专家引领、导师同行、学员探讨下的科研思辨，提升教育科研力。以课题方案撰写的研磨过程为例，其研训路径一般为：

### （一）自主学习，形成提纲

学员们在前期学习的基础上，关注一个问题，并通过分析问题背后深层次的原因凝练选题，将课题中最重要、最具创造性的内容进行梳理，初步形成条框提纲或初稿。在此期间，也可以先将个人设想与学科分管领导或教科研负责人进行沟通，避免走弯路。

### （二）集中研训，论证学习

在集中研训时，除了邀请本校教科研专家，学校一般还会邀请市县级教科研专家亲临指导，细谈课题的"形与神"，共寻方案的"术与道"，并结合部分教师的课题提纲或初稿进行点评并提出修改意见。通过专家细致入微地讲解，专业深度地引领，帮助学员更好地针对选题开展研究工作。

### （三）分组研讨，专项诊断

集中研训后，各学员在各学科分管领导的组织下进行分组研训，对课题作细致诊断，论证其科学性、价值度。学员们介绍课题内容和困惑，小组成员间

展开思维碰撞；分管领导从方案标题的拟定、板块的安排、内容的细节等方面提出修改意见，帮助学员解决困惑、找准方向、抓住重点、理清思路。

**（四）自主修改，提升完善**

思考、钻研是教师科研之路的必经阶段。学员们在听取分管领导的建议后，或继续修改方案，或推翻重来，或精益求精，在不断地学习、实践、思辨、交流中相互学习，共促提高，最终形成较为规范、成熟的方案。

**（五）深耕积累，回顾分析**

每一次专业领域的洗礼都是一次智慧的生成，都是一次钻研能力的提升。学员们在经历科研的全过程中收获满满，能量无限。学校在学期或学年末开展研训总结或 TED 演讲，又为学员提供了交流分享的机会，见证了学员不懈努力的丰硕成果。

"向阳追梦营"立足校情、立足教师、立足问题，以"建梯队、重成长、同增值"为核心理念，搭建了一系列的研训平台，主抓教师的专业发展，并与系列化的、多形式的阅读活动、磨课活动、科研活动等整合融通，研训课程更缜密，研训路径更完善，很大程度上超越了传统校本研训模式的束缚，符合向阳教师专业成长的内在需要。通过几年的创新实践，"向阳追梦营"激活了教师的职业和生命状态，优化了教师的梯队发展，真正让每一位教师的潜能得到自由、充分、全面的发展，将向阳梦、教师梦、专业梦、科研梦变成美好现实，培育出了一位位教育强手、教学能手、育德巧手、课程高手、科研推手，也推动了学校在教师培养方面走出属于自己的品牌之路，实现了学校教师研训的特色、全面、优质、高效发展。

【作者简介】黄华芳，海盐县向阳小学教育集团校务办主任。

# 三位三度：农村小学"新优质学校"创建的探索之路

王利平

## 【导言】

打造具有较高办学品质、彰显学校办学特色的"新优质学校"是促进区域教育优质均衡发展、加快推进教育现代化进程的重要举措。近年来，海盐县百步小学从"新优质学校"的特质入手，立足学校实际，从立足本位、精准定位、打通穴位三个方面提升"新优质学校"创建的温度、深度和效度，对"新优质学校"建设进行了有益的尝试与实践，把准创建的重要"点"为主要途径，从而统揽学校建设的全局，形成了一定的实践经验。

习近平总书记在十九大报告中提出"优先发展教育事业"。"努力让每个孩子都能享有公平而有质量的教育"是教育事业优先发展的着力点，也是坚持以人民为中心，实现"幼有所育、学有所教"的必然要求①。党的二十大报告中再次从"实施科教兴国战略，强化现代化建设人才支撑"的高度对"办好人民满意的教育"做出专门部署。坚持以人民为中心发展教育，把全体人民的利益放在首位，切实解决好教育公平、质量和服务民生问题，办好人民满意的教育，

---

① 习近平：决胜全面建成小康社会 夺取新时代中国特色社会主义伟大胜利——在中国共产党第十九次全国代表大会上的报告 [EB/0L]．（2017-10-27）[2024-11-13].https://www.gov.cn/zhuanti/2017-10/27/content 5234876.htm．

是新时代党和国家对教育提出的要求与期盼。如何才能让人民满意，体现公平，办好老百姓家门口的学校，是每个教育工作者必须面对和思考的问题①。2018年嘉兴市教育局开始在全市范围内实施义务教育"新优质学校"培育工作，海盐县百步小学（以下简称百步小学）2019年申报成为培育单位。几年来，百步小学在"古长水畔，教育行吟"学校精神和"让每一个生命得到充分发展"办学理念的引领下，结合自身优势，通过"三位三度"改革探索，走出了一条农村小学"新优质学校"创建的探索之路。

## 一、"新优质学校"的特质

"新优质学校"是一个相对概念，也是描述性概念，在国外也被称作"磁石学校""灯塔学校"或"蓝带学校"。"新优质学校"有别于"优质学校"，其建设是优质学校建设的拓展延伸，它不再把学业成绩、分数排名作为衡量学校优质与否的唯一标准，取而代之的是回归教育的原点——真正关注到人的发展，关注如何让教育过程更丰富、师生关系更和谐、更加充分地满足多样化学习的需求。"新优质学校"的核心追求就是实现教育的育人功能，可分解为四个指标，即依法全纳、回归本原、积极探索和百姓满意。

"新优质学校"的"新"主要体现在基础教育课程改革的大背景下，不断更新和传递新的教育理念，树立新的教育价值观和评价观，即在关注人的发展的前提下，关注每一所学校的进步与发展，关注每一名学生的进步与成长。这就要求我们必须树立发展的价值导向，树立发展的动态评价标杆，探索每个学生、每所学校发展进步的新路径、新策略和新方法。

---

① 习近平：高举中国特色社会主义伟大旗帜 为全面建设社会主义现代化国家而团结奋斗——在中国共产党第二十次全国代表大会上的报告 [EB/0L].（2022-10-25）[2024-05-22].https://www.gov.cn/xinwen/2022/10/25/content 5721685.htm.

## 二、学校发展中的困惑

百步小学是一所典型的农村小学，地处县域外围，已有 115 年的历史。学校本土教育资源丰富，在学校发展的过程中也逐渐形成具有乡土特色的学校课程。在"城乡共同体"建设的大背景中，百步小学的地理位置、学校环境、师资等方面都有一定的优势，但也存在一定的困惑。

一是学校文化发展内涵不足。百步小学虽然是一所百年老校，但是由于几经校址搬迁，能够留存下来的可以传承的学校文化不足，学校内涵提升存在困难。从学校理念来看，原有的校训"百尺竿头更进一步"仅仅把校名进行简单拆分，并没有深入"核心"去挖掘学校本地资源、考证办学历程和提炼符合新时代的文化内涵，无法反映新时代校园人文精神。

二是学校整体发展面临瓶颈。随着时代的不断进步，学校的改革与发展也要与时俱进。然而，百步小学在发展中遇到了一些问题，面临发展的瓶颈问题。百步小学地处两县市的交汇地段，由于地理位置的特殊性，百步小学与县城发展较好的兄弟学校的交流与合作机会较少，导致学校无法及时了解到其他学校的教育经验和最新发展动态，限制了学校的发展和改进空间。加上前文提到的没有充分挖掘百步小学本土特色的问题，导致学校办学特色不够鲜明，校园品质彰显不足。

三是师生素养发展出现停滞。教师方面，百步小学教师资源较丰富，但近几年新教师加入数量较少。中、老年教师数量较多带来的最大问题是：这些教师基本完成了中级职称的评定，对于自己专业成长的要求不高，并且固守原有的教育教学方法，不敢尝试新的教学改革，致使教师专业发展停滞，教师队伍的梯队建设成效不明显。学生方面，百步小学学生大部分为新居民子女，存在学习方法不适应、学习习惯出现差异、家庭教育支持不足等问题，导致学生素养发展上存在一定的困难。这些师生素养发展中出现的问题成为阻碍百步小学改革的另一个重要原因。

## 三、三位三度："新优质学校"创建策略

办学理念与学校文化是学校发展的重要基石，它对学校的定位、教育质量、师资队伍建设、学生发展和校园文化建设等方面都具有重要的影响。明确、积极的办学理念与学校文化能够为学校提供发展的动力和方向，推动学校不断进步和提升。因此，将自身特色和办学优势铸成学校品牌，构建特色明显的学校文化体系，进而推进全面素质教育，成为区域内具有一定影响力的、能起到辐射示范作用的学校是百步小学解决现实问题、创建新优质学校的重要工作。

**（一）立足本位：提升"新优质学校"创建温度**

学校文化是一所学校在长期教育教学实践中积累、积淀而成的，全体成员所共同遵循的价值观念、行为准则等，这些元素的组合共同呈现出一所学校的精神风貌。建设有温度的校园文化是推进学校和谐稳定发展的重要载体。

1.温暖的物态文化

和谐优雅的校园环境有利于学生身心健康成长，也有利于愉悦教职工的身心。百步小学秉持"让每一面墙壁都说话，让每一个角落都育人"的原则，以校园看得见的广场、过道、楼梯、田径场等为载体，积极建设物态文化。学校的三幢教学楼由南至北依次为求真楼、启智楼和尚德楼，喻义百步小学师生求真向善、启迪智慧：求真楼墙面文化布置以劳动教育与艺术教育为重点，精心挑选近年来学生参与相关活动和比赛的照片，以主题的形式呈现；启智楼以学业水平为重点，撷取陶行知的教育思想并以学生喜闻乐见的形式呈现；尚德楼以品德教育为重点，以"清廉""感恩"等主题分版块呈现。学校的田径场墙面文化以学校特色足球文化为主。百步小学的校园文化创建实现了育人于无痕，诲人于深处，增添了文化的感染力和学校的凝聚力。

2.温馨的精神文化

校园精神文化是学校文化的核心，它决定着学校发展的后劲和高度。健康温馨的精神文化有利于形成良好的教风、学风和校风，调动全体师生的积极性，

从而提升学校的办学内涵，帮助学校取得更丰硕的成果。"悠悠长水，沃腴地利；彭彭百步，应顺天常。重教化而淳风俗，赖贤能而兴梓桑……"是学校在原有的学校文化基础上，充分挖掘学校办学历史，结合学校文化、学校发展、学生特色等创作的《百步小学赋》。这是学校的一个文化点，通过引导学生吟唱，能够将学校文化以另一种形式融入学生内心。同时，学校根据时代发展的特点，采用"金点子"征集的方式重新修改办学精神、校训、校风、教风等文化内容，设计成颜色鲜艳、画面灵动的专栏张贴于学校醒目的地方，供全校师生浏览阅读，让师生真正从内涵的角度去体会学校的办学初衷。

### 3.温情的制度文化

学校制度文化是维护学校秩序，促进持续发展的重要保障。学校制度不是一成不变的，它需要充分发扬民主，注重可行性和合理性，根据实际不断修订完善，真正起到规范、促进学校工作的作用。学校立足原有制度，根据教师们的合理建议，探索符合时代发展的制度文化。以教育科研奖励制度为例，学校为了更好地调动教师参与教育科研的热情，提高教育科研的研究水平，从过程性和奖励性两方面完善了制度，并在教代会上通过。新奖励制度在提高奖励金额的同时，更注重以学生发展为本，更注重研究的真实性。这项制度出台以后有效地提升了教师的研究热情与研究能力，在县级以上科研成果评比中屡创新高。

### （二）精准定位：挖掘"新优质学校"创建深度

办学理念是学校的灵魂，关系学校的整体变革，而学校办学亮点的生长领域在于课程，只有形成系列的受学生喜欢的课程，办学理念才能生根发芽。百步小学课程改革关注品德表现、学业水平、运动健康、艺术素养、劳动与实践，从基础性和拓展性两方面持续完善，建立了"行吟课程"体系。

### 1.基础性课程，让学生全面成长

基础性课程包括国家课程和地方课程，百步小学在开齐开足课程的同时，依据《义务教育课程方案》（2022年版），积极转变教师观念，探索五育融合，致力于培养德智体美劳全面发展的有理想、有本领、有担当的时代新人。

以文化课程为例，为切实减轻学生负担，提高学生学习兴趣，学校一是严控作业总量关，形成了"教师平台申报——分管领导筛选审核——文印室印刷"的油印流程，实行"作业时长"登记制度，由班主任负责"控好量"，年级组长"把好关"；二是严把作业设计关。学校以教研组为单位进行有关"作业"的教学行动改进，由组长牵头，以年级为单位展开研究。通过对资料的选择、改编、自编等方式，提升了教师的命题能力，有利于教师更好地促进学生成长。

2. 拓展性课程，让学生个性成长

小学生的学习往往充满着童趣，洋溢着童心。学校在做好对学生兴趣爱好、个性特长摸底调研工作的基础上，充分发挥教师、家长、社区工作者等优质资源，真正以学生生命成长、个性潜能激发为目标，构建了多样丰富且受学生喜爱的课程，主要包括：

一是知识拓展类课程群，培养求知的热情。学校开设了阅读写作、数学思维、科学探究、英语故事等 11 个知识类的拓展课程，供不同兴趣特长的学生进行多元选择。这些课程围绕新课程标准，兼顾学科核心素养，为学生拓宽视野提供帮助。以科学探究课程实施为例，除了每周固定上课时间以外，学校还将其与科技节和科学家进校园等活动进行统整，给学生搭建多元学习与展示的平台，进一步培养探究的兴趣。

二是体艺特长类课程群，培养体艺的兴趣。学校注重体育、艺术特长生的培养，结合本土传统文化、校内资源和空间，开发了《快乐篮球》《飞扬绿茵场》《童心数绘》《小百灵》和《飞天舞社》等拓展性课程。为了顺应学生主体发展需求，通过特长教师引领，团队研讨探索，实施多元评价等策略，逐步促进个性化、精品化课程的形成。比如随着《飞扬绿茵场》足球课程的推进，学生足球素养显著提升，在"市长杯"足球赛中屡获佳绩，学校也因此被评为全国青少年足球特色学校。

三是实践活动类课程群，培养实践的能力。学校坚持教育与劳动、教育与实践相结合，充分发挥实践活动类课程在立德树人、五育并举中的重要作用，开发了《盐邑遗风》《快乐小农夫》《躬耕东篱园》《悠悠长水等》实践活动类课程。以《小眼看家乡》研学课程为例，学校从当地丰富的研学资源出发，设计研学路线，以"爱国教育""科技创新""劳动教育"和"传统文化"为研学主题，设计四条"走进家乡"研学线路，带领不同的年级开展研学之旅，逐步形成以百步镇为核心区的研学圈，在开阔眼界、锻炼能力的同时进行乡土文化教育，促使学生关注自己脚下的土地，培养对家乡的认同感和自豪感。

### （三）打通穴位：增加"新优质学校"创建效度

教师是教育的第一资源，是建设高质量教育体系、实施高质量教育的根本力量。新优质学校创建的关键在调动教师工作的积极性，因此学校以校本研训、教学常规和课堂教学作为学校教育教学的三项重点工程，打通教师发展的关键"穴位"，促进教师的立体化成长，实现学校的内涵式发展。

1．"主题化"校本研训促学习

校本研修在改进教师教育教学观念、方式方法和手段等方面显示出很强的生命力，能够有效提升教师实施新课程的能力，是教师成长最有效的路径。百步小学从实际出发，把"校本研训"作为学校发展和提升教师队伍整体素质的主要途径，提出了"主题化"校本研训模式，要求各组研究问题要结合教育教学实际，切口要小，价值要大。同时要求各组学习新课标理念，转变教师的教学观念，并逐步落实到教学实践中去。通过研究，在一定程度上改变了过去经验式的教学方法和模式，能够有效提升教师专业素养。

2．"五认真"工作检查促反思

学校每学期对每位教师的"五认真"工作进行两次小检查，两次大检查。两次小检查放在教研组内完成，两次大检查分别放在期中和期末，由教务处和各教研组长共同完成。在此基础上，开展三级质量分析制。一是教导处在全体教师大会上做整体分析；二是教研组在组内进行横向分析；三是教师针对自身教育情况，结合实际做个人分析。通过从各个层面剖析，查找原因，寻找差距，为下阶段的教学工作提供参考。

3．"四课型"汇报展示促成长

课堂教师教育教学工作的主阵地，为了抓好主阵地，百步小学开创了"四课型"课程，旨在加强骨干教师、青年教师的培养，提升教师"常态课堂"的教学效率。

一是名优教师引领课。授课教师教学理念先进，善于激发学生兴趣和激活学生思维。每人每学期执教一节"名优教师引领课"，发挥骨干优秀教师"传、帮、带"的作用；二是轮岗教师展示课。每年都有县城的教师到百步小学进行轮岗支教，他们不仅教学方法新颖，而且在专业方面有自己独到的见解，能够有效促进教师提升专业水平；三是资深教师拿手课。资深教师工作态度认真，工作经验丰富，在他们身上，教师们可以汲取很多宝贵的教学财富；四是青年教师汇报课。青年教师在汇报展示过程中，能够总结经验，发现不足，促进自身专业成长。

农村"新优质学校"创建是一项庞大的系统工程，"新优质学校"建设是学习之旅，更是成长之旅。正是怀着对教育的情怀，对工作的责任，对孩子的用心，百步小学持续关注教育教学重点问题并不断改进。也正是因为将目标明确指向学生需求，学校才形成了新样态，才能使"新优质学校"成为百步小学学生幸福成长的环境，开创师生稳步发展的新局面。

## 参考文献

［1］嵇丽莹．新优质学校建设的几点思考［J］．大连教育学院学报，2014，30（04）：8-10.

［2］蔡歆．组织学习：新优质学校建设的行动机理与实践策略［J］．中国教育学刊，2020（09）：60-65.

［3］胡兴宏．"新优质学校"新在哪里［J］．上海教育科研，2013（01）：1.

［4］胡兴宏．"新优质学校"追求什么［J］．上海教育科研，2015（03）：5-6.

［5］张民生．学习"新优质"，创新"新优质"［J］．上海教育，2012（10）：

65.

［6］杨四耕．"新优质"的"样子"［J］．上海教育，2012（10）：46-47.

［7］沈玉顺．学校改进动力机制的建构与优化［J］．上海教育科研，2011（11）：45-48.

［8］王丽华．薄弱学校改进的个案研究［J］．教育发展研究，2007（20）：33-37.

［9］章华忠．如何走向新优质学校——常州市武进区淹城初级中学创建纪实［J］．华人时刊（校长），2021（09）：33-34.

［10］新优质学校和特色学校发展创建［C］// 高天信．庐江年鉴．北京：北京时代华文书局，2019：266.

【作者简介】王利平，浙江省海盐县百步小学党支部书记、校长。

# 从"新优质"走向"现代化"的学校治理之道

沈利娟

## 【导言】

"现代化学校"建设是教育信息化时代背景下学校变革的诉求，也是提升教育教学质量、推进学校数字化改革、培养新时代创新型人才的切实需求。基于学校实际，从共同愿景出发，从学校文化内涵、顶层设计、管理方式、课程架构、师生成长等方面探索现代化学校的治理之道，能够为学校后期现代化学校创建提供理论与解决路径，对促进学校现代化发展具有重要意义。

现代化学校是现代化教育的重要落脚点，是实施教育现代化战略和实现"两个率先"的重要基础。为了深入贯彻落实全国、全省教育大会精神和浙江省"两个高水平"建设对教育提出的新要求[①]，我省现代化学校督导评估工作于2020年起启动。笔者所在的海盐县实验中学作为区域内窗口学校，2021年被评为市新优质学校，在新一轮现代化学校创建中也占有一席之地。学校将"品质成就未来"作为校园文化灵魂，以现代化学校创建为契机，开辟学校跨越式发展之路。学校始终坚持"让每一颗实验种子都能品质生长"的办学理念，将校园文化与智慧教育特色有机融合，以文化人，用心育人，希望以此点燃学校师生内生性成长动力，同心共进，打造现代化学校内涵高地、品质高地，让每一个学生都

---

① 浙江省教育厅.浙江省教育厅浙江省人民政府教育督导委员会办公室关于开展浙江省现代化学校督导评估工作的通知［EB/OL］.（2020-04-14）［2023-07-21］.http://jyt.zj.gov.cn/art/2020/4/14/art_1532973_42574733.html?eqid=be6eab4f000934c60000000464798957

爱学乐学，快乐成长，让每一位教师都爱教乐教，闪烁可持续发展之光。

# 一、打造"品质"校园，现代化学校的文化融合之道

2014 年，学校在原有办学思想的基础上提炼出"品质成就未来"的办学宗旨，并在"品质"理念引领下完善校园文化建设，深入推进学校教育综合体制改革，提升教育质量，助力现代化学校创建。

## （一）"品质"文化的核心内涵

追求高品质校园文化是每个学校勠力追寻的方向。学校文化核心理念是"品质"。品质包含二层意思：品格和优质。品格即品格高尚，品格高尚代表着诚信感恩、忠诚尽责。我们的教育目标是培养师生的责任感，将传统美德转化为他们的自觉行动，以此推动他们品格的健康发展。业绩优质即智慧高效、健康持续。教师作为推动教育改革和发展的主力，应该不断提高教学质量，创造出优秀的教学效果，培养出高品质的人才。这不仅是教师需要深入讨论和思考的重要话题，也是教育者的终极追求和奋斗目标。因此我们的教育实际上是要不断提升学校品质，培养品格高尚、学业优质、教学优质、办学优质的面向未来的师生团队，成就他们的未来，实现他们的人生价值。

## （二）"品质"文化的顶层架构

为了使"品质"文化落地生根，学校构建了"品质"文化的顶层架构，详见图 1。学校品质文化包含三个层面，即学校品质、教师品质和学生品质。学校品质包括智慧教学、智慧管理和智慧德育，智慧德育是指秉持内涵式发展和以人为本的价值取向，践行五育融合，开发与实施校本课程，实现文化的传承与创新，培养高品质的人。智慧德育以智慧教学为基础，而智慧教学离不开现代、优良、高效和以人为本的智慧管理。教师品质包括合作、精业和高效，要求教师树立可持续发展观，提高教育教学效率，培养学生自主追求幸福的能力。学生品质包括诚信、感恩和智慧，学校秉持引人向善的原则，期望把学生培养

成具有独立性、自主性和创新性的有个性、有品位的人。

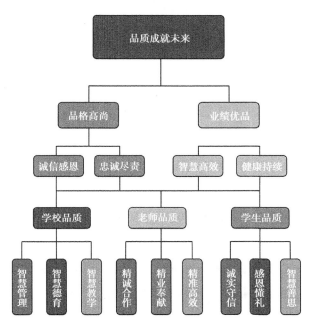

**图 1 学校品质就未来顶层架构**

## 二、践行"品质"管理，现代化学校的纵深治理之道

以人为本的"品质"管理是提升学校办学品位的必经之路，也是提高教育教学质量的关键所在。为了强化行政管理人员的工作责任心，做到管理上用心、策划上精心、工作上细心、决策上创新，学校建立了民主、科学、规范的管理制度，打造了一支能力过硬，执行高效的管理团队，纵深结合共同推进现代化学校创建。

### （一）建立"金字塔式"管理制度

学校管理制度是集体智慧的结晶。首先，学校制度的生成充分体现"草根意识"，强调民主意识，来源于民、用之于民，具有一定的可操作性。其次，学校制度的生成要秉持合理合法原则。制度的合理合法性主要表现为符合教育发展的客观规律，体现人本理念，人性化管理，实现依法治校。再次，学校制度也要优质生成，高品质的制度应该与学校的精神价值一致，体现出制度的先进性，各项制度要互相支撑和衔接、和谐一致，保证学校决策透明、行动无误、校务公开、依法治校。基于此，构建一个凸显本校特色、体现校本意识的科学、规范、高效、优质、完整的组织管理系统和制度体系，使"依法治校"深入人心，在此基础上形成全员管理、自主管理，促进学校的健康和谐发展，为现代化学校创建奠定基础。

**（二）打造"高执行力"管理团队**

高效的执行力是优质管理制度走向实际的必要保证。学校行政管理团队实践民主型管理模式，各条线岗位职责明确，从校级领导到中层管理者均敢想敢做，有责任、敢担当，自上而下地建立现代化学校管理体系，用行动诠释高执行力管理：一是打造专业型品质管理团队。要求管理团队勤于学习，掌握科学管理方法，践行全新教育理念，争做专家型管理者；二是要求管理团队做到高效协调全方位、无死角管理。提供高品质、精细化服务，踏实笃行，做实干型管理者；三是形成科学高效的精细化管理体系。学校管理要始于精心，行于精细，成于精品，充分彰显管理者责任担当，使管理成为现代化学校创建的重要发力点。

## 三、架构"品质"课程，现代化学校的进阶赋能之道

新课改的核心在于课程改革，课程是学校发展的硬核。只有通过课程才能真正彰显学校的个性与特征，为学生成长、教师成长赋能，为现代化学校创建加分。

**（一）"一体三翼五类"：基于智慧教育的课程体系**

实验中学结合校园数字化的优势，构建智慧教育拓展课程体系，开发和实

施"一体三翼五类"智慧教育拓展课程体系。"一体"以学校的核心理念"智慧教育"为主旨,"三翼"指的是:一翼指向人格成长的"智品德育课程",一翼指向优质教学的"智慧教学课程",一翼指向实践素养的"智趣活动课程"。"五类"分为品格素养课程、思维素养课程、技能素养课程、生活素养和实践素养五个课程类别,构建了有利于学生个性发展和创造力培养的拓展性课程体系。学校通过"智慧教育拓展性课程"学习领域、模块的组合,实现课程结构的整体优化,从而为学生提供更多智慧成长的空间,满足其智慧学习、多元发展的需求,营造出充满生命活力的"智慧大课堂"。

**（二）"素养导向"：基于思维进阶的课程实践**

"品质"课程开发采取民主原则和开放方式,由老师基于学生需要评估和进行资源分析,结合自己的专业特长,按一定的课程编制程序自主开发课程,开发程序如下:一是定题;二是申报;三是审定;四是开课;五是选课;六是上课。与此同时,规范教师课程实施过程,形成系统性强、操作性强的活动课程。教师作为课程编制者、实施者和评价者,具有课程决策权,这种方式有效地提升了教师的教学主动性,使教师展现出很强的热情和创造力。智慧拓展课程的实施过程能够在一定程度上改善教师的知识结构,提升教师研究意识和课程开发的能力。在课程建设活动中,学校致力于打造精品课堂、名师团队,深度优化教师专业素养,孵化区域教学名师。同时智慧拓展课程也为学生提供了个性发展的空间和特长展示的舞台。一方面它可以适应学生的差异化、个性化发展需求,教师作为课程的组织者与指导者,也可以根据学生的需要和发展的可能性,更大程度上实现因材施教。另一方面它对于学生来说是基础性课程的补充,基于生活化、生本化和数字化的课程实施让学生在活动中体验、学习,收获,在实践中体现学生思维的进阶。这种以学生需求为基准,以提升素养为导向的课程开发和开设模式在实践中取得了良好的效果,已经成了学校的一张"金名片"。

## 四、成就"品质"师生，现代化学校的价值追寻之道

师生的健康可持续发展是学校的发展目标。为此学校以现代化学校创建为切入口，积极创造条件，着力打造师生可持续发展的平台，努力让每一颗实验的种子都能"品质"成长。

### （一）"人才为先"打造现代化学校育人共同体

教育是国之大计，教师是学校教育发展不可或缺的资源，学校以教师专业化发展为出发点，以科研型、专家型教师梯队建设为突破口，关注教师教育教学能力、课堂调控能力，教育科研能力，通过"三三三"发展模式，点燃教师学习热情，努力打造一支眼中有光，心中有爱，行动有力的专业育人共同体。

1. 培育"三品"——促进教师梯队化发展

名师创造名校，名校成就名师。学校借助各级各类平台，开展理想信念教育，关注师德师风，着力规范教师教育行为，以爱心、匠心、创新为核心，将学校教师分为"品蕊"教师、"品锐"教师、"品睿"教师三层，确立优先打造"品睿"教师、日常提升"品锐"教师、扎实培养"品蕊"教师的分层培训模式，提升教师职业素养，促进教师梯队化发展。

2. 设置"三单"——开启教师闭环式学习

学校精准设置培训项目，满足教师专业成长需求，提高教书育人的本领。建立"品睿""品锐""品蕊"三层教师培养机制，设置三单开启学习新模式，通过预设"菜单"、培训"订单"、成绩"回单"为不同层次的教师预设教学研究、教育科研、作业设计、跨学科融合等学习"菜单"。学校教科室根据教师差异，要求教师定制个人成长五年发展规划，教师根据个人规划选择个人培训"订单"，进行自适应学习，个性化发展，为教师提供业绩展示、沙龙论坛等平台。教科室还结合教师的周期内学习培训情况给每个老师一份成绩"回单"，反馈教师学习效果。

3. 聚力"三做"——并轨教师专业化通道

如果说科技是第一生产力,那么教科研则是学校进入发展快车道的发动机。就如今的教育走向来看,教科研是教育的生命。学校教科室借力、借智,凝聚多方之力,通过"三做"潜心聚力科研品质提升。一是做团队,即组建一支有思想、有追求、有成果的教科研骨干队伍。二是做精选,即学校邀请专业对课题选题工作进行指导,明晰选题方向、界定课题研究范围,引导教师形成概念清晰、叙述到位的课题主题,提升教师的科研素养,争取获得更多更高级别的课题立项。三是做领航,即在省市级规划课题及学校主导性课题的引领下,开展校级子课题研究,规范课题管理,实施从计划设想到方案制定、从教学实践到反思闭环式流程,做到计划先行,实践加持,收获成长。力求从教师到学生,从课内到课外延伸,从单一学科教学到多维度教育培养育人氛围,助推视野拓展。

**(二)"五育融合"构建现代化全育人新格局**

学校始终牢记教育使命,坚守育人初心,秉承以"以人为本聚合力"的理念,把立德树人放在学校教育的首要位置,将德育融入学校教育的各个环节,厚植土壤,多元赋能,实践德、智、体、美、劳五育融合育人模式,旨在培养具有家国情怀和国际化视野的创新型人才。

1. 以"德"培根,铸人以魂

学校坚持教育立德、习惯养德,活动塑德、全员筑德的德育模式,强化养成教育,大力开展社会主义核心价值观教育,广泛开展"爱国主义教育""规范养成教育""感恩教育"等主题活动,突出政治参与和价值观塑造,创新德育工作的模式和载体,用德育涵养每一位实中学子的赤子情怀,陶冶道德情操。

2. 以"智"固本,育人以灵

学校围绕"智育"谋发展,"素质"求特色,以课堂为主、拓展有度,通过联系学生生活实际,着力培养学生发展性学力和创造性学力。同时,发挥课堂主阵地,开展各类拓展活动,如"三维创意作品大赛""科技创新大赛""创想3D"社团等,挖掘学生潜能,促进学生创造性思维和个性化发展。

**3. 以"美"化人，让人有情**

学校坚持根植传统，融汇古今，面向未来的"全人"美育模式，严格落实音乐、美术、书法等美育主阵地课程，广泛开展校园艺术活动。如"传统文化进校园""家乡名人进课堂""校园文化艺术节""最美班级评选"等各类比赛活动，增强美育熏陶，引领学生发现美、欣赏美、创造美，树立正确的审美观念。

**4. 以"体"强身，教人向上**

学校坚持"健康第一"，扎实做好各项传统体育项目，如冬季晨跑、夏季广播体操和课桌操，每学年的运动会等，确保学生每天锻炼 1 小时，鼓励学生走出教室、走进大自然、走到阳光下，保障学生充足睡眠，做好近视防控。学校打造了各类特色体育项目，开展跑操、功夫扇等比赛。促使学生强健体魄的同时，塑造体育精神，培养健康、阳光、向上的新时代好少年。

**5. 以"劳"夯基，培育尊严**

学校将劳动教育纳入全面培养的教育体系，学校围绕"生命、生活、生态"的"三生"理念，整合学校、家庭、社会力量拓宽劳动教育的内容和途径。通过在"蔬菜种植园"呵护"生命"的成长；通过参加"校外劳动基地研学""家庭家务体验等"落实劳动清单，体会劳动创造"生活"；通过"垃圾分类""光盘行动"等倡导劳动改善"生态"，最终培养学生热爱劳动、珍爱生命、热爱生活。

学校的发展是时代诉求，更是示范性和教育改革的领导力和执行力体现，海盐县实验中学创建现代化学校的需求，既遵循了教育发展一般规律，也推动了学校新一轮的教育改革创新。

人工智能时代的到来，改变了教与学的方式；国家"双减"政策的落地，改变了教与学时空；教育新基建的提出，改变了教与学的维度；新校区的启用，缓解了区域教育供给。二十年时间，学校用硬核的教育质量充实了海盐优质教育的版图。下一步，学校将以新优质学校为起点，全面提升教育教学质量，全力打通学校内生性成长驱动链，对"现代化学校"建设的理论探索和实际应用进行不断深化，融品质、创未来，构建现代化全育人新格局，让学校成为学生成长的乐园、成人的阶梯、放飞梦想的启航之地，让学校成为教师发展的基石，成就各类名师。

## 参考文献

〔1〕褚宏启.教育现代化的性质与分析框架〔J〕.高等师范教育研究，1998（03）：9-13+35.

〔2〕何传启.中国现代化研究〔M〕.北京：中国科学院出版社，2015.

〔3〕褚宏启.教育现代化的路径〔M〕.北京：教育科学出版社，2000.

【作者简介】沈利娟，海盐县实验中学教育集团教师。

# 指向深度学习的高中作业管理路径研究

杨伟民　　胡日武

## 【导言】

作业是教师教学活动的重要环节，对高中作业问题进行研究有助于解决现实问题，促进高中教育课程改革深度发展。为更好地适应"新课程、新教材、新高考"，更有利于培养全面发展的学生，海盐高级中学从作业管理的角度入手，以深度学习为方向引领，从长度、深度、广度增值的基本策略出发，改善过程化作业，改进个性化作业，改革任务化作业，以达到"减负增效"的行动目标，实现育人价值的真实落地。

作业是课堂教学的准备、延续和补充，是教师教学活动的一个重要环节，又是培养学生良好学习习惯、促进个性发展的重要途径，适时、适量、合理的作业设计有利于巩固所学的知识、训练技能、培养能力，发展思维[①]。纵观国内外作业研究现状，研究者多数从某一学科的角度对作业管理进行研究，但少有研究从深度学习的视角对作业管理进行全面系统深入的研究，因此对高中作业问题进行深入研究和探索，是在浙江省"三新"背景之下，解决现实问题，促进高中教育课程改革向深度发展的重要举措。海盐高级中学在创建浙江省现代化学校的过程当中，一直以来高度关注作业问题，并且基于现实展开实践研究，

---

① 王丹. 优化作业管理提高教学质量——珲春 A 高中英语作业现状调查 [J]. 课程教育研究，2015（11）：122.

构建了指向深度学习的新型作业体系，使学生学习的提质增效在作业层面成为可能，也为"双减"形势下的高中学校作业管理提供了一次有价值的实践探索。

## 一、现状聚焦：高中作业管理应是帮助学生"深度学习"的关键

作业管理改革应当强调以学生发展为本，作业应当成为学生自主反思、自主选择、自我发展的过程，成为学生自我塑造并向"完整的人"发展的过程[①]。也就是说，作业的核心应是帮助学生学会学习，但在实践中仍然存在着作业管理与培育学生功能割裂的问题。

### （一）作业脱离"自主反思"的"深度学习"目标诉求

在教学过程当中，教师为了让学生对课堂知识进行巩固和反思，会为学生布置作业。但是，当前高中教学中学生作业的"多、难、怪"等问题已经成了"减负增效"必须面对的一个难点。其中最主要的原因是，我们很多作业已经发生了异化，和"自主反思"的目标产生了偏离。

### （二）作业背离"自我选择"的"深度学习"主体要求

教育的目的是促进学生个体成长。根据维果斯基的"最近发展区理论"，作业布置应着眼于学生的"最近发展区"，关注学生的差异性、赋予学生在作业上的自我选择权，激发学生的兴趣，使作业与学生的实际需求相匹配。但从现实情况来看，高中学生作业的"资料化、题集化"现象仍然较为严重，并未提供满足学生"自主选择"的个性化作业，过多一致性、整体性的作业不能满足不同能力水平、不同个性差异的学生需要，难以激发学生的学习兴趣。

### （三）作业偏离"自我发展"的"深度学习"必然追求

高中学生核心素养概念的提出，突破了知识与知识、学科与知识的边界，有利于知识学习的整合与还原，这是符合学生自我发展规律的。但目前高中作

---

① 柴纯青.重新认识作业［J］.中小学管理，2021（10）：1.

业还缺少大单元、跨学科的知识整合，尤其缺少实践性作业和发展应用性作业。因此，注重作业在整合知识方面的作用，在作业中设置跨学科、综合性、发展性的任务，通过研学旅行作业或项目式作业的方式展开学习，在活动中促进学生的自我发展，就显得尤为迫切和重要。

## 二、一线探索：高中作业管理指向深度学习的三条路径

美国教育战略家莫妮卡·R.马丁内斯和社会学家丹尼斯·麦格拉思在《深度学习：批判性思维与自主性探究式学习》一书中，提出深度学习的目标即培养"学会学习的能力"。认为"深度学习的过程不仅能让学生掌握课业内容，而且能够培养批判性思维和解决复杂问题的能力，培养合作和有效沟通的能力，使学生成为拥有探究精神的自主学习者"[①]。因此，本研究在实践中所侧重的"深度学习"就是指学生在自我发展过程中，进行自我选择，进行自我思考和自我探究的学习。

如果将学习比作跑步，作业则是帮助学生跑出每一步的训练内容之一，不同的作业形式构成了不同的训练方式，而如何达成目标，每位学生都可以有自己的综合性的解决方案。基于这样的思考，作业管理应侧重深度感悟式"长度增值"、深度理解式"广度增值"和深度迁移式"深度增值"。

### （一）侧重深度感悟式"长度增值"

作业是课程的重要组成部分，是教学活动不断循环中的一个重要环节，有承上启下的功能。而且，作业虽然一般以静态的方式呈现，但学生的思维是动态的。学生在完成作业的过程中，需要对所学的知识进行回顾和组织，根据自己对知识的理解将其应用于不同的情境，并在知识的应用过程中，不断地检验和完善自己构建的知识体系。因此，学校立足于作业"长度增值"理念，将作

---

① 莫妮卡·R.马丁内斯，丹尼斯·麦格拉思.深度学习：批判性思维与自主性探究式学习［M］.唐奇译.北京：中国人民大学出版社，2019：44，76.

业认同为教学活动中的一个持续性活动，并以此进行过程性设计，形成基于学生与学科实情的更有效的作业过程。

### （二）侧重深度理解式"广度增值"

学生是学习的主体，作业管理的目标是引导学生通过作业体验学习的过程，在作业过程中激发学生自我发展的兴趣，提升学生自我发展的能力，最终实现学生主动的发展。这与杜威所倡导的"教育即生长"是相一致的，也与《普通高中课程方案（2017年版2020年修订）》中"学生全面发展的需要"和"推进教育公平"是相一致的，因为人的全面发展需要提升人的自我发展和自我学习的能力，而实现教育公平、实现教育质量的提升也与学生个体的自主学习能力息息相关。因此，作业最终的目的是促进学生的自我发展。在此过程中，针对作业主体对象的差异性与个性化进行"广度增值"研究，可以使更为具体的学生主体对象得到深度学习的引领与发展。

### （三）侧重深度迁移式"深度增值"

当前的作业一般以凯洛夫倡导的"文本作业"和杜威所倡导的"活动作业"为主要形式。在文本作业中，通过设置融合多学科知识的任务或开放性任务，可以使学生在完成任务的过程中，就同一个问题综合应用多学科的知识进行解答，也可以对同一任务用多学科的视角进行审视，做出开放性的判断。而在活动作业中，可以结合真实的生活情境，为学生提供或由学生自主选择相关主题，以研学旅行或项目学习的方式开展研究，在不断学习和解决问题的循环过程中体验学习的过程[①]。因此，立足学校学情与学科特点，创新作业"深度增值"研究可以最大可能的在综合化与情境化的作业环境之中，激发学生创新思维，促进深度学习。

---

① 刘辉．李德显．作业即过程：过程教育视角下的作业观［J］．基础教育课程，2021（03）：4-5.

## 三、策略优化：在深度学习中实践作业的"减负增效"

作业是学生学习过程的一个重要载体，是能够有效增强学生主体性的学习阶段，理应在促进学生全面发展的过程中，发挥更大的作用。在高中阶段找到更适应学生发展的"减负增效"作业路径，是培养"全面发展的人"的理性要求与必然选择。

在研究高中生作业管理的过程中，笔者指向深度学习，从长度、广度、深度三个维度，即"三度增值"来实现学习增值，重点探讨学生的积极主动的学习状态、知识整合的学习内容、具体问题的解决能力。

为了更有效地开展指向深度学习的高中作业管理"三度增值"研究，学校从"长度增值"角度入手，在深度感悟中体验，利用"课时作业导学单"，改善学生过程化作业。实现学生学习情况的自我诊断；从"深度增值"角度入手，在深度理解中发展，实践"自主作业分类单"，改进学生个性化作业，实现学生个体情况的分类诊断；从"广度增值"角度入手，在深度迁移中建构，利用"项目作业研学单"，改革学生任务化作业，实现学生整体情况的成果诊断。

### （一）基于学生体验：课时作业导学单

1."长度增值"内涵——深度感悟

学生在学习过程中完成对知识的认识，其中既包括课堂里的学习过程，也包含课前、课后的学习过程。当然，课堂教学活动是学生进行学习的主要方式，但是受到教学时间、空间的限制，很多时候学生在课堂少有自主学习和思考的机会，为了让学生对课堂知识进行巩固与检验，教师会为学生布置深度感悟式作业，让学生在感悟中体现与成长。

2."长度增值"载体——课时作业导学单设计

作业不仅应向课后延伸，还应该向课中、课前延伸。因此，学校提出了"课时作业导学单"贯穿学习的整个过程，体现作业的"长度增值"。

课时导学单以"六个环节"（自思、探问、互启、助学、共练、众评）为核心，将作业融入学习的前中后三个阶段，凸显"学生"的主体性，详见表1。"六环"不分先后，根据文本特点，以其中一环为切入，引导学生自主学习，促使学生深度感悟，促进成长。

**表 1  课时作业导学单**

| 《普通高中教科书语文选择性必修下册》第二单元 | | | | | |
|---|---|---|---|---|---|
| | 自思 | 探问 | 互启 | 助学 | 共练 | 众评 |
| 《阿Q正传》节选 | "阿Q"的形象意义 | 有怎样的"国民性"？"精神胜利法的内涵"？ | 文中其它人物的作用。王胡、假洋鬼子、闲人 | 给阿Q画一幅肖像漫画 | 语言品读"十分得意""九分得意" | "阿Q"的时代与民族意义 |
| 《边城》节选 | | | | | 结合心理、语言、动作描写一个结尾 | |
| 《大堰河》 | | 仿照第4段，刻画一位熟悉或不熟悉（但尊敬）的逝去的人 | | | | |
| 《再别康桥》 | | | | 仿照任意三段，写一首《再别桥》 | | |
| 《秦腔》 | | | | | | 概括本文写作对象语言特点、情感表达、写作理念 |
| 《茶馆》 | 补全文中省略，唐铁嘴：您贵庚是…康顺子：我，我… | | | | | |

3."长度增值"导学——过程化作业改善

通过课时作业导学单，使学生不再纠结于一个单一的分数、一个单一的结论，而是更注重学习的过程性，而过程化作业，也使学习贯穿于整体学习的过程之中，从而真正使学生作业更有价值。

4.“长度增值”检测——学习情况自我诊断

一次完整的作业应由多个部分组成，即一次作业应该包括“思、问、启、学、练、评”六个部分。只有这样，作业才能既帮助学生巩固旧有的知识，又让学生在作业过程中实践新学的知识，然后发现自己的不足，通过作业自我诊断学习情况，为下一步的学习做好准备。

**（二）基于学生发展：自主作业分类单**

1.“深度增值”内涵——深度理解

作业的重要目的是促进学生的自我发展，“整齐划一”的作业是无法适应每一个学生的发展需求。这样，在共同学习目标的“大前提”之下，“自主作业分类单”是继整体性作业之后的个性化补充，能促进学生的深度理解。

2.“深度增值”载体——自主作业分类单设计

表 2　自主作业分类单

| 一阶（夯实基础） | 二阶（拓展训练）（选做） |
| --- | --- |
| 函数 $y=f(x)$ 满足：对任意的 $x_1$，$x_2 \in R$，总有 $\dfrac{f(x_1)-f(x_2)}{x_1-x_2} > 0$，则不等式 $f(m^2+1)$ $>f(2m)$ 的解集为（　　）. | 已知定义域为 $[-5,5]$ 的函数 $f(x)$ 的图像是一条连续不断的曲线，且满足 $f(-x)$ $+f(x)=0$. 若 $\forall x1$，$x_2 \in (0,5]$，当 $x_1 <$ $x_2$ 时，总有 $\dfrac{f(x_2)}{x_1}>\dfrac{f(x_1)}{x_2}$，则满足 $(2m-1)$ $f(2m-1) \leq (m+4)f(m+4)$ 的实数 $m$ 的取值范围为（） |
| 已知 $f(x)$ 是定义在 $(-2,2)$ 上的单调递减函数，且 $f(2a-3)<f(a-2)$，则实数 $a$ 的取值范围是（　　） | |
| 若 $f(x)$ 为偶函数，且在区间 $(-\infty,0]$ 上单调递减，则满足 $f(3x+1) <f\left(\dfrac{1}{2}\right)$ 的实数 $x$ 的取值范围是（　　） | |
| 三阶（整理归纳） | |
| 归纳 1 启示 1 | 归纳 2 启示 2 |

学校倡导学生在个性化学习过程中的不断实践，这可以让学生不断接触新的实践刺激，使其在新的刺激中积累经验，构建知识和能力体系，并以此与更新的知识相互作用，实现新一轮的构建过程，在这个不断循环的过程中，实现学生的成长与发展。

自主作业分类单以"三阶"为基本过程，倡导学生作业的深度发展，从基础夯实到拓展训练，再到整理归纳，实现学生从"主体习得区"到"最近发展区"，再到"学习稳定区"的深度提升，详见表2。

3."深度增值"导学——个性化作业改进

自主作业分类单打破传统的整体性作业形式，能够根据学生个体情况进行作业的布置，根据学生自身的向学点，使学生较好地发展自己的潜能，提供学生发挥的空间，改进作业质量，提高学习的能力。

4."深度增值"检测——个体情况分类诊断

在作业设置中，应形成学生才是作业对象的观念，以学生的基础性知识为出发点，以个体学生的发展水平为切入点，为学生设置符合其"最近发展区"的作业。这样既可以激发学生的学习兴趣，又可以最大限度地明确学生作为作业对象的主体地位，实现作业功能的最优化。因此让学生通过个体作业进行自我诊断，能够真正了解自身的现实水平，达到诊断自身学习现状的目的。

**（三）基于学生建构：项目作业研学单**

1."广度增值"内涵——深度迁移

作业的真正目的，不仅是促使学生学习和掌握知识，更重要的是培养学生分析问题、解决问题和探索求知的能力。在改进作业过程中，应从作业形式方面入手，设置任务化情境。从创设作业的任务情境，到落实任务的计划、实施，再到最后到对任务以及自身所设计作业的反思，都可以进行"一对多学科"或"多对一学科"的深度迁移式项目化作业设置。

2."广度增值"载体——项目作业研学单设计

项目作业研学单利用项目化作业学习主题，在作业管理过程中，充分展现作业的广度，以"五步"为基本过程，详见表3。

项目作业研学单围绕主题要求确定"涉及学科"（利用相关学科的知识），以所要解决的问题确定"学习内容"，同时明确"重点摘记"（应该达到的学习成果），然后进行"方案设计"（进行前期准备），实践"学习过程"，最后撰写"项目反思"，总结达成目标或分析产生误差原因。

**表 3　项目作业研学单**

| 学习主题 | 室内环境实时检测系统 |
|---|---|
| （一）涉及学科 | 信息、通用、物理 |
| （二）学习内容 | 重点摘记 |
| 1. 如何获取室内温度？ | Micro：bit 烧录程序代码 |
| 2. 温度数据是如何从传感器到数据库的？ | Python 中的 Flask 模块可以编写 web 服务，SQLite 是轻量级的数据库 |
| 学习准备方案设计 | micro：bit、安装 Python 环境里的电脑、Flask 模块、SQLite Administrator |
| （四）学习过程 | 1. 绘制系统结构图<br>2. 将 micro：bit 连接到计算机，并烧录用于读取温度的固件代码<br>3. 使用 SQLite Administrator 创建数据库<br>4. 编写 web 服务用于存储和查询数据库 |
| （五）项目反思 | 达成原因或误差分析 |

学校通过项目作业研学单设计，以项目式作业设计为核心，来改变作业形式。项目作业研学单以锻炼学生实践能力，巩固课堂内容为宗旨，以项目式作业方式为手段，设计富有情境项目式作业，能使学生充分调动本学科的相邻知识或多学科的相关知识去完成，从而在学习与实践中实现多学科知识积累。

3."广度增值"导学——任务化作业改革

通过任务化项目作业，将一个相对独立的项目、交由学生自己处理，项目的实施及最终的评价均由学生自己负责。这样，能够为学生提供充分活动的机会，帮助他们在自主探索和合作交流的过程中真正理解和掌握知识与技能、真正实现作业的巩固与知识的生成。

4."广度增值"检测——整体情况成果诊断

项目化作业不仅要求学生能运用所学的知识，更重要的是要求学生学会如何在现实生活中"学以致用"，通过这样或那样的显性成果也让学生从"要我学"到"我要学"，实现从知识能力到学科素养的整体提升。

学校进行研究与实践探索至今，更加明确作业也是学习过程。基于理论与实践探索，海盐高级中学从作业管理的角度入手，以深度学习为方向引领，从长度、深度、广度增值的基本策略出发，改善过程化作业，改进个性化作业，改革任务化作业，能够达到"减负增效"的行动目标，能够为培育"全面发展的人"提供坚实的保障。

【作者简介】杨伟民，海盐高级中学，副校长，高级教师；胡日武，海盐高级中学，副校长，高级教师。

# 中国教育治理研究

2023

下

孙绵涛　主编

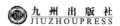

# 总目录

# 上册目录

# 下册目录

特约邀稿

# 创新的困境与可能 *

## ——关于拔尖创新人才的"基石"供给分析

### 康 宁

【导言】

　　创新人才培养是教育强国建设的关键所在，基础教育承担着为高等教育输送潜在创新人才的重要任务。但就现实情况来看，我们并未给创新人才品质创造一个合适的教育秩序和教育生态，基础教育在创新人才培养方面存在诸多障碍。如若要破解困境，为拔尖创新人才培养打好"基石"，必须要正视与深化对基础教育创新人才的养成规律的理解，建立连续性与系统性的创新品质培养制度安排，优化教育环境，改革教学方法与手段，并建立创新激励机制。

　　创新对一个国家的发展战略与国际竞争力，其意义毋庸置疑，学界对创新的讨论也早已铺天盖地，关于创新人才培养的话题更是教育界论坛的必选议题。但是，这一问题在我国现实中依旧重雾缭绕，困难重重。如果需要源源不断、持续涌现成千上万潜在的各行各业创新人才与拔尖创新人才，就需要讨论阻碍创新人才涌现的障碍及其破除障碍的可能。基础教育作为教育强国建设的"基石"，自然承担着为高等教育"龙头"输送数量足够、质量优异的潜在创新人才的任务，但现有基础教育如何胜任这一任务还有不小的差距。以下就基础教育创新的困境与可能提出一点思考。

　　* 本文由 2023 年 12 月 9 日康宁教授在浙江外国语学院举行的教育强国建设与创新型人才培养国际学术研讨会上的发言稿整理而成，在整理过程中对内容有微调。

## 一、正视"创新的困境"是基础教育品质培养的核心

创新既然如此重要、必要与紧迫，就大力提倡鼓励重奖推广好了。但事实上，这一步并不会立刻见效，甚至较长时间也不一定奏效。为什么创新不易，因为它存在困境，无论大小创新都存在困境，这些困境与一般知识学习的难度不太一样。

创新的困境一般有这几类：一是陷入孤独困境：创新需要质疑、破除过去或传统的规则、认知乃至公理，初期一般是无人理解的。二是陷入树敌困境：创新触犯现存利益群体的稳态结构，使得既得利益者因创新可能带来的重新配置失去原有利益格局而恐惧、愤怒，造成绝大多数手握权力或具有资源配置的人或利益集团的反对。三是陷入赌徒困境：创新的风险如同基因突变，存在不确定性或难以明确预期，预期投入与产出可能不成正比，竞争性高，成功率低。四是陷入窒息困境：创新者要承受无数次失败过程，需要周边环境给予足够的包容、理解和某种意义上的无条件的信任。

显然，上述困境与一般知识学习困境不是一个层面的问题。如何让学生们从小认知、感知创新的困境并在困境中不断体验锤炼创新品质，这是一个待研究的问题。因为创新行为是一种稀缺资源，加上我们最终看见的又是极少数的成功的创新，而且还看不到大部分创新过程，这种感知会导致幸存者偏差[①]，让

---

① 注：1941年，第二次世界大战中，美国哥伦比亚大学统计学沃德教授（Abraham Wald）应军方要求，利用其在统计方面的专业知识来提供关于《飞机应该如何加强防护，才能降低被炮火击落的几率》的相关建议。沃德教授针对联军的轰炸机遭受攻击后返回营地的轰炸机数据进行研究后发现：机翼是最容易被击中的位置，机尾则是最少被击中的位置。沃德教授的结论是"我们应该强化机尾的防护"，而军方指挥官认为"应该加强机翼的防护，因为这是最容易被击中的位置"。沃德教授坚持认为：(1)统计的样本只涵盖平安返回的轰炸机；(2)被多次击中机翼的轰炸机，似乎还是能够安全返航；(3)并非是机尾不易被击中，而是因为机尾被击中的飞机早已无法返航，寥寥几架返航的飞机都依赖相同的救命稻草——机尾尚好。因此沃德教授提出了完全相反的观点——加强机身和机尾部分的防护。理由是机库里的飞机都是成功返航的，属于生还者，甚至不乏机翼和机身多次中弹的幸存者，说明机翼和机身扛得住打，中弹了也能安全返航。但机身后半段的机尾、引擎、驾驶舱很少甚至没有发现弹孔，说明这些地方一旦中弹就回不到机库了，自然就统计不了数据，所以相比中弹多的地方，更应该重视没中弹的地方。最终，军方采用了教授的建议，并且后来证实该决策是正确的，看不见的弹痕却最致命。这个故事被后人用一个词语概括——幸存者偏差。

我们只得知取得成功创新幸存者的渠道信息。由于优胜劣汰后的未幸存者已无法发声，因此这种偏差就是只看到经过某种筛选而产生的结果，而没有意识到被筛选掉的关键信息。事实上，一个创新者胜出，可能是千万个创新者的失败。我们怎样在学校教育中不断让学生了解并理解创新的困境，这是《课程方案》所提出的核心素养的关键内容①。

以下是四个人们耳熟能详的故事：

### （一）车行道分界线（制度创新）

车行道分界线又叫"琼·玛卡若线"，是美国内布拉斯加州的一名外科医生琼·玛卡若在一百年前提出的。她看到很多患者都是因为交通事故而受伤或者死亡的，如果在马路中间画出一条醒目的白线，让向不同方向行驶的车辆在线的两侧行驶，是不是就可以减少车辆的相撞呢？ 1907 年，她把这个想法告诉了有关部门，却遭到了拒绝。但她没有灰心，经过 7 年的努力，终于在 1924 年，这个州同意在一条高速公路上做实验。

### （二）居里夫人（科学发现）

为了提炼纯净的镭，居里夫妇搞到一吨可能含镭的工业废渣。在资金困难，条件简陋的艰苦环境下，居里夫人的化验室只是一个废弃的破棚子，他们终日在烟熏火燎中将废渣分批分量地倒进一口大锅里冶炼，同时需要不停地搅拌着锅里的矿渣。他们一锅一锅地进行冶炼，然后再送到化验室溶解、沉淀、分析。如此循环往复，历经春夏秋冬三年又九个月，经过 5 千多锅的实验，终于从沥青铀矿渣中提炼出了 0.1 克的氯化镭。1911 年，因发现元素钋和镭，居里夫人再次获得诺贝尔化学奖，因而成为世界上第一个两获诺贝尔奖的人。居里夫人的成就包括开创了放射性理论、发明分离放射性同位素技术、发现两种新元素钋和镭。在她的指导下，人们第一次将放射性同位素用于治疗癌症。由于长期

---

① 教育部关于印发义务教育课程方案和课程标准（2022 年版）的通知 [EB/OL].(2022-03-25)[2023-12-01].https://www.gov.cn/zhengce/zhengceku/2022-04/21/content_5686535.htm.

接触放射性物质，居里夫人于 1934 年 7 月 4 日因再生障碍性恶性贫血逝世 [1]。

## （三）陈景润（基础研究）

中国科学院数学研究所的研究员陈景润所证明的数学定理被世界各国命名为"陈氏定理"。福州解放前夕，在一堂高中的数学课上，渊博的数学老师告诉学生，自然科学的皇后是数学。数学的皇冠是数论。哥德巴赫猜想，则是皇冠上的明珠。他鼓励自己的学生说，"昨天晚上我还做了一个梦呢。我梦见你们中间的有一位同学，他不得了，他证明了哥德巴赫猜想。"这个教师第二年回清华去了。他是曾任北京航空学院副院长，全国航空学会理事长的沈元。他早该忘记这堂数学课了，他怎能知道他被多么深刻地铭刻在学生陈景润的记忆中。

## （四）奥本海默（应用研究）

罗伯特·奥本海默（1904 年 4 月 22 日—1967 年 2 月 18 日），出生于美国纽约，美籍犹太裔物理学家，美国国家科学院院士，曼哈顿计划领导者，生前是美国普林斯顿高等研究院院长。罗伯特·奥本海默于 1925 年从哈佛大学提前毕业，同年到英国剑桥大学卡文迪许实验室学习；1926 年转到德国学习；1927 年获得哥廷根大学博士学位；1929 年回到美国，进入加利福尼亚大学伯克利分校任教；1941 年当选为美国国家科学院院士；1942 年被任命为研制原子弹的"曼哈顿计划"首席科学家；1943 年主持创建了洛斯·阿拉莫斯国家试验室并担任主任；1945 年第二次世界大战结束后进入美国加州理工学院执教；1947 年至 1966 年担任普林斯顿高等研究院院长；1954 年被吊销安全特许权。1967 年 2 月 18 日因喉癌去世，享年 62 岁 [2]。2022 年 12 月 16 日撤销 1954 年吊销罗伯特·奥本海默安全特许权的决定（55 年后）。

1943 年，奥本海默以核武器实验室主任的身份，进入洛斯阿拉莫斯基地。他陆续招募进 1000 多名顶级科学家。科学家们举家搬进这个新建的核试验基地，因为分区式的封闭管理，使得基地与外界并不通达。到了 1944 年，这片台地上

① 梁衡. 跨越百年的美丽 [N]. 光明日报，1998-10-22.
② 杨庆余. 罗伯特·奥本海默——美国原子弹之父 [J]. 大学物理,2003,(08):33-38.

已经生活了 3500 人，这个数字在后一年还将翻倍。建筑、礼堂、图书馆、小餐馆，洛斯阿拉莫斯俨然变成了一个小镇。而这个小镇的负责人，正是理论物理学家奥本海默。他开始参与组建用以对付纳粹德国的核武器试验。之后，他的名望开始如潮水般涌来，奥本海默得到了总统亲自颁发的奖章，同时，他也被联邦调查局密切监控了 20 年。1967 年，奥本海默去世时，得到所有人的缅怀，却唯独没有得到那个本应属于他的许可证。

同时，他们全家都受到了联邦调查局的调查与连坐，他的女儿托妮凭借自己的能力找到了一个联合国翻译的工作，却因需要一个"安全许可"而最终落选。1977 年，一个周日的下午，32 岁的托妮自缢于父母留给她的那座海滩小屋。她身边还一直戴着父亲送她的那个扎马尾的头绳。那是她一生最珍爱的东西。

上述故事里的专家对人类的贡献都被记载在历史书里，但他们在创新路上所遭遇的困境和付出的代价，以及所有不成功创新者的困境在学生脑海中的印象不一定深刻[①]，而这些却是培育创新教育品质的核心认知。

虽然创新有大小、类别之分，比如企业创新（技术、产品、管理）、科学创新、组织创新、规则创新、制度创新等等，但任何创新都在不同程度上存在着上述这些困境。这些困境的主要来源可以分为两大类：一是外部因素，一是内部因素。而无论是内源性还是外源性因素，面对创新的困境，一般常人都很难承受。

那么，是什么支撑着那些不寻常的人能够面对这些困境，并最终走完创新之路。在几乎所有成功创新者乃至不成功创新者那里，我们都看到了他们一些特殊的创新品质。这些创新品质在教育心理学理论中都做了经典梳理，也都成为教科书的经典教程。

现实中，我们一般把创新品质与知识课程的传授途径同等对待。在 2022 版

---

① 注：哈佛大学肯尼迪政府学院达奇教授曾讲述过一个十九世纪末美国海军枪炮装置改进的故事。该故事细致描述了一个善于发现问题，并解决问题的官员如何为改进并推广新型武器而奔波。这一过程中，他面临着如何说服上司、修改制度、研发新武器、承担投资风险等种种挑战。更重要的是，他可能还会面临被同行误解、被下属抱怨、被上司责备的局面，甚至被迫离开工作岗位。这一段故事告诉我们，创新者可能会最终一无所获地退出竞争圈，或迫于压力放弃追求，回到原有的生活圈中。也就是说，创新作为一个极其个体化的行为，常常要么是百分之百的成功，要么是百分之百的失败。

的义务教育课程方案与标准修订过程中，修订者试图将知识、素养、品格、能力都结构化并融入课程指南中，以为通过讲授训练、榜样倡导、专项培养、活动设计、表彰奖励就可以培养出大批后备创新人才，而事实却屡屡回应我们，这样的途径回报率通常比较低，原因主要包括以下三项：

一是创新品质的形成是一种与人的认知结合、循序渐进、不断积累体验的过程，它有自身规律与特点，不仅仅依附在知识教学中。二是其他知识认知是一种顺势行为，但创新则是人类所有行为中的一种特殊行为，即逆势行为。比如，不安分守纪的行为，不因循守旧的行为，不唯上唯书的行为，不撞南墙不回头的行为，更是一种对自然或科学具备独立思考、遵从真理呼唤、崇尚科学探索精神的行为。上述行为可以简单地归结为"质疑"行为。如果一个学生没有将"质疑"养成品质，形成品格，我们很难认为他具有创新潜力。三是这种"逆势"行为常常不被世俗社会认同、不被真实社会认同，也不被现行规则认同。尤其在特殊的传统文化的长期熏陶中，社会上还存在过于急功近利、不尊重人力资本产权、不尊重基层制度创新建设的问题，而这样的社会生态可能会给"逆势"行为的产生带来阻碍。

## 二、创新人才培育的可能与创新的制度安排密切关联

创新的生态环境与制度安排包括内部与外部两个方面，本文重点讨论教育内部。

上述四个创新故事除了告诉我们创新者分别遭遇的困境，还向我们展示了他们分别具备的创新者的特殊品质，这些特殊品质在不同的创新者身上显示出高度的一致性。

我们发现创新者有共同的基本创新品质，如：具有强烈的探究质疑精神、热爱自然与科学、坚毅勇敢自信、有"说真话"的勇气、不怕挫折压力、能够承受失败后果等等。这些基本创新品质有以下四点特征：一是创新品质非智力

品质的核心；二是创新品质不是个体生而就有的，是不断受到正向反馈累积递进的；三是创新品质具有强烈的使命内驱力与真善美价值取向；四是创新品质共生于制度创新生态中。

一般人可能也不同程度地具备这些品质，但与创新成功者相比，他们在强度、聚集度、全面性方面有显著差异。2023 年 2 月，习近平总书记在二十届中央政治局第三次集体学习时指出，要在教育"双减"中做好科学教育加法，激发青少年好奇心、想象力、探求欲，培育具备科学家潜质、愿意献身科学研究事业的青少年群体①。就是要在青少年群体中培育这些品质与献身精神。

为什么一般人或青少年不具备这些创新基本品质呢？从现有教育生态上看有三大障碍：

一是错误的判断。人们通常有一个默认的假设，即能够成为创新者的人凤毛麟角，这些集合的品质主要来自个体的自我选择。因而，集体教育应花费的时间与精力主要向考试评价目标看齐，这通常也是家庭与学校衡量教育收益回报的理性选择。因此，创新教育生态的制度安排既是一个长期任务，也难以量化评价，回报显示期长，显示度低。

二是完人的目标。教育环境与青少年成长教育中多以崇尚圣人、完人、全人为标准，缺少尊重个性、包容缺点、宽容失败和允许多样选择。在完人的标准下，人比人成为教育的潜在标准，许多人都把自己看作是失败者，致使负面心理与情绪不同程度地追随笼罩着许多人的学习与职业生涯。

三是制度的选择。创新所必备的基本条件，如好奇、好问、好动手等，是人生来具有的天赋，而随着教育的窄化和社会的世俗化，多数人的好奇品质被扼杀在摇篮之中。因为已经失去好奇品质的成人不希望小孩子"浪费"时光，学校的课程标准与评价更是替学生选择了该关注什么和不该关注什么。师范教育已让学生进入标准化关注范围内，而专业化提升更让在岗教师比武于学科领域范畴。

---

① 朱英杰，贺春兰 . 在教育"双减"中做好科学教育加法 [N]. 人民政协报 ,2023-03-10(09).

外部环境的误区也是比较普遍的。比如，人们常说失败是成功之母。但在传播科学成果时，我们很少讲述成功过程中的困境与失败，既没有具体生动的科学探索过程，也没有活生生的创新艰难与困境解脱的再现，使成功之果看起来光鲜易得。这样的传播方式，难以激励亿万青少年崇拜科学、不畏失败、献身创新之路。2023年，美国太空探索技术公司两次星舰试飞均以失败告终，但在传播中却更多地展示了人类向火星进军的信心。2023年9月，马斯克曾表示，自4月首飞以来，美国太空探索技术公司SpaceX对星舰进行了1000多次改进。同年11月，星舰再次发射前，马斯克再次表示，希望不要把期望定得太高，认为此次飞行计划将与4月的飞行计划相似①。这种科学实验的传播产生的效果是"虽败犹荣"。

以上分析可见，我们本来可以有更多学生成长为各行各业的创新人才，我们可以实现在具有创新潜力学生中规模化地涌现成千上万的创新人才。但是，在现有的教育秩序和教育生态中，青少年群体早早地丧失了创新萌芽与潜能，难以形成创新品质与创新素养，也难以为高等教育输送具有创新潜力的人才。

## 三、建立与知识教学同塑同轨的创新品质养成制度安排

在不考虑外部环境因素的情况下，我们可以通过以下方式，尝试扭转这一状况。

首先，在理念上更新对基础教育创新人才的养成规律的理解。经过多年努力，基础教育学生已经建立了自上而下的相对完善的学业知识系统与学业支持系统（假设不存在问题），但学生品质系统与品质支持系统并不健全，尤其是创新品质养成的制度安排严重缺失②。因而，造成高一层次需求的拔尖创新人才的

---

① 张静.星舰二次试飞升空！超重助推器爆炸，飞船继续飞行后失联[EB/OL].(2023-11-18)[2023-12-01].https://www.thepaper.cn/newsDetail_forward_25347751.

② 注：尤其是指创新教育生态的制度安排缺失。

规模与质量的结果偏移比重趋大，随着学生逐步升入高等教育阶段，这一偏移比重则更大。结论：早期关键期缺失培育的创新品质与创新能力影响整个养成生态链，以至于最后制约创新人才的规模化高质量涌现。以下通过一个公式来表达。

设毕业生的培养质量为$S$，$A$表示一名学生的学业知识状况，$B$表示同一个学生的以创新品质为核心的非智力品质，$n$表示学业支持系统，$h$表示品质支持系统，$k$表示学生的年级系数。

理论与实践都显示，$A$与$B$是一个结合体，学生的培养质量$S$由学业知识状况$A$和非智力品质$B$构成，则有：

$$S = A + B$$

其中：

——学生的学业知识状况$A$是关于$n$的一个函数的积分，完成$k$年学业后，其学业知识状况为：

$$A = \int_0^k f(n)dn$$

——学生的非智力品质$B$是关于$h$的一个函数的积分，完成$k$年学业后，其非智力品质为：

$$B = \int_0^k g(h)dh$$

因此，

$$S = \int_0^k f(n)dn + \int_0^k g(h)dh$$

按照教育课程规定标准，五育并举，培养的毕业生应该是$S_标$，其对应的表示学业支持系统为$n_标$，品质支持系统为$h_标$。但现行人才培养与教育要求的差距为如下公式：

$$\Delta S = S_标 - S_现 = \int_0^k [f(n_标)dn + g(h_标)dh] - \int_0^k [f(n_现)dn + g(h_现)dh]$$

这个公式主要表达一个离基本期望偏离的程度。每个学生应该有不同品质的优势，但总体有一个基本盘或基本趋势。

其中品质支持系统$g(h)$的变化程度要大于学业支持系统$f(n)$，因此$g(h)$起主要作用。

根据这一公式，假设 A 与 n、B 与 h 都存在，但它们状况不同时，在学生不断升入高一年级 K 时，能够发现以下四种情况：

——n 学业支持系统越强大，h 品质支持系统也强大，S 学生的期望值越趋向正常；

——n 学业支持系统薄弱，h 品质支持系统越强大，S 学生的期望值会逐步趋向正常；

——n 学业支持系统越强大，h 品质支持系统越薄弱，S 学生的期望值越趋向偏移；

——n 学业支持系统薄弱，h 品质支持系统也薄弱，S 学生的期望值将严重偏移。

这一公式可以对现有或改革后的创新制度安排作用于学生后的影响进行一种解释，这一解释既可以对应一种成长的整体状况，由于个体间存在品质的差异性，也可以对个体行为进行解释。

在实践上，对创新品质进行连续性系统进阶的制度安排。由于现有教育在鼓励创新与尊重个体上存在一定问题，导致基础教育缺失创新生态的制度基因。因此，需要在基础教育学段中将激励创新意识、创新态度、创新素养、创新行为的养成作为连续性系统进阶的制度安排，与知识教学内容同塑为创新养成制度的同轨建设。

比如对学生质疑提问的制度安排。不同年龄的质疑提问受到认知与知识运用程度的影响。帮助学生形成敢于、善于质疑以及连续性提出深度问题的态度与习惯，尊重与保障学生提问质疑的权利等，不能依靠单纯的提倡与号召，而是要有一系列制度予以保障。课程安排中，教师要结合知识学习系统地设置培育、鼓励与支持学生质疑问题的进阶安排，而不是零散、分割甚至阻碍压制学生质疑态度、习惯与能力的养成。

比如对学生讨论小组的制度安排。课堂与活动中要建立确保学生小组自由设立、平等互动、充分交流的制度安排，增加小组能够解决问题在教学进程中的比重分析与制度安排。培养学生对待不同意见的正确态度，尊重他人提问的权利，具有磋商、辩论、协作、达成共识的态度价值、能力技巧和方法途径。也要培养学生杜绝对不同意见政见者进行人身攻击、变相攻击、无端举报造谣等行为，以及视这些行为为文明人不齿的态度。

再比如对合作意识与能力的制度安排。教育内卷的一个突出表现是，中小学校普遍存在"竞争"意识和"拼搏"精神过度[①]，却将合作品质置于不顾的问题。合作是人类生存延续至今的法宝，是面对任何艰难险阻的基本条件。一个没有平等合作意识与合作精神以及合作技能的人，很难成大事。基础教育首先要让学生理解合作的本质、合作的价值、合作的技能、合作在创新中的意义。没有合作意识与能力的人也不可能真正把握竞争的实质，甚至走向反面。

也就是说，在整个教学与教育实践过程中，孕育创新素养与探索其做法在基层学校已层出不穷，但这些做法只是存在于一般具体年级教学或活动中，没有构成连续性系统进阶的制度安排。尤其是当学生面对持相悖理念的教师时，创新品质的培育力量被抵消。因此，需要从制度性入手来解决与保障基础教育创新生态问题。归纳起来，就是遵循年龄特点与教育规律，建立循序渐进的创新培育生态机制。

可以考虑在整个学制过程中的课程或环境上，设计一个由低阶向高阶或与标阶双向的可互换、结构化、个性化、可视化的创新培育生态流程（有显示度），这个流程是制度性的，是一种重建、回归、遵循创新素养生成机制的制度安排。

也可以帮助学校梳理并建立自己的教育创新生态制度或递阶轨迹，并将课程标准体系与创新生态体系整合在一起，形成"双轮"同轨的学校创新生态制度架构：一是可以辅助学校找到教育创新生态的缺项、短板与制障；二是可以使教育者清晰教书育人全链条中的创新生态保障机制状况，以便与各级行政督

---

① 梁建章等 . 中国教育内卷报告 [EB/OL].(2023-11-23)[2023-12-01].https://view.inews.qq.com/k/20231123A02YUC00?no-redirect=1&web_channel=wap&openApp=false.

查对标，以保障学校教书育人的基本权利；三是促使学校不断矫正高质量培养发展目标落实到每个班级、每个学生的创新培养条件。

如果上述解释公式是"命运之神"，只有我们跨过一道道"门槛"，才会看见"命运之神"向我们招手。这个过程需要伴随教育者精心设计指导的教育制度安排，需要我们自己努力地跨越成长的"门槛"，跨过去就是"门"，过不去就是"槛"。但我们相信，成长的内驱力就是跨越"门槛"的力量。如果没有创新的制度安排（h），我们的创新教育生态环境不可能生成，创新人才培育也不可能规模化高质量涌现，结论就是跨不过"门槛"，很难实现中央关于拔尖创新人才的战略需求<sup>①</sup>。

【作者简介】康宁，北京大学管理学博士，研究员，参加第一届哈佛大学肯尼迪政府学院公共管理高级培训班学习，中宣部"四个一批"人才，国务院政府特殊津贴专家。曾任教育部办公厅副主任新闻发言人，中国教育电视台台长，中国教育出版传媒集团原党组成员、副董事长。现任中国教育发展战略学会常务副会长、学术委员会副主任。主要研究领域为教育管理与教育传媒。

---

① 注：建议读一读查理·芒格 15 年前《在南加州大学毕业典礼上的演讲》。

# 教育治理理论

# 教育治理体系建构：
## 逻辑起点、范畴逻辑与方法论 *

孙绵涛　　何伟强　　吴亭燕

**【导言】**

探讨教育治理体系，对建设国家高质量教育体系，建设教育强国具有重要意义。目前这方面的研究还比较缺乏，还需要从探讨教育治理体系的逻辑起点、范畴逻辑和方法论这一新的思路来建构这一体系。在考察东西方语境中治理本义的基础上，发现教育治理的内涵即教育治理体系的逻辑起点包含管控和统治等管理和民主协调、多元共治等疏导两个方面。运用马克思历史唯物主义实践为第一性的原理分析教育治理现象发现：教育治理是由教育治理活动、教育治理体制、教育治理机制和教育治理观念四大范畴组成的逻辑体系。这些新发现同时也创新了教育治理体系建构的方法论，即建构教育治理体系应对建构这一体系的角度有一个科学的认识，要在弄清教育治理内涵的基础上分析教育治理现象才有可能弄清这一体系的范畴逻辑，要注意避免教育治理体系内容上的片面性，要能适应全面落实国家教育治理政策的需要。

教育治理体系是国家治理体系的重要组成部分，它对于建设国家高质量教育体系，建设教育强国，实现教育现代化，为社会主义现代化建设提供人才和

---

　　\* 本文系国家社会科学基金 2020 年度重点项目"服务全民终身学习的教育体制与教育机制研究"（项目编号：20AZD073）的研究成果。

智力支持起着基础性、全局性和保障性的重大作用。党的二十大报告将基本实现国家治理体系和治理能力现代化作为2035年我国发展的总体战略目标之一。建立适应新时代需要的教育治理体系，是当前教育改革的一项重要的历史任务。建立教育治理体系，其前提是要加强教育治理体系的研究，以期为教育治理体系的建构提供理论支撑。然而文献检索发现，自20世纪70年代西方将治理运用于教育领域半个多世纪[①]以来，以及中国从21世纪初开始研究教育中的治理问题20多年[②]以来，虽然专门研究教育治理的理论与实践问题已经成为了一个新的热门领域，但到目前为止，对教育治理体系问题进行专门的研究还比较缺乏。多数文献都是研究国家教育治理[③]、区域教育治理[④]，或是高等教育治理[⑤]、基础教育治理[⑥]、职业教育治理[⑦]等各级各类或各个领域如何进行教育治理。虽然也有少数文献研究了教育治理体系的问题，但大多都还没有从教育治理体系的逻辑起点和逻辑结构这一角度对教育治理体系进行研究。如有文献是从教育治理中谁治理、治理什么及如何治理这三个要素的角度去研究什么是教育治理体系[⑧]，有文献是从教育治理中政府如何治理，社会如何治理及学校如何治理这三个主体的角度去建构教育治理的体系[⑨]。这些研究虽然对如何做好教育治理起到一定的作用，但还不能适应新时代教育治理改革与发展的需要。本文拟从先探讨教育治理体系逻辑起点，再探讨教育治理体系逻辑范畴及方法论这一新的思

---

① 让-皮埃尔·戈丹.何谓治理[M].北京：社会科学文献出版社,2010：14-15.

② 刘德磊.近二十年我国教育治理研究文献评析——基于CNKI数据库的分析[J].创新创业理论研究与实践,2018,1(06):20-24.

③ 代蕊华,于璇.教育精准扶贫：困境与治理路径[J].教育发展研究,2017,37(07):9-15+30.

④ 杨小微.探寻区域义务教育优质均衡发展的新机制——以集团化办学为例[J].教育发展研究,2014,33(24):1-9.

⑤ 周光礼.中国高等教育治理现代化：现状、问题与对策[J].中国高教研究,2014,(09):16-25.

⑥ 曲正伟.多中心治理与我国义务教育中的政府责任[J].教育理论与实践,2003,(17):24-28.

⑦ 和震.建立现代职业教育治理体系 推动产教融合制度创新[J].中国职业技术教育,2014,(21):138-142.

⑧ 孙绵涛.教育治理：基本理论与现实问题[J].中国德育,2019,(07):48-54.

⑨ 褚宏启.教育治理：以共治求善治[J].教育研究,2014,35,(10):4-11.

路，对新时代教育治理体系的建构做一尝试性探讨。

## 一、教育治理体系建构的逻辑起点

建构教育治理体系，首先要明确这一体系的逻辑起点。笔者认为，教育治理体系的逻辑起点就是教育治理概念的内涵。而探讨教育治理内涵就得弄清治理的内涵，因为治理的内涵是教育治理内涵的前提或基础。那么什么是治理的内涵，如何弄清治理的内涵呢？

### （一）弄清治理的内涵要从弄清治理的本义入手

弄清治理的内涵实际上是要弄清治理的本义。因为一个词的本义就是这个词的内涵，如"人类"这个词，其本义是既能制造并使用工具进行劳动又能用语言进行思维和交际的高等动物，这一解释既是"人类"这个词的本义又是其内涵。当前人们对教育治理内涵的研究，一般也是先讲什么是治理的内涵，然而文献梳理发现，这些对治理内涵的理解，一般较少从治理的本义上进行考察，而基本上是从公共管理对治理理解的角度去谈治理内涵的。怎样研究治理的内涵即本义呢？探讨治理本义的恰当方法是要从弄清东西方治理的本义入手。文献检索发现，目前只有一篇文章对治理的本义进行了研究[①]，然而，这篇文章虽然想弄清治理的本义，但由于对西方治理的考察只涉及治理英语词源 govern 的含义，而并没有考察到治理的古希腊语"kubernan"和古典拉丁文"gubernare"的本义；而且对汉语治理的考察，没有考察到《说文解字》《东方治理学》《辞源》《辞海》和《汉语大词典》《管理学大辞典》等文献中所说的治理的本义，只考察到荀子《荀子·君道》中所说的治理的意思，就得出结论说治理的内涵只是"管理"而没有其他意思，这种简单的考证方法和结论是值得商榷的。正是因为长期以来缺乏对东西方语境中治理的本义进行考察，致使对治理内涵认识不是很清晰，好像治理是个筐，什么都可以往里面装。我们以为，这种状况

---

① 王绍光.治理研究：正本清源[J].开放时代,2018,(02):153-176+9.

再也不能继续下去了，现在正是到了对治理的本义进行正本清源研究的时候了。以下让我们对东西方不同语境下治理的本义做一番考察。

1. 西方语境中治理的本义

研究者考察了 *Concise Oxford English Dictionary* 中"governance ORIGIN ME"（治理的本义），发现英语"governance"来源于 govern 一词，这一词又与古希腊语治理"kubernan"，古典拉丁文治理"gubernare"和古法语"governer"有关，其本义是"to steer（驾驶、操纵、控制和引导）"[①]。同时，研究者还考察了由法国国家科研中心（Centre National de la Recherche Scientifique，简称 CNRS）的政治学教授让-皮埃尔·戈丹（Jean-Pierre Gaudin）著的一本比较系统地研究治理的本义及其在法国和美国等国的演变过程的著作《何谓治理》（*Pourquoi La Gouvernance?*），发现治理的本义有"驾驭、操纵、控制、统治和引导、指引"两方面的意思。由于"驾驭、操纵、控制、统治"几个词的意思相近且都与"管理"有关；"引导、指引"两个词的意思相近且都与"疏导"有关，所以本文将"驾驭、操纵、控制、统治"的意思用与之相关的"管理"来表述，而将"引导、指引"用与之相关的"疏导"来表述。这样治理的本义就有"管理"和"疏导"两个方面的意思。治理这两个方面的本义在西方国家长期的演变过程中，除了法国短时间用过与"管理"有关的"统治"这一层意思之外，其余时间和其他的国家一样，基本上是以"管理"和"疏导"两方面的意思来使用治理这个词的[②]。

20 世纪 90 年代公共管理兴起后开始广泛使用治理这个概念，查阅有关文献后发现，公共管理领域对治理的理解有如下几种：有学者将治理聚焦于调解那些冲突或竞争各方的治理程序和制度[③]。有学者指出治理不是政府统治的结构和机制的强加，而是统治各方的相互影响，将治理扩大到政府和相关方面的互

---

① Stevenson,A., & Waite, M. Concise Oxford English Dictionary(Twelfth Edition)[M].New York: Oxford University Press,2011：616.

② 让-皮埃尔·戈丹. 何谓治理 [M]. 北京：社会科学文献出版社,2010：16.

③ 詹姆斯·N.罗西瑙. 没有政府的治理 [M]. 南昌：江西人民出版社,2001：9.

动①。有学者将治理进一步扩大至政府、公立和私立机构，以及个人在管理相同事务过程中，使相冲突和不同利益做到调和或联合②。还有学者认为治理是各级各类组织和政府，以多元和民主的形式行使权力来做出决策③。也有学者认为治理的目的是要做到"善治"，以使公共利益最大化，为此要强调政府和社会、市场和公民的良好合作和互动④。上述这些对治理的理解体现出如下五个方面的特点：一是治理目的强调调解冲突各方实现共同管理事务和行使权力，使各方良好合作以达到善治，实现公共利益最大化；二是治理主体不仅强调程序和制度的治理，还强调政府及其他公、私组织及个人的治理；三是治理方法由强调制度治理，到强调民主、多元、调解、联合治理；四是治理内容既是对公共事务进行治理，也是对各治理主体的治理；五是在治理与管理的关系上强调二者有内在的联系，治理也是一种管理，但这种管理强调组织与个人、组织与组织之间的调解、联动，并以多元的形式来行使权力，以利益最大化和合作共赢为目的共同管理相同的事务。

由上对治理的本义和公共管理对治理的理解分析可以发现，二者对治理的认识基本上是一致的，它们都包括"管理"和"疏导"两方面的意思，只不过治理的本义简要些，而公共管理中对治理的理解具有公共管理的特点且具体化些。另外，公共管理中的治理表面看强调的是多元共治、民主协调等方面的内容（由于这些内容需要引导、指导等疏导的方式才有可能，为前后论述的一致性，下文统一以"疏导"来代表这些内容），但由于这种治理是在公共管理中进行的治理，它不可能完全脱离管理而和管理有着这样或那样的关系。只不过这时的管理，只是以疏导的方式，在主体、方式、内容及目的等方面来做好管理而已。公共管理中的治理之所以要兼顾"管理"和"疏导"两个方面，还有

---

① 格里·斯托克,华夏风.作为理论的治理:五个论点[J].国际社会科学杂志(中文版),1999,(01):19-30.

② 俞可平.治理与善治[M].北京:社会科学文献出版社,2000：270-271.

③ 陈广胜.走向善治[M].杭州:浙江大学出版社,2007：124-125.

④ 陈广胜.走向善治[M].杭州:浙江大学出版社,2007：129.

一个重要的原因是，公共管理的兴起是为了应对市场失灵和政府失灵所带来的社会危机。运用治理中管控这种手段可以解决市场不能实现资源的有效配置问题，而运用治理疏导的方式可以消解政府权力的膨胀。看来以往人们认为的公共管理中的治理只是强调多元共治和民主协调等疏导的观点是对治理的一种误解。由上分析使我们认识到，治理和管理不是对立的，管理在控制或管控的同时，还要采取民主多元、调解、合作等疏导的方式更好地进行管理，以使公共利益最大化。过去人们一般把治理与管理对立起来，看来这种观点对治理的理解是不全面的，治理实际上包含"管理"和"疏导"两方面的意思。

2. 中国语境中治理的本义

《说文解字》提出"治"只是一个水名①。《东方治理学》对"治"的意思做了具体的说明，指出"治"实际上就是"治水"，而"治水"是要对水进行"治理"，治理水不能"堵"而要做好"疏导"②。由此可以看出"治理"由"治"和"治水"而来，"治水"需要"疏导"，因而"治理"的本义就是"疏导"。

《辞源》上对"治"有7种解释，与本研究直接有关的是第1种，认为"治"有"管理、疏理"两方面的意思③。为论述方便，这里也以"疏导"来代表"疏理"，因为"疏理"与"疏导"的意思相近。依据《说文解字》和《东方治理学》从"治"到"治水"，从"治水"到"治理"，再从"治理"到"疏导"的解释逻辑，《辞源》对"治"从"管理、疏导"方面进行解释是有道理的。

《辞海》上对"治"的解释也有6种意思。与本研究有关的是第1种，认为是"治"就是"治理、管理"④。对这种解释可否这样来理解：管理是通过"管"这种比较硬的方式达到"理"，而治理是通过"疏导"这种软的方式来达到"理"，这时的"理"就是"疏理"即"疏导"。如果这种理解有道理的话，《辞海》里所说的治理也就是"疏导"。这样《辞海》对"治"解释就是"管理和疏

① 许慎. 说文解字 [M]. 长沙：岳麓书社，2021：493.

② 熊春锦. 东方治理学：中华民族文化软实力 [M]. 北京：中央编译出版社，2016：109.

③ 广东、广西、湖南、河南辞源修订组. 辞源 [Z]. 北京：商务印书馆，1979：1768.

④ 辞海编辑委员会. 辞海 [Z]. 上海：上海辞书出版社，1999：2587.

导"了，这种理解也可以在《东方治理学》将"治理"解释为"疏导"的逻辑中得到了印证。

《汉语大词典》对治理有 4 种解释，其中最主要的理解即第 1 种理解是"管理、整治"①。在这种理解中，由于"管理"中有"整治"，"整治"中也有"管理"，且"整治"与"管理"的意思大体相近，本文就以"管理"代表"整治"，这样《汉语大词典》中关于治理的解释，主要就是"管理"的意思了。

《新华词典》对治理的解释有两种，其中第 1 种也是最主要的意思是"统治、管理"②。"统治"和"管理"意思相近，而且"统治"需要"管理"来实现，本文将"统治"以"管理"来表达。这样，《新华字典》对治理的解释就是管理，这与《汉语大词典》对治理的解释大体一致。

《管理学大辞典》对治理的解释是"指个人和机构管理共同事务的诸多方式的总和，是使相互冲突或不同利益得以调和并采取联合行动的持续过程。③"这里把治理理解为是对公共事务的管理，其目的是通过一个持续的过程达到不同利益或冲突的各方能调和而采取联合行动。可以看出这里的治理包括了管理和联合及调和两方面的内容。而使不同利益或冲突的各方达到联合及调和是需要疏导的，所以《管理学大辞典》上对治理的理解，实际上包括了"管理"和"疏导"两方面的意思。

由上分析不难发现，中国语境中的治理有本义"疏导"一个方面和"管理"一个方面的理解，也有"管理"和"疏导"两方面的理解。在这些理解中，虽然治理的本义出现过"管理"和"疏导"各一方面的理解，然而，研究者发现治理的意思主要体现在"管理"和"疏导"两个方面。一是因为《说文解字》《东方治理学》《辞源》《辞海》将治理的本义理解为"疏导"，《汉语大词典》《新华字典》将治理理解为"管理"，这两种理解可以看作是各自弥补了对方对治理理解的不足，这样将二者综合起来，治理就具有"管理"和"疏导"两方

---

① 汉语大词典编纂处 . 汉语大词典（普及本）[M]. 上海：上海辞书出版社 ,2012：1048.

② 商务印书馆辞书研究中心 . 新华词典 [Z]. 北京：商务印书馆 ,2001：1271.

③ 陆雄文 . 管理学大辞典 [Z]. 上海：上海辞书出版社 ,2013：405.

面的意思了。二是因为《辞源》《辞海》《管理学大辞典》三部辞典是从"管理、疏导"两方面来解释治理的。尤其是《管理学大辞典》认为治理包含"管理、疏导"两方面的意思更值得重视。因为这是一部专门解释管理及与管理相近词的辞典。这一专业性的辞典对治理解释的参照系是比较全面的，辞典的编者不能不受中国传统管理文化和治理文化的影响，同时也不可不吸收西方对治理研究的各种成果。这部辞典对治理做出管理和疏导两个方面的解释，既可以看作是对中国治理本义"管理和疏导"的继承，以及中国治理本义中"疏导"和"管理"的综合，也可看作是对西方治理本义和公共管理中治理既强调疏导又强调管理的借鉴。

3. 当下中国学者对治理的理解

以上我们考察了东西方语境中治理的本义，当下学者们对治理的又是如何理解的呢？文献检索发现，当下中国学术界对治理有四种不同理解。限于篇幅，以下每一种理解只举一例或两例来说明。第一种认为治理与管理和统治是不同的，如有学者将这两个概念进行对比后指出：管理意味着支配，在国家层面就是政府支配，行政命令。治理则不同，在国家治理和社会治理中，它要求多方参与，兼顾多方利益，治理是一个过程，是一个按规则行事的过程，治理并不意味着用一种权力或制度，简单地规范和支配他人，而是有赖于各方在持续的相互作用下，调和不同利益与诉求，以发挥治理的效能①。第二种直接对治理进行阐释，但也是从治理与管理有别的角度来解释治理的，如有学者认为治理在两个方面不同于政治上的操纵或指挥。一方面，治理不同于以往官僚层级的控制模式，它是一种政府和非政府部门共同参与的更加注重合作管理模式或网络；另一方面，治理有自己不同的体系，是调整社会秩序和个体活动的一种基本形态②。第三种是认为治理是管理的高级形态"善治"，如有学者认为治理虽然与管理不同，但他们是有联系的，治理是管理的一种"善"的管理形态，在政治

---

① 温红彦,赵平,崔士鑫,王振民,许正中,许晓东,贾立政."中国之治"与理论研究、创新传播 [J]. 人民论坛,2019,(33):24-27.

② 夏焰,贾琳琳.高等教育治理理论及其原则 [J]. 江苏大学学报 ( 高教研究版 ),2005,(02):30-34.

上看，它是指政治管理的改善过程，包括建设新的管理制度体系、协调社会公共资源和改进公共事务处理方式。在国家层面，治理要求政府权力下移及公众和社会共同参与①。还有学者提出管理中包括了治理，治理的根本特征是民主化，法治化不是其主要特征，而只是次要特征，治理强调多元主体参与，即"共治"，是管理的一种高级形态，是管理现代化的具体体现②。第四种认为治理就是管理，即管理国家的方式、方法、途径和能力。如有学者认为，英文"governance"与中文"治理"原本的含义，是统治和政府管理，是如何进行治国理政。上述四种观点前三种虽然表述不同，但认为治理与管理不同却是相同的③。第四种观点继承了治理本义的管理或统治的观点，看重的只是治理中管理的一面。看来，时下学者们对治理的理解或只是疏导的一面，或只是管理的一面，都还不是从治理本义中"管理"和"疏导"两方面的内容去全面理解治理的。

**（二）从管理和疏导两方面理解教育治理的内涵**

上面我们弄清了治理的本义包含"管理"和"疏导"两方面的含义，弄清了学界对治理的理解要么是与疏导有关的民主协调、多元共治的一面，要么是与管理有关的管控和统治的一面。由于治理的本义是理解教育治理内涵的基础，教育治理的内涵自然就包含了"管理"和"疏导"两方面的含义，而不能将"管理"和"疏导"分开来理解教育治理的内涵。下面让我们来看看当前人们对教育治理内涵的理解是否体现了"管理"和"疏导"两方面的内容。文献检索发现，时下学者们对教育治理的内容大致是从要素、过程、性质三个角度来理解的。为节省篇幅，以下每种看法也只举一例或两例来说明。从要素的角度，有学者认为民主参与、公开透明、多元协商、依法行政和科学决策是教育治理的核心内容，教育治理的重点是如何在保障教师个体需求、改善教师环境等方面支持和促进教师专业发展，教育治理的原则是严格治理，源头治理和系统治理，

① 蒋庆荣，王彩波.中国教育治理的政治学阐释[J].人民论坛·学术前沿,2018,(09):94-97.
② 褚宏启.抓住教育治理的本质[J].中小学管理,2021,(04):60-61.
③ 王绍光.治理研究：正本清源[J].开放时代,2018,(02):153-176+9.

基本策略是弘扬法治精神、民主科学及多元主体参与共治①。从形态的角度，有学者认为教育治理是扬弃传统教育管理模式后，多元化主体共同参与教育公共事务，实现教育由共治到善治目标的过程，其特点是主体的多元化及协调各主体利益的关系而实现教育的善治，共同推进教育事业发展②。从性质的角度，有学者认为教育治理的实质就是多元利益主体共同治理教育的内部事务③。还有学者提出教育治理的实质是为实现治理"善"的价值目标的路径依赖而对教育事务的共同治理④。

对上述这些对教育治理的理解进行分析发现，虽然这些理解表达的方式和内容不同，但对教育治理的基本理解均仅涉及民主协调和多元共治这方面的内容，而未涉及控制、统治等管理方面的内容。这种教育治理的理解，显然是受学者们把治理理解为民主协调和多元共治这一个方面意思的影响有关。因为把治理理解为民主协调和多元共治，那当然教育治理就是民主协调和多元共治了。既然当前人们对教育治理的理解只是民主协调和多元共治这一个方面，这种理解只是反映治理疏导一个方面的内容，对教育治理内涵的理解就不能只从这一个方面来理解，而应该在全面理解治理本义的基础上来理解其内涵。根据上面我们对东西方不同语境下治理本义考察发现，治理的内涵包括控制、统治等"管理"和民主协调、多元共治等"疏导"两方面的内容，教育治理的内涵也应包含控制、统治等"管理"和民主协调、多元共治等"疏导"这两方面的内容。如果用一概念将教育治理的这种内涵加以表述就是：教育治理是主体是在法治的基础上，运用控制、统治等管理的方法和民主协调、多元共治等疏导的方法，理顺参与治理各方的关系，调动参与治理各方的积极性，共同完成教育组织目标或任务的一种现象。

① 唐西胜, 郑梦萍. 教育治理视域下中小学教师发展机制的构建 [J]. 教师教育论坛, 2021, 34(08):35-37.

② 朱千波. 教育治理：高等职业教育管理改革的新趋向 [J]. 高教学刊, 2015, (23):154-155+157.

③ 金绍荣, 刘新智. 非政府组织参与公共教育治理：目标、困境与路向 [J]. 教育发展研究, 2013, 33(05):49-54.

④ 刘金松, 肖景蓉. 教育治理的实践逻辑探讨 [J]. 教育学报, 2021, 17(02):109-117.

## 二、教育治理体系建构的范畴逻辑

在弄清教育治理的内涵的基础上来建构教育治理的体系，这个体系实际上是探讨教育治理内涵的外延。因为教育治理外延就是教育治理内涵所指的全部的教育治理即整个教育治理现象。探讨教育治理体系实质上就是要探讨教育治理现象由哪些范畴所组成，这些范畴是一个什么样的逻辑关系，弄清了这些范畴及其逻辑，实际上就弄清了新时代教育治理体系的逻辑结构。以下先探讨教育治理现象由哪些范畴组成，然后再探讨这些范畴之间的逻辑关系。

### （一）教育治理体系由四大范畴组成

运用马克思历史唯物主义物质的实践为第一性的原理来对教育治理现象进行分析，发现教育治理现象是由教育治理活动，教育治理体制、教育治理机制和教育治理观念四大范畴所组成逻辑体系。教育治理活动是教育治理现象的起始范畴，它包括教育治理活动的主体、内容（对象）、过程和方法等。教育治理体制是为保证教育治理活动有序高效地运行而建立的机构和规范（制度）的结合体，它包括民主式的教育治理体制、集权式的教育治理体制和合作式的教育治理体制。教育治理机制是教育治理现象各部分之间的相互关系及其运行方式，它包括层次的宏观教育治理机制、中观教育治理机制和微观教育治理机制，形式的行政计划式的教育治理机制、指导服务式的教育治理机制和监督服务式的教育治理机制，以及功能的教育治理激励机制、教育治理制约机制和教育治理保障机制。教育治理观是主体在教育治理实践中对教育治理现象所产生的一种观念性的认识。教育治理观包括对教育治理现象递进逻辑认识所产生的教育治理本质观、教育治理价值观、教育治理实践观和教育治理质量观，以及对教育治理现象对应逻辑认识所产生的主体教育治理观和从属教育治理观。

### （二）教育治理范畴有着严密的逻辑关系

上述教育治理活动、教育治理体制、教育治理机制和教育治理观念四大范畴的逻辑关系是：教育治理活动是教育治理现象的起始性范畴，为了使教育治理活动有序高效，必须在教育治理活动之中或之上建立教育治理机构和教育治理规范，形成教育治理体制。当教育治理活动开始运行时，教育治理活动各要素之间要发生一定的关系并形成一定的运行方式而形成教育治理活动的机制。当教育治理体制形成时，教育治理体制的机构与规范之间，以及由这些机构和规范所组成的各种教育治理体制之间要发生一定关系并形成一定的运行方式而形成教育治理体制的机制。当教育治理体制形成之后，教育治理体制和教育治理活动之间要产生一定关系并形成一定的运行方式而形成教育治理活动和教育治理体制互动的机制。而教育活动的开展、教育体制的构建和教育机制的运行，要产生一定教育治理观念并受制于一定的教育治理观念。当教育治理观念形成后，一方面，各教育治理观念之间要发生联系并形成一定的运行方式而形成教育治理观念的运行机制，另一方面，教育治理观念要和教育治理活动、教育治理体制和教育治理机制要互动而形成整个教育治理现象的运行机制。教育治理现象就是在教育治理活动、教育治理体制、教育治理机制、教育治理观念这四大范畴的这种相互作用、相互影响逻辑中产生和发展的 [①]。

教育治理体系不仅只是由这四大范畴所组成的体系，而且这四大范畴的每一个范畴中的子范畴，都可以形成这一范畴子范畴所组成的教育治理体系。教育治理的体系就是以这四大范畴及其子范畴所组成的体系。下面以教育治理活动为例，对这一范畴中所包含的子范畴所组成的教育治理体系做一分析。

从教育治理活动的角度来看教育治理活动的体系，它是由教育治理的主体、教育治理的内容或对象、教育治理的过程、教育治理的方法等四个子范畴所组成。从教育治理的主体来看，由上面的分析可知，有学校、政府和社会宏观教育治理的主体，也有某一层（方）面的组织的中观教育治理主体，以及某一层（方）面组织内部微观教育治理主体。某一层（方）面的中观的教育治理主体如学校中的各级各类学校，政府中的各级政府，社会中的政治、经济、文化、军事等方面的组织等；某一层（方）面内部的微观的教育治理主体，如各级各类

---

① 孙绵涛，康翠萍．教育管理学：理论与范畴 [M].北京：人民教育出版社,2021；52-61.

学校内部的各级各类组织机构及机构的负责人，政府中各级政府中各个部门及负责人，社会政治、经济、文化和军事内部的各部门及其负责人等。教育治理主体的价值需求能不能单独作为一个教育治理的范畴与教育治理的主体相提并论呢？回答是不可以的，因为教育治理主体的价值或需求已经存在于教育治理的主体之中，换句话来说，教育治理主体的价值已经存在于教育治理主体之中。这里还有必要区分一下教育治理主体的价值和教育治理的价值。教育治理的价值不是教育治理主体需要的主体价值，也不是教育治理客体属性的客体价值，而是教育治理的主体需要与教育治理客体属性之间在教育治理实践活动中所产生的一种效用关系，如产生的教育治理的政治价值、经济价值和育人价值等。可见，教育治理主体的价值或需求只是教育治理价值的一部分，不能把二者等同来看待。从教育治理的内容来看，有各级各类教育的治理，有保障各级各类教育组织正常运行的人、财物、信息和时空的治理，以及组织和人的职责、权限的治理等。从各级各类教育来说，有各类的普通教育治理，职业技术教育治理，特殊教育治理，民办教育治理，家庭教育治理，社会教育治理等；有各级的学前教育治理，初等教育治理，中等教育治理，高等教育治理包括研究生教育治理。从教育治理的过程来看，包括教育治理计划的制定、教育治理计划的执行和教育治理计划的总结评价等。从教育治理的方法来看，有与管理相关的控制、统治等，有与疏导相关的民主协调和共享共治等，还有保障上述方法顺利高效实施的法治保障。

### （三）教育治理观是教育治理范畴的核心

教育治理四个范畴的核心是教育治理观，因为在由上述教育治理活动、教育治理体制、教育治理机制和教育治理观念这四大范畴组成的教育治理体系中，虽然这四个范畴都是相互作用和相互影响的，但教育治理活动的开展、教育治理体制的建构、教育机制的运行都要产生一定的观念并受制于一定的观念。从这个意义上来说，教育治理观念对其他三大范畴有着特别重要的意义，研究教育治理观念，有助于更好地理解其他三大范畴和其他三大教育治理范畴的运行。而且，我们还要认识到，单就教育治理基本理论来说，教育治理观念又是教育治理基本理论的核心，因为教育治理观是教育治理基本理论的集中体现，有什么样的教育治理观就会有什么样的教育治理基本理论。所以探讨了教育治理体系后，还要对教育治理观做进一步探讨。

对教育治理观念进行研究，有两种逻辑进路：第一种是递进逻辑。在这种逻辑中，有回答教育治理是什么的问题而产生的教育治理本质观；有回答教育治理作用是什么的问题而产生的教育治理价值观；有回答如何发挥教育治理作用所产生的教育治理实践观；还有回答教育治理实践结果所产生的教育治理质量观。教育治理本质观、教育治理价值观、教育治理实践观和教育治理质量观这四种教育治理观组成了教育治理观的一个逻辑体系。它包括应然逻辑的教育治理观体系和实然的教育治理观体系。前者表现在：有什么样的教育治理本质观，就有什么样的教育治理价值观；有什么样的教育治理价值观，就有什么样的教育治理实践观；有什么样的教育治理实践观，就有什么样的教育治理质量观。说这种逻辑是应然逻辑，是因为我们认识教育治理，首先要弄清楚教育治理是什么，然后才有可能认识教育治理的作用是什么，然后才有可能认识怎样发挥教育治理的作用，最后才有可能有弄清教育治理作用的结果。这四种观念应然逻辑的特点是起点单一，路线固定。后者所说的实然逻辑是指：在教育治理的这四种观念中，任意一种观念都可以做起始的教育治理观，然后可以形成多种相互作用和相互影响的逻辑路径。教育治理观实然逻辑的起点是多开端的，路线不是单一的，而是多变的。这两种教育治理观的逻辑都可以看作教育治理观改革的规律。也就是说，我们对教育治理观进行改革，可以按教育治理观的应然逻辑进行改革，也可以按教育治理观的实然逻辑进行改革①。

在教育治理观递进逻辑中，按照教育治理观的应然逻辑，在教育治理本质观、教育治理价值观、教育治理实践观和教育治理质量观中，弄清楚教育治理本质观最为重要，因为弄清楚了教育治理本质观，其他教育治理观就会迎刃而解了。如，认为教育治理的本质观体现在为社会占统治地位的阶级和集团服务，

---

① 孙绵涛.教育管理哲学——现代教育管理观引论[M].武汉：武汉工业大学出版社,1997：27-57.

教育治理的价值观就是为社会占统治地位的阶级和集团服务的工具，教育治理的实践观就要进行严格的管控和统治，只有这样才有可能使教育治理成为为社会占统治地位的阶级和集团服务，教育治理的质量观就体现在这种管控和统治的效果上。反之，如果认为教育治理的本质观是为人全面自由发展服务，教育治理的价值观就体现为人全面自由发展服务的工具，教育治理的实践观就要宽松、和谐，因为只有这种教育实践才有可能使教育治理为人的全面自由发展服务，教育治理的质量观就体现在这种宽松、和谐地为人的发展服务的结果上。进而言之，如果教育治理的本质观既是为社会占统治地位的阶级和集团服务，又是为人全面自由发展服务，教育治理的价值观就体现在既为社会占统治地位的阶级和集团的服务工具上，又体现在为人的全面而自由的发展的工具上，教育治理的实践观就要既要严格的管控和统治，又要宽松、和谐，教育治理的质量观既体现在管控和统治的效果上，又体现在宽松、和谐为人全面自由发展服务的效果上。在教育治理观递进逻辑的实然逻辑中，我们同样可以分析教育治理价值观、教育治理实践观和教育治理质量观这三种观念分别对其他三种教育治理观的影响。限于篇幅，这里就不一一展开分析了。

以上三种教育治理观应然逻辑状态虽然在逻辑上都是成立的，但笔者主张的是第三种逻辑状态。因为只有第三种逻辑状态的三种逻辑既符合治理的本义，又符合教育治理的内涵，而第一种和第二种逻辑状态中的三种逻辑与治理的本义和教育治理内涵是不相符的。根据教育治理观递进逻辑中的应然逻辑，四种教育治理观主要的是由教育治理本质观决定的，也就是说，教育治理本质观是否符合治理的本义和教育治理的内涵决定了其他三种教育治理观是否符合治理的本义和教育治理的内涵。所以，要说明前两种教育治理观的逻辑状态中三种教育治理观是不符合治理的本义及教育治理的内涵，以及第三种逻辑状态中三种教育治理观符合治理的本义和教育治理的内涵，只需要说明这四种逻辑状态中教育治理本质观是否符合治理的本义和教育治理的内涵就行了。通过前面考察我们发现，治理的本义是管理和疏导，进而教育治理的内涵也是管理和疏导，教育治理既要强调统治和管控的一面，也要强调民主协调和多元共治的一面。

第一种教育治理本质观是为社会占统治地位的阶级和集团服务，治理和教育治理就要加强管控和统治才能使教育治理达到这一目的。第二种教育治理的本质是为人全面自由发展服务，治理和教育治理就要与民主协调和多元共治做到宽松和谐才能达到这一目的。可见，第一种教育治理本质观强调的是严格管控和统治等管理的一面，第二种教育治理本质观强调的是民主协调和多元共治的一面，这两种教育本质观都没有全面反映治理的本义和教育治理的内涵，所以这两种本质观所反映的其他三种教育治理观自然就不会全面反映治理的本义和教育治理的内涵了。第三种教育治理本质观既是为社会占统治地位的阶级和集团服务，又是为人全面自由发展服务，治理和教育治理既要做到管控、统治，又要做到民主协调和多元共治，才能使教育治理既能做到为社会占统治地位的阶级和集团服务，又能做到为人全面自由发展服务。很明显，这种教育治理的本质观与治理本义和教育治理的内涵的管控与统治等管理的一面，以及协调民主和多元共治等疏导的一面是吻合的。由此，与这种教育治理本质观相联系的其他三种教育治理观也会与治理的本义和教育治理的内涵相一致。

研究教育治理观的第二种逻辑是对应逻辑，前面说过，这种逻辑有两种教育治理观：一种是主体教育治理观，另一种是从属教育治理观。主体教育治理观是承认教育治理主体的主体地位，使教育治理有利于人的主体性发展的一种教育治理观；从属教育治理观是使教育治理从属于社会的教育治理观，或从属于儿童教育治理观。主体教育治理观和从属教育治理观只有一种相互作用和相互影响的逻辑，要么是前者影响后者，要么是后者作用于前者[①]。在教育改革中，要注意这两种教育治理观的相互作用和相互影响。对应逻辑中的两种教育治理观，哪一种治理观符合治理的本义和教育治理的内涵呢？表面看，主体教育治理观主要与本义原意和教育治理内涵中的民主协调和共享共治等疏导有联系，而从属教育治理观与治理本义和教育治理内涵中的管控和统治等管理的一面有联系。但分析发现，主体教育治理观其实既与治理本义和教育治理内涵中的管

① 孙绵涛，康翠萍.教育管理学：理论与范畴[M].北京：人民教育出版社，2021；366-370.

控和统治等管理的一面有联系，也与治理本义和教育治理内涵中的民主协调和多元共治等疏导有联系。而从属教育治理观中的从属社会教育治理观与治理本义和教育治理内涵中的管控和统治等管理的一面有关，从属儿童教育治理观与民主协调和共享共治等疏导的一面有关。因为从主体教育治理观来看，这种观念应是有利于人的主体性发展的，人的主体性发展主要体现在能动性和自觉性两个方面。人的主体性的发展，既需要对人进行严格管理，也需要宽松和民主；一味地严格，人可能就会形成一种奴性，缺乏能动性，而一味宽松民主，人就有可能形成一种绝对的自由性，缺乏自觉性，二者结合才有可能形成一个既具能动性又具自觉性的人。从从属教育治理观来看，一方面，由于这种治理观要从属于社会，那当然这种教育治理观只与管控和统治有关；另一方面，由于这种教育治理观从属于儿童，那这种教育治理观就要尊重儿童的天性，这样就只与宽松和谐有关的民主协调和多元共治有关了。正因为这两种教育治理观与治理的本义和教育治理内涵之间有着上述不同的关联，在运用这两种教育治理观从事教育治理时，要多发挥主体教育治理观的作用；在运用从属教育治理观时，要把这种治理观从属社会的一面和从属儿童的一面结合起来，这样才有可能发挥好从属教育治理观的作用。

递进逻辑中的教育治理观和对应逻辑中的教育治理观有着紧密的逻辑联系。在教育治理观的对应逻辑中，主体教育治理观和从属教育治理观主要反映的是教育治理是一种独立的主体属性还是一种非独立的从属的属性，这种反映教育治理属性的教育治理观，也可以在递进逻辑中教育治理本质观中得到反映，比如主体教育治理本质观，从属教育治理本质观。从属教育治理观这种属性还可以在递进逻辑中其他三类教育治理观中表现出来。如：主体教育治理价值观和从属教育治理价值观，主体教育治理实践观和从属教育治理实践观，主体教育治理质量观和从属教育治理质量观。正是因为主体教育治理观和从属教育治理观具有这种关系，在教育治理实践中运用这两种教育治理观的逻辑时，一方面要发挥好主体教育治理本质观、主体教育治理价值观、主体教育治理实践观和主体教育治理质量观的作用，另一方面要注意将发挥从属社会教育治理本质观、从属社会教育治理价值观、从属社会教育治理实践观和从属社会教育治理质量观的作用，与发挥从属儿童教育治理本质观、从属儿童教育治理价值观、从属儿童教育治理实践观和从属儿童教育治理质量观的作用结合起来，做到教育治理观递进逻辑的作用与对应逻辑的作用的有机结合，搞好教育治理，以更好地促进教育的改革与发展。

这里将我们重构的教育治理新体系图示如下：

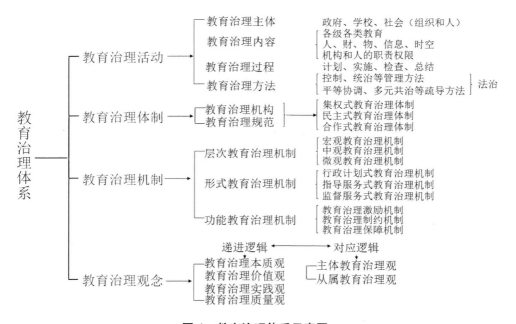

**图1　教育治理体系示意图**

## 三、教育治理体系建构的方法论

以上笔者从教育治理体系的逻辑起点、范畴逻辑来建构教育治理体系是有一定的方法论作为基础或支撑的，也可以说，笔者在研究发现教育治理体系的逻辑起点和范畴逻辑过程中，同时也创新并建构了教育治理体系的方法论。这种方法论主要体现在如下几个方面：

**（一）应对如何建构教育治理体系的角度有一个科学的认识**

有人认为是否还可以从其他的角度来分析建构教育治理的体系，比如：从理论与实践关系的角度，将教育治理划分为教育治理理论体系和教育治理实践体系；从层次的角度，将教育治理划分为宏观（国家）教育治理体系，中观（地方或区域）和微观（学校）教育治理体系；从各级各类教育的角度可将教育治理体系分为各级各类教育治理体系。可以从这些角度来建构教育治理体系吗？回答是否定的。从第一种角度来看，因为教育治理观是教育治理理论的集中体现，可以说教育治理理论主要指的是教育治理观，而教育治理观又是教育治理现象四大范畴体系中的一个范畴，教育治理的其他三大范畴也各自都有自己的理论内容。教育治理实践也已经包含在教育治理现象四大范畴中，教育治理活动、教育治理体制、教育治理机制和教育治理观念这四大范畴治理虽然是教育治理的理论范畴，但这些理论范畴也会涉及与这些范畴有关的教育治理的活动、体制、机制和观念方面的实践问题。可以说，已有的教育治理现象的四大范畴既包含了教育治理理论范畴的内容，也包括了教育治理实践范畴的内容。从第二种角度来看，宏观、中观和微观的教育治理，也同样包含在教育治理体系四大范畴中，如：正如上面分析的，在教育治理活动中的教育治理主体中，就有宏观、中观和微观教育治理主体之分，同样，在教育治理体制、教育治理机制和教育治理观念中，也有宏观、中观、微观的教育治理体制、教育治理机制和教育治理观念。从第三种角度来看，因为各级各类教育治理已经包含在教育治理活动中的治理内容或对象之中，而且，就是不把各级各类教育的治理当作治理的内容或对象，把它们中每一种教育当作单独的教育治理现象，如果对这种治理现象进行分析，一般也是要从这种教育的治理活动、治理体制和治理机制来进行分析。

**（二）要在全面把握教育治理内涵的基础上分析教育治理现象来弄清教育治理的范畴逻辑**

文献检索发现，以往的教育治理体系，主要是从三个方面来建构的：第一个方面虽然是从理解教育治理的内涵入手，但是将教育治理仅仅理解为民主协调和多元共治，参与教育治理的各方如何做到共享共治，最后达到"善治"的目的来建构的教育治理的体系。这种教育治理体系把民主协调和多元共治当作教育治理的理念或方法。如果将民主协调和多元共治当作教育治理的理念或方法来建构教育治理体系，很显然，这一体现治理本义中民主协调和多元共治一个方面的理念可体现在由教育治理活动、教育治理体制、教育治理机制和教育治理观念所组成的教育治理体系之中；如果把民主协调和多元共治作为教育治理的方法，这种教育治理体系只是教育治理活动这一范畴中的治理方法这一部分的内容。第二个方面是从教育治理活动来构建教育治理体系，也就是从教育治理活动的主体、教育治理活动的内容或对象、教育治理活动过程、教育治理活动方法等四个方面如何做到民主协调和共享共治来建构教育治理体系。根据上面对教育治理体系的分析，从这个方面构建的教育治理体系，只是从教育治理活动这一层面建构教育治理体系，显然这种体系只是整个教育治理体系中的教育治理活动层面的教育治理体系而不是整个教育治理体系。第三个方面是教育治理的主体政府、学校和社会三方如何做到民主协调和多元共治来建构教育治理体系。从这种角度只是从教育治理活动中的主体的角度来建构教育治理体系，显然这种体系只是在教育治理活动这个层面，也不可能体现整个教育治理现象的教育治理体系。以上三种教育治理体系，它们的不同点是建构教育治理体系的视角不同：第一种是教育治理活动，第二种是教育治理活动主体，第三种是教育治理本质内涵。其共同点是，它们都主张教育治理主要是通过民主协调和多元共治来进行治理。很明显，这三种教育治理体系无论是将教育治理理解为民主协调和多元共治，还是将教育治理理解为教育治理活动或教育活动的主体去建构教育治理体系，都是与我们所建构的教育治理体系是不同的。具体表现在：从对教育治理内涵的理解来说，我们所建构的教育治理体系，将教育治理的内涵理解为是统治和管控等"管理"和民主协调的多元共治等"疏导"的统一，而以往的三种治理体系只是把教育治理理解为民主协调和多元共治一个方面；从分析的出发点来看，我们建构的教育治理体系是把教育治理作为一种现象进行分析，这一治理体系是全面系统的，以往的教育治理体系，由于只是从教育治理活动或活动的主体，或教育治理方法或理念出发，所建构的体系只是我们所建构的教育治理体系的一个部分。

**（三）应避免教育治理体系内容上的片面性**

由上分析我们可以说，将教育治理的内涵理解为民主协调、多元共治等"疏导"与统治、管控等"管理"两个方面的统一，以及把教育治理当作整个教育治理现象，这二者是建构一个完整的教育治理体系充分而必要的条件。如果在建构的教育治理体系时，强调的只是民主协调和多元共治等疏导内容，即使它建构的教育治理体系是从整个教育治理现象入手而形成教育治理活动、教育治理体制、教育治理机制和教育治理观念四个范畴所组成的体系，那这一体系也不是一个完整的教育治理体系。因为这一体系只强调的是民主协调和多元共治等内容。如：在教育治理活动中，除了教育治理活动的方法要体现这些内容外，教育治理的主体、教育内容、教育治理的过程等都要体现民主协调和共享共治等内容；在教育治理体制中，必须要强化民主协调和多元共治的教育治理机构和教育治理规范（制度）的建设，而形成民主式或服务式的教育治理体制；在教育治理机制的运行方式中，必须要体现出民主协调和多元共治的运行方式特征。在层次机制上强调的不是宏观调控、集中统一为主的教育治理机制，而是以中观或微观为主的教育治理机制。在形式机制上，强调的不是行政计划式和监督式的教育治理机制，而是指导服务式的教育治理机制。在功能机制上，强调的不是制约机制，而是激励机制和保障机制；教育治理观念的教育治理本质观、价值观、实践观和质量观也都必须要反映民主协调和多元共治的性质。比如：在教育治理本质观上，教育治理的本质内涵就体现在民主协调和多元共治上，教育治理的价值观就体现在民主协调和多元共治发挥的作用上，教育治理的实践观就要运用民主协调和多元共治进行治理，在教育治理质量观上，就要以是否运用民主协调和多元共治来衡量治理水平的高低。在主体教育治理观和从属教育治理观的关系上，就偏重于教育治理要有利于发挥人主体性的民主协调和多元共治的主体教育治理观上；在从属教育治理观中的从属社会教育治理观和从属儿童教育治理观的关系上，更偏重于教育治理有利于儿童发展的民主协调和多元共治的从属儿童教育治理观上。

现在建构的教育治理新体系，由于它强调的不仅是控制、统治等管理的内容，而且还强调民主协调和多元共治等疏导的内容，因此从教育治理活动、到教育治理体制、教育治理机制和教育治理观念整个教育治理体系的内容都必须要体现"控制和统治"和"民主协调和多元共治"等两方面的内容，这一体系就是一个比较完整的教育治理体系。如：在教育治理活动中，除了教育治理活动的方法要体现这两方面的内容外，教育治理的主体、教育内容、教育治理的过程等都要体现控制和统治等管理一面和民主协调和多元共治等疏导另一面的内容；在教育治理体制中，既是强调控制和统治等管理的教育治理机构和教育治理规范方面的建设，还要强化民主协调和多元共治的教育治理机构和教育治理规范（制度）的建设。换句话说，既要强调集权式的教育治理体制，又要强调民主式和合作式的教育治理体制；在教育治理机制的运行方式中，既是强调控制和统治等管理的运行方式，还要强调民主协调和多元共治的"疏导"的运行方式，也就是说，新教育治理机制，在层次机制上既强调的是宏观教育治理机制，还要强调中观或微观的教育治理机制；在形式机制上，既强调的是行政计划式的教育治理机制和监督服务式的教育治理机制，还要强调指导服务式的教育治理机制；在功能机制上，不只是强调教育治理的激励机制，还要强调教育治理的制约机制和保障机制；在教育治理观念中，教育治理观念中的教育治理本质观、价值观、实践观和质量观既要反映出控制和统治等管理的性质特征，也要反映民主协调和多元共治的性质特征。在主体教育治理观和从属教育治理观的关系上，既要发挥主体教育治理观的作用，也要发挥从属教育治理观的作用；在从属社会教育治理观和从属儿童教育治理观的关系上，既要注意发挥从属社会教育治理观的作用，也要发挥从属儿童教育治理观的作用。

**（四）要能适应全面落实国家教育治理政策的需要**

教育治理体系是要为教育治理的实践服务的，所以建构的教育治理体系要考虑适应新时代国家教育治理的需要。为此，建构的教育治理体系的内容上要力求全面些，要能在如下两个方面适应新时代国家教育治理改革与发展的需要。

第一，要适应全面设计教育治理规划的需要，防范在教育治理实践中顾此失彼而影响整体治理效果。新时代教育治理现代化，特别需要教育治理的全局观或整体观，这样才有可能全面实现教育治理现代化，以更好地推动教育的现代化。这样，在教育治理的整体布局上，可以从教育治理活动、教育治理体制、教育治理机制和教育治理观念四个方面全方位地规划教育治理的改革与发展，避免以往或只从教育治理活动，或只从教育治理主体，或只从民主协调和多元共治教育治理方法这三种只是教育治理体系中教育治理活动这一个范畴的内容来对整个教育治理做出部署。建构的教育治理体系不仅在四大范畴整体上对教育治理做出谋划，而且在每一个治理范畴上对这一治理范畴内的治理内容做出整体策划。如在教育治理的活动上，就可以在教育治理活动的主体、内容、过程、方法和环境等方面进行全方位的考虑；在教育治理体制上，就可以从治理机构和法理规范（制度），和二者结合所形成的集权式的教育治理体制，民主式的教育治理体制和合作式的教育体制上全盘加以考虑；在教育治理机制上，可以从层次机制、形式机制和功能机制加上全方位加以考虑；在教育治理观念上，可对递进逻辑的教育治理本质观、教育治理价值观、教育治理实践观和教育治理质量观，以及对应逻辑的主体教育治理观和从属教育治理观加以整体考虑。

第二，要有利于有针对性地解决各种教育治理问题，全面落实国家的教育治理政策。教育治理涉及方方面面的问题，是一个系统的复杂工程，除了从全局上考虑教育的治理问题以外，还需要从解决教育治理的具体问题上下功夫。建构的教育治理体系在这方面的优势尤为明显。比如，在教育治理的方法或策略上，在治理理论没有运用到教育领域前，那时教育管理还是叫教育管理，主要强调的是如何加强管理来搞好教育，现在当治理理论传到教育领域后，教育治理就成了一个非常时髦的词，出现了言必称教育治理的局面，好像教育管理、教育行政、学校管理统统都不存在了，而且说到教育治理，基本上都是民主协调、共享共治，管控和统治等管理也全都看不见了。而事实上教育改革中很多事情不仅需要民主协调、共享共治，更需要严格的管理才能办好。针对教育治理中现实存在的这一问题，现在就要加强对教育治理中的严格管控的一面，这不仅是全面实现教育治理内涵本质的需要，更为重要的是落实党的十九届四中全会通过的《中共中央关于坚持和完善中国特色社会主义制度 推进国家治理体系和治理能力现代化若干重大问题的决定》中，既强调加强党的领导和社会主义制度建设等管理的一面，也强调"协调联合、民主平等、共享共治"等与疏导相关联的一面两手抓的精神需要①。再比如，由于受到在教育治理活动的方法中一味强调民主协调和共享共治的影响，在教育治理体制、教育治理机制和教育治理观念上也出现了一定程度的片面性。在教育治理体制上似乎只有民主和合作式的体制，在教育治理机制上似乎只有指导服务式的机制，在教育治理观念上的递进逻辑上，似乎只有体现民主协调、共享共治的教育治理本质观、价值观、实践观和质量观，在教育治理观的对应逻辑上似乎只有有利于发挥治理主体积极性的主体教育治理观才是最适合的。其实，在当前教育治理中，除了这些教育治理的体制、机制和观念外，集中统一的教育治理体制、行政运作式的教育治理机制和体现管控的教育治理本质观、价值观、实践观和质量观，以及从属教育治理观还是十分必要的。另外，特别值得指出的是，由于建构的教育治理体系有教育治理体制和教育治理机制两个范畴，研究发现，教育治理体制和教育治理机制在过程上是有联系的、结构上是相容的，在功能上是互补的②，这就更有利于在教育治理改革中的教育体制和教育机制同步进行改革，更好地落实中共中央《关于教育体制机制改革的决定》中提出的将教育体制和教育机制联合起来推进其改革的精神③。

【作者简介】孙绵涛，浙江外国语学院特聘教授，教育治理研究中心主任，主要研究领域为教育与教育管理基本理论、教育政策法规、教育行政与教育效

---

① 中共中央关于坚持和完善中国特色社会主义制度 推进国家治理体系和治理能力现代化若干重大问题的决定 [EB/OL].(2019-11-05)[2023-05-13].https://www.gov.cn/zhengce/2019-11/05/content_5449023.htm?eqid=e8c58352000f09690000000264657f80.

② 孙绵涛，康翠萍.教育体制改革与教育机制创新关系探析 [J].教育研究,2010,31(07):69-72.

③ 中共中央关于教育体制改革的决定 [EB/OL].（1985-05-27）[2023-05-13].https://www.flfgk.com/detail/809a10df4a9037a1f8e5e4c7ee2aeda3.html.

能、教育治理与教育组织行为；何伟强，浙江外国语学院教育学院/教育治理研究中心教授，主要研究方向为基础教育治理；吴亭燕，浙江外国语学院讲师，主要研究方向为教育管理。

# 内涵、动因与对策：新时代教师退出机制探讨

麻　健　　何伟强　　孙绵涛

## 【导言】

　　随着教育事业发展进入新的历史阶段，造就高素质专业化教师队伍需要不断健全教师管理制度，其中重要的环节就是完善教师退出机制。当前有的地方出台了一些教师退出机制的政策，引发了教师和社会广泛的关注。研究如何完善教师退出机制，是教育学界不可回避且必须要明确的问题。从教师退出机制的内涵出发，教师退出机制可以被分为退出程序、评价体系、配套措施三个部分。通过对当前形势的分析，完善教师退出机制有助于激发教师工作热情，有助于分流不合格教师，有助于教师队伍内部良性循环，有助于适应未来教育事业的发展。但是当下教师退出机制还存在着具体行政程序尚未明确、相关鉴定评价体系尚未建立、配套措施尚未健全等问题。完善教师退出机制需要政府部门继续规范教师退出程序，建立清晰的教师退出评价体系，健全教师退出相关的配套措施，同时也要做好教师退出政策的宣传和试点工作。

　　提高教育教学的质量，是当前教育改革的核心任务，而在其中提升教师队伍的素质是关键。在《中国教育现代化2035》中就从战略层面上明确将"建设高素质专业化创新型教师队伍"作为推进教育现代化的十大战略任务之一。目前，政府、教育管理部门和学校也采用多种措施来着力提高教师素质：如严把教师岗位"入口"关，实施了教师资格考试改革和定期教师资格注册制度；实施"凡进必考"的教师招聘政策，对招聘教师提出更高的学历要求。虽然这些

措施已经取得了明显的成效，但对照人民群众对高质量教育的需求，我国教师队伍仍然还存在着不少差距。如不合格教师（incompetent teacher，或称不胜任教师、不适任教师）的存在就是一个正面临的严峻问题。一些不合格教师中的极端案例一经新闻报道，时常成为社会新闻中的热点话题，引起社会舆论的广泛关注，从而致使教师队伍遭遇"污名化"的困境。对于此类不合格教师，我们不单单应该把好教师队伍的"入口"，同时也应该重视"出口"，着力推动教师队伍的"更新换代"，让更符合新时代教育发展需求的教师充实到队伍中来，而这就需要建立和完善教师退出机制。在《国家中长期教育改革和发展规划纲要（2010—2020年）》中就已经明确提出：要健全教师管理制度，不仅要完善教师准入制度，也要完善教师退出机制，形成一个更新的良性循环，而这正是新时代我国教师队伍建设的必经之路。

当前有的地方为搞好教师队伍建设，出台了一些教师退出机制的政策，引发了教师和社会广泛的关注和较强烈的反响。研究如何完善教师退出机制，是教育学界不可回避且必须要明确的问题。对于教师退出机制，学界虽然有了一些研究，如张彩云、安雪慧、郑新丽、许琪琪等研究者都已经有了一定的讨论。也有一些学者，如孙来勤、蔡永红、杨卫安等也介绍了国外这方面的有关经验。但是这些研究大多聚焦于农村教师、高校教师等特定教师群体退出机制的研究，没有从更加全面的角度来探究教师退出机制的一般理论和政策问题；另一方面已有的研究也受时代的限制，没有结合当下最新的社会和教育发展状况来探讨这一话题。因此本文首先尝试从教师退出机制的内涵与框架入手，结合发达国家的相关经验，探讨关于教师退出机制的一般理论与政策；同时也以我国当下教育发展所面对的新形势和新情况为出发点，尝试分析当下完善教师退出机制的现实动因和制度动因；并以应然分析和实然分析为基础，针对性地为我国完善教师退出机制提供相应的政策建议。

# 一、教师退出机制的基本内涵及框架

## （一）教师退出机制的基本内涵

"退出"一词，在《现代汉语词典》中的释义为"离开某种场合；脱离组织或活动"。当这个词进入到人力资本管理领域后，它就带有了"解聘""离职"的意义。但究其本源，它也并不能简单被理解为"解聘"或"离职"。从人力资本的角度来看，人才退出是根据组织自身发展的要求，以相关的考核标准和结果为依据，对不符合要求的人员按照不同的退出方式退出组织，最终达到人员与职位的相匹配，从而实现组织业绩的最大化。从中可以看到，人才退出的关键点在于对不符合要求的人才以特定的方式退出。那么从人才退出引申至教师退出的问题上，教师退出所直接指向的对象就是不满足要求的不合格教师，而这种退出是强制性的，而非是自愿性的。在这一点上，现有的研究基本上达成了共识。

对于什么是教师退出机制，一些学者也进行了研究。安雪慧认为，教师退出机制就是以教师的考核为依据，对达不到任职岗位要求的教师所采取的换岗、接受离职或在职培训、解除聘任合同等一系列制度安排[①]。郑新丽认为，教师退出机制是地区教育部门以对教师不间断的考核评价为依据，以科学合理且完善的聘用制度为前提，对教育内部达不到岗位要求的、占有教师编制、制约基础教育质量提高的教职工，采取调换岗位、降职、劝退解雇或提前退休等方式进行分化或退出的一种制度形式[②]。可见，当下学者们所认为的教师退出机制是围绕教师退出形成的一系列制度安排。

以上的定义基本阐明了教师退出机制的主要内容，但是还没有说清教师退

① 安雪慧.完善中小学教师退出机制的政策路径[J].华中师范大学学报（人文社会科学版）,2011,50(06):144-149.

② 郑新丽.新形势下我国基础教育阶段教师退出机制探究[J].教育与教学研究,2014,28(03):20-23+46.

出机制的基本内涵和所包含的丰富内容。教育机制，从其本质上来说是教育现象各部分之间的相互关系及其运行方式[①]。据此推论，教师退出机制内涵实际上就是教师退出过程所涉及的各项制度安排之间的相互关系及运行方式。教师退出并不是单纯的退出，它涉及了教师的专业评价、专业培训、行政申诉等一系列关系的处理和运作方式。基于此，本文将教师退出机制初步界定为：在公立学校范围内，以统一标准考核教师的结果为依据，对于达不到基本岗位要求的教师，根据不同情况采取待岗培训、转岗、离岗退养、解聘等分类退出措施，同时包括调查取证、专业评价、专业辅导、行政申诉、社会保障等一系列相关配套措施的一整套制度的相互关系及运作方式。

### （二）教师退出机制的基本框架

从教师退出机制的内涵和已有的研究，并结合发达国家的相关经验，我们可以从应然的层面上来勾勒教师退出机制所应包含的基本框架，这个基本框架主要由三部分组成：教师退出的主体程序、教师评价体系和配套措施。

1. 清晰的教师退出行政流程

对于整个教师退出机制而言，多部门合作、清晰明确的行政流程是整个教师退出机制得以实现的前提条件。例如在日本，文部省 2008 年通过了《关于指导力不足教师的人事管理系统指南》这一文件，公布了关于不合格教师的相关管理办法和处理措施，形成了认定、处理、研修等一系列完整的环节。从具体的流程上来说，不合格教师的退出主要划分为三个阶段：第一个阶段是"认定前"，由各级学校对具体教师的工作进行审查，在此基础上向教育委员会申报不合格教师的名单；第二个阶段是"认定中"，由教委会结合同事、家长、学生和相关专家组成的第三方组织的意见进行综合审定并得出认定结果；第三个阶段则是"认定后"，要求不合格教师必须参加改善研修，再根据研修之后的情况考虑相应教师能否重返岗位或者退出岗位[②]。再比如在英国的相关规定中，解聘

---

① 孙绵涛，康翠萍．教育机制理论的新诠释 [J]．教育研究,2006，(12):22-28.

② 王芳，周晨．日本"指导力不足教师"政策演进与运作机制研究 [J]．比较教育研究,2017,39(08):50-55.

教师主要的流程也分为三个步骤：第一步是在学校层面对不合格教师加以提醒并提供培训机会，督促其加以改进。如果在一定期限内没有改善，那么会触发第二步，即是由当地教育行政部门向相应教师下达解聘警告书，通知其再无改善将予以解聘。如果在一定期限内再无改善，那么学校可以调换教师工作岗位，如果教师拒绝或无岗位可以调换，地方教育行政部门可以做出解聘的决定并交由学校管理委员会讨论[①]。有的学者也总结了美国处理不合格教师的流程，大体上也可划分为三个步骤：第一个步骤是鉴别阶段，搜集多方和完整的证据，及时地发现不合格教师，使管理者得以处理；第二个步骤就是补救阶段，即通过各方面的措施来对不合格教师加以补救，并对补救效果加以评估，如果补救不成功再进行下一步流程；第三个步骤是评议阶段，如果确认教师属于补救无效的状况，再考虑不同的教师退出措施，包括调离、辞职或解聘[②]。

可以看到，发达国家的教师退出工作大致都可以分为三个基本阶段：即对不合格教师的发现、对不合格教师的补救和不合格教师的退出。在整个流程中，从发现不合格教师如何去调查取证，到如何对不合格教师开展补救工作，再到根据补救的效果最后决定不合格教师采取何种退出措施，每一个步骤都有较为详细的规定。教师退出工作在只有整套设计严密的流程中才得以公正合理、有条不紊地开展，使得在教师退出在执行中做到有法可依。

2. 完备的评价体系

完备全面的评价体系是完整的教师退出机制的重要组成部分，因为评价工作贯穿在教师退出机制的每一个环节中。在初期的不合格教师甄别和发现阶段，学校层面要对教师工作进行评价；在地方行政部门对不合格教师进行审定时，也要对教师工作进行评价；在不合格教师进行补救和培训的阶段，同样也需要进行相应的评价。而评价体系首先涉及的就是教师工作的评价标准，管理者应以此标准来鉴别不合格教师。在实践中，不合格教师包含了多种不同的情形。

① 茅锐，江雪梅，范文. 英国教师解聘制度述评 [J]. 教学与管理,2005，(01):78-80.

② 周成海，孙启林. 美国有关中小学不胜任教师处理问题研究的若干主题 [J]. 比较教育研究,2007，(02):65-70.

在这一方面我们也可以以发达国家的相关规定进行参考。比如日本就从教学能力、师生关系、班级管理、家校沟通、指导水平等几个维度来建立评价体系，确立了不合格教师的鉴定标准；英国则是从教学目标、促进学生发展、专业学科和课程知识、学业成绩、学生管理等方面出发建立不合格教师鉴定标准；美国从学生发展、教学知识和应用、教学计划落实、教学策略和教学评价、专业学习和伦理实践等方面来建立标准[①]。德国、法国和瑞典在法律法规上也将教师退出的缘由界定为过错型退出、健康不佳型退出、不服从教学岗位重组型退出，以及职业向低下型退出[②]。只有借助全面和细化的评价标准，才能够对教师工作有一个客观科学的评价，并以此为标准来鉴别不合格教师。

其次在现实中，评价体系也不可避免地涉及"谁来评价"的问题，也就是评价主体的问题。教师退出机制也需要有专业的评价机构。在英国的相关规定中，具体的评价工作由中小学学校管理委员会来执行[③]。在日本的教师退出程序中，就设立了甄别不合格教师的专门机构"指导力不足教师认定委员会"，同时因为教育工作本身的特殊性和复杂性，对于教师工作究竟是否合格这个问题得出专业客观的结论往往需要多方参与和跨领域的专业支持，这个认定委员会通常包括了医生、律师、家长和地方教委人员，部分地区还吸收了中小学校长、大学教授、退休教职员、临床心理学家等加入[④]。因此在这种情况下，就必然需要第三方的机构也参与到相关的评价工作中，来共同建构教师退出的评价体系。

3.健全的相关配套措施

教师退出在现实中所面临的问题是更为复杂的。实际上教师退出机制也涉及了专业取证、工作监督、权益保护、专业发展等一系列看起来与退出机制"无关"的内容。比如在不合格教师被发现之后，并不是直接要求教师退出，而是要为这些教师提供专业支持，提供补救机会。所以在退出之前在制度设计中就

① 孙来勤,张永秋.发达国家中小学教师退出机制的变革 [J].教学与管理,2022，(31):79-84.
② 李晓强.欧盟成员国中小学教师开除与解雇制度研究 [J].比较教育研究,2008,(06):81-85.
③ 茅锐,江雪梅,范文.英国教师解聘制度述评 [J].教学与管理,2005,(01):78-80.
④ 叶林.日本"指导力不足教师"问题探析 [J].外国中小学教育,2009,(05):38-40+49.

应当有安排专业的培训和指导，最大可能地对教师的职业生涯进行挽救。在其他国家的教师退出过程中基本上都设有教师暂时离岗进行专业培训的措施。再比如成熟的教师退出机制中也包括了教师权益的保护措施，因为在教师退出的相关评定中，往往存在很多的主观因素，在这之中不排除有不实的指控，这就会导致对教师合法权益的侵害。这就要在教师退出时设置公开听证和申请申诉复议的程序，让教师能够有机会为自己辩护。如美国纽约州在解聘不合格教师的程序中包含了教师申诉的步骤，当地教育行政部门会召开听证会来处理，让教师有自我辩护的机会①。又比如，教师退出并不是单纯的解聘了事，教师在退出之后就面临着从"单位人"到"社会人"的转变，因此也要设立相应的缓冲机制，应当有全面的社会保障措施来做好善后工作，帮助教师更好地适应社会生活和新的职业。以法国的教师退出机制为例，如果教师接受了辅导之后依旧无法满足标准且接近退休年龄，可以在享受全额退休保障的条件下提前退休；如果是因为健康原因导致了无法承担工作，可就医后转向非教学岗位，或接受转岗培训，或参加其他公职岗位招考②。

## 二、完善教师退出机制的动因分析

在上文中我们初步探讨了教师退出机制"是什么"的问题，那么下一个问题就是"为什么"，即为什么在当下的状况中，我们应当继续完善教师退出机制？实际上，这一方面要考虑到教育实践发展的现实性需要，完备的教师退出机制是新时代教师队伍建设的必要组成部分；从另一方面来看，这其中也蕴含着制度本身发展的必要性，因为现有的教师退出措施尚存在着种种不完善的地方，导致其往往无法正常地发挥作用。所以完善教师退出机制的动因，分别需

① 杨卫安,邬志辉.如何解聘不合格教师——美国的经验与问题[J].全球教育展望,2014,43(10):48-54.

② 孙来勤,张永秋.发达国家中小学教师退出机制的变革[J].教学与管理,2022,(31):79-84.

要从现实和制度两个方面来进行分析。

**（一）完善教师退出机制的现实动因**

教师职业一向被认为是终身制的"铁饭碗"，而教师这个职业在现在社会受到如此多的追捧的一大原因也在于此。但是随着社会具体发展阶段和教师队伍发展状况的变化，合理的教师退出也越来越凸显其存在的重要性，这就构成了完善教师退出机制的现实动因。以下笔者将从 4 个方面来探讨现实动因的问题。

1. 完善教师退出机制有利于激发教师工作热情

不可否认的是，完全的终身制在一定程度上为教师职业提供了其他职业不能比拟的稳定性，较少受到市场经济等因素的干扰，这有利于教师专注地投身于教育事业中。但是这种"旱涝保收"的终身制也有其消极影响的一面。当教师的基本的生存需求不费力地获得了完全的保障，这就容易陷入懈怠轻忽的情绪，对工作消极应付，人性中好逸恶劳的一面就容易得到放大。类似的情况在教育实践中也并不少见，对于这类情况，有研究者将之描述为教师的"平庸之恶"，即陷入到无思考、无判断的状况中，甘于平庸，只把自己当作是教育工作中可有可无的"零件"①。这种"平庸之恶"在教育场域内的出现，当然很大程度上有其个人的因素，但制度因素的影响也不可忽视。在这种状况中，教师就易于迷失责任意识，丧失了教书育人的工作热情，陷入到"躺平"的状态。再加上抱陈守旧的体制习惯影响，"躺平"的心态就会在一定教师群体中形成制度文化，形成长期的消极影响。通过教师退出机制划定教师工作的基本要求，这就为教师的日常工作明确了红线和底线。通过这种方式，就能更加充分地调动起教师的工作积极性，激发教育教学工作活力。

2. 完善教师退出机制有利于分流不合格教师群体

在现有的教师群体中，虽然绝大多数的教师都在为教育事业做出力所能及的贡献，但是仍有少部分教师已无法满足当下教育事业的需要，这就形成了不

---

① 夏青.教育场域中的"集体无意识"：阿伦特"平庸之恶"的教育学探析 [J].湖南师范大学教育科学学报,2017,16(03):51-55.

合格的教师群体。当下关于教师行业的社会新闻，如教师与学生发生不正当关系、虐待学生的身体和精神、剥削学生劳动力等师德失范事件，引发了社会舆论的强烈关注和批评。但是这些新闻中所暴露出来的部分教师师德败坏问题只是不合格教师的一种表现，在现实中不合格教师群体还有多种不同的表现。比如有的教师表现为专业上的不胜任，在专业学科知识上和教育教学知识上有所欠缺，无法达到要求的教学效果；又如有教师表现为管理上的不服从，不接受相应制度的管理，对教育教学工作造成巨大损失；再如有的教师是身体条件（包括生理和心理层面）上的不适应，无法完成预定的工作职责，等等。不合格教师群体的存在，既损害了教师群体的形象，造成了社会上对教师群体的"污名化"，又对学校正常的教学工作造成了危害，并且挤占了一定的教师编制，使得合格教师无法正常补充进来。而在现有的制度设计中，对这些不合格教师的处理往往成为工作的难点。而教师退出机制的完善有利于分流这些群体，及时对这些个人进行清退，为合格教师的进入提供空间，这是当下高素质专业化教师队伍建设的必经之路，也是保障教师队伍质量的重要举措。

3. 完善教师退出机制有利于新鲜血液进入到教师队伍

在我国过去教育事业的快速发展过程中，为解决教师数量的不足，大量民办教师、代课教师被招聘进入到教师队伍中，他们为教育事业的快速发展作出了巨大的贡献。但是随着素质教育的施行，一部分教师不可避免地出现不适应教育教学改革要求的困境。同时伴随着人口老龄化，在教师队伍中也难免会出现一批知识结构老化、职业倦怠严重的教师。另外教师因为有这份工作而拥有各种社会保障，所以一般也不愿意主动离开教师岗位。所以公办学校在教师退出上不占据主动权，基本取决于教师自己，这就导致了部分学校陷入了这样的两难之中：一方面缺乏优秀的教师，而另一方面又因为教学质量差的教师占用编制，缺乏编制来引入新教师。

但与此同时，随着我国社会中教师地位和待遇的不断提高，当下教师职业已经成为全社会关注的热门职业。根据教育部的统计，2022年报考教师资格的人数达到 1144.2 万人次，是 2016 年报考人数的 4.4 倍[①]。这意味着有越来越多的有志青年希望投入到教育事业的发展中来，也意味着教师队伍建设也有了越来越多的后备力量。而与之相应的，也需要为这些教师队伍的新鲜血液提供进入的空间。因此建立规范合理的教师退出机制，有助于教师队伍内部良性循环环境的形成，为新教师进入教育事业提供更大空间，从而有力助推高素质专业化教师队伍的建设，更好地满足教育教学改革和发展的要求。

4. 完善教师退出机制有利于适应未来的教育事业发展

众所周知，教育发展的规划必须有前瞻性和先导性，必须与社会发展的前景相适应，为社会发展提供支持。为了满足社会经济发展的需要，无论是在基础教育还是在高等教育，自从改革开放以来我国教育规模一直处于扩张的趋势。而伴随着招生规模的扩大，教师队伍也随之扩大。数据显示，我国专任教师的数量从 1993 年的 1097 万人，增加到了 2020 年的 1792 万人[②]。以往我国教育事业发展所面临的是师资缺少的问题。但是近年来随着我国社会发展到达一个新阶段，人口出生率进入到下降周期，"少子老龄化"已经是中国人口发展最基本的特征，甚至在 2022 年中国已经进入到人口负增长的状况。随着未来人口的下降，教育又将会面临与以往完全不同的问题，如教育规模过大、教师过多等问题。根据相关研究者的推算，考虑到长期的低生育率会导致义务教育学龄儿童将持续减少，义务教育招生规模也将会持续下降[③]。因此在面对这一全新的挑战上，政策设计必须做到未雨绸缪。在这种情况下，教师退出机制的建立和完善也可以帮助动态地调整教师队伍的规模，使之与未来我国教育事业发展的趋势相适应。

---

[①] 中华人民共和国教育部：介绍党的十八大以来教师队伍建设改革发展成果 [EB/OL].（2022-09-06）[2023-05-26].http://www.moe.gov.cn/fbh/live/2022/54805/mtbd/202209/t20220907_659144.html.

[②] 李琼，裴丽.建设高素质专业化创新型教师队伍——基于《中国教育现代化2035》的政策解读 [J].中国电化教育,2020，(01):17-24.

[③] 梁文艳，杜育红，刘金娟.人口变动与义务教育发展规划——基于"单独二孩"政策实施后义务教育适龄人口规模的预测 [J].教育研究,2015,36(03):25-34

**（二）完善教师退出机制的制度动因**

与教育实践中的需要相对比的，是我国教师退出机制仍处于探索的阶段。而在这种探索中不可避免地还存在着种种问题，对这些问题的改进就构成了完善教师退出机制的制度动因。以下笔者将从3个方面来探讨现有教师退出机制中存在的困难，从而阐明制度动因的问题。

1. 行政主体和行政程序尚未明确

我国的教师退出措施首先所面临的问题是在行政主体和行政程序上的不清晰。对于这一点，我们可以先来梳理相应的政策。比如在国家的层面上，《教师法》第二十二条规定，学校或者其他教育机构应当对教师的政治思想、业务水平、工作态度和工作成绩进行考核，教育行政部门对教师的考核工作进行指导、监督。第三十七条规定，教师出现不恰当行为的，由所在学校、其他教育机构或者教育行政部门给予行政处分或者解聘。《教师资格条例》第十九条规定，教师出现不良行为的，由县级以上的人民政府教育行政部门撤销其教师资格。《中小学教师资格定期注册暂行办法》也规定，定期注册不合格或逾期不注册的人员，不得从事教育教学工作；一个定期注册周期内连续两年以上（含两年）年度考核不合格；依法被撤销或丧失教师资格。2018年修订的《中小学教师违反职业道德行为处理办法》规定有不良行为的教师主要受警告记过处分、降低岗位或撤职处分和开除处分三种形式的处罚，其基本流程是由教师所在学校提出建议，由学校主管教育部门决定并报同级人事部门备案。

而在各地制定的规定中也有对不合格教师相应的处理办法。例如在2019年《安徽省中小学幼儿园教师违反职业道德行为处理办法实施细则》中规定了十三项中小学教师违反职业道德的行为，而对违反教师的基本处理流程也是由教师所在学校提出建议，由学校主管教育部门决定并报同级人事部门备案。2014年成都市教育局公布的《关于教师退出教学岗位的实施办法》中规定，"符合校际转岗或解聘条件的，由学校行政会研究后，报教师管理服务机构审核，并经所属教育行政部门审批后实施，学校应提供事实依据和说明"①。而宁波市教育局 2022 年出台的《宁波市中小学（幼儿园）教师退出机制实施办法（征求意见稿）》中也规定了教师退出则主要由"学校党组织会议研究后实施"，学校作出解聘决定的应报学校主管部门备案后实施②。

可见，关于教师退出的退出程序我国不同的文本有不同的表达。如在《教师法》中规定由"所在学校、其他教育机构或者教育行政部门给予行政处分或者解聘"，在《教师资格条例》中撤销教师资格的又是"县级以上人民政府教育行政部门"，而在《中小学教师违反职业道德行为处理办法》中则是"所在学校提出建议，由学校主管教育部门决定并报同级人事部门备案"。那么执行教师退出的主体部门应该是哪一个？在这种"政出多门"的状态中，我国法律法规并没有对这个教师退出中的关键问题给出明确回答。同时我国教师属于事业编制，是"体制内"人员。而事业编制由国家实行统一领导和分级管理，有相应的管理规定和办法。那么，教师退出机制也应该要与已有的事业编制管理办法和管理部门相协调，从而明确教师退出的相关主体和具体路径，但是这个问题在政策法规上也没有得到统一和明确的表述，这显然会对教师退出机制的运行造成阻碍。有调查显示，中小学教师普遍不赞同将"解聘不合格教师的权力下放给学校"以及"学校应成立处理不合格教师的专门机构"，因为教师普遍认为这种受管理者的个人因素影响较大，较为主观随意，从而产生了不信任感③。没有一个明确和清晰的教师退出行政程序往往导致了在现实中教师退出的相关工作陷入部门之间的相互扯皮，无法顺畅地执行。

---

① 成都市教育局：《成都市教育局关于教师退出教学岗位的实施办法》解读 [EB/OL].（2014-10-14）[2023-12-11].http://edu.chengdu.gov.cn/cdedu/c113048/2014-10/14/content_b281c11565e542beb728796657237e4e.shtml.

② 宁波市教育局：关于征求《宁波市中小学（幼儿园）教师退出机制实施办法（征求意见稿）》意见的公告 [EB/OL].(2022-11-1)[2023-12-11].http://jyj.ningbo.gov.cn/art/2022/11/11/art_1229167037_4136373.html.

③ 张彩云.中小学教师对"不合格教师"认知的调查研究 [J].教育理论与实践,2012,32(04):36-40.

### 2. 评价标准及评价体系尚未建立

现有教师退出措施所面临的第二个问题是评价标准问题。在此我们也可以先来看已有的规定。《教师法》第三十七条规定，教师失范行为包括：一是故意不完成教育教学任务给教育教学工作带来损失的；二是体罚学生，经教育不改的；三是品行不良、侮辱学生，影响恶劣的。《义务教育法》第二十九条规定，教师应当尊重学生人格，不得歧视学生，不得对学生实施体罚、变相体罚或者其他侮辱人格尊严的行为，不得侵犯学生合法权益。《教师资格条例》第十九条中也规定了教师的失范行为：存在弄虚作假、骗取教师资格的；品行不良、侮辱学生，影响恶劣的，撤销其教师资格。《中小学教师资格定期注册暂行办法》规定如果教师违反《中小学教师职业道德规范》和师德考核评价标准，产生恶劣影响，那么注册不合格。2013 年，教育部颁布了《关于建立健全中小学师德建设长效机制的意见》，其中也明确要求将师德考核作为教师考核的核心，师德考核不合格者年度考核应评定为不合格，并在教师资格定期注册、职务（职称）评审、岗位聘用、评优奖励和特级教师评选等环节实行一票否决。《中小学教师违反职业道德行为处理办法》第四条也从损害国家社会利益、违反教学纪律、歧视侮辱学生、与学生发生不正当关系等十一个方面来对教师违反职业道德的行为进行了具体的描述。在地方层面的规定中也有对教师失范行为的描述。如在福建省《中小学教师职业道德考核办法》中就规定了 20 条师德考核不合格的具体情形，包括以非法方式表达诉求、对教学工作不认真负责、以获取利益为目的，推荐学生接受有偿家教、歧视、侮辱学生等等。在宁波市出台的《宁波市中小学（幼儿园）教师退出机制实施办法（征求意见稿）》中也对符合待岗、转岗、离岗休养、解聘四种退出措施的不同情形进行了规定。

教师退出必然涉及对教师工作的评价，但是当下无论是不合格教师的评价标准，还是具体的评价制度都还存在着漏洞。比如在对不合格教师的评价标准上，在现行的规定中对于教师失范行为大多都笼统地从"师德"或"职业道德"的层面来说明。这种定义方式涵盖的领域比较狭窄，没有充分涵盖教师失范行为的各种情形。在实际情况中不合格教师的表现有多种不同的情况，不道德只是其中的一种情况，他也有可能是生理心理层面和专业技能层面上的不胜任，也有可能是在日常工作中的不服从，那么在相关的标准中后两种情况就没有被包含进去，导致无法在现实中甄别出这些不合格教师。同时评价标准的用语也比较模糊，使用如"扰乱工作秩序""品行不良""违背公序良俗"等难以客观衡量的词，这就导致判定标准可操作性不高，这无法适用于复杂的实践情境。如果教师的失范行为无法得到准确客观地界定，那么在教师退出的执行中也就容易遭遇规定不适用、证据采集困难、评定结果合法性受质疑等问题。另一方面，多主体参与的评价体系也没有完善，在"谁来评价"这个问题上还没有明确的答案。按现有的规定，学校或其他教育机构应该承担对教师的考核。但是对教师工作的完整评价并不是学校自身所能完全承担的，这将会涉及的专家评价、同行评价、学生及家长评价、跨学科的评价，甚至是司法评价和医学评价，这样多元参与的评价制度还没有确立。如果没有这样的评价制度，教师的某些失范行为也难以被科学完整地鉴定，从而使得教师退出机制难以有效运转。

3. 相关配套体系尚未健全

教师退出当然不仅仅是主要程序和评价的问题，还有相应的配套措施的问题，但我国的教师退出机制在这一方面缺乏相应的制度建设。在现有的制度中，我国教师的退出往往是"一退了之"，没有像其他国家一样有对应的配套措施。比如在不合格教师的被发现后，没有及时的专业培训和补救机制，没有"治病救人"的过程，这就可能使得原本可以被挽救的教师丧失了步入正轨的机会。再比如在教师退出的执行过程中，在我国现有的规定中也说明了教师有申诉的权利，但是具体的申诉过程应该是如何的却没有得到详细的规定，这就导致了在退出过程中缺乏民主监督的约束机制，这极易使得教师退出成为学校领导滥用职权的工具，损害教师的合法权益，这样的教师退出机制也会激起教师群体的反对。再比如在教师退出之后也缺乏相应的社会保障措施，这导致无法保障退出教师之后基本的生存权益。所以为了避免造成教师队伍中的不安定情绪，学校也很难全面地实施教师退出机制，把不合格教师完全推向社会。而对于教师来说，在这种情况下也不愿轻易地离开教师岗位，因为这往往意味着失去赖以生存的生活保障，这也会对教师退出机制的推行产生很大的阻力。这些配套措施的缺失，也是我国教师退出机制在实践中难以施行的原因之一。

综上所述，无论是从现实发展的要求来看，还是从我国现在教师退出措施中的种种不足来看，都说明教师退出确实是现在教育体制机制改革所面临的一个亟待解决的问题。因此我们需要认识到，完善教师退出机制的工作在当下确实有其紧迫性。

## 三、完善教师退出机制的相关建议

基于当下的现实情况和对教师退出机制的应然分析，同时针对我国教师退出机制中所存在的突出问题，笔者对我国实施教师退出机制提出以下几方面的政策建议。

### （一）规范教师退出程序

建立一套清晰透明又具有可操作性的教师退出程序是实施教师退出机制的关键环节。在这一点上可以推进对《教师法》的修订或出台相关的政策文件，建立国家层面的规章制度对其进行严格规定。规范教师退出程序需要系统考虑到整个退出流程应该如何设计、如何针对不同情况采取灵活的退出形式、在退出过程中如何协调学校、教育行政部门、教育评价机构之间的关系等等问题。在整个退出机制中需要划分退出程序的不同阶段，并对退出的每一个流程进行详细的规定，从而提升实践中的可操作性；其中特别需要明确的就是要确定退出程序中的主体部门，规定好不同执行部门之间的职责和权利界限，防止出现各执行部门之间出现相互推诿和不作为的现象。因此尤其在这方面尽快排除其中的制度性障碍，对相应的法规政策进行修订。此外，也要与已有的教师管理制度相协调，理顺其中的制度逻辑。同时在退出程序的制定过程中，也要注意听取广大教师的意见，更多地了解现实的实践情况，从而使退出机制能够更加满足教师群体的实际需求。

### （二）完善教师评价体系

科学客观的鉴定标准是完善教师退出机制的前提。所以在国家层面上应当制定统一的和具体可行的教师退出判定标准和考核程序，对相应的标准加以具体化，并予以说明。在制定评价体系时有三方面值得引起我们注意。

第一，建立涵盖不同情形和不同层次的判定标准，拓展和细化评价教师的不同维度，尽可能地满足实践需要。教师的不合格在教育实践中有不同的表现，教师退出的判定标准也应当尽量包括不同的维度和层次，以适应复杂的实践情境。比如在标准中应当包括教师身体和心理健康、专业知识水平、教学实践能力、职业伦理、师生关系等各方面来对教师进行全方位的考核。当然建立对教师的评价体系时我们同样需要注意避免其中的潜在风险。因为如果依据升学率、学生成绩等"硬"性指标来对教师进行评价，这不免又会有重新陷入"五唯"的危险。通过这样的方式对教师进行考核，不可避免地会导致教师将评价压力通过课程、考试等方式转嫁给学生，转而重新增加学生的课业负担，重新走回应试教育的老路。这就与我国教育改革事业的根本方向发生了冲突，那反而是得不偿失的。

第二，丰富细化相应判定标准，进一步提高标准的可操作性和专业性，为教师退出提供采信力强的证据。如英国就具体地将教师失范行为划分为三类，第一类是违反教师职业伦理的失范行为；第二类是破坏教师职业声誉的失范行为；第三类是涉及职业犯罪的失范行为。而教师失范行为的具体内容也得到了详细规定，分为身体虐待（包括击打学生、丢弃学生、下毒、烧伤等）、精神虐待（包括不给学生表达机会、故意冷漠学生、布置超出学生能力范围的任务、过分保护和过分限制学生学习与探索等）、性虐待（包括迫使学生参加性活动，如强奸或猥亵行为，还有非接触性活动，如让学生看不健康网络视频等）[①]。凭借对教师失范行为详细专业的界定，就为教师退出提供了充分的依据。

第三，各地方教育行政部门也应成立多方参与的教师退出专业考核团队或

---

① 赵阳, 李超. 英国学校教师职业伦理行为监管程序法制化研究 [J]. 外国中小学教育, 2017, (12):53-59.

机构，依据国家统一的判定标准对教师的全方位的评定。不合格教师的判定需要多个专业领域参与其中，因此各地有必要集合多领域的专家力量来组建相应专业团队，既避免出现专业性上的差错，也避免在教师退出过程中出现行政意见主导、专业意见缺乏的困境。在这个过程中，专家团队出具翔实的鉴定意见，从而使得教师退出机制有据可依、客观公正。

### （三）健全教师退出相关配套措施

配套措施是否健全也是教师退出机制是否能得以顺利运转的先决条件，但在目前制度中这方面还没有足够的重视。我们大致可以将其划分为退出机制"内部"和"外部"的配套措施。"内部"的配套措施是教师退出机制运行直接相关的措施。比如说需要建立对不合格教师的预警措施，通过主动的考核、获取家长、学生和同事的反馈或者教师的自我反思等方式，及时地在教学活动中发现不合格教师，分析其问题所在，一方面为退出程序确定目标，一方面也为改进工作提供现实材料。与此相对应的也应当建立针对不合格教师的进修辅导制度，为身处不同困境的教师针对性地提供专业学习或者专业治疗的资源，让教师能够解决所遭遇的困难，使其有挽救自身职业生涯的机会。例如对患有轻微心理疾病的教师，学校使其暂离岗位，可以提供特殊支持，帮助教师解决问题重返岗位。同时也需要建立对教师失范行为的专业调查取证制度，及时地搜集教师失范行为的证据，为退出程序提供证据支持。

"外部"的配套措施指相对独立于教师退出程序的一系列措施。比如在整个退出过程中建立公开透明的民主监督机制，从而让教师享有充分的知情权，让教师退出摆脱"黑箱"的状态；同时还要设置有效的教师申诉渠道和听证制度，当教师个体认为退出不符合规定或是对他们合法权益的破坏时，他们能够充分地利用制度的武器来维护自己的权益。此外也包括教师退出之后的社会保障措施，帮助退出教师能顺利地从"单位人"转型为"社会人"。如教育行政部门可以与地方人力资源管理部门合作，鼓励并安排退出教师参加其他行业的技能培训，帮助退出教师找到其他工作；另外对于解聘这样的退出方式，也可以考虑采取离职补偿的办法，给退出教师一定补偿，以满足其一定时间内的基本生存需要。

### （四）做好相应的政策宣传和试点工作

鉴于教师退出这一话题所引起的广泛关注和激烈的舆论争议，对教师退出机制的种种误解会为相关工作的开展带来不必要的阻力。比如将教师退出机制理解为"末位淘汰"或者是彻底打破"铁饭碗"，取消教师职业的基本保障等。由于有些教师对退出机制的意义认识不足，这就会导致类似的不正确解读广泛传播，引发教师群体内部的焦虑情绪，对教师退出机制激烈地进行反对，从而加大了政策执行所遭遇到的阻力，甚至会影响到正常的教育教学工作。所以政策宣传工作需要向社会大众明确地解释当下提出教师退出机制的着眼点、必要性和基本措施是什么。各地各级政府、教育管理部门和宣传部门应适当运用新闻媒体对教师退出机制做出正确的解读，充分阐释教师退出机制在教育改革事业中的重要意义，引导形成良好的社会舆论，避免对相关政策的种种误解从而引发无谓的恐慌。此外，由于我国教育事业发展的不均衡，各地区教师队伍现有的情况也各有不同，所以教师退出机制的推行也面临着各种复杂的情况，政策的铺开也会面临许多的问题。同时由于我国教师群体是一个较为庞大的群体，许多教师对于教师退出机制的到来尚无充分的思想准备，所以尚未具备一下子全面铺开的条件。因此也可以选择一部分有条件的地区进行政策试点工作，总结试点地区政策执行过程中的经验教训，从而为教师退出机制在我国的全面铺开奠定经验基础，创造有利条件。

【作者简介】麻健，浙江外国语学院讲师，主要研究方向为教育基本理论；何伟强，浙江外国语学院教育管理 / 教育治理研究中心教授，主要研究方向为基础教育治理；孙绵涛，浙江外国语学院特聘教授，教育治理研究中心主任，主要研究领域为教育与教育管理基本理论、教育政策法规、教育行政与教育效能、教育治理与教育组织行为。

# 我国教育发展规划法治化建设的三重维度 <sup>*</sup>

## 孙诗丹

**【导言】**

教育发展规划作为教育事业发展的重要载体，围绕其开展的法治化建设构成教育现代化的应有之义，可以从三重维度加以理解。宏观框架层面，我国教育发展规划治理作为一种教育共同体决策的教育法治范式，因汇集了治理型决策、知识型决策和经验型决策三种属性而具有合法性基础，进一步要求决策机制朝着法治化方向发展。中观耦合层面，通过对我国中央和地方两级教育发展规划文本的分析，关注两级规划间的运行互动，可知我国教育发展规划作为一类规范载体，兼具政策性和规范性。微观要素层面，教育发展规划法治化包括教育高质量发展目标蕴含的基本权利、教育发展规划体系化建设的相关规范和教育发展规划的法定化正当决策机制。

教育事业的现代化建设作为社会治理体系和治理能力现代化建设体系的重要组成部分，新时代朝着法治化进一步发展属于教育建设的应有之义。毋庸置疑，厘清教育治理现代化的法治逻辑既是教育治理现代化的现实需要，也是探寻教育发展本质的根本要求，具有重要的理论和现实意义，其中教育发展规划是推动我国教育法治化建设的关键一环。作为教育治理现代化建设活动中的一

---

　　* 基金项目：中南财经政法大学中央高校基本科研业务费专项资金"宪法说理的展开逻辑及其功能整合"，项目编号：202410607。

项重要规范载体，教育发展规划承载着丰富的意涵，以促进教育发展为导向，旨在实现各项教育目标。具体而言，当前我国已经形成了以中长期教育规划为战略主轴，以五年教育事业规划为重要支撑和以年度教育规划为重要补充的教育规划层级体系[①]，尽管各层次规划侧重点存在差异，然其内在运作遵循着一套贯通的逻辑。据此，本文立足于概括范畴上的教育发展规划，试图从包括宏观层面范式构建、中观层面规范分析和微观层面要素探讨在内的三重维度，对我国教育发展规划的法治化建设进行研究。

## 一、宏观框架：作为一种教育共同体决策的法治范式

宏观框架下，教育发展规划首先是多方教育共同体所达成"治知行"合一的决策共识，其次，教育发展规划法治范式要求教育治理的法治化回应。

### （一）教育共同体达至决策共识

1. 多方力量共同寻求教育发展

通过溯源世界范围内教育发展规划的历史形态，可以发现这一规范在联结社会的教育系统与发展目标之间发挥着重大作用，作为教育共同体决策共识的载体由来已久。两千多年前，斯巴达人通过筹划教育以配合军事、社会和经济目标，柏拉图描绘出为雅典领袖人才需求和政治目的服务的教育计划，汉代的中国与印加帝国的秘鲁都围绕着教育展开规划以满足特定的公共目的。16世纪起，规划持续成为教育事业改革、谋求社会发展的有效工具，在各个国家地区教育行政主管部门、教育机构、教育工作者以及社会公众围绕着当地一段时间内教育事业的建设中发挥着重要作用。二战成为教育发展规划现代化转变的分水岭，战后全世界的教育系统都受到了外在环境剧变的影响，围绕着教育事业的复兴建设需要更广泛、更复杂的筹划和安排，亟需制作长期教育规划用于指

---

① 高书国, 杨海燕. 中国教育规划的价值追求与模式转型 [J]. 中国教育科学（中英文）,2019,2(04):38-49.

导。与此同时，随着新式教育的发展，经济学家、社会学家等相关学科的研究者也参与到教育规划的建设中，与教育行政领导者在教育治理理念上达成一致，同时吸纳广大教育工作者、学生及其家长的需求，朝着"社会需求""劳动力取向"发展[①]。由此可见，教育发展规划的生成实际涉及多方力量的参与，它们因教育决策活动形成了事实上的教育事业共同体，并经由系列决策进行沟通交流、化解突出分歧、达成基本共识，一同谋求促进教育事业的发展。

2. "治知行"合一的决策共识

进一步聚焦教育决策的具体内容，可以将其视为由治理型决策、知识型决策和经验型决策三者合一的决策共识。教育发展规划蕴含的治理型决策体现为规划的政治属性。无论是西方语境下聚焦国家公共决策中各方利益诉求表达、注重形式理性的规划决策理论和指向社会具体问题解决、关注实质理性的规划目的理论，还是我国经济社会生活发展中集合了中国共产党治国理政的重要方法、政府落实国家战略理念的场域以及政治动员与社会公众参与治理的途径为一体的综合性、内生性规划，规划治理本身即隐含着一个政治进程，要求在众多不同利益群体共同发挥作用的领域建立意志或取得认同，以便实施某项计划[②]，教育发展规划实质上属于一种政治性或治理性的改革方案[③]。教育发展规划知识型决策是教育理论者或知识建构者以理论知识为依据，或立足于教育发展规划制定主体的认知理性来提出规划方案，依赖于学术思维和站在知识立场来选择而形成的学理性方案和评价模式。教育发展规划的经验型决策则是办学实践者或行为操作者以实践、客观事实为依据，或立足于教育发展所规定的行动范围来提出规划方案，形成的一种事实经验式或操作性较强的管理工作方案。总体而言，教育发展规划和决策方案的选择是一个教育共同体达成教育共识的

---

① 根据美菲利普·H.库姆斯，英玛琳·伍德豪尔，法奥利弗·贝特朗著：《教育规划基础》，上海教育出版社 2009 年版的第二、三章内容总结梳理。

② 俞可平主编.治理与善治[M].北京：社会科学文献出版社,2000：09,16-17.

③ 康翠萍."治策"、"知策"、"行策"：教育发展规划决策模式及其选择[J].教育研究,2015,36(09):46-50.

过程，包括政策、理论、实践在内的三重立场需予充分考虑。其中，理论者或知识建构者是认知理性的代表，实践者和行动操作者则立足事实立场，唯有理论与实践相结合，教育发展规划的知策模式与行策模式相结合，形成"治策—知策—行策"相统一的协同模式，才能进一步产生实质性效应。

**（二）教育发展规划法治化回应**

教育发展规划作为一种决策共识，教育发展规划治理的法治化回应包括静态的决策共识层面与动态的决策运行层面两个方面，前者构成基于多方决策共识的合法性基础，后者则是教育发展规划治理的法治化要求。

1. 多方决策共识形成的合法性基础

教育发展规划作为一种决策模式，基于参与者身份的不同具有多重定位：就行政主管者主体而言，基于政治取向与政策立场的倾向，形成了治理型决策模式；在理论研究者层面上，基于认知取向与知识建构的倾向，从而形成了知识型决策模式；在实践主体层面上，基于行为取向和事实立场的办学实践，形成了经验型决策模式。"教育发展规划本质上是一个协同的过程"[1]，它把教育共同体聚集在一起，共同实现教育发展的使命、愿景和目的，共同完成教育发展事业。据此，教育发展规划决策是在充分考虑政策、理论、实践的三重立场的基础上谋求目标一致达致的决策共识，教育发展规划的合法性也正是经由多方不同立场主体为实现共同的社会群体利益进行民主化的商谈与政治性辩护，得以一步步确立与彰显。

2. 教育发展规划治理的法治化要求

教育发展规划作为教育治理领域内的一项决策方式，对推动教育发展规划的法治化具有重要作用，集中表现为依法决策工作机制的规范化。包括"完善重大行政决策程序制度""推进国家教育科学决策服务系统建设""发挥专家智库的决策咨询作用"等[2]。具体而言，在教育发展规划决策形成的过程中，通过

---

① 陈建华. 如何制定学校的发展规划——西方教育发达国家的 SDP 项目及其启示 [J]. 全球教育展望,2004,33(04):61-65+31.

② 注：由 2017—2021 教育部关于年度法治政府建设工作情况的系列报告整理所得。

召开座谈会、研讨会、书面征求意见或网上公开征求意见等多种形式广泛征求各行政部门、各级各类学校、不同领域专家学者和社会公众的意见，进一步提升公众参与程度，切实提高教育决策的民主化水平。尤其是高度重视教育智库建设，鼓励高校和相关科研机构充分发挥特色优势，开展跨地区、跨学校、跨学科联合协同攻关，开展综合性、全局性、前瞻性及国别与区域研究，为教育领域科学决策提供有力支撑。设立教育部法律咨询专家委员会，在教育决策中发挥法律专家的作用以提升教育决策的专业性。

## 二、中观耦合：兼具政策性和规范性的发展规划政策

中观层面上，聚焦教育发展规划文本进行规范化分析，通过探讨中央、地方、中央和地方互动三个层面，得出发展规划政策兼具政策性和规范性的结论。

### （一）教育发展规划文本的规范化分析

按照当前教育发展规划体系的类型划分，教育事业整体发展规划作为反映我国特定时期内全局性的教育建设动态，在文本载体层面集中表现为中央和地方制定的中长期规划。聚焦教育发展规划规范层面的文本分析，同样属于对规划法治化研究的应有之义。其中，基于规划具有灵活性和时效性，本文在选取教育发展规划文本规范时，尽可能选择了聚焦总体战略布局设计一类的长远规划，以保证分析结论在未来一段时间内仍具有稳定性。

1.中央层面的教育发展规划分布

当前在北大法宝上收录的中央层面的中长期教育发展规划文本共十余部，包括面向本世纪两个新时期节点教育事业长足发展颁布的两个教育改革方案和现代化建设规划纲要，自 20 世纪 90 年代"八五"计划以来颁布的五个教育事业五年规（计）划，以及面向国家高等教育、西部教育事业和老年教育事业颁

布的发展规划①。从发展规划颁布制定的主体来看，第一类教育改革方案和现代
化建设规划纲要是由中共中央与国务院联合印发的，第二类教育事业五年规划
则是由教育部或者国务院单独制定的，第三类存在专项、区域限定的教育发展
规划，则是由与之相关的国务院组成部门负责制定的。就规划规定的内容而言，
通常包括战略背景、总体思路、战略任务、实施路径和保障措施五个部分。下
面将以中共中央、国务院 2019 年印发的《中国教育现代化 2035》这一最新的
文本为例，对教育发展规划的构成展开探讨。

### 表 1 中央层面的中长期教育发展规划文本类型梳理

| 规划类型 | 规划名称 | 发布时间 |
|---|---|---|
| 第一类：<br>由中共中央、国务院联合印发 | 《中国教育现代化 2035》 | 2019 |
| | 《加快推进教育现代化实施方案（2018—2022 年）》 | 2019 |
| | 《国家中长期教育改革和发展规划纲要（2010—2020 年）》 | 2010 |
| 第二类：<br>由国务院、教育部单独印发 | 国务院印发《国家教育事业发展"十三五"规划》 | 2017 |
| | 《国家教育事业发展第十二个五年规划》 | 2012 |
| | 教育部印发《国家教育事业发展"十一五"规划纲要》 | 2007 |
| | 《全国教育事业"九五"计划和 2010 年发展规划》 | 1996 |

① 注：具体参见北大法宝上对"教育发展规划"的检索，https://www.pkulaw.com/law?isFromV5=1。中央层面，选取的全局性教育发展规划样本包括：2019 年中共中央、国务院印发的《中国教育现代化 2035》《加快推进教育现代化实施方案（2018—2022 年）》、2017 年国务院印发的国家教育事业发展"十三五"规划的通知《国家教育事业发展"十三五"规划》、2016 年国务院办公厅印发的《老年教育发展规划（2016—2020 年）》、工业和信息化部印发《部属高校教育事业发展规划（2016—2020 年）》，2012 年《国家教育事业发展第十二个五年规划》，2010 年中共中央、国务院印发的《国家中长期教育改革和发展规划纲要（2010—2020 年）》，2007 年教育部印发的《国家教育事业发展"十一五"规划纲要》，2004 年教育部、国务院西部开发办印发的《2004—2010 年西部地区教育事业发展规划》，1996 年《国家民委高等教育事业"九五"计划和 2010 年发展规划纲要》《全国教育事业"九五"计划和 2010 年发展规划》，1990 年国家教委《教育事业"八五"计划和十年规划工作有关问题》。

续表

| 规划类型 | 规划名称 | 发布时间 |
|---|---|---|
| 第三类：<br>由国务院组成部门<br>印发的专项、区域<br>教育发展规划 | 国务院办公厅印发《老年教育发展规划（2016—2020年）》 | 2016 |
| | 工业和信息化部印发《部属高校教育事业发展规划（2016—2020 年）》 | 2016 |
| | 教育部、国务院西部开发办印发《2004—2010 年西部地区教育事业发展规划》 | 2004 |
| | 国家民委《高等教育事业"九五"计划和 2010 年发展规划纲要》 | 1996 |
| | 国家教委《教育事业"八五"计划和十年规划工作有关问题》 | 1990 |

《中国教育现代化 2035》作为未来一段时间内我国教育事业建设发展的纲领性文件，全面系统地描述了 2035 年中国教育现代化的蓝图。在战略背景上，该纲领性文件是对我国"教育面向现代化、面向世界、面向未来"教育事业发展理念的回应，具体包括回应联合国发布的 2030 年可持续发展议程，响应全面建成小康社会的要求，以及顺应人们对优质教育的需求。建设的总体思路包括更加注重"以德为先、全面发展、面向人人、终身学习、因材施教、知行合一、融合发展和共建共享"的八个基本理念以及"坚持党的领导、坚持中国特色、坚持优先发展、坚持服务人民、坚持改革创新、坚持依法治教、坚持统筹推进"七大基本原则。文件的战略任务则是聚焦于教育发展思想、先进的优质教育、各级教育高水平普及、教育服务均衡、终身学习体系、人才培养、教师队伍建设、教育信息化、教育开放和教育治理体系十个方面，展现出中国教育现代化在教育各领域的改革与发展。此外，文件还提出了实施路径要求，从政策执行角度强调各地区因地制宜、分步推进、有效实施和改革探索，旨在激发各地推进教育现代化建设的改革与创新。在保障措施上，则高度强调各级政府领导、教育经费投入制度保障和全社会参与机制等方面[①]。

与此同时，还应关注到党的二十大报告中关于教育事业建设发展的相关部

---

① 注：详情参见《中国教育现代化 2035》。

署。二十大报告中专设"实施科教兴国战略，强化现代化建设人才支撑"部分，要求"坚持教育优先发展""加快建设教育强国"，围绕如何"办好人民满意的教育"展开了一系列规划<sup>①</sup>：从"全面贯彻党的教育方针"到"坚持以人民为中心发展教育"，兼顾"加快义务教育优质均衡发展和城乡一体化，优化区域教育资源配置，强化学前教育、特殊教育普惠发展""统筹职业教育、高等教育、继续教育协同创新"，并进一步强调"深化教育领域综合改革""推进教育数字化"。

2.地方层面的教育发展规划分布

当前北大法宝上关于地方层面教育发展规划的规定条目较多，基于规范分析的聚焦性考量，选择集中于对"十四五"期间所颁布的全局性教育事业规划进行研究，经检索，共有近五十部地方教育发展规划文件。辽宁、吉林、江苏、四川四个省份制定了十余部省市《"十四五"教育发展规划》，山西、内蒙古自治区、黑龙江、江苏、安徽、山东、河南、湖南、四川、贵州、云南、陕西和甘肃这十三个省份制定了近四十部省市《"十四五"教育事业发展规划》，海南和天津还印发了地区《"十四五"教育现代化规划》<sup>②</sup>。结构内容一般由发展背景、总体要求、主要任务和保障措施四个部分构成，且兼顾了中央层面的普遍发展状况和当地的特色实际情况两个方面。其中，地方的实际情况通常是通过当地所设置主要发展目标对应的系列指标数值加以呈现的。

**表 2 "十四五"期间地方层面部分省市教育发展规划样本**

| 规划地区 | 规划名称 | 发布时间 |
|---|---|---|
| 辽宁省 | 《辽宁省"十四五"教育发展规划》 | 2021 |
| | 《抚顺市"十四五"教育发展规划》 | 2022 |
| 吉林省 | 《吉林省"十四五"教育发展规划》 | 2022 |
| | 《吉林市"十四五"教育发展规划》 | 2022 |
| | 《通化市"十四五"教育发展规划》 | 2022 |

---

① 习近平.高举中国特色社会主义伟大旗帜 为全面建设社会主义现代化国家而团结奋斗 [N].人民日报,2022-10-26(001).

② 注：通过在北大法宝上分别输入"教育事业发展规划""教育发展规划""教育事业现代化"系列关键词，限定于地方层面，可以检索得到一系列相关规划，对此进行初步总结。

续表

| 规划地区 | 规划名称 | 发布时间 |
|---|---|---|
| 江苏省 | 《江苏省"十四五"教育发展规划》 | 2021 |
| | 《常州市"十四五"教育发展规划》 | 2021 |
| | 《徐州市"十四五"教育发展规划》 | 2021 |
| 四川省 | 《成都市"十四五"教育发展规划》 | 2022 |
| | 《乐山市"十四五"教育发展规划》 | 2022 |

作为"十四五"期间地方层面最早出台的教育发展规划，浙江省的"十四五"教育规划是结合浙江省委建议、浙江省远景目标纲要和教育现代化行动纲要的部署与浙江教育发展实际制定的[①]。第一部分"一、现实基础和面临形势"开篇即指出浙江省在教育现代化建设中旨在打造"全面展示中国特色社会主义制度优越性的重要窗口""高质量发展建设共同富裕示范区""人才强省和创新强省"的定位，紧接着在"二、总体思路"中对"指导思想""基本原则"和"主要目标"做出了细化规定，以"一级维度＋二级指标"的形式加以呈现。接下来，便是围绕着教育事业建设"全面落实立德树人根本任务""大力发展优质普惠学前教育""促进中小学高质量发展""深化实施高等教育强省战略""推进职业教育高水平融合发展""构建服务全民终身学习教育体系""打造高素质教师队伍""加快教育数字化改革""扩大教育开放合作""深化教育领域综合改革"的十个重点议题项目依次展开，并在最后设置了促进发展规划实施的保障措施。

3.央地两级教育发展规划的互动

围绕着中央和地方两级的教育发展规划文本在动态运作上的互动，能够更好地反映教育发展规划的内部体系性。在中国特殊的政治语境下，教育发展规划是经由中央"制定全局性政策"和地方"分散政策试验"，形成的多层次、多

---

① 注：三部规范全称依次为：《中共浙江省委关于制定浙江省国民经济和社会发展第十四个五年规划和二〇三五年远景目标的建议》《浙江省国民经济和社会发展第十四个五年规划和二〇三五年远景目标纲要》《浙江教育现代化2035行动纲要》。

主体之间不断协商调整的循环过程①。具体而言，由于党和国家相互"嵌入"的独特结构和政治生态，公共政策的执行表现为"高位推动"②，地方规划意见的政策响应程度与"高位"向下传输时的"压强"存在着紧密的关联：制定于21世纪伊始的《国家中长期教育改革和发展规划纲要（2010—2020年）》，对我国21世纪教育事业的中长期发展做出了战略布局，纲要中展望到2020年的战略主题，成为该时期地方制定纲要遵循的重点方向。发布于2019年的《中国教育现代化2035》则为教育现代化建设提供了指引，随后各省市相继制定了地方《纲要实施意见》的文本从出台的时间、核心原则、内容框架与中央保持着较高的协同一致。

与此同时，利益和资源两大要素在地方教育发展规划制定的调适中发挥着根源性的作用。利益能够调适政策导向，指向满足当地生存发展各方面需要和整体发展，资源则限定了政策制定者在地方规划中政策目标设定空间和方式选择范围①。具体而言，地方在制定教育发展规划时会注重发挥授权性的自主选择权限，结合当地的实际情况，倾注不同的机制或者工作手段，突出发展地方特色的教育产业；在一定程度上仍然属于对上位发展规划的进一步细化。与此同时，基于教育发展规划是一种具有相对固定时限、周期性的渐进式治理模式，新近出台的五年规划并不会因上一个规划所规定适用时间的达致而自动失效；相反地，上一个五年规划中的一些内容会被下一个规划予以吸纳，经过改造后继而发生效力并予以进一步实施。就这一运作模式而言，地方层面的上一个教育领域的五年规划在一定情况下还能成为上级教育发展规划的参考来源。

---

① 高晓文,于伟."教育规划"在深化改革中的决策机制:职能、布局与限制[J].基础教育,2016,13(02):5-10+38.

② 贺东航,孔繁斌.公共政策执行的中国经验[J].中国社会科学,2011(05):61-79+220-221.

① 谢碧霞.青年发展规划的政策传导及其影响因素研究——以省级青年发展规划文本为分析对象[J].中国青年社会科学,2020,39(03):1-11.

### （二）兼具政策性和规范性的教育政策

1. 教育发展规划具有政策性

沿着教育发展规划作为一种治理范式的思路，动态运作层面的教育发展规划集中表现为一种政策生成模式，具有政策性，集中表现为教育发展规划在做出特定方向选择、立场确立、技术运用和时空布局的同时，为不同层次、代表不同利益的主体提供了达致共识的实践方式，无疑是一种政治决策的表达过程。具体而言，政策性贯彻于整个发展规划的编制活动，不同主体的规划制定参与权表现为一种价值体系，既包括制定规划的现实力量，也包括规划程序的正当化[①]。其中规划决策者在规划制定的过程中决定着教育发展规划制定的方式，进而影响着规划的形成模式，规划研究者与规划评价者则更多地从相关的理论知识上提供专业性意见，以赋予发展规划以更多的合理性、进一步重构其合法性，保障与提高发展规划的有效性[②]。而进一步通过回顾中华人民共和国成立以来教育规划的历史，我国教育发展规划经历了从注重行政指令到加强政策调控的演变历史[③]，实际上是一个在体现政治功能性基础上逐步注重和强调政策性的过程。

2. 教育发展规划具有规范性

就结构形式及其内容而言，教育发展规划基于自身呈现出"目标—手段"的规范构造，以目标设置为导向，遵循教育自身的规律和特点，符合教育发展

---

① 康翠萍，苏妍，刘璇. 政策性与法律性统一：新时代教育发展规划之应然范式 [J]. 教育科学,2021,37(02):46-53.

② 苏君阳. 知识冲突与教育发展规划的制定 [J]. 北京师范大学学报（社会科学版）,2006,(06):5-12.

③ 注：我国教育发展规划的演变具体包括三个阶段：第一阶段是"第一个五年"计划到"六五"计划。该时期教育发展计划经历了从包含于国民经济社会发展计划到逐渐独立出来的过程，尤其强调文化教育必须以国民经济发展为前提和基础，国民经济发展又必须有一定的文化教育事业来提供保证。期间规划注重行政指令的主导，主要是在党中央的直接领导下制定和完成的。第二阶段是"七五"计划到"十五"计划。该阶段国家教育事业发展规划的战略、政治地位前所未有，教育现代化建设进入新的历史阶段，政策调控作用不断加强。第三阶段是"十一五"规划以来至今，总体而言，有关规划编制过程中，中央政治局集体学习并专门讨论教育问题，整个规划制定仍然离不开中央的直接领导，坚持政治方向的前提下尤其重视政策依据和政策调控。

的内在机理与逻辑。如国家教育事业"十四五"发展规划根据我国教育事业近年来的实际发展，确定了一系列发展任务、目标和要点①。就运行程序而言，教育发展规划从生成到实施，都遵循着一套特定的规范步骤和顺序。与此同时，为落实上述内容层面的目标而设置配套机制的项目工程制度，构成了发展规划规范性落实的效力机制。项目制则是在规划指引下人才、财政、物力等资源集中于若干重大项目和工程配置。具体而言，为保障"十四五"教育事业发展规划中所设置十个发展目标的实施，十二个与之配套的行动计划工程随之而来②，依次包括"新时代爱国主义教育工程""中小学健康促进行动""第四期学前教育行动计划""义务教育年限延长行动计划""高中阶段教育全面普及计划""'双一流'深入推动工程""产教融合攻坚成果巩固工程""教育脱贫攻坚成果工程""相对贫困学生资助计划""师德师风建设工程""师生信息素养全面提升行动计划""'教育数字基建'工程"在内的十二项行动计划工程。此外，发展规划中关于法律责任的设置为规划目标的实施提供了后置性保障。

3. 兼具政策性和规范性的教育政策

由此可见，运行层面作为治理模式的教育发展规划从其制定到实施过程都以科学发展观为指导思想，注重平衡教育利益，强调顺应形势而与时俱进，具有科学预测性、平衡协调性和相对灵活性，进而充分体现了执政党、国家和人民的意志③。从发展规划设置的具体议题事项和整个的运行程序来看，发展规划具有突出的政策属性，无疑属于一种全局概括式的公共政策，更准确地来说应称之为发展规划政策。规范层面，教育发展规划作为一种规范文本具象载体形

① 注：具体包括：确立了"立德树人"的根本任务、"加快教育现代化"的目标和"高质量发展"的主题，由此规定了包括"培养德智体美劳全面发展""实现基本公共教育服务均等化""完善职业教育和培训体系，促进高等教育发展""构建服务全民终身学习教育体系""提高教育质量""提高教育对区域发展的支撑和服务能力""加强建设高素质专业化创新教师团队""完善教育投入长效机制""探索大力发展智慧教育""健全教育法律体系建设"在内的十个教育事业科学化发展方向。

② 周洪宇.2021年：科学编制国家教育事业发展"十四五"规划[M].武汉：湖北教育出版社，2021：21-22,2-3.

③ 徐孟洲.论经济社会发展规划与规划法制建设[J].法学家,2012，(02):43-55+177.

式的发展规划，体现为以发展规划纲要为核心、各区域或专项规划为补充的一系列具体规范。其中作为总体性规划的教育发展规划纲要，从指导思想到目标宗旨，再到各具体章节部分的安排与规定，均是围绕着如何促进该阶段教育事业的进一步发展展开，结合系列目标实施机制产生的实际效力，具有规范属性。至此，教育发展规划的本质属于政策和法律的耦合产物，是一种兼具政策性和规范性的公共政策。

## 三、微观机制：教育发展规划法治化运行的构成要素

微观层面上，涉及教育建设发展的基本权利、教育发展规划体系的相关规范、教育发展规划的法定决策机制，共同构成教育发展规划法治化的关键要素，在其法治化运行过程中发挥了重要的促进作用。

### （一）教育高质量发展目标蕴含的基本权利

#### 1. 受教育权朝着公平优质发展

促进教育的高质量发展构成教育发展规划的关键目标，旨在推动公民基本的受教育权，满足"人民群众的高质量教育需求""形成彼此关联、相互贯通的宏观教育体系"，要求"坚持教育公益性原则""健全学校家庭社会协同育人机制""促进教育公平，推动义务教育均衡发展和城乡一体化，提高高等教育质量，提高民族地区教育质量和水平"[①]。可以说，受教育权作为教育发展规划法治化建设的重要构成要件，是我国教育事业发展进程中不可或缺的载体。尤其是新时期受教育权在教育高质量发展目标的预设下，以义务教育阶段为原点，不断向高中阶段教育、职业教育、高等教育、继续教育等非义务教育阶段，逐步朝着

---

① 习近平. 高举中国特色社会主义伟大旗帜 为全面建设社会主义现代化国家而团结奋斗 [N]. 人民日报 ,2022-10-26(001).

公平优质受教育权递进①，无疑是将教育发展规划所预设的教育发展目标作为基本权利的保护范围，纳入到教育法治化建设当中。

2. 高质量教育发展的进一步追求

高质量的教育作为教育领域的发展目标，肯定了发展作为人的"在世方式"，面向满足于人的内在需求，所谓教育发展，准确来说是与教育改革密切联系起来的，主要指向"实现直接面向、支持和满足人民群众高质量教育的正向需求，探索增值的、突破性的、创新的、系统的教育事业发展举措"②。由此衍生出来的发展权则属于一个更大的范畴，指向所有个人和全体人类应该享有的自主促进教育、经济、文化和政治等全面发展并享受这一发展成果的基本权利。无论是教育领域还是其他相关领域，结合教育发展规划所蕴含发展理念的导向，究其终极目的均指向促进人的全面可持续发展，进而引发权利主体精准聚焦和始终追求发展目标，增强自身自由与幸福发展权的动力。

**（二）教育发展规划体系化建设的相关规范**

1. 教育法律规范的法治支撑

教育发展规划作为一类教育政策规范，从形式上看是一类规划，然实质上是以发展规划文本为核心向外延伸形成的一个发展规划体系，在构成要素上不仅仅包括教育发展规划文本，还包括一系列的配套规范，如与之密切相关的教育法律规范、教育标准和教育决策等，有关教育发展规划的系列配套规范共同构成了教育发展规划的规范构成体系。就教育法律规范而言，我国已经形成了以教育法律为统领，教育行政法规、教育部门规章和大量地方性教育法规规章相互配合的中国特色社会主义教育法律体系，内容涵盖各级各类教育，涉及管理、教学、课程教材、教师、学生发展等多个方面③，包括学前教育、义务教育、高中教育、高等教育、职业教育和特殊教育等多个教育阶段。这些教育法律规

---

① 宋凡，龚向和. 优质受教育权：智慧教育社会契约的权利基础 [J]. 法学教育研究,2024,44(01): 343-359.

② 李祥. 教育治理现代化的法治逻辑 [J]. 现代教育管理,2017(07):72-77.

③ 姚宏杰. 提升教育质量的执着追求 [N]. 中国教育报,2019-09-25(005).

范也通常会涉及关于教育发展规划的相关事项，涉及参与分析和讨论那些维持教育体系或教育机构的社会、政治、经济、文化的期望和目标，并确定一套可接受的目标；评价学校体系、机构、项目过去的发展和现在的状况；根据现在的能力和将来的目标，帮助规划项目的政策、程序和组织结构，帮助规划教育分配，以在一段特殊时期实现并保持有效的教育。

2. 相关教育标准的规范配套

除了上述教育法律规范，在教育教学实践与理论研究的基础上，围绕着各级各类教育活动事项制定的相关技术性规范教育标准，同样有助于促进国家教育法律法规和有关教育方针政策实施、谋求教育活动领域最佳秩序、提高教育政策指导能力。目前，我国已经初步形成了包括各级各类学校建设标准、学科专业与课程体系标准、教师队伍建设标准、学校运行与管理标准、教育质量标准和国家语言文字标准在内的教育标准体系[①]。借助科林·戴弗关于行政规则（标准）的经典分析，一项标准的成功实施离不开透明性、可达性和相容性三项特征，分别指向"应得到明确的界定，且含义得到了普遍的认同""易于将标准适用于目标情形""标准和根本政策目标之间具有密切联系"[②]。教育标准基于建设过程中兼顾国家法律依据、教育专业要求、社会多方参与和广泛获得的认可，构成教育发展规划运行过程中所不可或缺的规范构成要件。

**（三）教育发展规划的法定化正当决策机制**

1. 引入多元共治的民主决策模式

一方面，政府职能部门在教育发展规划的决策活动中扮演着研究者、编制者、执行者等多重角色，客观上构成其中的关键主体。另一方面，伴随着社会对政府决策民主化、科学化的呼吁，我国各级政府在教育发展规划的编制中，越来越多地通过政府购买服务、项目委托、民意调查、征求意见等方式，多方

---

① 朱益明，王瑞德著. 教育 2035[M]. 上海：上海教育出版社,2020：10.

② Keith Hawkins and Thomas, Eds Making Regulatory Precision, Pittsburgh: University of Pittsburgh Press, 1989:199. 转引自江凤娟. 基层官员政策再制定：规则的冲突——以中小学布局调整政策执行为例 [J]. 教育学术月刊,2013, (02):78-83.

听取意见，愈发突出多元共治的决策民主①。基于教育发展规划很多目标的实现并不依赖于权力强制，而是更多地取决于相关主体在利益诱导下和博弈基础上的软性服从②，教育行政主管部门在开展重大教育决策时，着重关注决策方式的选择与教育目标的实现，通过设置层级性目的和选择合理性手段构成一种更加完整的决策正当。该模式在强调保证政府有效和负责行为的同时，积极通过促进透明度来增强政府对公民需求的回应，即要求关注教育活动中的各方参与主体在教育政策议题的提出和形成活动中主体作用，通过多元共治的决策模式解决教育发展规划制定和实施过程中的动力、协调和责任问题。

2. 进一步增强规划政策的正当性

与此同时，中国教育发展的典型特征是规划推进，是系统谋划和基层创造执行的双向互动过程③，据此聚焦规划政策"契约治理"和"关系治理"双重特征的探讨，为教育领域发展规划的正当性证成与进一步发展提供了思考方向④。前者着眼于规划运作各相关部门之间关系的理顺，通过指标管理、职责明晰和过程监控等手段降低了政府间合作成本；后者则关注规划同外部多元治理主体的协作，通过多轮磋商、主动对标和留有余地等手段，弥补了政策的不完备性。据此，为进一步应对落实教育现代化发展战略决策及"十四五"发展规划，在坚持教育发展规划逐级制定格局的基础上，需要更加发挥目标基准在多方共同参与过程中的作用，促进各主体间信息的实时共享，通过多轮磋商以实现规划文本的动态建构与共识凝聚，进一步增强教育发展规划的正当性。

① 朱益明，王瑞德著. 教育2035[M]. 上海：上海教育出版社，2020：10.
② 董学智. 论发展规划法中的实施机制[J]. 经济法论丛，2018，(01):225-248.
③ 朱益明，王瑞德著. 教育2035[M]. 上海：上海教育出版社，2020：304。
④ 陈那波，王穗风. 规划与善治：关系契约视角下的五年规划——以A省民政发展规划制定为例[J]. 学术研究，2021，(11):66-74+177-178.

## 四、结语

教育治理法治化属于教育治理现代化法治逻辑的一项基本问题[①]，无论是教育法治建设的目标还是具体实现路径，均属于教育发展规划的题中之义：宏观框架层面汇集多方意志的教育决策共识模式构成教育发展规划的法治范式，中观规范层面"目标—方式"的规划构造，为教育法治建设设定了发展目标和实现路径，微观机制层面涉及的相关基本权利、配套规范体系和决策正当机制，则构成教育发展规划落实过程中的重要动力。

据此，围绕我国教育发展规划法治化建设三重维度展开的分析，属于立足规划，从不同维度对教育治理现代化展开的初步探讨。无疑，教育法治化建设是一个系统而漫长的发展过程，在坚持教育发展规划所设定教育事业建设目标的基础上，如何遵循法治逻辑，构建科学完善的教育治理体系，实现教育治理的制度化、规范化，仍有待进一步深入研究。

【作者简介】孙诗丹，中南财经政法大学法学院博士研究生，主要研究方向为宪法学、立法学。

---

[①] 李祥.教育治理现代化的法治逻辑[J].现代教育管理,2017，(07):72-77.

各级各类教育治理

# 人力资本特征、工作特征对我国中小学教师工资的影响效应有多大？*

穆洪华　赵　楠　胡咏梅

## 【导言】

　　高质量的教育需要高质量的教师，科学合理的工资制度对于吸引、保留和激励教师具有重要的作用。为此，本文采用中国教育信息研究中心的大规模调查数据，借助分层线性模型，在控制环境特征和人口学特征的基础上，就人力资本特征和工作特征对我国中等收入地区中小学教师工资的影响效应进行分析。研究发现，目前我国中等收入地区中小学教师工资不仅没有很好地体现出"多劳多得"的分配原则，还具有一定的"重资历"特征和"弱绩效"特征。从人力资本特征看，不同学历教师间的差异较小且不具备统计上的显著性，而在教龄和职称上，只有教龄超过20年或职称在一级及以上时，影响效应极其显著且差异较大：高级教师与三级以下相差近3000元，30年以上教龄比5年以下相差近2000元且45岁以上教师极其显著的高出35岁以下教师近4000元。从工作特征看，尽管不同日工作量的教师间工资存在显著差异，但相较于职称和教龄，差距较小（不足360元），尤其是否班主任教师间的工资差距非常小且不显著。基于此，提出了中小学教师工资的设计要凸显人力资本的结构特征和工作

* 本文系山东省社科规划研究课题"新时代城乡义务教育教师薪酬公平与师资配置关系的实证研究"（21CPYJ75）的阶段成果之一，受到国家社科基金后期资助项目"面向教育强国建设的教育资源配置研究"（22FTJB001）数据方面的支持。

的绩效特征等建议，以期能为完善我国中小学教师的工资制度提供有益参考。

## 一、引言

工资作为教师工作的常规报酬，不仅关乎教师的生存状况，还在很大程度上影响着教育系统能否吸收和留住优秀的人才，从而决定着教师队伍的质量，并最终影响着教育和社会的均衡发展（Rumberger,1987）[①]。2018 年 8 月 28 日，国务院办公厅印发《关于进一步调整优化结构提高教育经费使用效益的意见》指出，目前我国义务教育教师工资的改革不只是关注工资涨多少的问题，更应是关注如何调整教师工资结构以纠正当前教师工资制度缺陷等深层次问题；2021 年教育部在关于《中华人民共和国教师法（修订草案）（征求意见稿）》中更是明确提出"绩效工资分配应当坚持多劳多得、优绩优酬，并体现对优秀教师、班主任等特定岗位教师的激励"。但从已有研究和实际情况看，尽管党的十八大以来，教师职业吸引力显著增强，"教师的平均工资水平应当不低于当地公务员工资的平均水平"的目标也基本实现，但绩效工资制度及相关激励政策仍存在短板[②]；相较于国民经济各行业水平，中小学教师工资水平仍属处于中等水平，难以吸引到优秀人才进入中小学教师队伍。因此，有必要开展我国中小学教师工资的调查研究，从工作特征、人力资本特征等方面揭示影响我国中小学教师工资水平的关键因素，从而为改进中小学教师工资制度，建立合理的人力资本补偿机制，制定科学的绩效评估标准提供有益参考。

---

① Rumberger R W. The impact of salary differentials on teacher shortages and turnover: The case of mathematics and science teachers[J]. *Economics of Education Review*, 1987, 6(4): 389-399.

② 常淑芳, 于发友. 党的十八大以来改善中小学教师待遇的政策背景、实践成就与未来进路 [J]. 国家教育行政学院学报 ,2023,(02):25-33.

## 二、理论基础与文献综述

尽管已有研究大都表明中小学教师的工资要受到教师的个体特征、人力资本特征、工作特征及环境特征的影响，但是研究结论并不一致。阮华与赵冉（2022）通过对 365 位中小学教师和 48 位校长的调查发现，教师的工作特征——工作经验和教师的人力资本特征——职称对教师工资水平并没有产生显著的正向影响[①]；马红梅等人（2018）的研究表明，教师的个体特征（人口学特征、人力资本特征）、工作特征以及环境特征（工作条件、地理位置等）是决定义务教育教师薪酬水平的重要影响因素，其中，人口学特征主要包括教师的性别和年龄，人力资本特征则包括教师的职称、教龄等，工作特征主要包括班主任、职务等，环境特征以是否乡村为代理变量[②]；安雪慧（2014）基于国家统计数据，开展中小学教师工资结构的差异及影响因素的分析发现，教师的人力资本特征——学历、职称和工龄，工作特征——课时、工作量以及环境特征——区域、城乡、学校办学水平、办学层级、地理位置等均是导致教师工资存在差异的主要因素[③]；Hanushek（2007）的研究则表明教师的工资除了受到教师的个体特征——性别、年龄以及人力资本特征——教育经验（教龄）和受教育水平（学历）影响外，还主要受到教师的工作特征——教师课堂绩效的影响[④]；Hendricks（2015）等人的研究也表明教师的工作特征——工作绩效以及教师的人力资本特征——工作经验，是决定教师薪酬水平的重要因素[⑤]。

---

① 阮华，赵冉. 教师质量如何影响中小学教师工资水平？——基于编制约束视角的净效应估计 [J]. 教育科学研究 , 2022, (05): 40-48.

② 马红梅，雷万鹏，钱佳. 教师工作环境的经济价值 : 基于地区经济地理特征的工资成本补偿 [J]. 华东师范大学学报 ( 教育科学版 ), 2018, 36(05): 129-137.

③ 安雪慧 . 我国中小学教师工资水平变化及差异特征研究 [J]. 教育研究 , 2014, 35(12): 44-53.

④ Hanushek, E.A. The Single Salary Schedule and Other Issues of Teacher Pay[J].*Peabody Journal of Education*, 2007. 82(4): 74 - 586.

⑤ Hendricks, M.D.Towards an optimal teacher salary schedule: Designing base salary to attract and retain effective teachers[J]. *Economics of Education Review*, 2015( 47): 143-167.

特征工资理论（Hedonic Wage Theory）认为工资收入水平及其差异是由劳动者个体特征（Worker Characters）和工作特征（Job Characters）共同作用的结果，即雇员的工资分解为由劳动者的人力资本特征决定的工资以及由用人单位提供的工作特征和工作环境特征决定的工资[①]，其要义是"补偿性差异"（Compensating Wage Differentials），究其实质不过是"无差异化的差异"（Equalizing Differences），即那些工作环境恶劣、劳动强度大、入职成本太高、需要长期积累专业知识的工作岗位，为保证足够劳动力的供给，理应得到相应的补偿[②]，且已有研究也表明"货币收入和工作条件之间存在替代作用，货币收入能有效降低在不利工作条件下任教教师的流失意愿"[③]，只有基于教师个体特征和工作特征建立本土化的长效发展机制，才能降低教师的离职意愿[④]。

综上可知，特征工资理论充分考虑个人资历特征（即人力资本特征）和工作特征对员工收入的影响，对于分析教师工资的影响因素具有较强的现实指导性[⑤]，且由于目前关于我国中小学教师工资的影响因素研究，大都关注到了人口学特征、人力资本特征、工作特征、体制特征、环境特征等特征因素，但少有聚焦人力资本特征和工作特征加以分析，而这两方面的特征是中小学教师与其他行业员工工作特性最为不同的特征。

中小学教师的人力资本和工作劳动价值的体现具有特殊性，主要体现在长期性、滞后性与间接性方面。众所周知，"十年树木，百年树人"。中小学教师凭借自身的教育教学经验（人力资本）和工作投入对学生发展的影响不会立竿

---

① Rosen, S., Hedonic Prices and Implicit Markets: Product Differentiation in Pure Competition[J]. *Journal of Political Economy*, 1974. 82(01):34-55.

② [英]亚当·斯密.国富论（上卷）[M].郭大力，王亚南译，上海：三联书店.2009:77-87.

③ 黄斌，程欢，何沛芸，等.货币收入、工作条件与农村中小学教师换教与退教意愿——基于重庆、宁夏基线调查数据的实证研究[J].教育与经济，2021,37(05):77-88.

④ 王艳玲，闻正梅，张慧.乡村教师离职意愿的实证分析——基于云南省5342位乡村教师的调查[J].教师教育研究，2022,34(05):98-107.

⑤ 雷万鹏，马红梅.幼儿教师劳动力市场工资补偿——基于特征工资理论的实证研究[J].教育研究，2020,41(09):117-126.

见影，他们的教育行为更多是"润物细无声"潜移默化的作用，因而中小学教师人力资本和工作投入的劳动价值具有长期性。同时，教师的工作劳动价值必须通过学生的表现才能体现，因而教师的人力资本和工作价值体现具有间接性。这是教师人力资本和工作劳动不同于其他劳动者最突出的特点，这同时也让教师的工作劳动价值体现具有滞后性——学生的成长需要时间，学生的知识和技能储备达到一定的程度后才能逐渐体现，这种价值显现方式具有明显的滞后性。

此外，教师工作劳动具有隐性的特点，教师在教育教学活动中展现的知识学识、人格魅力等，会对学生产生不可估量的影响，而且，班主任与学生及其家长的沟通交流通常是在正常八小时工作时间之外发生的，教师备课、批改作业、教研等工作也经常在下班后带回家完成，甚至节假日也需要参与专业发展培训等活动。教师工作时间的弹性也使其工作劳动具有隐性的特点，难以精准衡量其工作时长和劳动价值。

以上中小学教师的人力资本与工作劳动的特性也使得这两方面特征对教师工资影响的研究具有一定难度，已有相关研究对于教师人力资本和工作特征的测量不尽相同，而且采用的计量模型大多是普通线性回归模型。本研究考虑到影响中小学教师工资的个体因素和学校因素具有嵌套性，因而采用两水平线性模型，在控制教师人口学特征和环境特征的基础上，就学历、教龄、职称这三个人力资本特征以及工作量、是否班主任、职务这三个工作特征对我国中小学教师应发工资的影响效应进行探析。此外，在数据方面，由于教师个体工资数据收集的难度，已有研究大都使用统计年鉴中的宏观数据，使用微观调查数据的研究较少，使用调研的关于教师应发工资微观数据开展的研究更是凤毛麟角。因此，为更好地反映出人力资本特征和工作特征对我国中小学教师应发工资的影响程度，本研究将利用大规模中小学教师从业状况调查的微观数据，借助分层线性回归模型，在控制环境特征（省域、城乡、财政分权）和教师人口学特征（性别、年龄）的基础上，就人力资本特征（学历、教龄、职称）以及工作特征（职务、日工作量、是否班主任）对我国中小学教师工资的影响效应进行分析，以探究中小学教师工资存在的问题，从而为中小学教师工资改革提供实证依据。

## 三、研究设计

### （一）数据来源与样本分布

本文使用的数据主要来自 2018 年北京师范大学中国教育经济信息研究中心关于"中国教师从业状况调查"（CTPS）数据库。为防止由于样本数据波动太大而带来的系统性误差，从而尽可能地提高样本的代表性，本研究从东北、中部及西部地区选择教师平均工资水平在全国处于中等水平的三个省份（LN 省、HN 省、XJ 省）作为样本省，然后选取这些省份参与调研的中小学教师作为研究对象，且为尽可能地保留原有信息，除删除了那些实发工资、岗位工资、绩效工资等关键变量全部缺失的教师，还删除了代课教师、无教师资格证以及无编制的教师数据。进行数据清理后，最终使用的教师样本数据来自这 3 个省 15 个区县 73 所中小学，共计 2812 名中小学教师数据，教师样本的分布情况见下表 1。由此表可知，样本教师中女教师占比为 72.2%，略高于 2018 年全国中小学教师中的女教师比例（65.3%）；城市教师占比为 53.9%，与 2018 年全国中小学教师中的城市教师占比（55.3%）基本相同。可见，本研究的样本对全国中小学教师的代表性较好。

### 表 1 样本中小学教师的分布情况

| 指标 | | 频次 | 有效百分比 | 指标 | | 频次 | 有效百分比 |
|---|---|---|---|---|---|---|---|
| 省域 | HN 省 | 1282 | 45.60% | 学历 | <本科 | 844 | 30.20% |
| | LN 省 | 905 | 32.20% | | >= 本科 | 1954 | 69.80% |
| | XJ 省 | 625 | 22.20% | 日工作量 | <=8 小时 | 945 | 36.10% |
| 城乡 | 城区 | 1515 | 53.90% | | 8 小时以上 | 1673 | 63.90% |
| | 乡镇 | 1297 | 46.10% | 教龄 | 1—5 年 | 421 | 12.80% |
| 性别 | 女教师 | 2031 | 72.60% | | 5—10 年 | 384 | 14.00% |
| | 男教师 | 768 | 27.40% | | 10—15 年 | 746 | 27.20% |
| 年龄 | <=35 岁 | 907 | 34.80% | | 20—25 年 | 452 | 16.50% |
| | 36—45 岁 | 943 | 36.20% | | 25—30 年 | 359 | 13.10% |
| | >=46 岁 | 758 | 29.10% | | >=30 年 | 450 | 16.40% |
| 职务 | 无职务 | 1930 | 70.30% | 职称 | 三级及以下 | 302 | 9.80% |
| | 其他职务 [1] | 592 | 21.50% | | 二级 | 940 | 33.70% |
| | 教务主任 | 114 | 4.10% | | 一级 | 1142 | 40.60% |
| | 校长 | 113 | 4.10% | | 高级 | 428 | 15.20% |
| 班主任 | 否 | 1651 | 59.50% | 学段 | 小学 | 1516 | 53.90% |
| | 是 | 1124 | 40.50% | | 初中 | 1296 | 46.10% |

注:(1)其他职务包括年级负责人、教研室负责人、教研组长等职务;教务主任包含正副教务主任;校长包括正副校长;下同。(2)尽管研究最后使用的总数据量为2812,但由于部分变量存在缺失情况,此表仅给出各个变量有效数据的占比情况。

### (二)变量与测量

#### 1.特征变量

关于人力资本特征,一方面,美国经济学家舒尔茨(Theodore W. Schultz)和贝克尔(Garys Becker)于20世纪60年代创立的人力资本理论(Human Capital Management)认为,人口质量(技能、工作经验等)是人力资本的核心,而教育投入则是人力资本投入的主要部分;另一方面,奈特(Knight)的工资决定模型(Conceptual Model for Factors Affecting Salary)将个体因素作为决定教师工资的基本要素，并指出个体因素主要包含个人特征、能力以及工作经验等因素，且个体因素对工资的决定作用主要通过专业成熟度、工作绩效等产生[①]，再者，"劳动力受教育时间越长，投入的教育费用越多，他的劳动力复杂程度就越多，为社会创造的价值就越多，社会给他的工资待遇也就应该越多"[②]。因此，结合前文马红梅（2018）、安雪慧（2014）以及 Lucas（1977）等人关于教师个体人力资本因素对工资影响研究的论述，为了进一步探索学历、职称和教龄对我国中小学工作的影响效应，本文选用反映受教育年限的"学历"、反映教师技能水平的"职称"以及反映教师工作经验的"教龄"这三个变量，作为人力资本特征的测量指标。

关于工作特征，一方面，由马克思、恩格斯提出的劳动价值论可知，工资是劳动力的价值或价格的转化形式，且劳动力这种特殊商品的价值，也同一切商品的价值一样，取决于生产和再生产这种商品的社会必要劳动时间[③]，换言之，时间变量和从事的劳动类型是决定工资水平的一个重要工作因素；另一方面，美国康奈尔大学乔治·米尔科维奇（George T. Milkovich）教授领衔编著的经典教材《薪酬管理》也明确地告诉我们，教师的薪酬除了受制于市场因素外，还主要取决于教师的工作绩效、从事的职位。竞赛理论（Tournament Theory）则明确地指出工资增长率应该随着一个人职位等级的上升而逐步变大，即教师职务也是决定教师工资的一个重要工作特征变量。另外，由于我国中小学校是党组织领导下校长负责制，除此外，中层领导班子主要由教务主任、年级主任及教研组长等构成，再加班主任作为我国中小学中管理学生的一个特色群体，其工作任务和工作内容对于中小学的教育起着重要的作用，是我国中小学教育中的一个不可或缺的存在。2009 年教育部印发的《中小学班主任工作规定》中明确提出绩效工资分配中要向班主任倾斜，但从已有研究和现实来看，尽管班主任与普通老师之间工资的差异不一，但普遍认为目前的工资并没有体现出班主

① 胡咏梅，元静 . 中国高校教师工资差距的实证研究 [J]. 北京师范大学学报（社会科学版），2021,(06): 27-49.

② 王玉昆，靳希斌 . 教育经济学 [M]. 北京：华文出版社,2005:75-78.

③ 汝信主编 . 中国工人阶级大百科 [M]. 北京：中国国际广播出版社，1992:41.

任工作的特殊性。为了更好地了解我国中小学教师在职务等级、工作绩效方面的工资差异情况，文章选用日工作量、学校中工作的类别——从事什么职务、是否担任班主任，作为衡量教师工资的工作特征变量。

综上所述，基于前文关于教师工作的特殊性以及特征工资理论、人力资本理论、工资决定理论的阐释，为更加系统全面地对比分析工作特征和人力资本特征对中小学教师工资的影响程度，本研究选用性别、年龄以及省域、城乡、区县财政分权为控制变量，选用学历、教龄和职称为本研究的人力资本特征，选用职务、班主任工作量为工作特征，对我国中小学教师工资的影响效应进行分析。以上涉及的变量具体如下表 2 所示，且这些变量中，除区县财政收入分权及支出分权来自调研省份的 2019 年的统计年鉴外，其余数据均都来自调查问卷。

**表 2　研究选用的特征变量**

| 特征变量 | 具体使用的变量 | 变量合成说明 |
|---|---|---|
| 人口学特征 | 性别、年龄 | 性别 0–1 计分方式，1= 男性、0= 女性<br>年龄 1–2–3 计分方式，1=≤35 岁、2=36–45 岁、3=≥45 岁； |
| 人力资本特征 | 学历、教龄、职称 | 学历 0–1 计分方式，0= 专科及以下，1= 本科及以上；<br>教龄 0–1–2–3–4–5 计分方式，0–5 分别表示 1–5 年、5–10 年、10–15 年、20–25 年、25–30 年、>=30 年；<br>职称 0–1–2–3 计分方式，0= 三级及以下、1= 二级、2= 一级、3= 高级 |
| 工作特征 | 职务、班主任、日工作量 | 职务 0–1–2–3 计分方式，0= 无职务、1= 教研组长、教研室主任等职务、2= 教务主任、3= 校长；<br>班主任 0–1 计分方式，1= 班主任、0= 不是班主任<br>日工作量 0–1 计分方式，0=8 小时及以下、1=8 小时以上 |
| 环境特征 | 省域<br>城乡<br>区县财政收入 & 支出分权<br>学段 | 省域 0–1–2 计分方式，0=XJ 省、1=HN 省、2=XJ 省<br>城乡 0–1 计分方式，0= 乡村、1= 城区<br>财政分权是连续变量，采用调研地区的原始数据<br>学段采用 0–1 计分方式，0= 小学，1= 初中 |

注：以上变量在使用时，除区县财政分权做连续变量使用，其余都是分类变量，在使用时进行虚拟变量处理。

### 2. 工资

本文的工资表示教师每月应得到的收入水平，即教师的月均应发工资（以下简称教师工资）。由于该变量主要来自下表3中教师关于薪酬各要素水平"岗位工资、薪级工资、基础性绩效工资、奖励性绩效工资、津补贴、福利"的作答情况，其合成方法：月均应发工资总额＝岗位工资＋薪级工资＋绩效工资＋津补贴＋福利待遇。其中，福利待遇的各项指标让教师填报仅是各项目的扣款情况，但各地的折合标准不统一，且养老保险及医疗、失业险等项目，需要等教师退休或者因病住院等情况发生时才进行拨付，而住房公积金每个月都以货币的形式直接打到教师的公积金账户，且很多地区的公积金与房贷直接挂钩。因此，本研究只按照国家规定的统一标准对教师填报的公积金进行1:1折算，福利待遇＝折合福利＋每月工作餐＋其他福利。

**表 3　工资表中各项的基本情况**

| 一级指标 | 二级指标 | 题项 |
|---|---|---|
| 基本工资＋绩效工资 | 岗位工资 | 岗位工资，_____ 元/月？ |
| | 薪级工资 | 薪级工资，_____ 元/月？ |
| | 绩效工资 | 绩效工资，_____ 元/月？ |
| | | 基础性绩效工资，_____ 元/月？ |
| | | 奖励性绩效工资，_____ 元/月？ |
| 津补贴 | | 津贴，_____ 元/月？ |
| | | 补贴，_____ 元/月？ |
| 福利 | 住房公积金 | 工资扣项中的住房公积金 _____ 元/月？ |
| | 养老保险 | 养老保险 _____ 元/月？ |
| | 医疗保险 | 医疗保险 _____ 元/月？ |
| | 失业保险 | 失业保险 _____ 元/月？ |
| | 其他 | 学校组织的体检周期是多久？_____ 年 |
| | | 学校提供的工作餐大约是_____ 元/月？ |
| | | 其他福利约折合 _____ 元/月？ |

## （三）计量模型设定

由于本研究所使用的数据具有嵌套结构特征，在分析时，为充分考虑校际的差异性，也为更加准确地估计不同层次特征变量对中小学教师工资的影响效应，研究借助 SPSS22.0，采用分层线性回归模型，对中小学教师工资的影响效应进行分析，具体计量模型如下。

1. 以人口学特征和环境特征为控制变量的基准模型 Model_c

在教师水平和学校水平上分别添加教师的人口学特征（Demographic characteristics：性别、年龄）和环境特征（Environmental characteristics：省域、城乡、区县财政收入分权及支出分权以及学校类型），构建基准模型 Model_c。该模型主要用于分析教师人口学特征及环境特征对中小学教师工资的影响程度和解释力大小。具体模型如下。

***Teacher_level:***

$$W_{ij} = \beta_{0j} + \sum\nolimits_{i=1}^{t_1} \beta_{ij} Factor\_{DCj} + \varepsilon_{ij}, \ \ \varepsilon_{ij} \sim N(0, \delta^2) \qquad (1)$$

***School_level:***

$$\beta_{0j} = \gamma_{00} + \sum\nolimits_{i=1}^{t_2} \gamma_{ij} Factor\_{ECj} + \gamma_{t_{3j}} T\_sch_j + \mu_{0j}, \ \ \mu_{0j} \sim N(0, \tau_{00}) \qquad (2)$$

其中，$W_{ij}$ 表示 $j$ 校教师 $i$ 的应发工资水平；$Factor\_{DCj}$、$Factor\_{ECj}$、$T\_sch_j$ 分别表示人口学特征、环境特征、学段；$\gamma_{00}$、$\beta_{0j}$ 分别表示学校、教师层面的中小学教师应发工资的平均水平；$\gamma_{ij}$、$\beta_{ij}$ 分别表示省域、城乡、区县财政分权等环境特征以及性别、年龄等人口学特征对工资的影响效应，$\gamma_{t_{3j}}$ 表示学校类型对工资的影响效应；$\varepsilon_{ij}$、$\mu_{0j}$ 分别表示教师层面、学校层面的随机误差；$\delta^2$ 表示学校内部教师之间工资水平的变异，$\tau_{00}$ 表示学校之间教师工资水平的变异。

2. 以人力资本特征为核心解释变量的模型 Model_HMC

基于 Model_c，在教师水平上添加人力资本特征（Human capital characteristics：学历、教龄、职称），构建 Model_HMC，以便分析人力资本特征对中小学教师工资的影响程度和解释力大小，具体模型如下。

Teacher_level：

$$W_{ij} = \beta_{0j} + \sum_{i=1}^{t_1} \beta_{ij} Factor\__{DCj} + \beta_{t_{4j}} Factor\__{HCj} + \varepsilon_{ij}, \quad \varepsilon_{ij} \sim N(0, \delta^2) \qquad (3)$$

School_level：

$$\beta_{0j} = \gamma_{00} + \sum_{i=1}^{t_2} \gamma_{ij} Factor\__{ECj} + \gamma_{t_{3j}} T\_sch_j + \mu_{0j}, \quad \mu_{0j} \sim N(0, \tau_{00}) \qquad (4)$$

$Factor\__{HCj}$ 表示人力资本特征；$\beta_{t_{4j}}$ 表示人力资本特征对教师工资的影响效应，其它符号同基准模型。

3. 以工作特征为核心解释变量的模型 Model_wc

基于 Model_c，在教师水平上添加工作特征（Work characteristics：职务、班主任、日工作量），构建 Model_wc，以便分析工作特征对教师工资的影响效应和解释力大小，具体模型如下。

Teacher_level：

$$W_{ij} = \beta_{0j} + \sum_{i=1}^{t_1} \beta_{ij} Factor\__{DCj} + \beta_{t_{5j}} Factor\__{WCj} + \varepsilon_{ij}, \quad \varepsilon_{ij} \sim N(0, \delta^2) \qquad (5)$$

School_level：

$$\beta_{0j} = \gamma_{00} + \sum_{i=1}^{t_2} \gamma_{ij} Factor\__{ECj} + \gamma_{t_{3j}} T\_sch_j + \mu_{0j}, \quad \mu_{0j} \sim N(0, \tau_{00}) \qquad (6)$$

$Factor\__{WCj}$ 表示教师的工作特征；$\beta_{t_{5j}}$ 表示工作特征对教师薪酬的影响程度，其它符号意义同基准模型。

## 四、实证结果

### （一）控制变量对中小学教师工资的影响效应

由表 4 可知，人口学特征、环境特征对样本中小学教师工资的解释力（解释变异量的大小）分别约为 35.70%、3.4%。从人口学特征看，男教师比女教师平均显著高约 297 元（P =0.001）；35 到 45 岁比 35 岁以下平均显著高约 1700 元（P=0.000）；45 岁以上比 35 岁以下平均显著高约 3760 元（P=0.000）。从环境特征看，在省域上，XJ 省与 HN 省跟 LN 之间分别约差 170 元、85 元，但都具备统计上的显著性（P > 0.1）；在财政分权方面，财政支出分权每提高一个百分点，教师工资平均极其显著地提高约 608 元（P=0.007），而收入分权每提高一个百分点，教师工资平均极其显著地降低约 574 元（P=0.000）；在城乡上，城区教师比乡镇地区的教师平均极其显著地高约 372 元（P=0.000）；在学段上，中学教师比小学教师平均极其显著地高约 399 元（P=0.000）。另外，需要注意的是，从标准系数看，年龄、财政收入分配对于中小学教师工资的影响效应比较大，效应值分别为 0.320、0.668、0.205。

**表 4　人力资本特征和工作特征对样本中小学教师工资的影响效应**

| 指标 | | | 非标准化系数 | 标准 误差 | 标准系数 | t 值 | Sig. |
|---|---|---|---|---|---|---|---|
| 基准模型（Model_c） | 教师层面控制变量 | （常量） | 9164.435 *** | 70.211 | | 130.527 | 0.000 |
| | | 性别 | 297.391 *** | 91.405 | 0.052 *** | 3.254 | 0.001 |
| | | 35—45 | 1700.229 *** | 95.736 | 0.320 *** | 17.760 | 0.000 |
| | | ≥45 | 3759.508 *** | 102.944 | 0.668 *** | 36.520 | 0.000 |
| | 学校层面控制变量 | 西部（XJ 省） | -170.763 | 120.968 | -0.025 | -1.412 | 0.158 |
| | | 中部（HN 省） | -84.621 | 97.867 | -0.017 | -0.865 | 0.387 |
| | | 城乡 | 372.342 *** | 83.804 | 0.073 *** | 4.443 | 0.000 |
| | | 区县收入分权 % | -573.932 *** | 67.761 | -0.205 *** | -8.470 | 0.000 |
| | | 区县支出分权 % | 608.042 ** | 225.179 | 0.072 ** | 2.700 | 0.007 |
| | | 是否初中 | 399.063 *** | 81.545 | 0.078 *** | 4.894 | 0.000 |

续表

| | 指标 | | 非标准化系数 | 标准 误差 | 标准系数 | t 值 | Sig. |
|---|---|---|---|---|---|---|---|
| 解释模型（Model_HMC） | 人力资本特征解释变量 | ≥本科 | 16.853 | 92.414 | 0.003 | 0.182 | 0.855 |
| | | 5—10 年 | 143.036 | 154.008 | 0.020 | 0.929 | 0.353 |
| | | 10—20 年 | 211.894 | 175.836 | 0.037 | 1.205 | 0.228 |
| | | 20—25 年 | 805.146*** | 210.527 | 0.116*** | 3.824 | 0.000 |
| | | 25—30 年 | 1290.430*** | 238.420 | 0.171*** | 5.412 | 0.000 |
| | | ≥30 年 | 2001.646*** | 242.432 | 0.284*** | 8.257 | 0.000 |
| | | 二级 | 189.702 | 148.289 | 0.036 | 1.279 | 0.201 |
| | | 一级 | 1069.761*** | 171.541 | 0.206*** | 6.236 | 0.000 |
| | | 高级及以上 | 2939.869*** | 202.872 | 0.393*** | 14.491 | 0.000 |
| | 控制变量 | 性别 | 214.419 | 86.890 | 0.038 | 2.468 | 0.014 |
| | | 35—45 | 521.846 | 142.540 | 0.098 | 3.661 | 0.000 |
| | | ≥45 | 977.292 | 193.897 | 0.174 | 5.040 | 0.000 |
| | | 西部（XJ 省） | -488.344 | 114.248 | -0.072 | -4.274 | 0.000 |
| | | 中部（HN 省） | 44.226 | 92.293 | 0.009 | 0.479 | 0.632 |
| | | 城乡 | 335.484 | 79.672 | 0.066 | 4.211 | 0.000 |
| | | 区县收入分权 % | -619.181 | 63.084 | -0.222 | -9.815 | 0.000 |
| | | 区县支出分权 % | 642.918 | 212.680 | 0.076 | 3.023 | 0.003 |
| | | 是否初中 | 143.153 | 83.066 | 0.028 | 1.723 | 0.085 |

续表

| 指标 | | | 非标准化系数 | 标准 误差 | 标准系数 | t 值 | Sig. |
|---|---|---|---|---|---|---|---|
| 解释模型（Model_wc） | 工作特征解释变量 | 其他职务 | 366.340*** | 101.677 | 0.059*** | 3.603 | 0.000 |
| | | 教务主任 | 221.564 | 202.172 | 0.018 | 1.096 | 0.273 |
| | | 校长 | 830.232*** | 216.164 | 0.063*** | 3.841 | 0.000 |
| | | 班主任 | 65.898 | 86.651 | 0.013 | 0.760 | 0.447 |
| | | 日工作量 | 387.929*** | 91.538 | 0.072*** | 4.238 | 0.000 |
| | 控制变量 | 性别 | 109.230 | 100.205 | 0.019 | 1.090 | 0.276 |
| | | 35—45 | 1543.258 | 97.408 | 0.293 | 15.843 | 0.000 |
| | | ≥45 | 3698.040 | 109.381 | 0.648 | 33.809 | 0.000 |
| | | 西部（XJ省） | -120.109 | 124.813 | -0.018 | -0.962 | 0.336 |
| | | 中部（HN省） | -44.607 | 104.764 | -0.009 | -0.426 | 0.670 |
| | | 城乡 | 435.281 | 86.711 | 0.085 | 5.020 | 0.000 |
| | | 区县收入分权% | -542.689 | 69.751 | -0.194 | -7.780 | 0.000 |
| | | 区县支出分权% | 349.934 | 230.923 | 0.042 | 1.515 | 0.130 |
| | | 是否初中 | 418.806 | 85.019 | 0.082 | 4.926 | 0.000 |

| 指标 | | R 方 | 调整 R 方 | 标准误 | R 方更改 | F 更改 | Sig. F 更改 |
|---|---|---|---|---|---|---|---|
| Model_c | 教师层面 | 0.357 | 0.357 | 2049.041 | 0.357 *** | 481.139 | 0.000 |
| | 学校层面 | 0.392 | 0.390 | 1995.927 | 0.034 *** | 24.334 | 0.000 |
| Model_HMC | 教师层面 | 0.496 | 0.492 | 1817.852 | 0.107 *** | 58.742 | 0.000 |
| Model_wc | 教师层面 | 0.405 | 0.401 | 1966.740 | 0.012 *** | 9.622 | 0.000 |

注：（1）为了便于观察变量的细微差异，表格中的数据都保留到小数点后三位；（2）* 在 0.05 水平上显著，** 在 0.01 水平上显著，*** 在 0.001 水平上显著。

**（二）人力资本特征对样本中小学教师工资的影响效应**

由上表 4 可知，在基准模型的基础上增加人力资本特征后，教师层面的变量对样本中小学教师工资解释力极其显著地提高到 49.60%（P=0.000）。由此可知，相对于基准模型，人力资本特征对中小学教师工资水平的解释力约显著地提高了 10.7%。具体从学历来看，本科及以上比本科以下学历的教师平均高约 17 元且不存在显著的差异（P=0.855）；从教龄来看，相对于 5 年以内教龄的教师，20—25 年教龄的教师极其显著地高出约 805 元（P=0.000），25—30 年的极其显著地高出约 1290 元（P=0.000），30 年以上的极其显著地高出约 2002 元（P=0.000）；从职称来看，相对于三级及以下职称的老师，二级教师比起平均高 190 元但没有显著差异（P=0.316）；一级教师平均约显著高出 1070 元（P=0.000），高级及以上级别的教师平均约极其显著地高出 2940 元（P=0.000）。尤其需要注意的是，从标准系数上看，高级及以上职称的影响效应最高，约为 0.393，其次为 30 年以上教龄的教师，约为 0.284，一级教师、25—30 年教龄、20—25 年教龄教师的影响效应分别为 0.206、0.171、0.116。

**（三）工作特征对样本中小学教师工资的影响效应**

由上表 4 可知，在基准模型的基础上增加工作特征后，教师层面的变量对样本中小学教师工资的解释力极其显著地提高到 40.50%（P=0.000）。由此可知，相对于基准模型，工作特征对中小学教师工资的解释力提高了 1.2%。具体从职务来看，相较于无职务的教师，担任教研室主任及教研组长等职务的教师平均约极其显著地高出 366 元（P=0.000），担任正副教务主任的教师平均约高出 222 元但不具有统计上的显著性（P=0.273），担任正副校长的教师平均约极其显著地高出约 830 元（P=0.000）。从是否担任班主任来看，班主任比非班主任教师约高 66 元，但不具备统计上的显著性（P=0.447）；从工作量来看，日工作量在 8 小时以上的教师相较于 8 小时及以下平均约极其显著地高出 388 元（P=0.000）。另外，需要注意的是，从标准化系数上，以上变量的影响效应远低于教龄和职称，且都不足 0.1。

# 五、结论与建议

## （一）结论与讨论

综上所述，我国中等收入地区中小学教师的工资具有明显的"人力资本特征"和一定的"工作特征"，但需要注意的是人口学特征的解释力超过 30%，而人力资本特征和工作特征的解释力分别只有 10.7%、1.2%。从影响效应看，在控制人口学特征和环境特征的基础上，人力资本特征对中小学教师工资的影响效应相对更大。具体分析如下。

1. 中小学教师工资体现出较明显的"重资历"特征

通过对数据的分析发现，在教龄上，只有当教师的教龄超过 20 年时，教师工资才会有一个显著的提升，每 5 年平均约会提升 400—500 元，而当教龄小于 20 年时，教师的工资基本没有太大增长；在职称上，与三级及以下教师相比，只有当职称到了一级教师时，才会有一个显著提升，但不足 1000 元，而一旦教师职称到了高级及以上级别时，就会有一个极其显著的差异，且差距较大，平均显著高出近 3000 多元，尤其需要注意的是，高级职称的教师占比较低（仅为 15.2%）；在学历上，本科及以上学历的教师与其他教师的工资相比，不仅没有显著差异且差异较小，还不足 20 元。这一研究结论与以往已有研究并不完全一致。例如：阮华和赵冉（2022）的研究表明，教师的受教育年限对教师工资水平具有显著正向影响效应，而工作经验，职称并没有对工资水平产生显著正向影响[1]，本研究却发现学历对教师的薪酬没有显著的正向影响效应；教龄超过 20 年时，才对教师的工资产生显著的正向影响效应；职称只有到了一级及以上级别时，才对教师工资产生极其显著的正向影响效应。另外，本研究通过对控制变量年龄对工资影响效应的分析发现，45 岁以上年龄的教师与 35 岁以下的教师存在显著的差异，且差异将近 4000 元。综上，本研究认为目前我国中小学

---

[1] 阮华，赵冉. 教师质量如何影响中小学教师工资水平？——基于编制约束视角的净效应估计 [J]. 教育科学研究，2022, (05): 40-48.

教师的工资虽具有较明显的人力资本特征，但是也出现了比较明显的"重资历"特征。

2. 中小学教师工资体现出一定的"弱绩效"特征

通过对数据的分析发现，相较于人口学特征、环境特征和人力资本特征，样本中小学教师工资"工作特征"最不明显。本研究结果发现，在控制环境特征和人口学特征的情况下，工作特征的影响效应相对非常小，都不足 0.1 个单位。从岗位职责来看，只有校长、担任教研组长、学科组长等职务的教师工资与其他教师间存在显著差异，但差异不大，仅校长与无职务的教师之间相差900 多元，而其他教师间的差异基本在 400 元以下；从日工作量来看，尽管工作 8 小时以上的教师比其他教师平均约显著的高 350 多元，但相对于职称间的差距，差距较小，尤其需要注意的是，是否班主任的教师间工资并没有显著差异，且班主任教师对工资非常不满[1]，义务教育学校教师工作积极性是否提高与教师的职务、职称、教龄不相关[2]，尤其是乡村教师的工资不仅在工作时间总体上并没有体现出"多劳多得"的分配原则，还在教学和个体指导等相关工作上体现"多劳少得"的分配现象[3]。综上，本研究认为我国中小学教师的工资不仅没有很好地体现出"多劳多得"的分配原则，具有一定的"弱绩效"特征。

3. 中小学教师工资具有一定的环境补偿特征

通过对样本数据的分析发现，尽管样本中小学教师工资三个省份之间不存在显著差异（样本的选取具有一定的代表性），但从城乡环境及经济条件来看，具有非常明显的环境补偿特征：区县层面的财政分权对教师工资的影响效应较大，学校所在地的环境特征（城区或乡镇）对教师的工资也具有非常显著的影响。不过，调研样本中城区教师比乡镇地区的教师平均工资高出约 381 元，这

---

① 田汉族，贾萌萌. 义务教育阶段班主任津贴问题及解决对策——来自全国 253 名班主任的调查 [J]. 当代教育论坛，2019, (03): 1-8.

② 杨小丽，杜学元. 义务教育学校教师绩效工资激励效果的影响因素及归因分析——基于四川省的调查 [J]. 基础教育，2014,11(04):32-41.

③ 杜屏，刘斌. 乡村教师多劳多得吗？——乡村教师的工作时间与工资的关系探究 [J]. 教师教育研究，2020,32(03):98-106.

一差距可能是城区物价指数高于乡镇，城区教师平均消费水平高于乡镇教师所致。如何发挥"地区环境差异的工资成本补偿对公共基础教育服务均等化"的积极作用[①]，给乡镇教师发放更多津补贴，以提升他们的留任意愿，吸引更多优秀教师到农村任教值得关注。

**（二）政策建议**

1. 中小学教师工资要凸显人力资本的结构特征

为建立公平、有效、富有吸引力的教师分配激励制度，本研究建议中小学教师的工资设计要凸显"人力资本特征"，对教师的人力资本进行"投入型"消费补偿。"吸引更多更好的人才从事教育工作的一项关键性的基本措施就是确保中小学教师保持较高的工资收入水平"[②]，但由于我国中小学教师的职称结构为限额设计，且"各级岗位结构比例设置的原则不明确"[③]，在一定程度上进一步加剧了中小学教师工资的"重资历"特征，以至于出现了"年轻教师干活多而工资少"，而"年长教师干活少却工资多"的怪现象，尤其是乡村教师，其工资"未能充分体现教师实际贡献"[④]，严重影响了乡村教师工作的积极性，阻滞了教育的公平高质量发展。因此，要想促进中小学的高质量发展，教育相关部门不仅需要参照教师的学历层次设计富有吸引力的工资制度，更需要基于教师教龄、职称逐层上升结构特征设置科学合理的工资提升机制，以激励新教师入职后能全身心地投入到教育科研中，以"教学"滋养"科研沃土"，以"科研"驱动"教学创新"，为新时代教育目标的实现打下坚实的基础。

2. 中小学教师工资要彰显工作的绩效特征

中小学教师工资要加快推进教师绩效工资的改革，彰显工作的绩效特征。

---

① 马红梅，雷万鹏，钱佳. 教师工作环境的经济价值：基于地区经济地理特征的工资成本补偿 [J]. 华东师范大学学报（教育科学版），2018, 36(05): 129-137.

② 何宪. 中小学教师工资水平研究 [J]. 中国人事科学，2019(06): 19-29.

③ 吴乐娇，吴黛舒. 小学教师职称限额设计的制度性困境与反思 [J]. 当代教育科学，2020(02): 31-36.

④ 刘善槐，王爽，朱秀红. 乡村振兴背景下农村教师工资收入决定机制研究 [J]. 华东师范大学学报（教育科学版），2022, 40(06): 1-15.

"充分调动教师的工作积极性，促进教育教学质量的全面提升，客观、公平、公正地考评教师业绩，体现多劳多得，优绩优酬的原则，合理制定绩效考核方案就尤为重要"①。为提高教师工作的积极性，我们不仅可以考虑"构建以教育绩效为主，职称工资为辅的教师工资分配制度"②，来进一步优化教师工资的激励机制，还可以考虑完善我国中小学教师的工资结构和工资设置，例如：可以岗位职责、岗位挑战性、教师的专业能力等因素将教师的工资分为教学岗（教学主讲岗、教学助手岗）、教学领导岗两大类③，还可以考虑根据工作量、工作质量、外显工作成果等工作特征设置绩效工资④，做到"多劳多得、优绩优酬"。

3. 中小学教师津补贴福利要进一步地体现地域环境特征

由数据分析结论可知，教师的工资不仅受到当地地理位置、经济条件的影响，还受到学校工作条件的影响。工资收入不仅是影响教师流动的重要因素⑤，家庭关涉更是"最有利于增强教师的留任意愿"⑥的一个重要因素。因此，为提升中小学教师的工资水平，本研究建议要基于地域环境特征，"在地化"地设计中小学教师的工资。具体建议包括：首先，由于中小学教师的工资与区县财政分权密切关系，"中小学教育的支出责任需要进一步调整"⑦，我们需要"分区域、分项目确定各级政府义务教育经费支出的分担比例"⑧，具体可通过加大区县层

① 沈少丽.中小学校绩效考核方案探析 [J].中国乡镇企业会计, 2021, (03): 99-100.

② 高晓娜, 王嘉悦.教师"职称—薪酬"制度：异化与革新 [J].当代教育科学, 2020, (10): 78-84.

③ 蔡永红, 李燕丽.英国中小学教师工资制度及其对我国的启示 [J].教育科学研究, 2019, (05): 72-77.

④ 薛珊.绩效要素与分配公平感：义务教育学校奖励性绩效工资分配研究——基于对 808 位浙江省教师的调查 [J].教师教育研究, 2019, 31(04): 68-75.

⑤ 杜屏, 谢瑶.农村中小学教师工资与流失意愿关系探究 [J].华东师范大学学报（教育科学版）, 2019, 37(01): 103-115.

⑥ 黄斌, 程欢, 等.货币收入、工作条件与农村中小学教师换教与退教意愿——基于重庆、宁夏基线调查数据的实证研究 [J].教育与经济, 2021, 37(05): 77-88.

⑦ 高跃光, 张蓉.义务教育财政资金管理改革与农村教育发展 [J].财政研究, 2022, (03): 74-91.

⑧ 胡咏梅, 元静."十四五"期间完善义务教育经费保障机制研究 [J].教育与经济, 2021, 37(01): 57-66.

面的财政支出分权或者降低区县层面的财政收入分权的方式，进一步完善中小学教育经费的保障机制；其次，为提高乡镇地区中小学教师的吸引力，教育财政相关部门应至少为乡村地区的教师提供高于城区教师 500 元左右的工资水平，毕竟"只有职初工资达到一定阈限后，才能有效降低农村教师主动发起工作单位变更的概率和延长教师在首份工作上的停留时间"[①]；再次，教育作为民生最关注的问题，教育相关部门要充分利用特征工资理论的补偿性原理，除了通过津补贴等方式对教师进行经济补偿、改善工作条件外，还须着重在教师的子女接受教育方面采取支持性措施，解决教师在子女接受良好学校教育方面的后顾之忧，让教师"安心从教"。

【作者简介】穆洪华，女，淄博师范高等专科学校副教授，山东理工大学数学与统计学院兼职硕士导师，北京师范大学博士，主要研究方向为教师工资、教师专业发展及教育大数据挖掘与分析；赵楠，男，北京师范大学统计学院 / 中国教育信息研究中心教授，博士生导师，主要研究领域为宏微观经济学、教育资源配置；胡咏梅（通讯作者），北京师范大学教育学部 / 首都教育经济研究基地教授，博士生导师，主要研究领域为教育经济学、教育政策或项目评估。

---

① 马红梅."艰苦边远地区津补贴"的经济学分析及其对"乡村教师生活补助"政策的启示 [J]. 教师教育研究, 2021, 33(03): 97-103.

# 三维融合：校家社"和谐心"育人场建构的区域探索

赵纪华　　王曜君

## 【导言】

"和谐心"是西湖区历经十年探索全力打造的育人品牌，期望通过学生和、教师和、师生和、亲子和、家校和，形成促进学生健康成长和谐状态及育人主体关系的和谐。"立德树人"理念要求我们在"协同育人"的实践中寻求突破和发展，我们对区域内校家社"三位一体"进行了新的思考和追寻。构建校家社"和谐心"育人场就是以和文化为引领，立德树人为根本任务，由学校、家庭和社会三维教育力量构成的育人场域。通过架构西湖区"和谐心"育人场的组织枢纽的探索研究，旨在将区域育人空间从传统单一场向多元生态场转变，从固定化育人行为走向体验理解、互动交融的育人行动，形成校家社协调一致的育人合力，构筑师生家长和谐发展的场域，再塑西湖区域特色的育人品牌。

儿童青少年是祖国的未来，关系到国家的前途和民族的命运。《中小学德育工作指南》《中华人民共和国家庭教育促进法》等政策文件的颁布都以教育和引导中小学生爱党、爱国、爱人民为指导思想，以培养学生良好思想品德和健全人格为根本，以践行学生形成良好行为习惯为重点。协同视域下构建校家社"和谐心"育人场是在教育部、省政府文件推进全员、全程、全方位德育工作格局，形成校家社协调一致育人合力大背景下开展，具有一定的政策导向和现实意义。

## 一、困境检视：校家社三方教育力量"消融"之窘境

"立德树人"理念要求我们在"协同育人"的践行中寻求突破，在动态发展过程中更好地营造"和谐心"育人品牌，为此，我们对区域校家社"三位一体"进行了新的思考和追寻。

以中共中央办公厅颁布双减政策为例。这是我国教育格局的一次重大调整，旨在引导校家社回归立德树人教育初心。政策推行后，区域内中小学积极响应并以此为契机迅速行动，执行课堂增效、课后托管、家校联动等多维举措，收效颇多的同时也掀起了一股"减负增质"的浪花，试从家校社三方调查探寻双减后育人生态，却发现喜忧参半。

### （一）无援：学校行动一厢情愿

"双减"以来学校从晚托班的全面落实，到作业减负增效行动迅速且效果显著，但学校教育对学生的积极影响因素却在校外被分散、内耗，且存在教师生存状态不容乐观的问题。超负荷工作让教师身心健康不堪重负，校本研修时间受到挤压，教师很少有时间和精力开展教学研究、教学探索和创新，致使教学中不得不机械性、程序性的重复。

### （二）无助：家庭教育一知半解

调研中发现"需花费更多精力在家庭教育"成为家长在"双减"政策推行后的最大担忧点，"双减"给孩子减负同时对家长提出更高要求，从其他担忧点来看，其实质都指向"双减"后家庭教育的无助，同时萌生出一种危险的信号——"培训班依赖"转向"学校依赖"，过分依赖学校教育，忽视家庭作为培养孩子的第一土壤的应有作用。

### （三）无绪：社会协同一筹莫展

以西湖区某社区为例，"双减"后推出了周末学生菜单式活动，但存在场地、师资、器材设备不足等问题，服务内容缺乏吸引力，服务时间受限，不能满足

个性化需求，此外社区开展的活动大多目标独立，指向单一，与家庭和学校并无串联，由此导致鲜有学生参加，即便参加还存在遗忘快、体验浅、收获少等困境。

## 二、问题溯源：校家社三大教育功能"瑕疵"之考量

学校、家庭、社会三大教育力量存在各自为政、功能分离的现象，以至于出现学校教育对学生的积极影响因素的力量在其他两个教育场内被分散、内耗，教育功能相互抵消，究其原因有以下三个方面：

### （一）育人目标趋于困境：不可调和的矛盾

学生无法用在学校学习过程中掌握的知识去体会、认识、参与和适应社会，育人目标与育人实践间存在着脱节，这脱节告诉我们要达成育人目标单纯依靠学校力量是无法实现的，还需要家庭、社会的影响与参与。

### （二）育人资源陷入窘境：无法融合的状态

学校所处的教育场具有相对独立性，其开展德育活动时往往处于一种"真空"的状态，必然带来育人资源的困境，使得学校与其他场域之间无法相互融合，育人内容与家庭、社会实际不吻合，使得育人功效事倍功半。

### （三）育人行动凸显逆境：难以聚合的力量

学校、家庭、社会彼此都按照自己的惯习行事，缺乏协同，相互间的力量难以聚合，甚至会出现相互抵消。学校教育会在现实面前失去作用，"5+2＜0"现象或"1+1+1=0"现象正是学校育人行动困境的真实写照。

## 三、尝试构建：校家社三大教育范畴"和谐"之意蕴

三维融合中的"三维"指教育系统之中的学校、家庭和社会三者，共同承

担育人责任又各有边界、相互独立。通过构建"和谐心育人场"实现"校—家—社"在育人目标、行动、资源和育人力量上的同频共振，发挥三维不同教育因素的互补作用和多渠道影响的叠加效应。

### （一）育人空间从平面到立体，更有生长力

学校、家庭和社会进行对话，呈现对同一事件的多元价值观。建构以"和谐"为宗旨的育人场意义就是校家社面对多元价值观冲突时，通过真诚的沟通对落实育人达成三方共识，使育人行为拥有生生不息的力量。

### （二）育人关系从支配到平等，更有持久力

学校处于教育的主场，与家庭、社会之间是要求与被要求、服从与被服从的关系，这种育人关系折射的是不平等，通过"和谐心育人场"的建设突出学校与其他两大育人场域平等交互、互通有无的关系，将育人行动纳入家庭和社会活动中，使其更具持久力。

### （三）育人路径从单一到多维，更有向心力

在区域和谐心育人场的开发过程中，不断整合教育资源，立足学校教育，加强家庭指导，发挥社会服务作用，"学校—家庭—社会"正向合力有机贯通的育人路径，彰显育人的创新力。

### （四）育人功效从顶天到落地，更有内增力

以往学校过于追求显性的物化育人成果，使得育人行为脱离生活情景，育人过程成为追求高大上的竞争行为。以落实立德树人为育人目标的校家社三方联动育人场的构建，在跨时空对学生进行泛在"塑形"，达成育人工作落细落小落实的功效。

## 四、实践探索：校家社三大育人场域之融合

我们期许的"和谐心育人场"是一个"目的明确的、交往的、共同进步的

地方"，以"真善美"为核心，凝聚力量为基础，确定目标缔结盟约为要点构筑场域的组织架构。

**（一）以和为真：共建"和谐心"场域枢纽**

1. 职能升级，求"真"在一起

完善新阶段组织架构，升级育人阵地，凝聚校家社合力，打造以学校为核心、家庭为主体、社政医为辅助的和谐场域育人共同体，首先从重组机构优化职能开始，具体做到三步走：

第一，优化机构强职能。架构区域"一轴三线"的专业指导体系，以区域学生成长支持中心为中轴，整合德育、家庭教育、心理健康"三线"功能，改组管理机构，设置德育、家庭教育、心理健康教研员，招募团队核心成员，聘请专家导师等举措，形成"育人场"的专业指导龙头机构，对育人联盟进行管理，对育人工作进行督导，对育人行为给予学术支持。

第二，配置资源谋合作。综合分析办学特色、地域资源、家校发展诉求和合作关系等，确定一定数量学校作为推进学校。同时确定有合作意愿的高校、医院、政府机构、社会组织等作为育人联盟成员，通过摸底、调研、协商、签约等举措为学校配置社会资源，让家校社在同一场域内形成多点三维育人联盟。

以人才资源配置为例，采取横向联通与纵向贯通，实现人才资源互融。充分发挥区位优势，依托名校名师资源，建设德育特级教师工作室6个、班主任工作室13个、心育工作室6个，家庭教育工作室1个。聚集知名德育专家、资深家庭教育研究者、知名的儿童心理医生、优秀家长、优秀教师等形成人才资源库。通过资源比对、指导力输出和输入进行学校之间的横向联通；通过活动示范、专家引路、信息烘托等举措进行家校社纵向贯通，将最重要的、最具有影响力和最富有价值的人才资源相互移植，动态管理，实现人才资源服务的最优化。

第三，签约共育促场域。家校社合作分两种情况，一类是由教育局牵头与社政单位进行区域性合作，如教育局和杭州市第七人民医院签署合作协议，七院指派专家对区域内学校进行咨询指导，开启危机学生转介绿色通道。另一类由教育局牵线学校和社政单位或高校签约，如 JZ 小学与中国丝绸博物馆开展馆校共建、LX 小学与浙江科技学院签约等。

在与上述机构或场所签约后又进行分析界定与放大价值，实现场馆资源互惠。具体通过有序分类、反复厘清，科学界定爱国主义教育基地、研学实践基地和博物馆场景、设备等物化资源，按空间分布不同分成场馆进校园资源，学生进场馆资源；按功能特点划分，分为素材资源和条件性资源；按资源载体分为实物资源和人力资源等。在所有资源中，着重放大育人价值，常态开展宣传教育、文化传承体验活动，构筑起家校社三维一体的和谐心育人场域。

2.思想统一，探"真"有突破

第一，定期例会，保证育人目标协同。西湖区教育局在期初和期末组织召开育人签约单位的工作座谈会和总结交流会，全面了解育人场在发展中的现状和问题，分享教育成果的同时统一合作目标凸显育人重点，聚焦合作过程中遇到的难点和焦点问题展开讨论，并进一步规划和统筹安排下一阶段合作育人事项。

第二，定期交流，保证育人理念正确。西湖区学生发展中心围绕"和谐心育人"主题定期组织校家社三方代表进行专题研讨、和谐心家校大讲堂、520家庭教育宣传周等多种交流形式，积极推介校家社三维之间的紧密合作与共同学习，学习内容包括各级各类的政策解读，如《家庭教育促进法》"双减政策"的推进和落实等，通过深度交流、深度学习，普及和强化育人场家校社三维合作意识和正确理念。

第三，定期互通，保证育人资源共享。通过优化信息基础设施架设，加强育人场合作单位之间的信息互通，以钉钉的植入为例，区域内所有家庭、学校实现了"校校通""班班通""家家通"，将空间与时间缠绕在一起，创建"西湖德育研究"公众号、和谐心家长空中学堂、三名在线、XXJ 教育汇智网，建成了家校协同资源库、三名在线经典课程等定位基础，涵盖面向家长、教师、学生多层次、智能化、开放式的数字化经典资源库，让最新最前沿最有意义的信息或要求畅通无阻地传递给育人场内的任何一方。

### 3.愿景描绘，行"真"能发展

在统一认知，整合教育空间的基础上形成共同的信念和育人价值观，形成共同的育人组织宗旨。把场域活动聚焦在核心目标上，明确方向、设计路线、厘清步骤，在育人实施过程中持续培育和鼓舞场域内所有行动者提升育人职能，敦促成员尤其是家长切实加入全力引导和影响孩子的育人行动。基于以上认知，构建西湖区"和谐心育人场"需要推进行为设计和实践创新，达成"一促·三培·一制"的育人愿景，具体内容有：一是促进学生核心素养提升。通过"和谐心育人场"的构建，引导学生养成良好行为习惯，形成积极健康的人格和良好心理品质，为学生和谐成长奠定坚实的思想基础。二是培养一批优秀的德育骨干教师队伍。通过和谐心育人场的构建，实现研修和谐教育、掌握学生发展规律，专业引领家长教育需求，具备链接社会能力的高素质德育骨干队伍。三是培植一批和谐发展的教育联盟。通过对学校、家庭、社区等联动多层培育，形成育人合力，打造和谐发展的教育共同体。四是培育一批着力和谐的实践育人场馆。根据文化特色、地域特色以及和谐发展方向，从主题、位置、社会支持、师生需求等，开发一批助推和谐成长的校园实践基地。五是制定一套和谐运行的育人工作机制。支持学校德育工作的浓厚氛围，分别制定学校、家庭、社区及"三位"德育工作规程，形成社区、家长围绕全面提高学生思想道德素质的共同目标的育人工作运行机制。

### （二）以和为善：共循"和谐心"协同盟约

协同盟约的签订对场域内每一位参与者的育人行动起到激励、监督作用。明确管理制度、制定育人场发展规划和工作计划，保证家校社共育落到实处，保障育人目标的同步实现。

### 1.建"四结合"学习制度，群体卷入

一个和谐的育人场，必须要有先进的理念做指导。因此在现代媒体的助攻下，我们建立面向三方行动者的四结合的学习制度。线上与线下培训相结合、学习专著与广收信息相结合、专家指导与自我学习相结合、主将引领与互相交流相结合，在学习中逐步形成育人场域内的群体滚动，整体推进态势。

2.定"四坚持"成长准则，常态纳入

生活在智能时代的孩子们，其成长复杂多变，在追求个性的同时更要强调素质，而素质的其中一个核心概念就是"和谐"，我们构建"和谐心育人场"始终把孩子的发展作为出发点和落脚点，注重孩子在成长过程中遇到的行为问题矫正，"四坚持"准则就是在此基础上制定的。和谐心育人场成长准则内容为：一是坚持和谐方向。坚持和谐育人的教育理念，牢牢把握以促进学生形成良好行为习惯为重点，构建学校、家庭、社会三方面的和谐育人场，建立起生生和、师生和、亲子和、家校和的育人关系。二是坚持规律发展。符合中小学生年龄特点、认知规律，探寻行为协调、均衡、有序的和谐规律，尊重教育规律，从多样中寻求统一，通过多样达到优化，强化场域内的道德实践、情感培育和行为养成。三是坚持协同育人。发挥学校主导作用，引导家庭、社会增强责任意识，提高对学生道德发展、成长成人的重视程度和参与度，形成学校、家庭、社会协调一致的育人合力。四是坚持常态推进。推进场域内工作制度常态化，创新途径和载体，将中小学德育工作内容和要求贯穿融入日常学习生活中，努力形成育人场工作机制。

3.抓"四到位"推进职责，全域投入

育人场域内的所有参与者都是彼此信任、彼此合作的，因此围绕"决策、指导、实施"三个维度约定需要"四到位"职责。从学校来说，一是宣传发动到位：高度重视，营造氛围，广泛宣传，全面落实《浙江省中小学生行为规范》的要求，帮助家长提高家庭教育水平；二是计划制定到位：制定生态育人场发展规划和工作计划，并及时传递给其他教育方；三是专家指导到位：每次活动都要请相应的专家进行指导，使得育人场内的教育者得到针对性的指导，提升理论修养；四是组织活动到位：基于省规22条丰富育人路径，突出学生行为养成可感、可知、可践行的生活情境，引导逐条践行，真正做到内化于心，外化于行。从家庭来说，一是做到信息接受到位：高度重视孩子行为养成教育问题，能主动学习相关知识，明确具体要求；二是明确目的到位：在学习的基础上明目标并在日常生活中用目标去引导和规范孩子行为；三是有效支持到位：支持学校的育人行动，并与学校行动保持一致性；四是参与活动到位：参与到育人场的各项活动中，并能发挥自己的优势主动创新。从以社区为代表的合作单位来说，一是做到责任意识到位：提升合作意识，增强共同育人的责任意识；二是提供资源到位：提供社会资源，丰富学校教育内容；三是搭建平台到位：净化育人环境，搭建社会育人平台；四是服务建设到位：为学校、家庭提供普惠性的家庭教育指导服务。通过校家社"四到位"的制定明确和谐心育人场中三方教育者的职责。

**（三）以和为美：共研"和谐心"育人目标**

1. 省生活德育，洞悉关联，三层明晰

本着通过生活学习生活的理念引导家校社三方关注、贴近生活、提升生活、美好生活。具体做到"三层明晰"，第一层通过深研生活德育的内核和意义，避免"生活"概念的简单化和无限泛化；第二层将理想信念教育、社会主义核心价值观教育、中华优秀传统文化教育潜移默化植入生活之中，明晰生活德育不仅要引导孩子立足当下还要面向未来；第三层在文化育人、活动育人、实践育人等活动中协同家校社以生活德育为核心再构育人体系，明晰以生活德育为支点撬动和谐心育人场的变革和发展。

2. 解行为要素，梳理体系，三方力量

行为要素是每个学段孩子身心发展的外在体现，也是构建"和谐心育人场"结构体系的基石。育人场三方教育力量力求从生活中解读孩子的行为要素，找到素养提升的切点，研究发展梯度。

（1）上下衔接："不同段"行为要素

不同学段的孩子行为习惯养成需要衔接和连续，如表1所示，聚焦同一个行为表现，在不同学段挖掘孩子的行为要素，聚焦关联度，只有在前一段中深化行为，在下一学段中其行为落实才能做到水到渠成，体现并发挥行为习惯一体化培养的整体制定的思路。例如，小学生遇到问题难以解决的时候其行为表现为哭泣、生气或者大吼大叫，相对应的行为要求为控制好自己情绪，不任性，不乱发脾气；中学生遇到挫折难以解决的时候其行为表现可能是懊恼无助、羞愧甚至自我放弃，相对应的行为要求就是能做到悦纳自我，遇到挫折会向他人倾诉等。两者之间是有要素勾连的，都是指向情绪调控。在小学阶段要更多地给予学生认识情绪的能力，使其知道情绪是可以管理，并帮助学生掌握一些控制负面情绪的方法，而随着年龄的增加，环境的变更使得需要给予学生人文关怀，引导学生悦纳自己的不完美，自主自助。

### 表1 "不同段"行为要素

| 学段 | 行为表现 | 行为要求 | 要素勾连 |
|---|---|---|---|
| 小学 | 遇到问题容易哭泣、生气或者大吼大叫。 | 控制好自己情绪，不任性，不乱发脾气。 | 指向情绪调控。在小学阶段更多地给予认识情绪，知道情绪是可以管理的并能掌握一些控制负面情绪的方法，但随着年龄的增加，环境的变更更需增加人文关怀，引导学生悦纳自己的不完美，自主自助。 |
| 中学 | 遇到挫折懊恼无助羞愧甚至自我放弃。 | 悦纳自我，遇到挫折会向他人倾诉。 | |

（2）左右交汇："学段内"行为要素

同一学段的行为要素也可以进行分类和归纳，以《中小学生行为守则》的行为要求为例，如表2所示，基于学校引导家庭和社会教育力量要紧密结合不同维度的指向要求，加强同一性的行为指导，从看懂、记住、做到，贯通交汇"学段内"的行为要素。

### 表2 "学段内"行为要素

| 行为指向 | 具体要求 | 行为指向 | 具体要求 |
|---|---|---|---|
| 爱党爱国爱人民 | 升国旗时，肃立、脱帽、行注目礼（队礼）、唱国歌。少先队员佩戴红领巾或队徽，积极参加少先队活动。 | 自强自律健身心 | 控制好自己情绪，不任性，不乱发脾气。每天运动一小时，培养两项运动兴趣。学会上健康网站，不沉迷网络游戏。 |
| 孝亲尊师善待人 | 记住家人生日，经常与父母交流生活、学习情况。见到师长主动行礼，遇到客人大方问好。 | 勤俭节约护家园 | 洗完手及时关水龙头，离开房间及时关电器；多用手帕，少用纸巾。按需取食，不挑食，不浪费食物。 |

（3）前后渐进："进度条"行为要素

同一行为指向在同一学段中呈现渐进提高要求的特点。如表3所示，不同行为条目指向"孝亲尊师善待人"，从父母到师长再到身边人，包含学生具备面对不同对象能言谈有礼、举止有度的行为要素，体现育人目标的发展梯度。

### 表 3 "进度条"行为要素

| 主题 | 行为要求 | 要素递进 |
|---|---|---|
| 孝亲尊师善待人 | 记住家人生日，经常与父母交流生活、学习情况。<br>见到师长主动行礼，遇到客人大方问好。<br>文明有礼，不讲脏话粗话，不随意打断他人讲话，不欺负弱小。 | 都是指向孝亲尊师善待人具体到孝父母敬师长，爱集体助同学、虚心接受批评，学会合作共处。 |

3. 明育人定位，和谐发展，三级目标

依据关注学段的行为要素设计，不断增进家校社教育力量对生活德育精准定位，明确"生活"是方式，"德育"才是真正落脚点。

核心目标：群我和谐。基于对生活德育的理解和思考，遵循学生身心发展规律和教育规律，同时立足《德育工作指南》，结合对学生行为要素的解读和分析，将"和谐心"场域内的育人目标定位在"引领思想品德规范言行举止达到群我和谐、人我和谐、自我和谐"。

学段目标：人我和谐。根据学生的年龄特征和认知发展水平，对处于不同阶段的学生提出切实可行的要求，依据其内容、对象以及层次等不同方面，确定学段目标，各学段间制定的目标既要考虑学生年龄特点、身心特点、理解能力又要考虑学段目标的衔接性。

个性目标：自我和谐。好习惯养成是由多个教育阶段前后衔接和多个方面纵横贯通共同作用的结果，每一个学生都是鲜活的生命个体，在统整划一面前也要充分考虑学生个性特点，育人场要集聚力量看到并看懂孩子个体元素，让其达成"个性发展与素养提升"相统一。

以"情绪管理"为例，小学生的行为要求为控制好自己情绪，不任性，不乱发脾气。进行解读后确定的核心目标是养成文明行为习惯，形成自信向上、诚实勇敢、有责任心等品质；学段目标为知道坏情绪伤人伤己，坏情绪不能解决问题，反而使矛盾升级；生气的时候要选择正确的场合、时间和分寸；学会

1—2个"中场休息"的办法来控制自己的情绪。个性目标则定为提高小学生情绪认知能力，知道情绪调试的重要性。同样是"情绪管理"，中学生的行为要求是悦纳自我，遇到挫折会向他人倾诉。我们确定的核心目标为形成友爱宽容、自尊自律、乐观向上等良好品质。学段目标分解成三点：首先知道挫折对人成长有利有弊；其次能了解面对挫折的态度不同，结果也会不同；最后会用积极的方式评价挫折，并做好迎接挫折的准备。确定的个性目标：提高交往水平，预防遇到情感或者学业挫折而衍生的行为问题。到了高中阶段关于"情绪管理"的行为要求随着年龄的增长也有变化和调整：学会情绪调节，遇到挫折主动找人倾诉。由此确定的核心目标是具备自立、自强的态度和能力，初步形成正确三观。学段目标确定为了解消极情绪带来的危害；学会理清并表达自己的情绪和情感；尝试掌握和设计一些方法来调节自己的负面情绪。个性目标落脚到引导学生更好地认识自我，能有效地控制自己的情绪。目标的确定在关注上线学段勾连的同时，始终锁定"引领思想品德规范言行举止达到群我和谐、人我和谐、自我和谐"。

实践证明，在协同视域下科学构建和谐心育人场的组织枢纽为统整学校、家庭和社会三方教育力量创造了可持续发展的和谐教育生态，达成了三大效果：

一是"和"关系：从"交错复杂"到"嵌套共生"。场域内共享的价值和观念，催生了和谐的人际关系，和谐心视域下的家校关系空前美好，家长在一次次期待与惊喜中与孩子们一起享受成长的果实，对学校、对老师的满意度有了质的飞跃。社会对学校的美誉度提升，区域内各校都会承担接待省内外参观、考察、交流，行内的频繁交流让"和谐心"广受好评。以"和"为贵、以"和"为美的盟约共生关系让场域内的每一个人更健康、更和谐、更幸福。

二是"谐"力量：从"隔场遏制"到"流动创生"。通过构建"和谐心"，场域充满力量，教师、家长、学生、社会教育人等之间的互动让家校社突破时间范域、空间范域，教育资源得到流动，教育策略也能灵活转换，师生关系、亲子关系、家校关系的更和谐使得场域运作呈现一种循环的能量流动，如果把"和谐心育人场"比作母体，这一母体能统一各种不同的元素，同时围绕共同的育人目标，在尊重彼此的基础上系统运作，进行着一种场域力量的集合启动，推动场域资源共享，育人行动流动和创生。

三是"心"效应：从"即时行为"到"交互运行"。和谐心育人场域是一个系统的交互运行的育人共同体，形成一条规范的有多方参与，有多元拓展，有不断延伸的交互运行模式，为孩子们打造了适合学生、舒展学生的优质场域，实现每一个学生都是鲜活灵动精彩的生命体。生活即教育，通过区域和谐心场域体系的构建与实施，帮助学生不断地去丰富、扩大、提升自己的生命领域和生命境界，促使他们真正走进自己的内心，引导自己在生活建构活动中形成健康的人格和良好的品质。

**参考文献：**

[1] 鲁洁.德育论著精要 [M].福州：福建教育出版社，2016.

[2] 王君瑶，吴叔君.教师家庭教育指导实务（小学版）[M].上海：上海社会科学出版社，2017.

[3] 娜仁高娃.基础教育场域论 [M].重庆：重庆大学出版社，2018.

[4] 钟志农.探寻学生心灵成长"路线图"：中小学心育活动课程开发指南 [M].北京：教育科学出版社，2012

[5] 渠东剑.素养导向下的学业质量评价探讨 [J].数学教育学报,2019,28(05):59-64.

[6] 张悦颖.夏雪梅.跨学科的项目化学习 [M].北京：教育科学出版社，2018.

[7] 崔允漷.促进学习:学业评价的新范式 [J].教育科学研究,2010,(03):11-15+20.

[8] 杜时忠，卢旭.多元化背景下的德育课程建设 [M].南京：江苏教育出版社.2009.

[9] 教育部 . 中小学德育工作指南 [Z].2017-08-22.

[10] 浙江省教育厅 . 浙江省中小学生日常行为规范（试行）[Z].2017-09-20.

【作者简介】赵纪华，西湖区教育发展研究院德育部主任，西湖区中小学德育教研员，主要研究方向为中小学德育、班主任专业成长、学校家庭教育指导；王曜君，西湖区教育局学术委员会常务副主任，浙江省正高二级特级教师，主要研究方向为学校管理与发展规划、课堂教学方式变革、学科文化与学校文化的创建等。

区域教育治理之“浙外范式”

## 【编者按】

浙江海盐，地处杭州湾西北，因"海滨广斥，盐田相望"而得名，拥有6000余年的文明史和2200多年的建县史，被联合国地名专家组认定为"千年古县"。十多年前作为国务院农村综合改革示范试点县，创造出中国就地城镇化"海盐样本"，也是浙江省基本公共服务均等化改革试点县。2019年10月，全国县域义务教育优质均衡发展督导评估认定现场会在此召开，海盐县成为国家首个义务教育优质均衡发展县。2022年7月，海盐县教育局与浙江外国语学院教育学院/教育治理研究中心合作，共同开展"面向教育现代化教育家型校长/教师内生性成长研究项目"。海盐县教育局选拔了30名优秀校长和教师参与项目学习，目的是提升各位学员理论素养和实践智慧，为成长为教育家型的校长和教师奠定基础。2024年6月，该项目圆满落幕，参加项目学习和研究的校长/教师取得了丰厚的成果，通过项目负责人孙绵涛教授构建的教师内生性成长培育模式，实现了打造一个具有教育家特质的县域高质量教师群体的目的，也形成了高等教育服务于区域基础教育的"浙外范式"。本栏目内容即为海盐县教育局原副局长，浙江省督学叶惠玉女士对项目实践路径和策略的探讨，和浙江外国语学院教育治理研究中心学术委员会主任孙绵涛教授在项目结业典礼暨成果展示会上的讲话。两位作者从不同的视角，对项目的缘起、过程、成果和经验进行了总结，并对未来进行了展望。

# 成为教育实践思想的拥有者：路径与策略

## ——海盐县"教育家型"校长／教师内生性成长培育模式的实践

在教育更高质量发展的推进中，教师作为重要的人才支撑，其高质量培育显得尤为重要。在县域层面的教师培育中，因准入的规范、学历基础的提高、职后培育体系的健全，教师整体基础良好，且不乏出类拔萃的个体，但存在的问题也很突出——难以形成有实践思想具有影响力带动力的高质量群体。究其根源，在于三方面因素：一是县域平台资源的短缺。在基层，缺少高校资源，缺少高质量的研究机构，也鲜有高品质的交流平台，优质导师资源、学习资源缺乏。二是教师发展目标的局限。基层教师普遍存在着经验型思维的影响，专业发展囿于经验，成长目标基于同伴比较，而同伴影响力群体缺乏，自身带动不够，形成非积极的循环圈和专业发展文化，发展目标定位不高，成长的内驱力不足。三是师资培育方式的适切性不够。针对不同层级的教师，教师研训方式大同小异，县域高层次教师群体的培育，仍采用广听讲座、实践交流等输入式的泛在学习式的培养，对这一群体的进一步提升难有撬动力。

基于上述背景，海盐县教育局与浙江外国语学院教育学院／教育治理研究中心合作，共同开展"面向教育现代化教育家型校长／教师内生性成长研究项目"，以期构建一个教师内生性成长培育模式，打造一个具有教育家特质的县域高质量教师群体。

# 一、目标愿景：让教师成为教育实践思想的拥有者

## （一）目标召唤：教育家型校长／教师

所谓"教育家型"，并非教育家，而是具有教育家的类别特质及发展趋势。项目无意于对"教育家型"作具体诠释，因为"教育家"本是一个内涵和外延无限丰厚的称呼，本身具有完整的神圣美好的形象意蕴，自古而今的教育家，均不是以某种标准评判出来的，而是因其独具的教育影响力、人格魅力而被世间所公认的。在教师心中，都存有各自的教育家形象，刻意去诠释、界定，反而削弱了这个词对于教师的理想召唤力。项目以此定位培育群体，是基于教师对教育家的情感投射设定的一个成长的召唤目标，也是基于所选择的培育对象的基础。他们是县域教师队伍中专业成长水平较高的校长、教师，有扎实的基础、丰富的实践积累和一定的教育思考，需要有更高的目标召唤，才能跳出固有经验模型，发生跨越式的成长。

## （二）具体聚焦：教育实践思想

"教育家型"目标确立后，还需要制定具体的目标任务去指导培训开展。弱水三千取一瓢，项目根据《教育大辞典》对"教育家"的界定"在教育思想、理论或实践上有创见、有贡献，有影响的杰出人物"，将目标任务聚焦于"教育实践思想"，即基于校长／教师已有的实践探索，立足当前基础教育发展本质性、现实性、前瞻性等重要教育实践问题的理解阐释与行动探索，面向未来与世界，系统总结、提炼与提升，成就其教育实践思想。在此过程中，提升其教育实践的前瞻性与适切性的把握能力、教育实践的系统性构建能力，以及教师自身的理论积累及深度思考的能力。

## （三）"教育实践思想"之于教师

在基层教师中往往存在一种想法，即"教育实践思想"是可望不可及的存在，是专家们的专利。在此自我暗示下，教师往往自动选择退缩而习惯于做经

验型的碎片研究，如一位学员所言"作为一名中师毕业的教师，一直认为理论是高深的"。以"教育实践思想"为任务驱动，可引发三大内生成长动力：一是高位的召唤。仰之弥高，钻之弥坚，使教师形成往高处探索的自觉力。二是困境的破解，在系统性研究的推进中，教师们往往会追寻到教育的本真规律而得到蓦然回首的灯火阑珊，获得研究的乐趣，形成往深处思考的吸引力。三是学术的一言。形成教育实践思想，在专业领域拥有基层探索的表达权，于教师成长乃至中国教育的基层实践都有意义，有助于教师形成作为名师的荣誉感和责任感。根据对项目学员的问卷调研，对上述分析的认可度均达到 70% 以上，其中选择"有助于突出研究重点，形成系统性研究"选项的教师达到 82.76%。

## 二、实施路径：以"教育实践思想的建构"为任务驱动，开展三轮进阶式研究

### （一）以"准硕士论文"为载体，形成任务驱动

硕士论文是硕士研究生所撰写的学术论文，要求系统、深入地探讨某一特定课题，具备较高的研究水平和学术价值。其论文的学术要求及其结构规定、规范性标准，正可以作为教师"教育实践思想建构"的载体。基层教师队伍中，研究生比例不高，硕士论文撰写的经历并不多。而达到较高实践水平的名师，即使是研究生毕业，在经历了实践探索的积累后，相信其领悟又是另一番境界。因此，研究项目自学员进入研究开始，就确立了"硕士毕业论文"的任务，借助论文开展教育实践思想的建构。

### （二）以"问题解决"为需求，链接"实践—专著—导师"三大资源

"准硕士论文"的撰写，对于教师而言，存在三大现实问题：一是确立什么课题。教师虽有实践探索，但作为系统性研究的课题定位，需要在更宏阔的视野中作论证与改进，这个视野如何获得？二是如何开展实证研究。实证研究过

程需要选择恰当的研究方法和工具，并保证数据的准确性和有效性。具体有哪些研究方法和工具，如何获得，如何开展？三是需要建立怎样的体系？基层教师在思想建构中，非常缺乏系统性的分析逻辑，如何将各种错综的问题、实践的经验碎片建立内在关联并互为作用？

以上述问题解决为需求，项目引入浙外导师团队，建立导师指导机制。通过导师，推介相关理论著作、前沿研究。根据研究推进，有针对性地开设专题讲座，包括准硕士学位论文的要求、教师选题的分析与改进、具体的研究方法工具等。从而链接了"实践—专著—导师"三大资源，以教师实践为基础，通过专著阅读、导师点对点指导，拓宽研究视野，深入探寻研究目标，共同建立逻辑体系。

**（三）以"思想建构"为指向，形成"经验雏形—两轮论证—思想框架"的三轮研究**

"经验雏形"为学员已有的研究基础，通过前期调研、文献搜索，形成综述，厘清研究思路，确立具体的研究方向、内容，着力突破的重点。以此为基础，组织两轮论证。第一轮为"开题论证"，实行一周封闭式开题论证，在论证中不断廓清思路，修改完善开题报告。第二轮为"过程论证"，在一年多的正式研究中，学员根据选题，开展独立研究，导师进行一对一过程性指导，并组织 4 次理论与实践相结合的集中指导。其中，集中指导采用集中讲授与小组讨论交流的形式进行，每期集中指导时间约为 4 天左右。在此基础上，对已有的经验进行系统思考，完成论文预答辩和答辩工作，通过导师组集体讨论，对学员论文进行修改和完善，形成实践思想的框架。这三轮研究指向明确，课题统一，在推进中不断进阶，促进学员形成自我反思、自我学习、自我更新的内生成长过程。

## 三、推进策略

### （一）基于目标导向的任务单设计。

围绕基于硕士论文撰写而建构名师教育实践思想的目标导向，建立任务单，将大目标分解成过程性小目标，确立了"六个一"的任务单：1次个人教育教学思想报告与汇报，1份读书笔记，1篇达到发表水平的学术论文，1份达到课题立项水平的课题申请书，1份完整的课题结题报告，1次平台展现。

### （二）基于深度支持的导师制设计

本项目的目标实现仰赖于学员和导师的互动推进。为推进导师的深度参与以及加强与庞大的导师团队的协调，项目建立了四大导师制度：一是首席专家负责制度。聘请孙绵涛教授为首席专家，对项目进行系统设计、科学规划，以首席专家统领，提高项目的研究品质。二是"双导师制"，为每位学员聘请理论导师和实践导师，聘请高校教育理论专家、省内外学科教学法理论专家作为理论导师，聘请省内外中小学一线名师名校长作为实践导师。采用多对一的专业指导方式，确立各自的职责分工，开展指导。三是建立导师组管理制度。确保导师对培养对象的有效指导，形成导师能进能退的动态机制。四是建立项目管理团队，让组织管理、联络服务、学术活动信息资料整理与归档、活动信息的记录等均有专人负责。

### （三）基于过程激励的平台设计

借助导师资源，搭建多样化学术平台，提供学员交流提升的机会，主要包括：推荐学员参加省级及以上学术沙龙、论坛等；开设学员展示专场，引入名家资源，开展交流探讨；为学员引荐，提供论文发表的平台和机会。通过各种平台，扩展学员的影响力，形成过程激励。

### （四）基于成果转化的视导设计

学员研究的基础和核心是改进教育教学实践，教育实践思想的意义是更高质量地推进实践研究。项目安排了导师的视导活动，让导师介入到学校，进行过程性视导，以实现成果的转化。

## 四、初步成效

本研究项目共选拔 30 位学员参加，因工作调整，现有学员 29 位，计划实施两年。

### （一）从研究的过程性记录来看

项目初期目标是：两年中，5 篇左右的优秀论文在《教学月刊》等省级以上刊物发表，5–10 个选题申报市级省级课题立项，2–3 项研究成果申请浙江省教育科学优秀成果奖。项目结束后统计，学员在《教学月刊》《中国教育治理研究》《小学数学教师》《小学教学设计》《中学语文》《中小学校长》《新班主任》《当代学前教育》等刊物发表论文 44 篇，省级立项课题 36 项，成果 12 项，出版个人专著 6 本，参与编著 13 本。

### （二）从学员调研来看

项目组通过问卷星，对学员的学习及成效进行了了解，参与答卷的有 29 人。问卷着重了解"教育实践思想建构"这种内生性成长培育模式的成效。下面以三个选项为例来呈现调研结果：

**表 1　关于"在本次准硕论文的撰写经历中的收获"的回答结果**

| | | |
|---|---|---|
| 倒逼学习，接收了大量学术信息 | 17 | 58.62% |
| 形成更明晰的研究主题 | 16 | 55.17% |
| 在与导师的论辩中，获得启迪 | 25 | 86.21% |
| 获得了更多的研究方法和工具 | 20 | 68.97% |

续表

| 实践架构更系统 | 20 | | 68.97% |
|---|---|---|---|
| 对自己的教育实践有了系统性思考 | 21 | | 72.41% |

**表 2　关于"认为近一年的研究成果，与前面三年相比有增加"的回答结果**

| 有增加 | 14 | | 48.28% |
|---|---|---|---|
| 有显著增加 | 4 | | 13.79% |
| 有增加，且品质有提升 | 6 | | 20.69% |
| 有显著增加，且品质有提升 | 3 | | 10.34% |

**表 3　关于"对未来建立自己的教育实践思想的态度"的回答结果**

| 不敢想，没信心 | 3 | | 10.34% |
|---|---|---|---|
| 作为目标追求，激励自己提升 | 17 | | 58.62% |
| 能建立，需要得到帮助 | 7 | | 24.14% |
| 完全可以 | 2 | | 6.9% |

根据调查，相较于以往的专业成长，教师们普遍认为：以项目研究为载体，能够促进学习方式的改变，对提升研究水平、思维方式，逐步形成个人教育智慧有促进作用。从这一角度来看，项目本身并不重要，重要是以这一项目的研究，促使学员在实践中改变成长的方式。更有学员感言项目的实施让我从"千万别点我名"的惶恐，到"其实我也想说一说"的激情，也让我从"我是谁"的追问，到"我要到哪里去"的笃信，可见，项目时每位学员变得更加从容而自信。

### （三）部分学员的学习认识

田国华老师（高中历史教师，嘉兴市名师）表示，前几年的教育实践，一直在追逐目中有人的课堂教学，比较碎片化，且更侧重于"术"的维度。导师团队帮我提炼出"人学课堂"，引领我去做研究综述，学习相关理论和国内知名教育人学大咖的理念，要求我能从理论的角度想通，并建构内部的逻辑关系，已经开始在往"道"的层面跃升。对我而言，未来教育教学的方向更加明确且坚定，我的研究也更加聚焦了。我终于有点感觉可以从草根向教育家慢慢看齐并有方向感地努力之。自己也收获良多，2023年4月顺利获评正高级教师，个人专著《追逐有"人"的历史课堂》将由浙江教育出版社于2024年2月公开出版，孙绵涛教授亲自作序，称本书是"课堂'人学'的创新之作"。

何月丰老师（小学数学教师，嘉兴市名师）表示，参加"教育家型"培训项目，深刻体会到收集和分析文献资料的重要性，并结合研究项目"小学数学习题教学理论与实践"，阅读各种文献资料60多种，其中包括专著、博硕论文以及期刊上发表的各种文章等。最大的收获是真正学会了开展教育教学研究的方法，以及在整个过程中逐步树立了建立自己教育教学理论的勇气。作为一名中师毕业的教师，对于理论一直认为是高深的，但导师根据我一直以来开展的研究，建议我建立属于自己的理论。这于我而言，已经不仅仅是开展一项研究这么简单，更是打开了我内心深处关于理论研究的单一认识。

黄华芳老师（小学语文教师，浙江省教坛新秀）表示，近十年的小学语文教学一直是围绕"整本书阅读"开展专题研究，在成为该项目的学员后，有幸能与导师深度研讨，或面对面的头脑风暴，或线上的即时研磨，聚焦"整本书阅读中的思辨性阅读与表达"开展纵深研究，2022年至今已立项省教研课题1项，论文获奖发表5篇，作讲座3次，更明晰了个人的教学主张：在阅读中思辨，在思辨中阅读，为儿童的终身阅读蓄力。

杨亚萍老师（幼儿园园长，嘉兴市名师）表示，"你爱学习吗？"若你现在这样问我，我肯定毫不犹豫地回答：爱！这种坚定来自我开启"教育家型"项目的学习。自从踏入这个项目，开启了一种全新的学习方式，据说这样的方式叫"研究生学习"。要"研究"，没学习不行；越"研究"，发现自己真的缺"学习"。于是，带着任务看书、查文献、写笔记、改报告、询问专家、与小伙伴讨论，各种方式的学习弥漫在忙碌工作的间隙与所剩无几的休息时间里。但是，当学习渐渐渗透时，发现它的力量也越发凸显，思路开阔了、报告充实了、论文有想法了……最显性的力量，就是会带着研究的态度与辩证的思考，去提升与引领幼儿园保教质量朝着专业与科学发展。

从成效与教师反馈分析，以"教育实践思想构建"为驱动的教育家型校长 / 教师的培育模式，无疑是有益的探索。帮助学员"重新认识了自己，也重新定义了专业成长的内涵"（学员语），也对基层高层次人才的内生性成长提供一种全新的可能，并由此拓展寻求到更多教师培养的路径与策略。

【作者简介】叶惠玉，浙江省督学，原海盐县教育局副局长，主要研究方向为县域教育高质量发展的制度设计、教育评价及学校课程与文化建设；徐彩华，海盐县教育研究中心副主任，主要研究方向为教师与校长专业发展培训、学前教育课程实施及评价、儿童心理研究。

# 海盐县面向教育现代化教育家型校长 / 教师内生性成长研究项目的过程、成果、特征及展望 *

## 孙绵涛

尊敬的各位领导、各位嘉宾，老师们、朋友们：

大家下午好！今天我们又回到了熟悉而美丽的海盐，参加海盐县面向教育现代化教育家型校长 / 教师内生性成长研究项目结业典礼暨成果展示会，见到了这么多的老朋友，感到特别的亲切，非常高兴和非常激动。首先，我受项目负责人浙外教育学院原院长、现校人事处处长何伟强教授的委托，代表浙外教育学院 / 教育治理研究中心项目组及以个人的名义，对海盐县人民政府和教育局领导，以及浙江外国语学院的领导对本项目的高度重视、大力支持和精心指导，对各位学员的积极参与和浙外全体导师的辛劳付出表示衷心的感谢，对每一位学员在学术研究上取得的成果和进步表示热烈的祝贺。

回顾两年来的研究时光，整个项目按计划认真、扎实地向前推进和开展研究，圆满地完成了预定的各项研究任务。项目共经历了选题、开题、正式研究和结题四个阶段。在选题阶段（2022 年 7—8 月），学员们在小组导师指导下根据自己的实际工作情况，选择校长工作或教师教学工作中具有理论提升价值的研究问题作为初步的选题，之后由导师对学员进行一对一指导，重点讨论选题的必要性和可行性，最后初步确定了每位学员的选题。在开题阶段（2022 年9—10 月），学员们在导师指导下，经过不断地打磨，完成了开题报告撰写工作，并顺利通过了开题答辩。在正式研究阶段（2022 年 11 月—2023 年 12 月），学员们围绕选题，对自己的管理工作、教学活动等进行实践研究与理论提升，并

---

\* 本文经由 2024 年 5 月 12 日孙绵涛教授在海盐县面向教育现代化教育家型校长 / 教师内生性成长研究项目结业典礼暨成果展示会上的发言整理而成。

且形成了阶段性研究成果和准硕士学位论文。在此期间，各小组导师根据学员的不同情况进行了线上、线下个别辅导和集中指导，项目组针对学员在研究过程中出现的比较集中的问题开展了集中授课与面对面指导。与此同时，项目组为学员搭建了国际国内会议论坛、学术沙龙、跟岗实践和学术期刊等多元化的交流、研究与展示平台，引入学术与实践名家资源，开展交流探讨，助力学员开展研究，扩展学员的影响。在结题阶段（2024年1—5月），学员以小组为单位进行了论文预答辩，之后在导师指导下，根据预答辩所提出的意见与建议对准硕士学位论文进行修改与完善，最终参加了正式答辩并成功地通过了答辩。

项目开始至今，我们欣喜地看到，参加项目学习和研究的校长和老师取得了丰厚的成果，共获得省级及以上荣誉36项、论文获奖27篇、立项课题36项，在省级及以上刊物发表论文73篇、出版和参编著作19部，学员在全国和国际学术会议上做学术交流85次，海盐县教育局领导在全国和国际大会上系统地介绍了项目推进的经验，新增正高级职称教师3人。最重要的是，每位学员都完成了对于自己教育教学思想、教育教学理论及教育教学实践经验的总结与提炼，撰写了三万字左右的准硕士学位论文并通过了正式的论文答辩，形成了自己独特的教育教学思想理论与实践体系，真实而又生动地体现了作为教育家型的校长和教师内生性成长的过程，获得了预期的、显著的学习与研究效果。

通过这个项目的研究，我们浙外团队也收获满满，表现在：

第一，我们的教师队伍在与海盐县教育局的领导和校长、教师的相处中，您们对教育事业无限热爱和乐于奉献的精神，您们对工作、学习和研究热情、认真、执着、刻苦的态度都给我们留下了深刻的印象，给我们以巨大的鼓舞，特别是在与您们共同学习和探讨、交流中，我们结下的深厚的友谊必将日久天长，这些都将成为我们宝贵的精神财富和前行路上永恒的精神力量。

第二，该项目有效地锻炼了浙外的教师队伍。由于这个项目是一个正规的科学研究项目，项目的研究过程，不仅对各位校长和老师的科学研究水平的提升有直接的作用，对我们老师如何指导正规团队的科学研究，也是一次很好的锻炼。不仅如此，对浙外教育学院/教育治理研究中心即将开展的硕士生的培养过程也是一次很好的预演。

第三，基于该项目，我们找到了或者说再一次成功地证明了一条能够有效地为地方基础教育服务的途径，这就是中小学及幼儿园校长和教师内生性成长研究。这一途径不同于以往的培训，而是有针对性地为学校校长／教师的内生性成长提供个性化的专业发展服务，帮助学员总结和提炼自己的教育教学思想进而上升到理论层面，在这一过程中进行理论和实践两方面的学习、思考和研究，提升各位学员的抽象思维能力、研究能力、教学能力、写作能力、理论素养、理论水平和实践智慧，为学校成为现代化学校，为校长和教师成为教育家型的校长和教师奠定扎实的基础。学校校长／教师这一内生性成长的研究项目，相对于外导性项目（就是我们通常说的理论和偏重于操作性的培训和学者用自己的理论去指导学校改革实践的项目）来说，虽然这种外导式的方式也是需要的，但是我们这种内生性成长的研究，它既兼顾理论与实践的研究，也兼顾理论与实践的学习，注重在这二者中参与者主体性的充分发挥，注重参与者的自我认识和自我研究及自我提升，这一方式比以往以培训为主的传统的方式更加全面，更适合学校校长／教师的成长，可以说是对为基础教育服务以培训为主的传统方式的一种创新，初步形成了为基础教育服务的典型的"浙外范式"。这种内生性成长的创新模式应是当前促进学校校长、教师自我成长，提高基础教育质量的最为急需、最为重要、最为关键的模式，是一种值得普遍推广的模式。

第四，通过这个项目，我们总结了一条推进地方教育局和高校科研机构有效合作的路径，即紧紧依靠地方教育局的支持和帮助，以及学校的校长与老师的积极参与，通过高校科研机构和地方教育局以及学校和学校的校长、教师紧密配合的"四位一体"的合作路径，共同推进和保证项目顺利实施。

回顾过往，展望未来，我们深深体会到，能有这次为全国基础教育高质量均衡发展先进县——海盐县的教育服务的机会实在难得，感到十分的骄傲，能在海盐这块热土上结识这么多朋友而倍感荣幸和自豪。同时我们也热切期望海盐县教育局能够为我们提供更多为海盐县基础教育服务和锻炼队伍的机会，期待未来能在更高的层次、更多的方面，以更多的形式继续与海盐县合作，以更扎实的行动为海盐县教育发展做出我们的贡献，结识更多的朋友。祝愿各位校长和老师未来取得更大的成就！祝愿海盐县的教育明天更加美好！祝愿海盐县教育局与浙江外国语学院教育学院／教育治理研究中心的合作之花开出更加灿烂的花朵，结出更加丰硕的果实！

【作者简介】孙绵涛，浙江外国语学院特聘教授，教育治理研究中心主任，主要研究领域为教育与教育管理基本理论、教育政策法规、教育行政与教育效能、教育治理与教育组织行为。

校园长、教师谈治理

# 互联网思维下幼儿园教师课程领导力的培育

杨亚萍

## 【导言】

"互联网思维"是信息化时代一种全新的思维模式，正在逐步影响着人们的思考和行动。基于对课程园本化建设中教师课程领导力的现状分析，亟需突破壁垒，注入新的思想与理念，在探索与实践中整合全体教师的价值认同，提升教师课程的思想力、设计力、执行力和评价力。本文借力互联网思维，赋权教师课程权，秉持用户思维：坚守儿童立场，支持主动学习；秉持追热点思维：树立问题意识，助推深度学习；秉持流量思维：立足课程评价，审视育人价值。通过互联网思维架起了课程与教师之间的桥梁，促进了教师课程思维的转型，培育了教师课程领导力。

"互联网思维"是信息化时代一种全新的思考方式，正在逐步影响着人们的思考和行动。通过对互联网思维相关内容的检索，发现这一新型思维方式注重价值导向，主要有用户思维、简约思维、极致思维、迭代思维、流量思维、大数据思维、追热点思维、跨界思维等特质。近年来，互联网思维在教育领域的运用也正在兴起，发挥着其独特的内涵价值，将它的思维特质引入"课程领导力"培育中，希望能"跳出教育看教育"。

# 一、园本思考：以共同愿景审视教师课程领导力的现状

教师作为幼儿园课程建设和实施的主体之一，理应努力成为课程领导者。这也呼应了《幼儿园教师专业标准（试行）》中提到的"从理念、内容与实施三个方面保障了幼儿园教师专业发展的要求，强调幼儿园教师必须具备的教育教学实践能力。"幼儿园课程领导力是需要全体成员围绕共同的课程愿景和目标携手前行的，是以"幼儿全面发展"为共识而形成的合力。基于这样一种愿景去审视我园教师课程领导力的现状，需要改观以下问题来培育课程领导力。

## （一）蓄力不足，缺少达成课程共同愿景的动力

幼儿园课程领导力分为幼儿园层面和班级层面，都有各自的指向和内涵，缺一不可。其中，班级层面教师创造性工作热情、踏实的钻研精神持久努力，是课程得以高质量发展的关键。从"课程领导力"现状的问卷调查分析来看，主要存在：教师对课程领导力认识片面、课程参与度不够、课程建设蓄力不足等问题。究其原因，是在课程园本化的进程中，注重了园级层面的课程设计与规划，忽视了课程落地中班级层面的推进，导致课程园本化建设合力不足，共识不深，缺少了建设课程美好愿景的动力。

## （二）价值模糊，缺少儿童立场的课程育人思维

如何实施"有儿童"的课程，需要寻求激发每一个教师"小宇宙"爆发的课程思维方式，促使教师主动进行课程思考和行动，才能真正卷入促进幼儿发展的课程实践，实现课程、教师、幼儿共同发展的局面。但在课程推进中，教师的儿童立场解析不透彻，简单地把"儿童"摆在了中央，忽视了儿童主动与课程互动的价值，缺少课程研究的主动性与研究意识，放慢了幼儿全面可持续发展的脚步。透过现象看教师的课程领导力，主要两方面原因：一是教师自身对于课程育人价值的理解模糊，儿童立场理解不深入，课程思想力薄弱；二是对园本课程的理解不到位，缺少对课程的设计、落实、反思及再打磨的研究精神，课程设计力及执行力不强。

### （三）自省不深，缺少突破壁垒的课程创新思维

"了解每一个孩子的发展"是幼儿园教师课程领导力实务的首要。教师需要考虑课程内容、儿童的表现及环境资源的状况，树立"问题意识"；及时调控实施过程，积极关注幼儿经验的解放和扩充、交流与碰撞、运用与迁移。但是，课程在传承与创生中，教师过多依赖于顶层设计，缺少了在课程生成性、适宜性和发展性上的班本突破，缺少了创造适合幼儿主动发展的课程经历。深究原因，教师思维方式与课程实践范式固化是主要因素，教师缺少在课程实践中的"主动作为"与"突破自我"；其次，开放自主的课程实施环境是促进教师积极思考的源泉，要搭建教师充分参与课程的载体，给予从理念到实践的全程支持。

基于以上教师课程领导力现状的分析，更加明确了课程领导力的重要性，即"课程领导力解决的就是先进教育理念落实到具体课程实施、教师教育教学行为、儿童全面发展的问题，是影响幼儿园课程内涵与保教品质的关键。"基于教师目前在课程实施中的思维方式与行动力，亟需注入新的思想与理念，突破壁垒；亟须在探索与实践中整合全体教师的价值认同，提升教师课程的思想力、设计力、执行力和评价力，寻得"柳暗花明又一村"的效果。

## 二、全新视角：以互联网思维培育教师课程领导力的生长

在检索与学习了"互联网思维"在教育领域的研究成果后，发现它的全新思维方式给教师课程领导力提升注入了新思路。用户思维、追热点思维、流量思维是互联网思维与教师课程领导力培育契合度最高的三种思维模式，依托它们具体化、可视化的思考特质，解析课程理念，优化课程设置，树立问题意识，让教师们带着专业底气，去发现课程中每一个孩子独有的亮点，支持幼儿主动学习，实现"有儿童"的课程发展，详见图1。

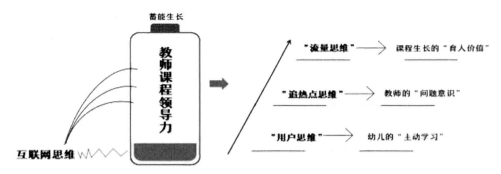

图 1　互联网思维蓄力教师课程领导力

**（一）秉持用户思维：坚守儿童立场，支持主动学习**

互联网思维强调以用户为核心，这一点迁移到课程实施中是非常贴切的。因为儿童是课程实施最重要的"用户"，教师要把儿童对于课程的体验、需求、反馈放在第一位，把解决"用户"在课程中的"疑难杂症"视为突破要点，就是坚守儿童立场最好的"用户思维"了。

1.同频共研，让课程体现"用户至上"

课程要实现支持幼儿全面发展的服务，就需要教师遵循幼儿学习方式，促进幼儿主动学习。我们积极赋予教师对课程落实各个环节的权利与实施，教师通过对课程目标的分解，课程内容的梳理，实施策略的斟酌，课程评价的预设，从空间关系、内在逻辑、时间关系、人物关系等方面考虑，以幼儿看得懂的方式充分解构。主要通过运用符号、图表、文字、照片、表演等描绘显示课程价值、核心经验、课程资源、课程实施等多方面信息的图形，创造可视化的方式吸引幼儿参与课程，推动幼儿主动发展的课程经历，详见图 2。

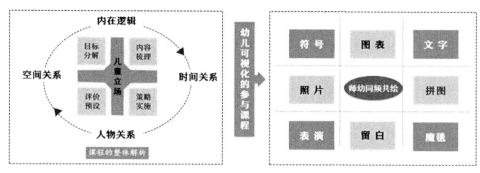

**图2  以用户立场共研课程**

2.搭建平台，让课程保障"用户优先"

"教师和幼儿的主体性在课程、活动中都需要彰显"。教师作为课程领导者如何发挥主体性作用？最重要的就是要以各类教育活动为载体，搭建好保障课程核心"用户"学习和发展的平台。以班本课程《玩转皮影》为例，尊重与发掘幼儿在课程行进中的兴趣点与生长点，优先支持幼儿探究性学习，直至达成幼儿想法的实现。

在《走进老底子》的主题行进中，幼儿对皮影戏有了初步的了解，知道皮影戏是我国传统民间艺术的一种。在集体教学活动《动感皮影》开展后，幼儿对皮影特殊的表演形式产生了强烈的好奇心，教师根据幼儿对皮影的兴趣及探索愿望，助推生成了《玩转皮影》班本课程。幼儿经过两次优化，用纸棒、吸管制作支架，制作出了便于操作且与幕布紧密贴合的皮影戏人物，演出中的皮影人物也因此更加清晰。教师以关键提问、持续追问、共同探讨等适宜性的支持策略，引导幼儿在探究"让皮影人动起来"中发现问题、解决问题。宽松自主的探究环境，给予了幼儿高难度探究的勇气，师幼经验分享引发了共情与思考。

3.畅通渠道，让课程用户"多元体验"

幼儿是课程行进的主体核心，在保障和畅通课程"用户"自主权与优先权的基础上，要绘制"多元化"的课程参与范式，打开多元资源渠道，让"用户"在丰富的体验中得到全面发展。如户外运动游戏场中，依托"与景玩、与物玩、与人玩"三个维度展开实施，鼓励幼儿鉴于以往经验自我分析，充分运用各类感官收集信息，教师支持幼儿借助多样化的信息来源，观察、分析、梳理、汇总，形成属于自己的运动游戏规则。开放自由的运动游戏环境，激励着幼儿带着这些游戏"小锦囊"，畅玩在运动游戏场。

**（二）秉持追热点思维：树立问题意识，助推深度学习**

课程实施是一个动态应变的过程，幼儿的学习在"百变场域"中都有可能发生，教师要及时发现和追随幼儿与课程互动中的"热点"，树立问题意识，支持幼儿按自己的计划和路径实践课程动态化、多样化的行走轨迹，在持续追踪"热点"中深度学习。以主题生成的项目化活动《一群"建桥师"的工程日志》为例，走进教师追随幼儿活动热点，倾听幼儿想法，共商解决问题的深度学习现场。

1.倾听共商，开启"热点"探玩

开放自主的课程环境，尊重倾听的师幼互动，让幼儿在主题行进中的想法得以落地。"建桥想法"得到了老师的充分支持，教师在广泛倾听幼儿对于"建桥"的经验分享后，鼓励幼儿结合以往建构经验，大胆尝试。于是，幼儿自由分组：取队名、选队长、制作设计图、设想大桥名字、预想材料需要……热闹的建桥场面拉开帷幕。

2.探索试错，加速"难点"创玩

游戏中的"热点"遇到问题时，就会成为"难点"，这也是激励着幼儿不断勇往直前的"价值点"。幼儿在建桥过程中遇到了关于桥的稳定性、结构设计、互相干扰、团队默契度等一系列问题。此时，教师以现场观察、互动提问、亲历参与、多元支持等策略，鼓励幼儿反复试错、勇于探索，在思辨中探索最优方法，在矛盾解决中增加团队协作，聚焦"建桥"落点，不断地"加速"，直至达到想要的"终点"。

3.课程旅历，见证"经历"慧玩

《一群"建桥师"的工程日志》以工作日志的方式记录幼儿参与课程的心路历程，不仅是幼儿活动的"向导"，更是幼儿学习方式、思维方式、协作能力、学习品质的"陪伴"与"见证"。教师及时搭建各类平台，创设幼儿与课程之间对话的机会，打开多元"窗口"，让幼儿以自己的方式留痕，也在分享中见证更多的慧玩轨迹，促动同伴间的学习。

**（三）秉持流量思维：立足课程评价，审视育人价值**

"流量"是互联网价值体现的重要指标，课程实施中也需要以流量思维去思考课程的覆盖面、实施成效、发展前景，才能全方位验证课程的育人价值。"幼儿园教师作为幼儿园课程领导者，为班级教师的课程实务增加评价的视角和权力空间是有效支持幼儿园教师系统思维与主体性的有效途径，有利于调动教师的综合能力承担课程工作，最终起到促进幼儿园整体课程目标达成的作用"[①]。这是上海市教委两轮课改得出的关于"课程领导力内涵"的宝贵经验。

1.依托研修载体，增容课程流量的覆盖面

教研是教育教学质量提升的重要研习场，力求通过研修，聚焦问题，观点碰撞，思维焕新，方法借鉴，加深教师以用户思维思考课程的实施主体，将"教师立场"转向关注"儿童视角"，实现儿童观的革新。因此，教师要成为"幼儿发展成就的欣赏者"，才能"接地气"地看见课程在与幼儿互动中产生的"流量"效应。例如，在专题研修中，设置相应的导研卡，促使教师在行动观察、互助指导中关注课程的"流量"是否辐射到每一位幼儿。

| 教研内容 | 记录（具有价值的探讨点） | | 你的思考 |
|---|---|---|---|
| | 亮点 | 不足 | |
| 游戏的材料结构 | | | |
| 幼儿的游戏情况 | | | |
| 教师的现场识别 | | | |
| 梳理关键点，初步拟定教研主题 | | | |

图3 专题研修导研卡

① 上海教育委员会教学研究室.幼儿园，课程领导力在生长 [M].上海：上海科技教育出版社，2019.

**2.优化过程管理，增强思辨共享的实效性**

流量思维的一个显性表现就是数据呈现，不仅可以客观真实地反映问题，也能依据数据反映科学精准地实施策略。教师在课程实施过程中是否理念落地、方式多元、效果明显……，也能从相关数据中反映。以班本化课程审议为例，在审议前展开问卷调查，从源头上帮助教师厘清班本课程开展的流程、活动主体、策略措施、评价渗入等内容，促使教师站稳儿童立场推进班本课程。

通过调研结果发现：一是教师对于主题审议实施前"审什么"的观点非常集中；二是审议内容集中在幼儿生活经验、周边资源、教师教学经验、家长参与四方面，折射出教师在主题开展前的儿童立场很明确，课程资源很重视，自身专业很关键，家园协同很重要。

**3.关注课程品质，比对流量影响的均衡性**

流量思维促使教师在课程实施中以增加评价视角扩充课程的"覆盖面"，更加理性系统地看待课程最大的用户——儿童的受力面。要创设有利环境，让儿童充分体验，因为充分体验最能显现用户的权利，也就是儿童享受课程的权利。具体实施中，以非介入式和介入式两种搜集儿童信息的方式，去分析与评价。非介入式：教师不介入其中，不影响幼儿自然表现状态来搜集信息，主要以学习故事、检核表、拍照、视频等方式呈现。介入式：教师采用一些手段，改变自然状态来引发幼儿反应，如创设情境、提出问题，引发幼儿反应。这两种方式有助于教师科学精准地比对"课程流量"的均衡性。

## 三、思维焕新：以互联网思维滋养教师课程领导力的厚实

互联网思维的精髓促动了教师在课程领导力中思维方式的转型。"用户思维"让教师更加坚定地站在儿童立场思考课程实施的路径与方式，在不断解析中形成了自己的课程主张；"追热点思维"让教师的问题意识更加敏锐，时刻追随着幼儿探索课程互动中的热点与生发点；"流量思维"让教师们时刻关注着课程实

施的广度与深度，看见每一位幼儿在课程中的个性发展。

**（一）课程思维方式转型，站稳了"儿童立场"**

课程思维方式的转型，使得教师愈发坚定地站稳儿童立场。"让每一个孩子都能自由、充分、完整地发展"的课程愿景也更加深入人心，清晰明了。在游戏精神的指引下，赋权幼儿从思想自由到行为自由，课程中幼儿的参与权、话语权和支配权凸显，幼儿大胆自由地尝试各类课程形式，围绕问题、现象等进行实时记录与自我评估，形成属于自己的学习轨迹。

**（二）课程行动力增强，凸显了"问题意识"**

教师在实施课程中勇气可嘉、担当有为。把握课程动态发展的原则，时刻保持着"问题意识"，追随着幼儿、课程发展的需求，敢于直视问题，勇于解决问题，在无数次的师幼对话中，不断地优化课程设置与路径，完善课程实施方案。聚焦儿童学习经验助力学习方式的变革，从深度助推和广度拓展助推幼儿思维发展，在反复地研究儿童中沉淀方法、提升思辨能力，形成了自己的课程主张。

**（三）课程创新思维延展，坚定了"育人价值"**

课程是一场自下而上的创生变革。教师的课程实践是需要研究与创造的，两者在反复磨合与调整中互为滋养。开放自主的课程园本化建设环境，不仅激励着教师课程思维的焕新，也推动着老师们深度学习的自觉生发，同时影响与促进儿童的深度学习与发展。在这样的课程文化氛围下，不仅提升了教师参与、执行、创生课程的领导力，也厚实了课程的育人价值。

## 参考文献：

[1] 教育部. 幼儿园教师专业标准（试行）[Z].2012-09-13.

[2] 董剑晖. 成熟期幼儿教师课程领导力发展脉络研究 [J]. 上海教育科研，

2020,(03):78-82.

[3] 王会军. 互联网思维下教师教学理念与行动的重构 [J]. 课程·教材·教法,2017,37(08): 92-96.

[4] 桂成伟. 基于互联网思维的学校管理转型 [J]. 中小学管理，2023,(01): 17-19.

[5] 尹江倩,刘华,苏维,等. 幼儿园教师课程领导力实施现状及影响因素调查研究——以陕西省西安市 Y 区 16 所幼儿园为例 [J]. 陕西学前师范学院学报,2019,35(08)：117-124.

[6]Alison Clark. 倾听幼儿——马赛克方法 [M] 刘宇译. 北京：中国轻工业出版社，2020.

【作者简介】杨亚萍，海盐县机关幼儿园党支部书记、园长，主要研究方向为幼儿园课程园本化建设、教师队伍建设、儿童发展评价。

# 主动生长：实现集团化幼儿园教师队伍建设自主"造血"

陈 超 岑丹君

**【导言】**

集团化办园是实现教育优质均衡的重要途径，通过名园带新园，不仅可以融通优质的教育资源，同时也可以促进优质教育的均衡化发展。因此，集团化办园成为一种趋势，同时也对管理提出了新的要求。如何在集团化办园下促进教师队伍优质、均衡、主动成长，也成为管理的重点和难点。杭州市西湖区小和山学前教育集团幼儿园通过"双向输血、自主造血、整体活血"唤醒、激发、盘活教师自我成长的内驱力，促进集团化办园下教师的主动生长。

高质量的教师队伍建设是确保学前教育质量的重要因素，"保证不断有新鲜血液注入教师队伍"成为教育均衡发展的一种常态。西湖区教育局作为中国基础教育公办学校集团化办学的发源地，从2002年开始已经历了20多年的实践历程，也逐渐形成了具有借鉴意义的西湖经验。

杭州市西湖区小和山学前教育集团是西湖区教育局直属公办幼儿园。集团下设2个园区，小和山园区（总园）和嘉苑园区（分园），两园区各有10个班的规模，均为浙江省一级幼儿园，集团以"让孩子拥有一个快乐而有意义的童年"为办园宗旨，以"顺应天性、尊重个性、启迪灵性"为办园理念，在"悦动和山"的文化理念下，幼儿园从园所环境、课程、特色活动等多方位入手，深入推进"多趣玩"大健康课程，让孩子在"悦运动""悦心灵""悦生活"中玩出精彩童年，实现"健体、健心、健行"的成长目标。两园区虽然在同一领导班子和办园理念下统一管理，但两园区之间距离较远、相对分散且特色发展的侧重点有所不同，加之近几年幼儿园也经历了"核心队伍"的变革，在变化中不断摸索思考，逐渐形成了队伍建设的园本化思考和行动。

## 一、缘起：持续输出，带来管理发展的危机感

2020 年至 2023 年三年间，集团下两个园区两位副园长分别调动至其他幼儿园，三位行政干部调动至姐妹园任副园长。3 名校级干部调动 2 名，占比 67%；6 名行政人员调动 3 名，占比 50%。集团班子、行政队伍接连"输出"，给幼儿园的发展带来了巨大挑战。"核心力量"的流动，让原本十分稳固的管理队伍变得动荡不定。这样频率的"血液稀释"，给幼儿园的管理和发展带来了新的挑战，分析管理现状中的痛点和难点，主要有以下几点：

### （一）人才流失和补位不足

幼儿园的管理队伍往往是整个教师团队中最优质的先遣队，管理人员接二连三地输出之后，造成优秀人才的流失。如集团业务园长和教科研主任同时被提拔调动，使得集团下的教学业务管理人员出现断层的现象，校级和中层都需要补位。

### （二）经验匮乏和协作不够

新上任的管理人员由于经验缺乏，在衔接期会导致战略执行的延误。另外，新组建的管理团队在相互协作的默契配合度上还需要磨合，也会影响整体工作的效率和成效。比如新调入的业务副园长对幼儿园本土的特色和课程需要内化，培养的新人在学习成长的过程中需要经历时间的磨炼。

### （三）执行中断和传承不强

每一个管理人员都会对自己所分管的工作有一个特定的执行模式和持续深入开展的过程，人员的更换会导致部分工作在执行中出现中断或者偏差。管理人员在塑造和组织文化方面发挥着重要的作用，她们的离开可能会导致原有文化的淡出或改变，进而影响整个队伍的归属感和稳定性。

幼儿园又正处于教育变革向前、向上发展的关键时期。面对以上的挑战，如何盘活队伍，让其保持持久的战斗力？如何激活队伍，使其"满血复活"？幼儿园便开启了一场"自主造血"的历程探索。

## 二、理论依据：集团化办学下让每一所学校主动成长

集团化办学是中国教育体制改革的一种探索和实践，幼儿园所在的杭州市西湖区在教育高质量发展的当下，也提出了"集团化办学促进每一所学校主动生长"的目标，纵观集团化办学的理论依据，为办学实践提供了有力的指导和支持。

### （一）协同发展理论

根据国家关于教育均衡发展的要求，集团化办学是实现学校协同发展的重要举措，在集团化内部形成协同效应，各协同园之间相互学习、互相促进、实现共同发展。与此同时，也可以优化教育资源配置，实现人才的流通，从而提高整体的教育质量。

### （二）系统化管理理论

从系统角度出发，统一管理和规划，优化教育集团的运作效率，实现理念认同上同心、管理上的同频、行动上的同步。以系统化管理的角度审视幼儿园的发展，拉进园所之间的距离，从而取长补短，形成具有特色的学校文化、课程建设。

## 三、实践：主动生长，实现队伍建设自主造血

为了让每一所园区都能够高质量的发展，三年来，幼儿园先后落地了三项举措，一是破除两个园区地理位置距离远的困境，努力实现园际高质量互通；二是从集团化统一管理和分布式领导相结合的方式，促进整体队伍的流动和流通；三是通过集团统一文化的渗透和浸润，促使园所之间形成文化认同。

### （一）打破壁垒，唤醒集团"双向输血"

每一所幼儿园都有自己的管理文化和管理特质，我们通过打破壁垒，促使集团下两个园区流动起来，努力实现管理到人才的协同发展，通过管理机制的调整，盘活队伍，促使队伍双向输血。

1. 校级办公"3+2"机制

两个园区各有一位副园长，分管集团的教学和后勤两条线，同时各自负责一个园区的管理工作。为了实现管理上的畅通，幼儿园在办公形式上，推行3+2办公机制，3天在本园，两天在另一园区。校级干部在管理好自己园区的同时，积极发挥集团副园长的作用，促使业务和后勤工作实现集团管理上的全覆盖。同时，园长采取"流动办公"的方式，在两个园区之间错时办公，通过校级"动起来"，促使管理"活起来"。

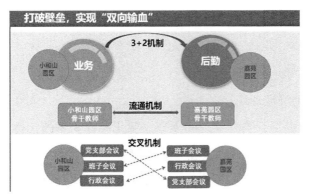

图 1 校级办公"3+2"机制

2."骨干教师"流通机制

为保障两园区均衡发展，幼儿园启动了"骨干教师"交流机制。三年来，通过总园输送业务骨干去分园任教科研主任，分园男教师流动到总园任教，校级管理人员交换园区进行管理等举措，加大了骨干教师、优质资源的流通和互享。通过骨干教师"交流轮岗"优化资源配置，通过"激励评价"让一部分骨干教师先成熟起来，通过"培训平台共享"给予骨干教师更大的展示空间，构成骨干教师流通体系，保障两园区各项工作齐头并进。

3."集团会议"交叉机制

为了让各类会议能够"活"起来，幼儿园一个月至少召开1—2次集团层面的会议，1次集中的党支部会议。在会议形式上，通过不同部门相互交流和协作、同一部门相互指导和补充等方式，真正让会议成为两园区相互学习和沟通的桥梁。首先两园区会议地点轮流开，使管理层都能够树立集团视域下全域管理的理念，通过相互视察学习的方式，彼此取长补短；其次，会议前先进行园区视导，集团分管领导带着管理层通过深度走园实地考察后，再集中到会上进行讨论和反馈，使会议能够在讨论真问题、思考真方法中进行。

通过"校级办公3+2、骨干教师流通、集团会议交叉"这三项机制，打破壁垒实现了集团队伍建设的"双向输血"。通过资源的优化与共享、增强了协同管理的效应，提升了创新的能力，增强了教职工的凝聚力，集团上下共谋一盘棋，促进两园区"均衡优质发展"。同时，也为队伍"自主造血"提供了行动指南。

### （二）破圈成长，激发内驱"自主造血"

人才培养是教师队伍建设的重中之重，教师队伍的培养，是提高教育质量、践行教育改革、促进幼儿发展的关键因素。为此，幼儿园通过培养先遣队、盘活攻坚队、用活后援队，激活教职工队伍的成长内驱力，从而实现队伍自主造血。

1.激活先遣队，培养"关键少数"

教师队伍中关键少数的培养，一是具有引领和示范的作用，能够在团队上起到较好的带头作用；二是自主培养关键少数，让一线教师看到成长的希望。

骨干队伍强大了，她们就会带动和辐射其他教师，有再造血的功能。三年来，三位核心业务人的输出，让幼儿园的业务板块形成断层。于是，我们通过双向对话、摸底调研等方式，构建后备人才选拔机制，及时挖掘接班人，进行专项补位培养。园内组成草根专家团，通过"老带新、熟带生、上带下"进行专项培养，激活先遣队，培养关键少数，助力其快速成长。

2.盘活攻坚队，促进"内驱生长"

幼儿园通过全面辐射、全程视导，带动一线教师齐头并进向前跑。一方面，鼓励教师发挥特长和专业优势，自主申报特色工作室，如擅长拍照、视频制作的老师申报"数智工作室"；擅长艺术、体育的老师申报"文体工作室"等；另一方面，加强关注教师的职业幸福感，通过个性化的工会俱乐部，如游戏、影评、美食、手作等多元内容的开展，让教师在乐享工作的同时，也能品质生活，积极盘活攻坚队，促进教师自主内驱生长。

3.用活后援队，实现"品质保障"

保育员老师作为陪伴孩子成长的"重要他人"，不仅是孩子成长的"生活指导师"，承担着幼儿一日生活的安全、卫生、护理等工作；同时也是孩子的"心灵陪伴者"，敏锐地捕捉孩子的情绪，并及时给予疏导和关怀，为孩子的健康成长保驾护航。随着教与学方式的变革，个别化、小组式的学习方式，也慢慢使保育老师成为幼儿园课程建设的重要成员，努力用活后援队，为教学品质提供有效的保障。

要造血，先要有造血干细胞，每一位教职员工就像一个小小的造血干细胞，在自己的岗位上实现着自身的价值。通过"自主造血"，教职工队伍渐渐形成了"人人有事干，事事有助力"的良好局面。

**（三）共识共情，融合协作"整体活血"**

一个团队的发展，要建立在对彼此的认同之上，文化认同了，才能够使其形成对幼儿园产生强烈的归属感和认同感，同时，也是一群人在一起前行的精神动力。为此，幼儿园通过凝心聚力，融合队伍，促使团队"整体活血"。

1.根植文化自信，实现"血脉认同"

文化是聚心的基础，如果每一位教职员工对文化有共同的认识，那一定能够形成一支"想干事、能干事、干成事"的队伍。幼儿园积极听取教职工的想法，及时优化制度，每学期做好制度的修订，在优化管理的过程中实现教职工对园所文化的理解和认同，由此生成了价值认同的"悦动和山"文化品牌，实现血脉认同。

2.阶梯激励平台，实现"血浆输通"

幼儿园为教师搭建"阶梯式"的成长平台，让每一个教师都能够看得到希望，看得到目标。如设立"骨干教师"奖励机制，门槛低、辐射广；设立"特色工作室、健康联盟小组、行政助力岗"，教师们可以通过自主申报、双向选择等，拥有更广阔的成长空间。积极为不同层面的教师搭建不同的成长平台，通过激励、评价、培训、支持等形成"人人有事干，事事有人干，人人有贡献"的良好局面。

3.互助帮扶机制，实现"血液循环"

对于各岗位教师，幼儿园都充分赋权，给予她们最大的信任，让她们放手干、放心干。包括方案制定—过程实施—效果评价等过程，她们自主决策，激发自我责任感。教师基于自身的成长需求提出相应目标，幼儿园组建团队给予帮扶、助力和支持。一次区级研修后，参赛的老师对全体教职工表态说："证书奖杯上是我一个人的名字，背后是一群人的帮助和付出；舞台上是我一个人在讲课，赛后是一群人的关注和祝福。锻炼源于比赛中，能力发挥在工作上，不做精于比赛的选手，要做务实的工作者。"

久而久之，教师们形成了"人人有目标，成长有助力，专业有发展"的局面。老师们也从"要我成长"转变成"我要成长"，队伍在专业成长中形成和山力量。

## 四、成效：凝心聚力，形成向前向上发展态势

近年来，幼儿园在集团化办园的大背景下，通过多项举措，激发教师内驱力，鼓动教师主动生长，实现队伍建设的自主"造血"。幼儿园也先后被评为浙江省示范教研组、杭州市示范教科室、西湖区教师队伍建设领衔园等荣誉称号，各方面也取得了显性的成果，形成了积极向前向上的发展态势。

### （一）园区从"优势互补"走向"均衡发展"

两园区通过教师的集团交流，实现了特色教育的互补和融合，使园区在个性化发展管理的前提下，也能够积极吸收其他园区好的做法和经验，实现了资源的优势互补。如两个园区一个以运动为特色，一个以生活为特色，最后在集团"大健康"的视域下，促使幼儿在健康运动的同时，也可以品质生活，获得更加全域的发展。在协同发展视域下，两园区齐头并进，在幼教改革的浪潮中，奋勇向前。

### （二）教师从"学习型"走向"研究型"

在内驱力的支持下，教师们从"学习型"逐渐走向"研究型"，积极践行课程改革。在《3—6岁儿童学习与发展评估指南》颁布后，教师们努力落地于一日生活，通过学习样态变革、视导方式的优化，努力去了解和支持儿童的学习与发展。与此同时，教师们积极撰写科研成果，形成了人人有论文、人人有课题的局面。在抱团研修的良好态势下，每一次区级研修，都抢着报名参加，教研现场，都习惯了侃侃而谈……

### （三）文化从"价值认同"走向"内化于心"

在集团背景下，为了更好地凝聚人心，幼儿园通过共同讲述"悦动故事"、撰写"悦动笔记"，使教师们以故事为载体表达自己对文化的价值认同，以文化来滋养和充实自己的内心，团队也形成了"悦认同、悦美好"的文化氛围。文化从价值认同走向内化于心是一个深刻且富有意义的过程，全体教职员工在不断的文化渲染和文化互动中形成了和山聚力，整体队伍也在文化认同中步调一

致、协力同行。

## 五、反思和展望：赓续创新，彰显高质量的办园水平

在具体的实践过程中，幼儿园边思边行、边行边思，反思过往、展望未来，希望能够在赓续中继续创新，提升办园品质，具体思考如下：

**（一）拓宽创造交流平台，促进协同成长**

由于大量优质教师的提拔和外调，出现队伍断层现象严重，中间骨干层教师整体比例偏少，如何促进新教师能够快速成长起来，如何更好地发挥老教师的传帮带作用，除了激活教师的内驱力之外，还可以有意地为教师的成长搭建更多更广的平台，比如通过幼儿园的接待展示活动，鼓励新教师通过公开课展示、课程故事分享等方面，在实操的过程中将自己的理论落地并内化于行，提高新教师的教育实践能力和老教师的指导能力。

**（二）充分挖掘周边资源，实现价值最优**

小和山园区地处小和山高教园区，有着得天独厚的高校资源，幼儿园通过邀请高校专家"引进来"开展专题讲座、家长助教、科研指导等活动，跳出幼教看幼教，将先进的教育理念和前沿的教育做法带到幼儿园。同时通过带领孩子开展"走出去"实地参观大学、开展文体活动、春秋游研学等活动，共享大学的宽阔场域和优质资源，集团下的两园区通过联动共享优质的高校资源，促进办园水平更优更强。

**（三）通过帮扶结对机制，发挥晕圈效应**

除了园内教师相互结对帮扶之外，作为西湖区的领衔园，也要充分发挥示范引领作用，通过与民办园、城乡幼儿园结对的方式，鼓励教师们通过"专题讲座、送教下乡、管理分享、线上教研"等多种方式，更好地发挥晕圈效应，在帮扶中促进专业能力的成长、教育理念的革新、信息化水平的突破以及指导能力的提升。

在集团化办园、人才输出的现实困境中，幼儿园通过"双向输血""自主造血""整体活血"唤醒、激发、盘活教师自我成长的内驱力，促使队伍向下扎根，向上生长，从而推动教育教学高质量发展。

## 参考文献：

[1] 吴建涛，冯婉桢．教育一体化视域下集团化办学的多元反思与进路 [J]．现代教育管理,2023，(09)：34-43.

[2] 张文凤．数字化"双师协同"重构集团化办学新样态 [J]．中国基础教育，2023, (08): 59-62.

[3] 高巍，李欣雨，何雨丹，许娜．技术视角下新教育社会契约的目标、挑战与行动方案 [J]．电化教育研究，2022,43(11): 122-128.

[4] 程建平，张志勇．高质量基础教育教师队伍建设的任务和路径 [J]．教育研究,2022,43(04)：132-136.

[5] 范小梅，戴晖，刘由远．基础教育名校集团教师队伍的建设机制 [J]．教学与管理，2021,(28)：15-19.

[6] 李富强．集团化办学中教师专业成长的策略 [J]．教学与管理，2020,(35): 6-8.

[7] 王伟．集团化办学背景下教师队伍建设的理路 [J]．中国教育学刊，2020,(01)：105.

[8] 钱志清．周华松．王斌．教育高位均衡发展的路与径 [M]．杭州：浙江大学出版社.2017.

【作者简介】陈超，杭州市西湖区小和山幼儿园高级教师，研究方向为教育教学管理；岑丹君，杭州市西湖区小和山幼儿园一级教师，研究方向为教育教学研究。

# 幼有优育：老城区小型幼儿园品牌重塑初探

俞华萍

## 【导言】

党的二十大报告在十九大提出的公平而有质量的教育的基础上，进一步提出了构建高质量教育体系的目标。作为硬件设备老旧的老城区小型幼儿园如何积极挖掘自身优势，扬长避短，重新焕发力量走出自己的办园之路？宁波市尹江岸幼儿园结合自身区位比较优势，积极探索，创建了以"甬乐"为特色的园所品牌。文章基于对该品牌建设的个案分析，阐明其基于"园所分析，理念确立，特色设计"的品牌建设路径，"三重团队，核心课程，三径推广"的品牌建设内核，以及"基于课程迭代、保证育人品质，基于自我评价、校准目标定位"的品牌价值理念。

党的二十大报告在十九大提出的公平而有质量的教育的基础上，进一步提出了构建高质量教育体系的目标。"构建高质量教育体系"成为每个幼儿园面临的命题。老城区小型幼儿园硬件陈旧、卫生设施老化、教师队伍结构老化，家庭支持也较为局限。因此，在依靠政府支持的同时，如何发挥自身特色和优势提供可与新幼儿园媲美的优质幼教服务，成为许多老城区幼儿园的办园困扰。在这样的背景下，宁波市尹江岸幼儿园（下文简称尹幼）通过优化周边资源为教育资源、对接高校组建团队、开发"甬乐"课程，走出了幼有优育的老城区小型幼儿园自我发展路径，幼儿在运动、沟通等方面的素养显著提升，尹幼也由此打响了"甬乐"的园所品牌。本文试对该园的品牌创建过程进行分析，以期对同类幼儿园的品牌打造提供路径与策略借鉴。

# 一、老城区小型幼儿园的品牌定位

品牌定位是学校品牌建设的重要一环，定位的科学性、针对性直接关系到品牌建设[①]。尹幼的品牌定位以对内外环境要素的系统分析为基础，以先进的品牌理念为核心，以鲜明的品牌特色为表现。

## （一）分析园所情况：立足实证

明确幼儿园打造品牌的基础和问题，是创建教育品牌要面对的第一个问题。为此，尹幼聚焦"地理环境、校舍与教学设备、课程与教学、幼儿、家长、社区资源、师资"七大方面，采用三种途径收集信息并进行分析。其一，在园所内部采用 SWOT 分析法，基于教师自我认知判断优势、劣势、机遇和挑战；其二，面向家长、周边社区等相关人员发放问卷、进行座谈，了解家长、社区的态度、认知及潜在支持；其三，与专家、同行开展多边对话，以专业视角分析发展需求，审视现有基础及资源。

经过调研分析，尹幼归纳出两方面弱势及三方面优势。从不利因素来看，第一，因为年代悠久、空间小，环境、教育玩具、日常活动所需的设施不符合现代教育理念，硬件条件落后无法与新兴幼儿园相比；第二，作为有年代感的幼儿园，园中年龄大的教师多、在采用新的教学方法和技术上存在着不灵活，持续学习力不强，难以跟上教育改革的步伐。从有利因素来看，第一，周边资源优越。尹幼地处南塘老街西北侧，周围有着丰富的资源可供利用，幼儿园可以挖掘悠久的历史和丰富的文化遗产，将其融入教育课程中；第二，教师和周边的居民是土生土长或者定居多年的人，相互之间的联系比较紧密，这种连结可以帮助幼儿园更好地融入社区；第三，幼儿园规模小信息传递迅速，能够快速适应和响应家长和儿童的需求变化，管理落地上能更加灵活和综合。基于上

① 那岚业.基础教育学校品牌研究[D].西安：陕西师范大学博士论文,2013.

述分析，尹幼明确了自身发展方向：拆掉"围墙"，让空间在延展中"大"起来；回归甬乐，让孩子们在融合中"活"起来；对接高校，让教师在研究中专业起来；开发课程，让孩子们的经验获得系统成长。

**（二）确立教育理念：率性乐玩，幸福童年**

如果说对园所情况的清晰把握是确定"立于何处"的问题，那么树立先进的办园理念则是为"往何处去"提供答案。尹幼基于老街资源丰富的独特优势和社区居民连接紧密的现象，突破空间限制，形成了办一所"没有围墙的幼儿园"的设想，并将其具象化为如下的实践愿景：孩子们能够在古朴的街巷中漫步，聆听往昔的故事，体验社会的丰富多彩。可以在老匠人的指导下学习制陶、编织或感受古韵，感受手工艺的乐趣和智慧。可以与形形色色的人互动，感受简单的生活技能，萌发其对社会的参与感和责任感。老街里的每一处老店，每一次市集，每一桩买卖，都成为孩子们学习的机会，让他们在观察与参与中理解生活的律动，在老街的怀抱中健康快乐地成长。

在这样的愿景指引下，尹幼从哲学渊源、专业依据、先进实践三个层面寻找理念支撑。首先，教育哲学是理念的基础。《中庸》开篇对天命、人性、教育之间的关系进行了简明凝练地表达："天命之谓性，率性之谓道，修道之谓教。"尹幼从中汲取"率性"的思想。其次，专业依据是理念的方向。基于《3—6岁儿童学习与发展指南》中对儿童学习方式和特点的论述——"幼儿的学习是以直接经验为基础，在游戏和日常生活中进行的。要最大限度地支持和满足幼儿通过直接感知、实际操作和亲身体验获取经验的需要"[①]，尹幼确定了以探究、体验为主的儿童学习观。最后，先进实践是理念可操作性的支持。作为没有围墙幼儿园的典范，欧洲森林幼儿园因"自然、开放"而著名。一方面，其选址在南塘老街周边、以资源为教室的做法恰是尹幼的天然条件。另一方面，"森林幼儿园"不强调知识学习，重视通过自由玩耍培养幼儿动手能力、创造力和社会

---

① 教育部.3—6岁儿童学习与发展指南 [Z].2012-10-09.

交往能力的实践特点[①]，正为尹幼提供了理念落地的路径参考。

基于此，尹幼提出了"率性乐玩，幸福童年"的教育思想，以甬乐课程为载体，提倡幼儿园应给予儿童真正的童年，在开放的环境中遵循教育规律和成长规律让他们按照自己的步调和节奏实现率性成长。

**（三）设计品牌特色：三位一体**

作为品牌理念的具体化，特色是品牌的必然属性。品牌幼儿园正是以独特性而区别彼此，继而被社会所识别和认可。围绕"率性乐玩，幸福童年"的理念定位，尹幼设计了"儿童有特长，教师有专长，课程有特点"的三位一体特色架构。

首先，学前阶段的"特长"并非一般意义上的特殊技艺，而是孩子们经过充分发展后的闪光点，是在进入老街探索、体验后充分展现的天性[②]。在明确培养目标为"仁智勇儿童"的基础上，尹幼将这一上位概念细化为五方面幼儿发展核心素养：乐动健体；乐言雅语；乐群善处；乐玩喜创；乐思巧探。并且根据大中小班幼儿身心发展特点，分别构建了"爱运动""喜沟通""勤思考"等15项素养要求。其次，为造就一个个社会达人，传统的"教孩子"角色和"上好课"思路变得不合时宜。为此，尹幼对教师提出了两方面"专长"要求。在专业定位方面，从管理者、传授者转变为支持者、引导者，将游戏主动权放手给幼儿，让幼儿自主选择活动的内容和方式，鼓励幼儿发表见解，引导幼儿探索和创新。在专业能力方面，则从实施课程转变为开发课程、研究课程。最后，除了重点建构甬乐课程之外，尹幼也赋予隐性课程以文化内涵。在幼儿园物质环境设计与布置中渗透"率性乐玩，幸福童年"的教育理念。一方面，在走廊环境等公共区域的创设中，将甬城元素与幼儿生活有机融合。另一方面，在班级环境布置中，结合教师特长、幼儿兴趣和甬城元素，体现的基调和班级特色。

---

① 何惠丽．"崇尚自然"的德国森林幼儿园对我国学前教育的启示 [J]．黑河学刊，2016,(02)：161-162.

② 皮军功．自然教育：农村幼儿教育的基本理念 [J]．学前教育研究，2012,(11)：17-19+25..

## 二、老城区小型幼儿园的品牌打造

如果说品牌定位是回答"培养什么人"的问题，那么品牌打造就是要回答"怎样培养人"的问题[①]。教育品牌的打造无法靠短期投资、集中宣传而立竿见影，它是一个不断探索和积累的过程。为实现"率性乐玩，幸福童年"的品牌理念，尹幼以团队建设为发动机，以课程开发为方向盘，以宣传推广为扩音器，分步推进，潜心实践。

### （一）组建三重团队：教师—专家—家长

品牌竞争归根结底是人的竞争，品牌打造实质上也是团队的打造，为此尹幼组建了三重团队。从园所内部来看，办园理念必须通过全体教师的共同努力才能得到切实贯彻，从而产生实际的效果，所以教师队伍是尹幼打造品牌的主体团队。

"共同开发、集体审议、协作实施、互相评价"，这样的实践模式不仅保障了"甬乐"课程的质量，而且提高了教师对园本课程的认同度，还促使教师们在研究中锤炼能力，通过研究改进实践。从园所外部来看，科学、严谨的园本课程开发需要专业技术和更高站位，尹幼为克服教师思想陈旧的师资局限，积极引进大学力量，与课程系、学前系专家组成课程研发团队。幼儿园主抓实践探索和提供素材，高校专家侧重研究论证和专业引领。此外，家长不仅是幼儿发展的关键参与者，也是园所品牌打造的重要助力者。其一，家长代表可参与园本课程审议，其意见也是园本课程决策的重要依据。其二，熟知老街、有宁波文化底蕴的家长们可组成助教团，根据幼儿的学习需要为幼儿提供指导或援助，有效保障课程等自然体验活动的顺利实施。

---

① 杨志成. 论品牌学校的校本化核心素养体系——以北京师范大学附属中学"全人格教育"为例 [J]. 北京教育 ( 普教版 ), 2016, (06): 16-17.

### （二）形成核心载体：甬乐课程

正如"产品质量是商业品牌的生命，市场竞争是产品质量的竞争"[①]，以课程为载体的学习服务，正是幼儿园品牌的核心产品。尹幼通过"甬乐"课程联结资源与儿童经验，它化老街资源为课程，而课程又经由老街资源顺应儿童。

在明确培养目标、幼儿核心素养的基础上，尹幼充分发挥三重团队带来的课程开发民主性、灵活性和多样性[②]，逐步构建了"甬乐"课程体系。这是一个以"率性"和"乐玩"为抓手的开放而多元的园本课程体系。所谓体系，指它不局限于一门园本课程，而是由三个课程群落（按照课程实施区域的不同，分为室内、户外、老街这三大课程群落）组成且相互联系的园本课程群。所谓开放，是指课程的组织和实施设有九种不同的体验模块（每个群落各包含三个体验模块：室内课程群包括主题式探寻体验、领域式探究体验和场馆式探索体验等），幼儿通过自由选择、自主参与这九个体验模块的活动，从而玩转整个甬乐课程。另外，每个模块的内容不局限于教学活动而是渗透在幼儿一日生活之中（包含生活活动、自主游戏、亲子游戏、区域活动等），活动的场地不局限在幼儿园内而是周围开放的场所（如园所附近的老街、南站、驿站等）。所谓多元，是指课程设有多样的评价方法，紧密围绕课程二级目标，幼儿在体验每一模块课程的过程中都设有与该模块课程相匹配的增值评价手段（例如：针对主题式探寻体验模块，主要用水平评估评价法；在场馆式探索体验模块，主要用表现性评价法）。

为确保课程实施质量，尹幼制定了三大制度并严格落实。组织保障制度即以课程管理小组、课程审议委员会、四大骨干教师群组为组织单位保证各项课程各项工作的执行；教学管理制度对教师一日教学及各活动教学进行考核，建立奖励反馈机制；课程评价制度通过多方位的科学评价能对课程实施提供第一手的反馈资料。

---

① 黄国南. 论教育品牌经营——学校管理的新境界 [J]. 当代教育论坛, 2004, (10): 26-27.

② 陈时见, 严仲连. 论幼儿园的园本课程开发 [J]. 学前教育研究, 2001, (02): 27-29.

**（三）多维宣传推广：人际·新闻·学术**

在信息爆炸的时代，关注度已成为稀缺资源，"酒香"也怕"巷子深"，因此宣传推广是一个优秀教育品牌不可忽视的环节。为此，尹幼根据自身情况，把握关键受众，构建了人际宣传、新闻宣传和学术宣传三方面品牌传播途径。

首先，作为幼儿园的根本职能，"育人"是衡量教育品牌的首要尺度[1]。而对育人成效有最直接体感的无疑是儿童、家长和教师，因此尹幼通过诸多开放活动，让家长全方位、多角度地参与到"甬乐"的育人活动中来，通过家长、教师的口碑来扩大学校的知名度和美誉度。

其次，新闻媒体是学校和社会公众信息沟通的"中介"环节[2]，因此，在深入研究与实践的同时，尹幼非常重视通过新闻媒体扩大"率性教育"教育的品牌效应。坚持第一时间将幼儿园开展的甬乐活动和取得的研究成果等有价值的新闻信息向各级媒体报送。

最后，在倡导"科研兴园"的当下，幼儿园在科研方面做出的贡献直接影响其品牌的质量与声誉。如果说口耳相传、新闻报道是社会宣传，那么围绕"率性教育"品牌开展的课题、论文研究则是学术推广。从"园本课程开发路径"到"评价工具设计"，从"班级区域建构"到"科研研究模式探析"，这些方方面面的探索既为尹幼教师们明确了研究方向，又提供了研究素材。由此，随着一大批与品牌密切相关的科研成果涌现出来，"率性教育"园所品牌不仅得到了家长和社会的认可，而且在学术界也逐渐具有范式借鉴和推广的价值。

## 三、老城区小型幼儿园的品牌展望

随着甬乐课程的实施不断深入，幼儿参加活动的积极性、同伴合作探究能力、表达表现能力等各方面都得到了开发和提升，其生命状态日益契合"仁智

① 闫德明.学校品牌的涵义、特性及其创建思路[J].教育研究,2006,(08):81-83.
② 那岚业.基础教育学校品牌研究[D].西安：陕西师范大学博士论文,2013.

勇儿童"的培养目标，尹幼也逐渐实现了"幼有优育"的园所定位。然而，教育品牌的建设没有终点，从合格品牌到特色品牌，再到优秀品牌，只有不断自我更新才能维系其生命力。

**（一）基于课程迭代保证育人品质**

在坚守定位、着力打造的实践过程中，尹幼"甬乐"教育品牌也经历了数次迭代。所谓品牌迭代，既是一种基于园所历史的传承和蓄势，也是指向不断优化的转型和创新[①]。

第一代的"甬乐"教育围绕 2009—2012 年开发的"儿童特色工作室"展开。这一阶段主要活动场域的开发，将南塘老街的元素转换为课程资源，开发类似的场所进行活动，但教师对课程开发尚在摸索，园所也尚未进行系统化的课程群设计。简言之，初代"甬乐"教育是在场域迁移，以成人视域把生态理念及方式"教给"儿童。

第二代的"甬乐"以 2012—2017 年开发的"特色工作室＋内涵深化"为核心。该阶段重新整理了南塘老街的人文、历史、物产等资料，进行资源的调查并形成可利用的教育资源系列，创设与南塘老街系列相匹配的园内物化环境。然后，立足儿童视角，顺应儿童天性，在体系上形成了户外、老街、室内三大的课程群，在实施方式上设置了九类体验模式，并设计了增值评价推动儿童发展。第二代"甬乐"教育在建构课程体系的基础上，超越了老街的资源功用，使之成为儿童的活动方式和发展方向。

2018 年以来，尹幼探索甬乐课程的再次迭代，结合全国教育大会对培养方式的要求与指向，一方面尝试在老街甬乐课程群中渗透对幼儿劳动精神、劳动意识和劳动能力的培养，另一方面尝试在室内甬乐课程群中渗透审美素养的培养。

**（二）基于自我评价校准目标定位**

无论是甬乐课程群的总目标还是具体课程、活动的目标，都不是一蹴而就、

---

① 白燕. 文化特色是幼儿园品牌建设的基石 [J]. 天津市教科院学报，2013,（01）：80-83.

固定不变的，而需要基于评价提供的反馈与证据进行不断修正。

甬乐课程研究至今，尹幼已采用谈话法、作品分析法、档案袋评价以及质性、量化观察等评价手段，更加强调幼儿在活动中的学习起点、学习状态、学习所得等，相对以往单一的教学评价有了较大突破。然而，对评价的认识与作用发挥方面，还需从关于体验结果、体验过程的评价，拓展到目标适切性、课程体系合理性和评价有效性的评价。一方面，尹幼对五种幼儿核心素养的园本定位，虽是一套经过系统设计的育人目标框架，但各学段、各模块课程具体的育人目标和任务还需进一步明确，各学段、各学科课程的纵向衔接与横向配合的合理性还需进一步检审；另一方面，在课程或活动评价工具与评价任务的匹配度，以及评价工具的可操作性方面还需进一步加强。

此外，在实施课程评价中，对发展幼儿的自我评价能力方面还有所欠缺。下阶段尹幼还应给予幼儿足够的参与机会，接纳幼儿看法，发展幼儿的自我评价能力，让幼儿了解自己的优点和进步，从而增强自信心，获得更深度的发展。

接下来，尹幼将立足教育评价的改进功能，注重教育过程中数据的积累与分析，检视园本幼儿核心素养与课程架构的一致性，进一步提高"甬乐"教育的深度和影响力。

【作者简介】俞华萍，浙江省宁波市海曙区望童幼儿园教育集团园长，主要研究方向为幼儿园管理、幼儿园课程建设、教师队伍建设。

# 三维四度五育：农村小学德育基础性作业的班本化实践

孙亦华

**【导言】**

德育作业是提升德育工作实效性的有效抓手。本文以"三维四度五育"为具体操作路径，立足农村小学班级真实现状，尝试从多维度考量来明确序列化德育基础性作业目标，依托多向度整合开发体系化德育基础性作业内容，立足多角度架构创新多样化德育基础性作业布置形式，以及以立体式推进建构多元化德育基础性作业评价流程，引导学生融入生活万象，在实践体验中触摸更广阔的社会空间，完成最有价值的人生作业，获得真实而丰盈的道德成长。

## 一、农村小学德育基础性作业研究的现实意义

### （一）落实国家"双减"政策，完善立德树人时代意蕴

当下，"双减"行动进入深水区和攻坚区，作业改革是落实"双减"政策的重要着力点。"双减"政策就作业设计明确提出"提高作业设计质量，将作业设计纳入教研体系，系统设计符合年龄特点和学习规律、体现素质教育导向的基础性作业"。因此，创新德育作业布置形式，根据学段、班级特点及学生真实能力水平合理设计布置德育基础性作业，是实现小学教育减负提质的重要措施，

具有积极鲜明的时代意义。

### （二）破解"德育作业低效"难题，探索学校德育工作新效路径

近几年，绝大部分学校已意识到德育作业实践育人的价值，在假期给学生布置德育作业已成为各学校的标配动作，但目前很多农村小学的德育作业实施效果却并不理想：作业形式单一枯燥，重说教轻实践；作业内容缺少层次性，针对性不强，参与面不广；不少实践作业甚至超出学生能力范围，学生作业变成"家长作业"。而根据班情学情设计，面向全体学生实施，内容丰富形式立体的德育基础性作业，能改变当前农村小学德育作业缺乏有效性的局面，创新学校德育工作新思路。

### （三）创生"德育作业"新型范式，为学生假日时光赋能增色

随着"双减"政策出台，孩子们在周末不再需要继续奔波于课外机构。但因家长对子女的周末和假日时间管理缺乏有效手段，农村小学生除了完成文化课作业，就是与手机、电视、电脑为伴，假期生活质量普遍不高。从调查结果来看，教师期待学生的假日能安排得丰富多彩，杜绝"5+2=0"的情况；家长希望学校能发挥主导作用，引领孩子过好周末。

基于以上现状，笔者聚焦真实诉求，引导学生及家长变革周末"打开"方式，为"双减"后学生的假日时光赋能增色。在前期多年实践基础上，我们提出了以"三维四度五育"为具体操作路径的农村小学"德育基础性作业"班本化实践的研究思路，立足家校社一体化，依托主题明确、形式丰富、内容适切、面向全员、多元评价的德育实践作业，引导学生融入生活万象，在实践体验中触摸更广阔的社会空间，完成最有价值的人生作业，获得真实而丰盈的道德成长。

## 二、农村小学德育基础性作业班本化实践研究的具体路径

"三维四度五育"，即整合班级、家庭和社会三个维度的教育力量，立足"作业目标、德育内容、布置形式、评价流程"四个角度展开实践探索，扎实落实

"德智体美劳"五育体系。

**（一）多维度考量，明确序列化德育基础性作业目标**

根据当前德育作业针对性不强、实效性不高、参与度不广等现实问题，课题组在学习文件政策、参考学校计划、尊重学生真实诉求基础上，拟将"培育美德、增长智慧、强健身心、提升审美、热爱劳动"作为本研究的基础性目标，同时明确了低中高学段的不同作业目标，详见表1。

**表 1　农村小学德育基础性作业目标内容**

| 学段 | 作业目标 | 培育美德 | 增长智慧 | 强健身心 | 提升审美 | 热爱劳动 |
|---|---|---|---|---|---|---|
| 低段 | 了解习得 | 初步了解生活中的自然、社会常识和有关祖国的知识；养成基本的文明行为习惯。 | 了解学科学习的意义和价值；培养良好的学习习惯；培养课外阅读习惯。 | 形成自信向上、诚实勇敢、有责任心等良好品质；有一项喜爱的运动项目，每晚坚持运动。 | 接触各种艺术形式，如绘画、手工、音乐、舞蹈等，培养艺术兴趣。 | 初步感知劳动的艰辛与乐趣，学会尊重他人的劳动付出；喜欢劳动、主动劳动、积极劳动。 |
| 中段 | 明理认同 | 了解家乡发展变化、国家历史常识、中华优秀传统文化；理解日常生活的道德规范和文明礼貌。 | 理解学习的重要性，养成主动预习复习的习惯；热爱阅读，养成每天阅读至少半小时的习惯。 | 形成诚实守信、友爱宽容、自尊自律、乐观向上等良好品质；热爱运动，主动参与运动锻炼。 | 提高学生对艺术作品的理解和欣赏能力；参与艺术创作，如绘画、手工、音乐、舞蹈等。 | 认识到美好生活离不开各行各业的劳动者；尊重劳动，尊重普通劳动者，初步形成热爱劳动的态度。 |
| 高段 | 知行合一 | 初步形成规则意识和民主法治观念；养成良好生活和行为习惯；用实际行动爱国爱家爱集体。 | 拥有好奇心和探索欲，主动探究，主动学习；能主动阅读历史、科学类书籍。 | 学会恰当地、正确地体验情绪和表达情绪；有一项擅长的体育运动，每天运动1小时。 | 在面对不同艺术作品时，能够提出自己的观点和见解；关注社会、关注生活，用审美眼光观察世界。 | 体会普通劳动者的光荣与伟大；在劳动中主动克服困难，初步形成不怕辛苦、积极探索、追求创新的精神。 |

**（二）多向度整合，开发体系化德育基础性作业内容**

《教育部办公厅关于加强义务教育学校作业管理的通知》中明确指出："创新作业类型方式。学校要根据学段、学科特点及学生实际需要和完成能力，合理布置书面作业、科学探究、体育锻炼、艺术欣赏、社会与劳动实践等不同类型作业。"结合文件精神，在不同学段德育基础性作业目标的引领下，研究者将本研究中的作业内容确定为"家国情怀、责任担当、文化认同、育心健体、学科育德"等五个系列，不同学段不同班级再根据具体的作业目标进行针对性细化，努力体现作业内容的系统性、连贯性、逐步提升性和适切性。

1.家国情怀类：涵养中国红心，培养世界格局

立德树人是教育的根本任务。这里的"德"，既有个人道德，也有社会道德，更有报效祖国、服务人民的大德。只有德"立"起来，人才能"树"起来，才能真正成为对国家、对社会有用的人才。而当前的农村小学生普遍对家国时政、社情民意、民俗风情知之甚少，因此，我们坚持用思想铸魂育人，通过布置以爱党、爱国、爱社会主义、爱人民、爱集体、爱家乡等为主线的系列德育基础性作业，增强学生的民族认同感、历史认同感，增强学生自觉弘扬优秀文化的意识，厚植学生的家国情怀。

（1）走读家乡

利用寒暑假、小长假等时间，布置"走读家乡"实践作业，如体验新开的公交线路、参观新起的地标建筑等作为主题，引导学生用脚步丈量家乡，了解家乡，亲近家乡优秀传统文化，感受家乡建设新变化，立下建设家乡、报效祖国的宏伟志向。

（2）红色研学

利用"红色研学"活动，组织亲子活动，让学生认识到我们祖国的繁荣昌盛是由无数先烈前赴后继，英勇牺牲得来的，增强学生爱国的意识，培养继承先辈遗志，帮助学生在国家和社会的发展大环境中找到自己的定位。

（3）聚焦时政

结合当前时代主题和热点事件，例如在南京大屠杀死难者国家公祭日、中

国烈士纪念日等时间段，布置相应主题的德育基础性作业，通过与时俱进的内容，灵活多样的形式，突出思想内涵，强化思想引领，指导实际行动。

2.责任担当类：明晰责任义务，培养使命担当

责任担当，指个人对自己和他人、对家庭和集体、对国家和社会所负责任的认识、情感和信念，以及与之相应的遵守规范、承担责任和履行义务的自觉态度。它是一个人应该具备的基本素养，是健全人格的基础，是家庭和睦，社会安定的保障。责任担当，需要从小培养，从小事中培养。因此，我们充分利用每日、每周、每个节日契机，充分挖掘教育元素，以形式丰富主题鲜明的德育作业，培养学生对自己负责，对家人负责，对社会负责的责任担当意识。

（1）习惯养成

围绕"培育美德"作业目标，细化美德养成实施要点，并根据班情设计每月德育主题，再细化到每日常规德育作业，如针对高段学生，9月重点实施"生活自理"好习惯作业，10月跟进"学习自理"好习惯，11月则可实施"关系自理"好习惯。

（2）劳动体验

面对农村小学生普遍存在"面对错误推卸责任多，勇于担责少；面对困难逃避绕道多，直面困难少"现状，我们寻找德育与家庭劳动、服务性劳动的结合点，将家务劳动作为每日常规德育作业推进实施，同时整合学校"学雷锋""垃圾分类"等主题活动，组织学生参与社区服务活动、职业岗位体验等，帮助学生动手实践、接受锻炼、锤炼意志，培养学生正确的劳动价值观，增强社会责任感。

（3）反哺亲情

农村小学高段学生普遍在亲子沟通方面存在或多或少的问题，如对父母亲不理解，不懂感恩，且部分家庭错误的教育观对孩子的成长造成了影响。基于此，可利用周末及"父亲节""母亲节"等时间节点，布置亲情互动式德育作业，用活泼生动的方式让孩子理解父母，感恩亲情，学会表达和交流。

3.文化认同类：浸润传统，树立文化自信

中华优秀传统文化延续着中华民族的精神基因和思想血脉，《中小学德育工作指南》也明确将"中华优秀传统文化教育"作为五大德育内容之一。然而近年来一些西方节日在中国盛行，冲淡了中国的传统节日，尤其是给广大青少年带来误解。基于此，应充分挖掘中秋节、重阳节等传统节日背后的德育价值，引导学生在实践活动中了解中华优秀传统文化的历史渊源、发展脉络、精神内涵，增强文化自觉和文化自信。

（1）数字体验

互联网和移动应用程序上不乏免费且优质的传统文化教育资源，如各大博物馆、古村落提供的免费增强现实（AR）和虚拟现实（VR）技术等。结合相关节日组织学生和家长一起在线学习参观，帮助农村小学生突破现实困境，不出远门也能实现对传统文化的好奇心和参与感，加深文化认同。

（2）文化寻根

利用小长假、寒暑假等，组织开展"寻访家乡传统""探微中华文化"等主题的亲子研学活动，在饱览祖国大好河山、浸润中华传统文化的过程中，厚植文化根脉。

（3）文创设计

笔者所在的农村小学各班均有近50%的新居民学生，这是非常好的德育资源。我们借力美术老师，组织学生结合家乡传统节日参与文化创意产品的设计与制作，将家乡传统元素与现代设计相结合，在设计个性化文化产品的过程中，内容化对家乡传统和民族文化的情感。

4.育心健体类：文明其精神，野蛮其体魄

儿童青少年健康事关祖国的未来。目前我国抑郁症呈低龄化趋势，同时，小学生近视率也居高不下，且呈现低龄、深度近视的趋向。哪里有问题，哪里就有德育课题。面对农村小学同样存在的这些问题，我们贯彻领会习近平总书记对青少年"文明其精神，野蛮其体魄"的寄语精神①，依托每日常规基础性德育作业，加强学生精神与体魄的全面教育，以期培养出体魄强健、人格健全、品学兼优、充满朝气的新时代接班人。

（1）家庭运动

将本学段体测内容作为每日德育作业布置，同时组织各学生召开家庭会议，拟定符合家庭实际的每晚亲子体育锻炼计划，如跳绳和父母一起散步、做仰卧起坐等，确保运动总时长不少于30分钟。

（2）经典阅读

在这个"短视频为王"的时代，人们越来越难静下心来读一本书，享受一份心灵的洗礼。这份浮躁气在农村小学学生身上也很明显。因此，可分学段根据各班级实际，精选每月必读书目，布置每日必读作业，助推学生在阅读中提升思维品质，树立正确价值观，强大精神世界。

（3）心语日记

笔者多年来一直在班级中组织学生开展"心语日记"行动，即由学生自主自愿书写成长随笔，班主任及时回复反馈。这样的互动成了班级心理健康工作的一把金钥匙，很多学生的成长困惑在书写和交流中得到及时纾解，每一次师生互动都成了学生心灵成长的加油站，帮助教师及时掌握学生心理动向，引导情绪调节，培养积极的心理品质。

5. 学科育德类：学科价值体认，综合素养提升

教育部于2017年印发的《中小学德育工作指南》将"课程育人"放在创新德育工作六大实施途径之首，要求"将中小学德育内容细化落实到各学科课程的教学目标之中，融入教育教学全过程"。学科渗透德育的方式有很多，其中以"德育作业"为载体，寓德育于各科作业中，将德育作业与学科作业进行有机融合，是有效贯彻落实"双减"政策，推进学科德育直接且有效的方式。为积极回应时代需求，我们联合科任教师基于学科特质布置合理适切的德育作业，引

---

① 使命的召唤 时代的强音——"文明其精神 野蛮其体魄"[EB/OL].(2020-05-06)[2023-12-01].
http://www.cppcc.gov.cn/zxww/2020/05/06/ARTI1588725380989179.shtml.

领学生在知识学习中进行价值体认，和学生一起过有道德的生活，从而实现学科教学方式和学科育人要素的有机融合。

（1）班本学科竞赛

针对学校、年段组织的各类学科竞赛以"掐尖"为主的现实问题，我们联动各科任教师，将此类活动进行班本化设计改良，降低参与门槛，发动全班学生利用周末积极备赛、参赛，将原先"少数派参与，多人数鼓掌"的现状优化为"全体参与，人人进步"的全员进阶行动。

（2）学科历史探究

学科的历史和故事往往包含了前人的智慧和经验，这些都是学生学习该门学科的宝贵财富，引导学生探究学科历史，了解学科名人事迹，有助于培养学生的学科素养和道德品质。我们联动科任教师，设计符合学段和班情特点的学科探究性德育作业，以手抄报、PPT 制作、微视频展示等形式呈现。

（3）线上学科展演

以月为单位，组织 5 位同学选择自己最擅长的一门学科，不拘形式展示自己的学科素养。如选择语文学科的，可以朗诵诗歌、进行主题演讲等；选择科学学科的，可以展示科学小实验等。展示同学提前拍摄好视频，每月末的最后一个周六晚，在班级群中推送视频，全班分享互动，借此激发学习兴趣，增强自我认同感和成就感，培养组织协调能力、创新思维等多方面综合素质。

**（三）多角度架构，创新多样化德育基础性作业布置形式**

"双减"政策明确提出：鼓励布置分层、弹性和个性化作业，坚决克服机械、无效作业，杜绝重复性、惩罚性作业。因此，在明确德育基础性作业目标，构建内容体系的基础上，我们创新了"多样化选择式、分层化梯度式、立体化联动式、人性化整合式、个性化自主式"五种作业布置形式，在降低作业难度，切实减轻学生的作业负担的同时，让学生真正参与其中，主动积极生长。

1. 多样化选择式：尊重参与主体的差异性

作为班本化全员参与的德育作业，首先要考虑参与主体的差异性，同一个主题作业提供多样化选择，以适合不同家庭情况的学生。如针对"三八节"感恩母亲主题作业，考虑到班级有部分单亲子女，在作业内容的布置上，就既设计活动体验类作业，也设计阅读感悟类，为不同个体学生提供温情而适切的选择权，确保德育作业不会变成任何一位学生的思想负担。

2. 分层化梯度式：聚焦德育作业的适切性

"双减"政策中对基础性作业的要求是"符合年龄特点和学习规律、体现素质教育导向"。现实中，同一班级学生在认知能力和动手实践能力方面均存在明显差异。因此我们遵循因材施教理念，充分考量不同个体的最近发展区，特别是针对有一定难度的德育作业，坚持分层分梯度设计原则，允许学生自主选择不同层次、不同难度的作业，让不同层次的学生都有收获。

3. 立体化联动式：保障德性生长的真实性

着力打破现有德育作业形式单一老套的桎梏，将德育作业的场域拓展到社区、第二课堂活动基地、农村、田野，把作业的空间移动到互联网上，形成"家庭＋社会"和"线下＋线上"的立体化联动式德育网络体系，无限扩展教育维度，让学生的成长在真实的场景中真正发生。

4. 人性化整合式：注重德育作业的实效性

"德育基础性作业"主要形式是小微德育活动，即以常规作业的形式嵌入学生课余生活，旨在丰富学生生活内涵和外延。因此我们考虑到了德育作业的完成时间，每次布置前，由班主任将各学科作业时间做统筹考虑，同时注重与班级、年段、学校其他德育活动的有机整合和创生，注重德育作业的"实"而"精"，不占用学生过多的课余时间。

5. 个性化自主式：凸显德育作业的主体性

与日常学科作业不同的是，假期作业更多培养的是学生自主学习的能力，因此，更需要激发学生的主观能动性，凸显学生德性养成主体性作用。我们打破传统上"教师布置作业"的个人主义束缚，充分考虑班情学情，在适切主题上将作业布置的主动权和选择权还给学生。如"致敬先烈 勿忘国耻"德育主题作业中，擅长写作的学生可以通过征文方式完成作业，擅长绘画的同学可以以宣传画方式完成作业，对摄影感兴趣的学生可以通过拍照录像等方式完成作业。

## （四）立体式推进，建构多元化德育基础性作业评价流程

教育部在《关于加强义务教育学校作业管理的通知》中明确提出，学校要加强作业全过程管理，强化作业批改与反馈的育人功能。就德育基础性作业而言，评价是影响作业减量提质的关键。针对目前德育作业评价普遍存在评价主体单一化、评价内容形式化、评价方式简单化等问题，我们改革现有评价模式，构建"学生自评—家长初评—教师复评—成果展评—档案袋终评"的五步走立体式评价流程，充分发挥作业的导向、调控以及激励功能，以评价促实现德育的内生外化。

### 1. 学生自评，重过程性

评价德育基础性作业完成情况的着力点应是过程。德育作业从本质上讲是实践类作业，其核心是实践，是一个动态的过程，因此无法根据静态结果给予客观、全面的评价，因此关注完成作业的过程是更为科学有效的评价角度。而这其中，学生自身是最有发言权的。因此，我们采用星级评价和文字描述相结合的形式，向学生明确德育基础性作业的实践要求和完成目标，引导学生从"完成情况""作业态度""收获感言"等方面进行过程性自主评价，帮助学生在完成德育作业过程中不断调整行为方式和价值观念，收获成就感与幸福感。

### 2. 家长初评，重卷入度

德育基础性作业是在周末和节假日布置的作业，家长是孩子作业完成过程的最好见证人。但在班级管理中不断发现，农村小学生的家长普遍不够重视子女的教育，尤其到了小学高段，即便文化课作业的卷入度也并不高。父母教育卷入度与子女的学业成绩呈显著正相关。在作业已经走出学校，走向家庭、社区乃至社会更广阔场域的现实面前，我们引入家长力量参与德育作业评价，具体采用文字评价的方式引导家长关注子女作业积极性和完成作业情况，针对其点滴成长给予评价、激励，为德育评价提供更全面更真实的环境。

### 3. 教师复评，重增值性

教师尤其是班主任，是德育基础性作业和评价的主要负责人，其评价的内容与成效是影响作业评价质量的重要因素。目前普遍采用的 ABCD 或"优

秀""良好""合格"等等级性评价很明显在用同一把尺子衡量不同能力水平的学生，在"掐尖"小部分的同时，"棒打"了大部分学生，显然有悖德育作业的初衷。因此，我们在教师的复评中重点采用"增值性评价"，用发展的眼光看待学生，制定灵活开放的评价指标，注重从学生自身的发展层面纵向衡量，既关注学生最终的作业成果，更重视学生在一段时间内学业成就的发展和变化。我们在等级评价的基础上，辅以激励性评语，有针对性地亮明优势，指出不足，给学生指明进步的方向。

4.成果展评，重"激励性"

有了家长初评和教师复评，学生德育作业评价的主体已经较之常规评价模式多元了一些。但无论何种形式多少时长完成的德育作业，均闪烁着学生德性的光辉，需要被更多人看见，学生才能在作业中获得更多成长力量。因此，在前面三步评价基础上，继续丰富评价主体和评价形式：首先，以班内小组为单位，组内同学开展互评，欣赏他人、发现自身不足提供契机；其次，在组内推优基础上，进行班级展评活动，以展示栏、小组汇报等形式开展；第三，以每月一期的形式，择优择进步明显的作业，布置成展板面向年段和全校展示，同时拟借助班级公众号进行编辑推送。

5.德育档案袋终评，重"生长性"

德育基础性作业在经历前四个步骤的评价后，德育作业该如何妥善处理？在系统学习相关文件政策和学界研究成果的基础上，我们尝试了依托"德育档案袋"对学生作业进行终评并妥善保管的做法。这"档案袋"既指每生一档的纸质档案袋，也指电子档案袋，每次德育作业最终都将由老师组织学生进行归档，并在每月末发还学生进行同学间交流分享。德育档案袋作为新课标引领下的质性评价方式之一，能帮助学生从自己的档案中观察、判断，进而作用于"知情意行"的品德形成过程中，促进学生由"他律"向"自律"转变。

综上所述，以农村小学德育作业现状为切入点，以国家和地方德育文件精神为统领，整合学校德育工作思路，遵循德育原理和学生认知规律，通过明确德育基础性作业目标向，体系化研发德育基础性作业内容，多角度架构德育基础性作业布置形式，立体式推进德育基础性作业评价流程等四个维度的系统研究，能在一定程度上破解当下德育作业低效的现状，为一线德育工作者提供一套可供学习借鉴的德育作业操作实施新路径。

【作者简介】孙亦华，浙江省海盐县滨海小学班主任，高级教师，主要研究方向为品牌班级建设、家庭教育指导、问题学生教育转化、班主任沟通能力提升。

# 教师情绪治理的理念建构与实践探索

何月丰

## 【导言】

教师是教育教学活动的关键。教师的成长直接决定着课程改革、学校发展和学生成长。积极情绪对于教师成长有着直接的促进作用，可以让教师成长成为教师的情绪追求。教师情绪治理便是以积极情绪为抓手的教育治理形式，旨在通过学校管理的外力疏导，让教师带着积极情绪面对教学，不断促进自身成长，更好地促进教育的高质量发展。为了实现上述目的，三毛小学校长积极探索，勇于尝试，于多年的积累后找到了一种教师情绪治理的新模式。本文中，何月丰校长将理论与实践相结合，并以漫谈的形式呈现了教师情绪治理的模式构建之路。

学生的成长、学校的发展以及一切教育教学改革的落地，关键在教师。因此，发展教师，转变教师的教育教学理念，提高教师的教育教学水平，一直以来都是学校管理的核心工作之一。1986 年，舒尔曼提出学科教学知识（PCK），为提升教师的教育教学水平提供了新的理念与路径。然而在学校管理中发现，不管教师的学科教学知识提升到何种程度，学校在发展教师的过程中依然难以避免地会遇到教师的职业倦怠、发展高原期以及自身驱动力不足等问题。可见，教师发展不仅仅是技术问题，还有其他诸多非技术上的因素。

为了克服在学校管理中发展教师层面所遇到的非技术问题，我聚焦教师的情绪，从教师情绪治理的视角谋求突破，尝试构建了教师情绪治理的理念并积极开展实践探索。

# 一、教师情绪治理的理念建构

## （一）教师情绪治理的理念内涵

所谓教师情绪治理，主要是指针对教师日常工作中以及自身发展中出现的消极态度，学校在管理过程中通过创造机会、鼓励进取、肯定成绩、看见优秀等方式来激发教师积极面对日常工作与自身发展的一种管理方式。

在学校中，教师在自身的教育教学工作达到一定的年限并积累一定的经验之后，往往会出现仅凭老经验做事的不良现象，比如课堂教学的方式简单重复以往的形式、对待学生学习问题的处理单一机械等。特别是在教师自身发展问题上，"佛系"心态、培训时人在心不在、研究时得过且过的现象屡见不鲜，甚至还有教师会抱怨"成长"，认为只要自己教学工作不出问题地完成任务就行。

显然，"不出问题地完成任务"只能看成作为教师的基本要求，要想更好地成长学生、发展学校，教师需要有超越"不出问题地完成任务"的认识与行动。对此，学校需要提供一定的外力，通过多种形式加以激励，激发教师的积极情绪，引导教师以更加饱满的工作热情和更加强劲的发展动力投入到日常的教育教学工作中去，以更好地促进学生的成长和学校的发展。

## （二）教师情绪治理的理论支撑

教师情绪治理涉及情绪与治理两个抓手，其中的情绪主要指向于积极情绪，其中的治理主要指向于教育治理，因此教师情绪治理是以积极情绪为抓手的一种教育治理形式。

### 1. 积极情绪与教师情绪治理

当下，对于情绪以及积极情绪的内涵尚未有公认的定义。本文对于积极情绪的理论应用，主要以拉查鲁斯（1991）从情绪的认知理论出发所作的界定，即积极情绪就是在目标实现过程中取得进步或得到他人积极评价时产生的感受[①]。

---

① 郑雪.积极心理学[M].北京：北京师范大学出版社，2014：5.

从这个定义可以看出，积极情绪是一个人内心的一种感受，对此广大研究者有着较为一致的认识。积极心理学领军人物芭芭拉·弗雷德里克森认为，让我们生机勃勃的积极情绪包括喜悦、感激、宁静、兴趣、希望、自豪、逗趣、激励、敬佩和爱 10 种形式[①]。

不难看出，能让人产生积极情绪的感受，"自身取得进步"和"得到他人积极评价"是两个重要的途径，前者是内因，后者是外因，这与教师情绪治理所提出的创造机会、鼓励进取、肯定成绩、看见优秀等手段是一致的。不过，从学校管理的层面看，两者都可以是外因，比如"自身取得进步"本是教师自身的事情，但也可以是在学校为教师创造的一些机会中实现，还可以是在学校充分肯定教师取得的成绩中实现（有时候教师会认为自己的成绩不是成绩，学校的充分肯定就是要放大这种看似可以忽略不计的成绩），当然肯定成绩也是"得到他人积极评价"的重要方式。

2. 教育治理与教师情绪治理

孙绵涛教授认为，教育治理是通过一定规则和程序对教育中相互冲突、相互竞争的利益各方进行调解的一种过程[②]。并有研究发现，"中国教育治理"包含治理的原意、教育治理的内容和国家治理的指导思想和政策依据三重内涵。其中不管是治理的原意还是教育治理的内容，都涉及"管理"和"疏导"两个方面的意思和内容[③]。

教师情绪治理可以理解为是针对消极和积极之间的冲突而以管理的形式展开的调解，且这种调解是针对教师个体两种情绪上的疏导，以期实现从消极到积极的转变。比如针对已经具有"佛系"心态的教师，学校通过给予机会、肯定成绩的方式，让教师自己看到自己的价值和发展空间，激发起教师进一步成

① 芭芭拉·弗雷德里克森. 积极情绪的力量 [M]. 王珺译，阳志平审校. 北京：中国人民大学出版社，2010：3

② 孙绵涛. 教育治理：基本理论与现实问题 [J]. 中国德育，2019, (07): 48-54.

③ 孙绵涛，何伟强，吴亭燕."中国教育治理"的三重内涵 [J]. 华东师范大学学报 ( 教育科学版 ), 2024，42(02)：18-29.

长自己的动力。

## 二、教师情绪治理的实践探索

### （一）确立积极意义的共同愿景

共同愿景对于团队发展的重要性已经无须赘述，在教师情绪治理中，需要思考的是建立怎样的共同愿景和怎么建立这个共同愿景。基于积极情绪的教师情绪治理，所要建立的共同愿景自然是以"积极"为核心的。那么，该如何来建立这个愿景呢？

提炼具有积极意义的词汇或语句，然后利用全体教师会的机会进行解读并一起共勉来建立共同愿景，这样的做法自然是可行的，但我认为这样建立的共同愿景故事性还不够强，换言之即教师对于共同愿景的共鸣会比较弱。为此，我尝试改变了这样的做法。在一个学期的工作总结时，我以图文结合的形式与全体教师一起回顾了学校一个学期来取得的成绩，并对其中一些成绩取得的过程进行了回顾，还特意讲了几个小细节，比如某天晚上到学校发现教师小团队利用晚上时间在学校一起加班研究等等，以这样具有画面感的形式表扬大家的群策群力与无私奉献。在这样的基础上进一步肯定学校中广泛存在着的积极工作与努力奋斗现象，最后再以实际案例带给大家的感动为背景提炼出学校发展的共同愿景，并取名"三有"工作作风：有责任感、有战斗力、有进取心。

当然，仅是这样提炼出"三有"工作作风自然是不够的。接下来，我先是将其与所有行政管理者进行研究与讨论，形成内涵解读，如下：

一是有责任感。教师的责任感，是对教育的负责，对教师职业规范的负责。具体如准时上班，按时下班，认真备课，用心上课，关心和爱护每一个学生，为人师表，等等，这些都是有责任感的最基本体现，也是师德师风的最基本要求。

二是有战斗力。教师的战斗力，是全力以赴为实现更高的目标而努力的行为。即要求教师在履行好本职基础工作的前提下，能用心对待各项任务，能团队协作、相互帮助，以积极主动的姿态迎接并推动各项工作。

三是有进取心。教师进取心，是指教师能不断学习，尽力提升和强化自身能力，敢于创新，以更高的标准要求自己，为学生、学校和自己取得更好的成绩而奋发图强。

接着，我正式将"三有"工作作风写入下一学期的工作计划，作为"师德师风"的核心。

在上述工作的基础之上我们进一步跟进，比如在正式开学之后，我结合开学工作的繁忙，通过几个能体现"三有"工作作风的小故事，写下《开学一周，感受"三有"工作作风》的日志在自己的微信公众号发布，让全体教师看到"三有"工作作风的落地样态。

时至今日，"三有"工作作风能经常性地出现在行政管理者的嘴中，比如在工作布置时、在与教师交流时等等，特别是大家都能结合具有积极意义的事件对其进行引用。渐渐地，具有积极意义的"三有"工作作风就成了学校管理者的共同愿景，在教师群体中生根发芽。

### （二）抓住一切机会弘扬正能量

虽然在学校中客观存在着职业倦怠、发展驱动力不足等消极现象，但仔细观察，其实学校中也广泛存在着正能量。只是有时候这样的正能量显现得较微弱而被忽视，或者根本就没有被发现。基于我对教师情绪治理的理解，坚定地认为学校中正能量哪怕再小，也要抓住并弘扬，这便是"得到他人积极评价"的有力体现。事实上，在学校中抓住弘扬正能量的机会其实是比较多的，下面举两个例子。

#### 1.发现感人小故事——发布日志

在 20 多年的教学工作中，我一直坚持记录与撰写教育故事。2018 年 3 月，我申请了自己的微信公众订阅号——教书的日志，开始发布自己的教育故事。2021 年任校长之后，面对教师成长中所表现出的"佛系"，我开始发布以校长视角观察到的正能量故事，希望促使教师们拒绝"佛系"思维和做法。比如《好的教育离不开示范》一文，只是因为我在放学后巡视校园时，发现一年级的金老师在教室里把学生的椅子一个一个从桌子上翻下来。对此金老师说："椅子有点重，担心明早一年级的娃娃们自己翻会有危险。我现在帮他们翻好，他们明天就轻松了。等他们长大一些了，就可以自己翻了。"那一刻，我被金老师的用心和爱心所感动。

如此的故事其实一直发生在我们的校园里。三年时间，我陆陆续续写下了《耕好学校"双减"这块地》《背影——老师的日常》《感谢奋斗的你》《感动的故事不会缺席》等几十篇发生在校园里的正能量小故事。这些小故事不仅通过微信公众号发布，弘扬了学校里的正能量，有的还在《浙江教育报》《中国教师报》上刊发了，可见这样的小故事是可以感染人的。

类似这样的事情，我一直持续着在做。每年的 12 月 31 日我都会在自己的微信公众号中发布一篇总结性日志，比如 2022 年 12 月 31 日发布的日志题为《致我们的 2022——写给大家的 2023 新年致辞》。这样的文章是我用心写成的，里面不仅浓缩了学校这一年取得的成绩，更是在表达我对大家的感谢，刻画了大家努力的模样，展望着更加美好的新年。

2. 用心大家都看见——最美一刻

担任校长后，我都会尽可能抽一定的时间去行政办公室、教师办公室、教学楼走走，与大家聊一聊。在教学楼走的时候，我经常能在教室里或办公室里看见老师把学生"拉"在身边，耐心地为他们进行个别辅导。这样的场景或许难登教育的"大雅之堂"，但却很美。这种美，表达的是一种教学的日常美，传递的是教育者的心灵美。每每看到这样的场景，我常常会忍不住用手机偷偷拍下这美丽的一刻。有些时候，我还会将拍下的照片背后的故事写成文章，发布在公众号。

看见得多了，"偷拍"得多了，我不禁有了这样的思考："能偷拍这样的美丽场景，那别人自然也能偷拍这样的美丽场景。"有了这个想法之后，我便在一次学校行政例会上提出了此事，经过几番行政商议之后，由工会策划在学校里开展了"光影里的'最美一刻'——属于我们的'温暖教育'"活动，号召全体老师去"偷拍"发生在我们身边的"最美一刻"。

"偷拍"活动持续了一个月左右，我要求每位老师"偷拍"一张教师的照片和一张学生的照片。最终，当100多张老师们"偷拍"的照片收集起来之后，我再一次被感动。这些照片看上去真的没有什么艺术感可言，但每一张照片的背后，都是一份敬业，彰显教书育人之本分。诚然，教书育人本身就是一种最美的艺术，自然没必要再给她以外在的形式艺术。

我们组织人员对照片进行评比，在评比过程中德育处还将每张照片配以一句话，最后，学校再将评选出的优秀照片在学校微信公众号上进行了三期的推送。这样做的目的在于使所有老师、家长乃至全社会知道发生在学校里的"最美一刻"，认识学校教育中不一样的美丽。

如今，学校行政管理者也会自己寻找机会去组织不同形式的"最美一刻"。从我做校长的视角来讲，希望在这样的过程中让更多的老师的用心被看见，让更多的老师看见更多的用心，让更多的老师能持续、创造性地用心。

**（三）竭力助推教师的专业发展**

在学校中，教师的专业成长既是教师个体的事情，也是学校管理的事情。因此，在教师情绪治理的工作中，学校要努力地将教师成长中的个体行为与学校行为融合在一起，竭力助推教师的专业发展，这便是"自身取得进步"的有力体现。学校助推教师专业发展的方式同样有很多，基于教师情绪治理的视角举几个例子。

1. 专业带好头——校长说

学校有一个教师专业发展的校本研修班，在一次学期初的启动会议上，负责这个项目的主任邀请我去参与在会上讲话。像这样能促进教师发展的校本研修活动我是大力倡导的，但会议最后"讲几句"的做法使我总觉得有点形式主义的味道。我认为，这是一次与大家共勉的好机会，也是激发大家拒绝"佛系"和躺平的好机会。于是，在再三思量之后我与负责的主任联系，告诉她："最后的时候我不是讲几句，我要讲一个话题，大概一个小时。"

这一个小时的讲话时间给教师们的课务协调带来了一定困难。为此，负责这个活动的科室出面协调，甚至有从其他年段调度老师的情况，这个过程也显现出了一种用心做事的正能量。

活动之后，在写报道时我再一次主动提出：可以把我与大家一个小时的交流取个名称，比如"校长说"之类。而且，我还提出一个设想——如果有可能的话，我以后可以多与老师们聊一聊这样的专业成长故事，每次1个小时左右。

报道出来时，负责的主任不仅采纳了"校长说"这个名称，还将其定位为"第一期"。这就是说，我提出的设想也已经被采纳了。既然这样，那自然就有第二期、第三期……

事实上，每准备一期"校长说"都会花费个人很多时间和精力，但我乐此不疲。第一期"校长说"我讲了《在"记录"中成己为人》，与大家交流自己写教育故事的一点心得体会。第二期"校长说"中，我讲了《"努力"遇见等你的贵人》，与大家分享自己一路走来的点点滴滴。第三期"校长说"，我讲了《读书，让自己更从容》，与大家分享自己对读书的意义的体会。第四期"校长说"由学校分管教学的副校长作题为《教师专业发展之论文撰写密码》的报告。第五期"校长说"由学校分管德育的副校长作主题为《筑梦杏坛 守望初心》的报告。如今，"校长说"已经成为学校教科室每学期工作计划的必备内容，主讲的人从我到学校副校长，从本学校的校级领导到其他学校的校长。

为了减轻白天参与"校长说"给老师们课务调动带来的麻烦，我决定把时间改到晚上。对此我曾有过顾虑，担心老师们会有意见，因为晚上毕竟是休息时间。没想到老师们对此根本没有意见，积极参与。

从"校长讲话"到"校长说"，绝不是名称的改变，而是内涵的改变。"讲话"是客套、形式居多，"说"则更倾向于分享和交流。

从"校长讲话"到"校长说"，除了是内涵的改变，更是做好榜样的方式。通过"校长说"我希望能传达一个这样的信息：专业发展，校长带好头，我们一起成长。

2.思考一起来——公众号联盟

在"记录"中成己为人。记录教育故事，是思考的开始。

在第一期"校长说"中，我分享的主题是《在"记录"中成己为人》。也正是在这一期活动中，学校倡议老师们积极开通自己的微信订阅公众号，并现场安排专业人员对此进行培训，还请编辑过微信公众号的老师进行经验介绍。

于是，在之后的一个月中，陆陆续续有老师开通了自己的个人公众号，学校分管校长、中层干部也参与其中，如今学校的校级领导、中层干部几乎人人开通公众号了。我们还把这些人集合在一起，成立了一个非正式、无约束组织——公众号联盟共同体。

联盟成立之后，老师开始陆陆续续发布属于自己的教育故事。比如，学校的郑老师在自己的一则故事中说："接下去我将正式开启我的公众号，用走心文字记录我的育人故事，让自己成长起来，为每一位遇到的孩子们赋能成长。"分管教学的副校长在一个学期后发布的一则故事中说："好久没写了，对于原先的约定我似乎是爽约了，今天阅读到一篇令我震撼的好文，内心颇不平静，故以记之。"

也许，老师们的文章很一般，但都是自己真实的教育故事，都是大家真实地思考。我一直在思考，一个老师只要愿意写了，且能经常性地写，不追求功利地写，那么在他的专业成长上还有什么能阻碍他的呢？

3.希望摸得着——多方搭台

我任校长的第一个学期，本市的小学数学作业改革启动会便来到了学校。学校一位老师上了一节展示课，一位老师作了一个观点报告。这两位老师都获得了一张市级证书。类似的，还有省、市名校长培训班、市多个学科的90学时培训班、其他地市的学时培训班等，这些都因我的原因陆续来到学校开展活动。每一次活动，我都精心设计课程，努力为学校老师多争取上课或作观点报告的机会。

比如，一次市教育学院领导带班到校开展1天现场教学，我在设计学校"漫画育人"课程时，突然想到在帮助学校申报县"德育能手"的老师修改事迹材料时，曾看到李老师讲自己依托"漫画巴士"开展班主任工作的事，于是将其设计成一个15分钟的观点报告。为此，我与李老师多次就观点报告的内容进行修改，李老师也是不厌其烦，一次次改稿、改课件。准备的过程是辛苦的，但当看着一张张证书落在学校老师的手里，看着老师们辛苦之后脸上露出了笑容，我的心温暖了。

一次活动之后，已经取得高级职称差不多已经"佛系"的一位老师跟我说："明年有机会，我也让上课。"看到这样的激情，我的内心自然是欣喜不已。我想，这大概就是教师情绪治理的效果吧。

而今，除了我会去努力争取各种承办活动的机会，我也要求学校的行政管理者努力去争取这样的机会。我希望通过学校的多方搭台，让教师专业成长的希望能有种摸得着的感觉。

4. 努力我先行——校长日记

在我的电脑中，有一个文件夹取名为"校长日志"，里面存放着工作安排、会议议程、管理思考等文档。任校长第一年我记录了近 21 万字的"校长日记"，任校长第二年我记录了近 27 万字的"校长日记"。

不可否认，记"校长日记"的过程，也是反思自己校长行为的过程。我在记日记的过程中，对校长这个岗位有了很多新的理解，也从中学到了许多。

比如，2021 年 8 月 30 日我在日记中这样写道：

站在操场上看着这些家长和孩子，忽然觉得：作为校长，身上的担子很重。一所学校的管理，在一定程度上决定着这些孩子六年小学生活的质量，在一定程度上决定着这些孩子的人生走向，在一定程度上决定着这些孩子精神底色的厚度。我任重道远！

日记本是私密的事，但我把自己写"校长日记"的事通过一定的形式传递给全校老师，让大家都知晓。这样做的目的只有一个：让老师们知道，我很努力，我希望我们能更好！基于"校长日记"的记录与反思，我形成了"新任校长的理想与信念"系列文章在《中国教师报》五期连载。

很多时间，学校教师会认为校长就是会动动嘴，比如要求大家写论文自己却不写，要求大家做课题研究自己却不研究。我努力地通过自己的行动去改变教师的这种认识。

爱因斯坦曾这样说："不管时代的潮流和社会的风尚怎样，人总是可以凭着自己高尚的品质，超越时代和社会，走自己正确的路。现在大家为了电冰箱、汽车、房子而奔波、追逐、竞争，这是我们时代的特征。但是也还有不少人，他们不追求物质的东西，他们追求理想和真理，得到了内心的自由和安静。"

在学校发展中，特别是在学校教师的群体成长中，作为校长的我，希望与老师们一起，以教育梦想为指引，带着积极情绪，尝试着超越时代和社会，追求理想和真理，去寻找内心的自由和安静。

【作者简介】何月丰，海盐县向阳小学教育集团总校长，主要研究方向为小学数学习题教学、小学教师成长、学校教师情绪治理。

# 我国外国语学校特色办学的调查与思考 *

王华琪　　张传鹏

## 【导言】

　　全球化的背景下，做好外国语学校的特色办学研究对引领我国基础教育的现代转型和实现教育国际化具有深远的意义。在特色办学亟需总结、外事人才面临新机遇、外国语人才培养目标重新定位的背景下，杭州外国语学校成立课题组，启动了对外国语学校特色办学的调查研究。调查结果显示，外国语学校独特的教育理念、创新的教育模式、丰富的国际交流与合作平台、全面发展的素质教育等方面取得了较好成绩，对我国普通高中进行特色办学以及为当前我国基础教育改革发展提供了有益的参照，但也仍然面临着很多困难与挑战。未来，外国语学校在办学过程中应继续秉持外语特色办学，强化资源整合，精心培育复合型预备英才，同时，充分发挥外国语学校的辐射引领，助推城乡教育均衡发展，为到 2035 年我国实现教育现代化、建成教育强国做出更大的贡献。

　　随着国际战略竞争和人才竞争的加剧，基础教育尤其是高中阶段教育已经成为国际教育竞争新的关注点，并成为世界各国教育改革中的优先事项。各国都在研究世界教育发展趋势和反思本国高中教育的基础上，从宏观层面提出了系统性的改革举措，以回应时代的新诉求。在这样宏大的图景下，中学特别是

　　* 本文为 2022 年浙江省教育科学规划研究课题"'三有人才'培养目标下的外国语学校特色办学实践研究"（课题编号：2022SC342）的阶段性研究成果．

高中特色发展已成为世界各国解决薄弱学校发展、促进教育公平的有效手段和提升教育整体质量的必由之路，同时也是世界各国满足学生日益多元化需求、实现未来优秀公民培养的必然选择。而外国语学校是我国当下中小学校最具办学多样化的存在，在全球化的背景下，做好外国语学校的特色办学研究对引领我国基础教育的现代转型和实现教育国际化具有深远的意义。这项研究既是对当下时代和社会对人才迫切需求的积极回应，也是对未来教育发展和现代化人才培养的重要探索。

# 一、外国语学校特色办学调查缘起

## （一）特色办学亟需总结

我国的外国语学校是一类以外语教学为特色的中小学校，最早的 9 所外国语学校（现存 7 所）是在周恩来总理、陈毅外长的提议下于 1963 年、1964 年创建的。目前，教育部认定的具有保送资格的外国语学校共有 16 所。此外，全国各地还有着数以千计的外国语学校，这些外国语学校的办学水平参差不齐，办学性质也各不相同，有公办学校、民办学校、国际高中等。众多的外国语学校在丰富了当地办学多样性的同时，也存在着办学特色弱化等现象，一些学校存在着学生培养目标定位不清、特色办学碎片化、特色理解窄化等情况，迫切需要进行总结反思。

## （二）外事人才面临新机遇

首批外国语学校成立之初，即以为国家培养高级的外语外事人才为己任。60 年来，外国语学校为国家培养了一大批外语特长、文理兼优、素质全面的高级外语外事人才，一大批校友正奋战在我国外事一线。今天，在全球化进程中，中国积极发展全球伙伴关系，推动构建人类命运共同体。中国的对外开放格局、现代化进程和科技进步让我国日益走近世界舞台的中央，国家对综合素质高、外语能力强的高端复合型人才的需求更加迫切。2021 年 10 月，教育部发布通知，为了更好地服务国家战略需求，2024 年起，除北京外国语大学、上海外国语大学、外交学院可继续招收一定数量的外国语中学推荐保送生安排在英语语种相关专业，其他高校招收的外国语中学推荐保送生均安排在除英语以外的小语种相关专业，鼓励高校培养"小语种＋"复合型人才。这让全国外国语学校又迎来了一次服务国家人才战略的新的发展机遇。

### （三）培养目标重新定位

2021 年 9 月 25 日，习近平总书记给北京外国语大学老教授亲切回信，希望北京外国语大学能努力培养更多有家国情怀、有全球视野、有专业本领的复合型人才，在推动中国更好走向世界，世界更好地了解中国上作出新的贡献。习近平总书记的回信，不仅体现了他对北京外国语大学的新期望，也对外国语中学办学方向具有重要的指导意义。各外国语中学要对标北京外国语大学等高校复合型人才培养的要求，积极思考如何培养"三有"复合型预备人才。

在纪念我国外国语学校事业开创 60 周年之际，为总结我国外国语学校办学经验，进一步提升我国外国语学校的办学水平，杭州外国语学校成立课题组，启动了对外国语学校特色办学的调查研究，本文对此份问卷进行分析，并对全国外国语特色办学和发展方向提出相应的建议。


## 二、外国语学校特色办学调查概况

学校的办学质量最终看学生的发展，从某种意义上来说，校友是对学校教育品质的最全面的评价者，所以本次调查对象我们选择外国语学校校友，在国内著名专家、学者的帮助下，课题组精心设计了问卷。此份问卷共有 33 道题目，分别从校友的基本状况、校友在母校的经历、母校对校友的影响、校友对母校的印象与建议等四个维度对外国语学校的校友进行了调查。在全国外国语学校工作研究会理事会的支持下，此次调查共收到答卷 5601 份，参与调查的对象主要来自教育部认定的具有保送资格的外国语学校以及其他著名外国语学校，其中有 17 所学校答卷在 100 份以上。除了调查校友，我们还到多所外国语学校进行实地调研，了解我国外国语学校特色办学现状。

**（一）参与调查对象的基本情况**

参与调查的对象中有 57% 性别为女生，50.6% 的年龄在 18—25 岁之间，这些人离开母校时间不久，且有 62.5% 的校友初高中均在母校就读，对母校的办学状况非常熟悉。填写者中有 44.3% 为大学生，这与年龄在 18—25 岁之间占 50.6% 相对应。校友职业种类繁多，除了学生在读之外，主要是国内外企业员工、教育工作者、公务员以及自由职业者等，其中在外企工作或从事翻译外事工作的占 22.4%。

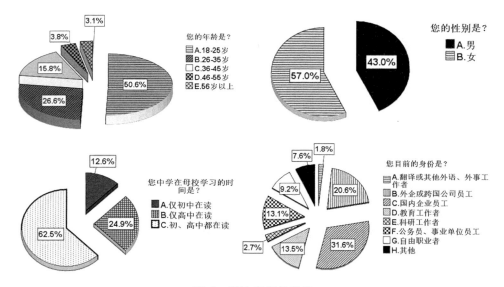

**图 1　受访者相关信息**

**（二）外国语学校语言课程开设情况**

开设二外语种是外国语学校课程体系的一个显著特色，然而经过调查分析发现，我国外国语学校的二外语种开设情况并不乐观，有近 70% 的填写者只学过英语，没有学习过二外，二外开设比较多的语种是日、法、德、西、俄。

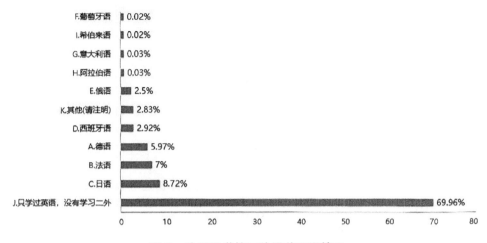

**图2 外国语学校二外语种开设情况**

同时，外国语学校的国际交流活动开展还不够多元，问卷填写者中参加过海外研学、境外交换生的只占 13.1%，有 36.1% 的学生在中学期间只参加过学校举办的有外教参加的交流活动，35.1% 的学生则没有参加过任何国际交流活动。

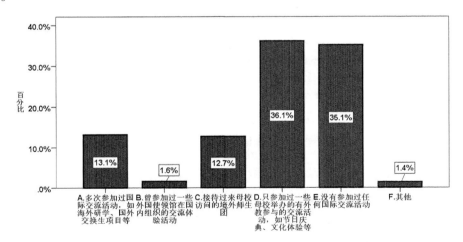

**图3 受访者中学时参加母校举办的国际交流活动的情况**

外国语学校的各类活动开展比较丰富，学生参与率高，在音体美劳等课程开设方面，有 67.5% 的填写者认为自己的母校开设情况良好，而只有 6.8% 的人认为学校相关课程开设很少。有超过一半的人都参加过军训、运动会、春游、社团志愿者活动和学校艺术节等活动，有 3.05% 的人几乎没有参加过活动。

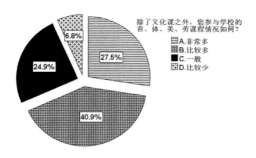

图 4　外国语学校音、体、美、劳等课程的开设情况

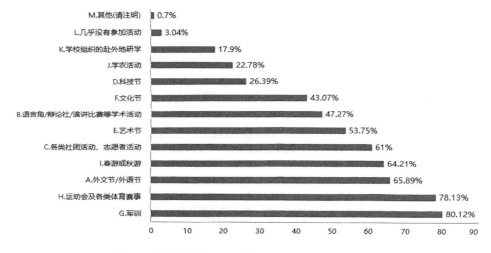

图 5　受访者在外国语学校就读期间参加活动情况

### （三）外国语学校的学生培养成效

与非外国语学校毕业的同龄人相比，外国语学校毕业生在外语"听说读写译"等能力方面，82.6% 的问卷填写者认为自己具有明显优势，64.9% 的人认为自己在学业成绩及学术研究等方面具有明显优势，63.2 的人认为自己在自主学习及持续学习能力等方面具有明显优势。73% 的人认为自己在"大气睿智、阳

光自信"等方面具有明显优势。

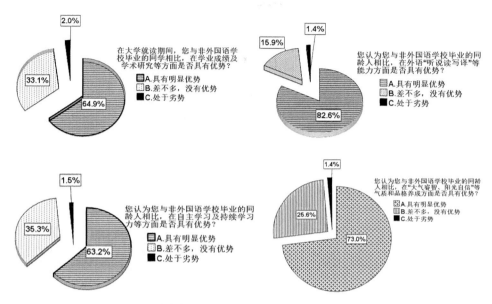

图 6　受访者与非外国语学校毕业学生的优势对比图

与其他非外国语学校相比，在培养学生成长方面，认为母校在培养学生的全球视野方面具有优势的超过 77%，认为在培养学生跨文化交流能力方面具有优势的超过 63%，认为在素质教育实施、注重学生全面发展方面具有优势的占59%，认为在培养学生人际交往能力方面具有优势的超过 50%。

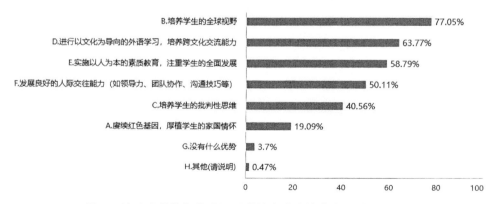

图 7　外国语学校与非外国语学校在学生培养方面的对比图

### （四）外国语学校培养的学生的后续发展

1. 校友工作地域

通过调查发现，外国语学校校友目前工作或生活所在地区遍布世界各地，其中有超过 85% 的校友在中国大陆工作或生活，其他占比比较高的地区是美洲和欧洲，占比达 6% 和 3.3%。

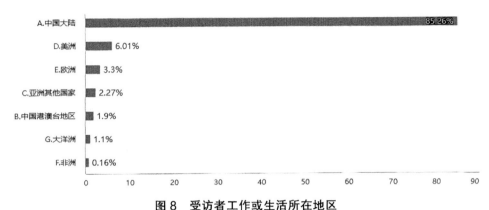

**图 8　受访者工作或生活所在地区**

2. 校友收入水平

去掉填写问卷中还是在读的学生后发现，外国语学校毕业的校友年收入普遍比较高，其中年收入在 25 万以上者占 50.7%，年收入在 50 万以上者占比达 27.3%。而根据国家统计局网站可知，2022 年，全国城镇居民人均可支配收入是 49283 元，中位数是 45123 元[①]。

---

① 国家统计局.2022 年居民收入和消费支出情况 [EB/OL].(2023-01-17)[2024-06-17].https://www. stats.gov.cn/sj/zxfb/202302/t20230203_1901715.html.

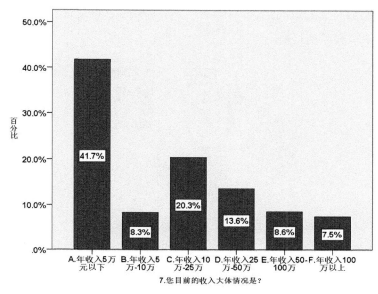

7.您目前的收入大体情况是？

**图 9　受访者年收入情况**

**表 1 受访者最高学历及其收入关系表**

| 最高学历与年收入关系表（不包含在读学生） | | | | | | | |
|---|---|---|---|---|---|---|---|
| 收入 | | A. 年收入 5 万元以下 | B. 年收入 5 万 -10 万 | C. 年收入 10 万 -25 万 | D. 年收入 25 万 -50 万 | E. 年收入 50 万 -100 万 | F. 年收入 100 万以上 | 人数 |
| 最高学历 | A. 高中 | 31.4% | 20% | 31.4% | 2.9% | 0% | 14.3% | 35 |
| | B. 大学本科 | 5.8% | 20.4% | 37.2% | 19% | 10.3% | 7.4% | 1354 |
| | C. 硕士研究生 | 1.2% | 5.8% | 31.9% | 27.2% | 18.2% | 15.7% | 1493 |
| | D. 博士研究生 | 1.3% | 2.5% | 26.4% | 27.6% | 23.4% | 18.8% | 239 |
| 合计人数 | | 110 | 376 | 1054 | 730 | 467 | 384 | 3121 |

3. 校友学历水平

参与本次问卷调查的外国语学校校友的学历水平普遍比较高，尽管 44.3% 的填写者为学生，但是硕士以上学历仍然占比达到 37.8%。进一步分析各个年龄段发现，在 18—25 岁年龄段中，本科人数遥遥领先，但是一大部分本科生可能会继续深造。年龄在 26—35 岁、36—45 岁和 46—55 岁这三个年龄段均是硕士人数占比最高，超过同年龄段的高中、本科和博士的人数。56岁以上的填写者中，大学本科占比最高。

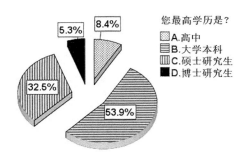

您最高学历是？
- A.高中
- B.大学本科
- C.硕士研究生
- D.博士研究生

**图 10　受访者最高学历情况**

**表 2 受访者的最高学历年龄分布表**

| 最高学历或学位 | | A. 高中 | B. 本科 | C. 硕士 | D. 博士 | 合计人数 |
|---|---|---|---|---|---|---|
| 年龄 | A.18—25 岁 | 439 | 1920 | 442 | 33 | 2834 |
| | B.26—35 岁 | 8 | 524 | 827 | 133 | 1492 |
| | C.36—45 岁 | 6 | 377 | 410 | 94 | 887 |
| | D.46—55 岁 | 5 | 96 | 96 | 16 | 213 |
| | E.56 岁以上 | 11 | 101 | 43 | 20 | 175 |
| 合计 | | 469 | 3018 | 1818 | 296 | 5601 |

4. 外国语学校对学生的影响情况

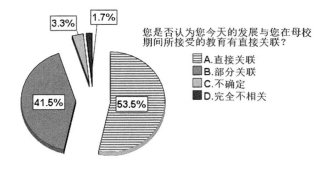

您是否认为您今天的发展与您在母校期间所接受的教育有直接关联？
- A.直接关联
- B.部分关联
- C.不确定
- D.完全不相关

**图 11　受访者对母校培养效果的认同情况**

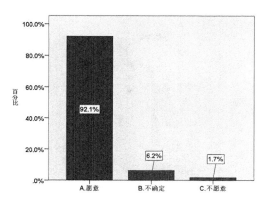

图 12　如果重新选择，受访者再次回到母校读书意愿的调查情况

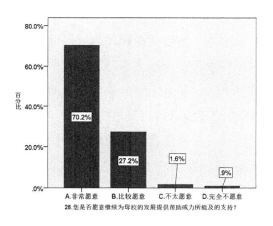

图 13　受访者是否愿意为母校的发展提供帮助的调查情况

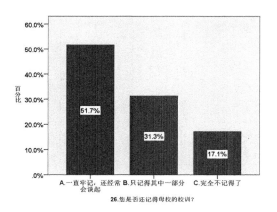

图 14　受访者对母校校训的记忆情况

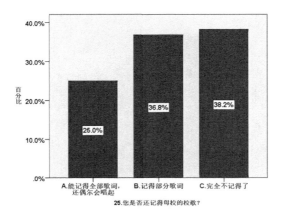

**图 15　受访者对母校校歌的记忆情况**

通过调查发现，有 61.8% 的校友现在还能记得母校的校歌，83% 的毕业生还记得母校的校训。95% 的毕业生认为自己今天所取得的成就与中学期间在母校就读所受的教育密切相关，97.4% 的毕业生愿意助力母校的发展，如果再回到从前，92.1% 的毕业生还愿意选择再到母校读书。

通过分析可以发现校友是否愿意为母校的发展提供支持与其目前的身份和收入水平并不显著相关，而校友的学历水平与其职业和收入状况呈显著相关。

**表 3 校友是否愿意为母校的发展提供支持与其学历、收入及职业的相关性分析**

| | | 最高学历是 | 目前的职业 | 收入情况 | 是否愿意为母校的发展提供支持 |
|---|---|---|---|---|---|
| 最高学历 | Pearson 相关性 | 1 | 0.307** | 0.476** | -0.039** |
| | 显著性（双侧） | | 0.000 | 0.000 | 0.004 |
| 目前的职业 | Pearson 相关性 | 0.307** | 1 | 0.516** | -0.009 |
| | 显著性（双侧） | 0.000 | | 0.000 | 0.522 |
| 收入情况 | Pearson 相关性 | 0.476** | 0.516** | 1 | -0.022 |
| | 显著性（双侧） | 0.000 | 0.000 | | 0.099 |
| 是否愿意为母校的发展提供支持 | Pearson 相关性 | -0.039** | -0.009 | -0.022 | 1 |
| | 显著性（双侧） | 0.004 | 0.522 | 0.099 | |
| **. 在 0.01 水平（双侧）上显著相关。 | | | | | |

## 三、外国语学校特色办学的现状分析

外国语学校创办 60 年以来，在特色办学方面进行了积极探索，积累了丰富的经验，其独特的教育理念、创新的教育模式、丰富的国际交流与合作平台、全面发展的素质教育等方面所取得的成就，对我国普通高中进行特色办学以及为当前我国基础教育改革发展提供了有益的参照。同时，在调查中发现我国外国语学校仍然面临着很多困难与挑战，在特色化办学中仍存在着许多不足，需要进一步去改进。

### （一）办学成绩

#### 1. 传承红色基因，人才培养特色鲜明

外国语学校有鲜明的红色基因，创办 60 年来，始终与国家的发展同频共振，以服务国家和社会为己任，坚守"为党育人、为国育才"的初心使命，为培养熟知我国国情、通晓国际规则、具备参与全球治理素养的人才培养奠定了良好的基础。在与非外国语学校毕业的同龄人相比，您认为自己的最大优势的调查中，认为是具有扎实的外语沟通能力的占 54.2%，认为是具有宽广的知识面和广泛的兴趣的占 54%，认为是具有高度的自觉性和独立性的占 52.4%，认为是具有健康的情感的占 50.7%，认为是具有旺盛的求知欲和强烈的好奇心的占 43.7%，这充分说明外国语学校培养的人才具有扎实的外语沟通能力，知识面宽广，具有高度的自觉性、独立性和健康的情感，培养特色非常鲜明。

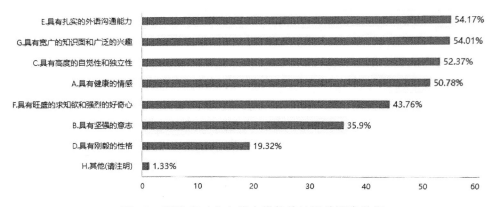

图 16　受访者对自身最大优势的认识的调查结果

调查中还发现，外国语学校普遍与国外多所学校建立了姊妹学校关系，并频繁开展了师生互访交流活动，很多外国语学校还建有国际部，开设了 A-level、AP、IB 等国际课程。在升学机制上，众多外国语学校在保持保送、高考等项目优势的同时，努力构建了融通中外的升学立交桥，积极创设留学绿色通道，为学生提供便捷、优质的海外升学途径。石家庄外国语学校建立了河北省首个中学人大代表联络站，开设有 12 门校本思政课程，同时将党课、人民代表大会制度课纳入校本必修课，使"爱党、爱国、爱人民"的红色基因从小根植于学生的内心。正因为外国语学校既重视对学生家国情怀的教育，又重视对学生全球视野的培养，所以学生的综合素质比较高，外国语学校为各行各业尤其是外交领域培养了许多卓越人才，为讲好中国故事、传播好中国声音做出了重要贡献。杭州外国语学校培养出了驻阿根廷大使邹肖力、驻旧金山总领事张建敏等一大批外交家和大疆科技创始人汪滔、"拼多多"创始人黄峥等新时代的行业领军人才；上海外国语大学附属中学培养出了一大批以杨洁篪、崔天凯、谢锋三任驻美大使为代表的外交家和为了抢救国家财产而献出生命的"黄山三烈士"；南京外国语学校培养出了以驻法国大使卢沙野为代表的多位大使；重庆外国语学校培养了驻乌克兰大使范先荣、驻吉尔吉斯共和国大使杜德文等多位外交家。

2. 实施素质教育，五育并举融合发展

通过调查发现，认为与其他非外国语学校相比，母校在素质教育实施、注重学生全面发展方面具有明显优势的占 59%，认为母校在培养学生人际交往能力方面具有明显优势的超过 50%。55.5% 的校友在母校读书期间，最喜欢去的地方是体育馆和运动场，在音体美劳等课程开设方面，有近 68% 的填写者认为自己的母校开设情况良好，有超过一半的人都参加过军训、运动会、春游、社团志愿者活动和学校艺术节等活动。同时调查显示，外国语学校毕业的学生大气睿智、阳光自信、素质全面，在自主学习及持续学习力等方面与同龄人相比具有明显优势，受到国内外高校的好评。这说明我国外国语学校能全面贯彻党的教育方针，深入实施素质教育，构建德智体美劳全面培养的教育体系，真正做到五育并举、全面发展。正如习近平同志任浙江省委书记期间视察杭州外国语学校时曾指出："教育以人为本，就是要加强素质教育，使学生全面发展和整体发展。这方面，杭外做得是比较好的，希望你们在推进素质教育上继续走在前列，发挥示范作用"①。

调研中发现，石家庄外国语学校坚持"用课程确保学生德智体美劳全面发展"，构建了"面向全体、全面发展、突出特色"五育并举的课程体系，先后开发了 43 门体育、艺术、劳动实践课程，保障学生德智体美劳全面发展；杭州外国语学校设立网球、板球、水上运动等十大体育俱乐部，秉持"活动即课程"理念，创建"一创、两校、三礼、四训、五节、六展、七奖"育人项目群，多措并举推动学生多元化、个性化、优质化发展。

3. 紧抓科学教育，致力创新人才培养

培养复合型的创新人才是国家、民族长远发展的大计。在教育、科技、人才一体化部署、一体化推进的背景下，外国语学校肩负着各类人才早期培养的重要任务，注重文理兼备、全面发展。在认为母校对自己学术方面提供的最有益的帮助的调查中，62.3% 的校友认为是养成了好的学习习惯和掌握了好的学习方法，59.7% 的校友认为是建立了扎实的学科基础，58% 的校友认为是提供了优质的教育资源和师资力量。在认为母校对自己的职业规划有哪些影响的调

① 我校获评浙江省现代化学校 [EB/OL].(2023-03-01)[2024-06-17].http://www.chinahw.net/web/index.php/index/popshow/moid/9/tiid/17828.

查中，选择认识了自己的兴趣和潜力占74.3%，选择拓宽了专业领域和视野占70.3%。调查中发现，绝大多数外国语学校关注"外语＋"的复合型创新人才培养，尤其重视科学教育，开展STEM课程，培养学生的探索精神、创新能力、批判性思维。在办学过程中，外国语学校都能着眼国家重大战略需求，立足外国语学校自身办学特色，遵循基础教育规律和拔尖创新人才成长成才规律，厚植创新人才培养的沃土，构建创新人才培养的机制，为各类拔尖创新人才的破土而出、茁壮成长打下坚实基础。

调研中发现，杭州外国语学校积极以培养"外语＋科技"复合型人才作为目标，学校成立奥林匹克学院和科技创新学院，积极探索大中贯通式的培养机制，实行跨学科教学，采用混合式学习，重视激发学生的兴趣，取得很好的成绩，学校入选国家科技部首批人工智能试点实验学校，中国科协全国"英才计划"中学培养基地学校，是全国中小学科学教育实验校、中国优秀STEM种子学校；上海外国语大学附属中学构建了数学、物理、化学、生物和信息学五大学科特长生七年一贯的培养体系，与众多高等院校和科研院所合作共建"青少年科学家培养基地"；南京外国语学校成立了基础学科拔尖创新后备人才培育中心，打造"全学段、全系列、全时空"的基础学科荣誉课程体系，为具有创新潜质的学生的成长搭建高品质平台。

4.擦亮办学品牌，教育共富引领担当

外国语学校在做好自身发展的同时，还主动担负起社会责任，通过与地方县市进行结对帮扶，携手同行，为城乡教育均衡发展、实现教育共富贡献了力量。调研中发现南京外国语学校、深圳外国语学校、郑州外国语学校、天津外国语学校、济南外国语学校等众多外国语学校还成立了规模较大的教育集团，这些教育集团通过优化教育结构布局，扩大优质教育的辐射面，丰富资源配给，在凝聚教育集团文化共识基础上实现有机融合，在遵循高质量、实效性、特色化原则前提下充分发挥集团办学优势。集团化办学使众多外国语学校成为当地办学的新高地，也成为当地教育高质量发展和推动城乡义务教育均衡发展的新引擎。

调研中发现，石家庄外国语学校从 2014 年开始，与石家庄市 6 个山区县的 12 所中小学城乡校际结对，实施教育精准扶贫，它覆盖了 31 个乡镇 700 个行政村 37446 个家庭，取得了良好的效果，备受社会关注，多家媒体报道 195 次，并荣获国务院扶贫办颁发的 "2018 年全国脱贫攻坚奖组织创新奖"；杭州外国语学校作为省教育厅的直属学校，积极与杭州余杭区人民政府签订合作办学框架协议，与天台县探讨推进跨区域合作办学助力教育共富，与阿克苏地区第一中学、拉萨那曲第一高级中学建立教育协作发展共同体，依托浙江省中小学外语教师培训基地服务全省基础教育高质量发展，自觉扛起省属中学 "头雁" 担当。

**（二）存在问题**

*1. 特色办学整体布局不够系统*

有些外国语学校未能将特色办学纳入学校整体发展战略布局，由于缺乏整体设计，从而存在特色办学结构碎片化的现象，学校没有形成多样化、特色化的办学环境，在办学整体结构上不成体系，过于零散化。学校的特色办学最终都要体现在人才培养的特质上，问卷中发现有些外国语学校培养目标过于狭隘，重眼前轻长远，重结果轻过程，过度偏倚升学而弱化学生综合素养的提升。学校特色办学是人无我有、人有我显、人显我优、人优我强，有些外国语学校对特色办学认识不到位，为特而特，"别的学校做的我不做"；有些外国语学校培养目标指向不够清晰，对 "外语 +" 复合型人才培养缺乏顶层设计；有些外国语学校对学生培养比较重视 "西化"，家国情怀教育、传统文化素养培育被忽视；有些外国语学校课程建设不够丰富、立体，比较重视外语课程建设，而忽视理科竞赛、科技创新等课程的实施；有些外国语学校对新课标、新高考的研究和应对不够有力，导致应考的竞争力比较弱；有些外国语学校对人工智能等新技术研究不够重视，教学手段太过传统。

*2. 特色办学全球视野不够开阔*

与普通中学相比，外国语学校底色是素质教育，鲜明的个性体现在国际化和跨文化教育，是中国基础教育国际化和跨文化教育的引领者，因此外国语学校的特色办学应具备全球视野。虽然与其他非外国语学校相比，在培养学生的全球视野方面有 77% 的人认为母校更具有优势，67% 的人认为"良好的外语学习氛围与资源"是对自己成长影响最大的因素。然而通过调查发现，还有 35% 的校友在校期间没有参加过任何国际交流活动，有 34% 的校友在校期间也没有参加过学校外语节或外文节，说明部分外国语学校办学视野还不够开阔，教材中没有引入国际化的教学内容，校内没有组织好外语学科活动，也很少与其他国际学校开展合作项目或组织跨文化交流教育活动，导致师生也很少有机会接触到世界各地的语言和文化，这非常不利于提升师生的跨文化沟通能力和对多元文化的理解力，不利于扩展他们的认知边界和全球视野。调查中发现，虽然大部分外国语学校配备有外籍教师，但他们的教学内容基本上是外语口语教学，外教人数不多、学科配备不足会导致学校教育缺乏文化的多元性。

3. 特色办学发展水平不够均衡

目前，中小学校办学齐步走、同质化现象明显，普遍存在课程难、课时多、学业重、学时长，有趋向千校一面、万校同语的态势。外国语学校由于分属于不同地区，且办学类型多样，有些是外国语大学的附属中学，有些是省属中学，还有的是市属或区属中学，所以在学校招生方式、日常管理及办学资源配置等方面都存在差异。直属于当地教育局的学校，获得当地办学支持力度相对较大，而部分外国语学校与当地教育主管部门的融入还不够，办学环境相对比较封闭，在学校的教师招聘、升学规划指导、深化课程改革、教研质量提升、智慧校园建设、心理健康教育等方面还缺少当地政策保障和专业引领。在这种背景下，外国语学校的特色办学水平自然就出现了一定程度上的不均衡现象。问卷中发现有些外国语学校已经成立了规模较大的教育集团，有些学校还只是单一校区办学，办学规模也较小。上外附中开设英语、德语、法语等十个语种的外语课程，还开设"一带一路创新实验班""多语种科创人才班"，语种丰富，特色鲜明，是一所标杆学校。然而在问卷调查中发现，有 70% 的校友在母校就读期间只学习过英语，没有学过二外，这进一步说明了外国语学校之间发展的不均衡性，有些学校却把外语"特色"窄化成了"特点"，多语种课程只是象征性地开设几节选修课，甚至没有开设，其整体课程设置与普通中学差别不大，特色办学没有做到多样发展、立体发展，办学的丰富性和多样化有待加强。

4. 特色办学资源整合不够充分

在认为母校对您的职业规划有哪些影响的调查中，只有11%的人认为是促进了与企业和社会的联系，还有10.4%的人认为没有直接影响，可见部分外国语学校在办学过程中，家庭、学校、社会协同育人机制还不够健全。学校积极鼓励家长参与学校办学的意识还要进一步加强，家委会在学校办学中的定位不够清晰，家长还没有成为学校特色发展的目标共同体、价值共同体和命运共同体；学生和教师的主动性发挥还不够，学校还没有赋予师生建构学校文化的权利，更多时候把他们看作为文化的传承者，而不是把他们看作是文化的创造者和丰富者；部分学校在办学中还没有树立"社会即学校"的理念，在某种意义上还存在着学校"单打独斗"的现象，整合社会各类资源的力度还不够，特别是通过积极整合利用各种社会资源、开发开设好各级各类课程意识不够强，导致学校教育内容不够多元、立体、系统，满足不了学生的个性化学习需求；学校对真实文化情境的创设还不够重视，尚不能满足学生在真实的情境中去感受文化碰撞的需求，这不利于学生的文化包容力和国际理解力的提升。

## 四、基于调研，对外国语学校特色办学的建议

近年来，党中央和国务院发布的有关教育文件中对中小学特色化办学有多次阐述，在政策话语中，特色化办学目标从驱动"应试教育"向"素质教育"转变，到"提高质量""发展内涵"，再到"发展中国特色世界先进水平的优质教育"，目标定位越来越高，特色办学由原来的"办出特色"到"办出特色、办出水平"，再到"多样化有特色发展"，说明我国对特色办学的理解在深化，更注重质量，更强调多元。在针对您认为母校在哪些方面需要改进或加强的调查中，校友认为母校需要拓宽课程设置，增加更多与国际接轨的专业课程和研究

方向的占 51.75%；认为母校需要提高课程的实践性和针对性，增强学生的核心素养和竞争力的占 48.7%；认为母校需要加强跨学科教学，培养学生的综合实践能力和创新精神的占 46.5%；认为母校需要加强师资队伍建设，提高教师的教学水平和专业素养的占 35.6%；认为母校需要加强学生的心理健康教育和辅导，帮助学生更好地适应未来学习和生活的占 33.3%；认为母校需要进一步丰富课外活动，加强五育并举，助力学生全面发展的占 30.7%。

当今世界正在经历百年未有之大变局，外国语学校要积极响应党和国家的号召，基于调查中校友对母校发展的殷切希望，秉持外语特色办学，立足"一精多会""一专多能"的复合型预备英才培养，强化资源整合做到协同育人。探索外国语学校的特色办学对我国能办出融通中外的优质教育，培养走向世界的国际化人才方面具有重要意义，这既是对当下时代和社会发展主流对人才需求的回应，也是对未来教育发展和现代化人才培养的重要探索。

**（一）守正创新，秉持外语特色办学不偏离**

1. 提高认识，坚持外语特色

语言是大国影响力的重要支撑和国家软实力的重要标志，面对世界之变、时代之变、技术之变，大国语言战略已经成为国家战略的重要组成部分。习近平总书记指出，要提高我国参与全球治理的能力，需要一大批熟悉党和国家方针政策、了解我国国情、具有全球视野、熟练运用外语、通晓国际规则、精通国际谈判的专业人才。但外国语学校在办学上又不能仅仅局限于语言，要探索实施"外语＋"育人体系，赋能学生全面发展，要在百年未有之大变局中，用世界语言讲好中国故事。

2. 创设情境，提升教学效能

外国语学校学生仅仅靠在课堂上学习外语是远远不够的，要让学生到语言实际环境中去实践、去锻炼、去体验，通过开展与境外姊妹校互访及海外游学等项目进行大量的语言接触和使用去掌握语言，了解语言背后的文化。同时外国语学校要加强外语学习的情境建设，建设学校语言学习中心、模拟联合国专用教室等，丰富外国语学校所独有的课程。要与时俱进、开放发展，让学生有更广阔的眼界、更开阔的思路、更开放的观念，努力成长为堪当民族复兴重任、勇于创造世界奇迹的国之栋梁。

3. 接轨前沿，强化兼容并蓄

在人工智能背景下，外国语学校要兼容并蓄，积极探索语言学校的前沿研究。要在硬件上更新，建设人机对话的 AI 虚拟教室，在课堂上引入人工智能，探索人机协同教学，使学生的语言学习得到即时性的反馈，提高语言学习效能，进一步彰显外语教学的特色。外国语学校要和大学语言学院加强对接，一起做好语言学习的研究，让社会语言学、心理语言学、条件反射学说等理论在语言教学中得到很好地运用。

4. 双语并重，增强文化自信

语言不仅仅是工具，它也是思维的方式、审美的对象、文化的载体，每一种语言既是民族的，也是世界的。外国语学校要坚持英语与汉语"双语"并重，实践"英语＋小语"，尝试"多语"，同学们既要学好外语，更要学好汉语。不能学了外语，丢了汉语，建立语言学习的立交桥，要用外语讲汉语的故事，用汉语讲外语的故事。外国语学校不能培养"香蕉人"，尤其要凸显家国情怀教育，学好母语才能增强学生的文化自信。

**（二）高瞻远瞩，立足复合型预备英才培养不动摇**

在全球化进程中，中国积极发展全球伙伴关系，推动构建人类命运共同体，对综合素质高、外语能力强的高端复合型人才的需求更加迫切。外国语学校应结合自身特色和优势，围绕"外语类拔尖创新人才早期培养"和"外语复合型科创人才早期培养"，开展拔尖创新人才的多元化培养实践。外国语学校的课堂要重视对话、体验和探究性教学，组织生动活泼的活动，鼓励在跨文化对话中进行文化比较，在更深入地理解不同文化之间的联系和差异后表达自己的观点，让学生从理解习俗，到理解多元化文化，再到理解国家价值。目前，我国外国语学校办学的国际影响力还不够，在特色办学过程中要具备全球视野，切实把自己好的东西坚持好、把国外好的东西借鉴好，大力加强基础教育领域的国际交流合作，不断提升我国基础教育的影响力。

1. 提供更多发展平台，培养造就各类拔尖创新人才

我国要实现"人口红利"向"人才红利"转变，所以党的二十大做出了教育、科技、人才三位一体的重大战略部署，全面提高人才自主培养质量，着力造就拔尖创新人才，聚天下英才而用之。社会的发展对拔尖创新人才的需求也是多样化、多层次的，拔尖创新人才是多种类型创新人才的总称，包括复合型、学术型、管理型和应用型等多种类型人才，所以不能简单地就把拔尖创新人才等同于科创人才。我国既要培养科技创新方面的"卡脖子"人才，也要培养人文社会科学方面的"卡脑子"人才，还要培养精通外语、了解国际规则、能够开展国际谈判的"卡嗓子"人才。这就对培养造就高质量的"外语＋科技""外语＋外事"等复合型人才提出了更高要求。外国语学校在办学中要为学生搭建更多的平台，让学生找到自己的特长与兴趣，培养更加多元化的现代化人才。外语类拔尖创新人才培养是外国语学校独特的办学使命，外国语学校要在以英语为一外的基础上，精心研究二外语种开设，通过创建双语实验班等项目，拓宽学生的多元发展通道。同时探索以学院制的方式打破学段壁垒，建立校内校外导师制，使得有特长的学生能找到各自的赛道，发现自我、发展自我、实现自我。让学生能真正从"解题"中走出来去"解决问题"，从"学段"中走出来到"学院"中去，从"中学"中出来到"大学"中去。

2. 完善校本课程建设，强化"外、国、语"特色

课程在学校教育中处于核心地位，体现学校的办学理念，指向育人目标，是学校教育品质的集中体现。外国语学校除了要实现普通中学的课程"四化"——国家课程地方化、地方课程校本化、校本课程特色化、特色课程精品化外，还要实现国际课程本土化。学校要丰富课程体系，发展学生核心素养，实现从"知识本位"向"素养本位"的转型，适应当今课程发展的要求。外国语学校要围绕落实立德树人根本任务，坚持活动即课程的理念，丰富和完善校本课程建设，培养学生的自主意识、创造力及协作精神，注重 STEAM 课程的开发推进。通过创建一种独特的、优质的、稳定的学校文化，建立一个富有包容性的学习环境，形成良好的、民主的文化氛围，通过开发多维多向的教材，

建设立体开放的课程体系，培养学生的跨文化意识，开阔他们的全球视野，使他们更好地适应多元文化的国际社会，成为具有国际视野和文化包容力的世界公民。外国语学校的课程可以分成面向全体的、体现国家教育意志的系统化基石课程（必修模块）、面向群体的体现外国语学校外语特色的特色化发展课程（选择性必修模块）和面向个体的体现外国语学校国际化特色的国际化专修课程（选修模块），真正突出"外、国、语"特色。

**图 17　外国语学校"外国语"特色课程体系**

"外"特色，外国语学校课程要有开放办学、放眼海外的格局。学校要引进外教，接收国际生，让师生更多元。要拓宽海外研学路径，与国外优秀中学结对，迎接国外师生来校交流。同时，积极开设海外校外研学课程，强化学科实践，注重"做中学"，发挥家校社协同育人机制，整合、利用好海外校外资源，走进高校、科研院所和各国的使领馆等，积极参与各项外事活动，培养学生的全球视野和综合素养。

"国"特色，外国语学校要落实国家课程体系，夯实基础课程，同时也体现了对学生国格的培养。外国语学校教育要牢记"为党育人、为国育才"的办学宗旨，铸牢理想信念之魂，创新思政教育模式。不断丰富实践育人平台，让学生充分了解我国国情，并且逐步通晓国际规则，在中外文化交流互鉴中培养学生全球视野，厚植学生家国情怀。

"语"特色，是外国语学校课程的一个显性特质，一方面要基于国家战略的需要开足、开好多语种课程，同时基于学生多元出口的需要研究开设多语种实验班，架构高水平立体多元的学生成才通道。另一方面，通过实施"语言+"特色化的发展课程，进一步创新复合型拔尖创新人才的培养模式。

3.秉持五育并举理念，注重学生身心健康融通自信

外国语学校要秉持五育并举的理念，着力培养身心健康、阳光自信、中外融通、文理融通，能面向世界和未来、并能作出应有贡献的复合型人才。坚持把心理健康工作放在突出位置，创设和谐幸福家园促进学生心理健康。要贯彻落实"健康第一"理念，强化运动锻炼，引导学生在体育运动中享受乐趣、增强体质、健全人格、锤炼意志。要把美育融入教育教学活动各环节，强化学校美育的育人功能，潜移默化中彰显育人实效。在外语教学中要促进外语与其他学科的教学融合，提升学生学科专业外语"听说读写译看演辩"的整体能力，促进培养"中外融通"人才。以研究世界热点问题（如气候变化和碳中和）为驱动，以开展模拟联合国等社团活动为载体，有机结合国际治理、科技驱动等辨析和探究，促进"文理融通"复合型人才的培养。

4.拥抱人工智能时代，坚持数据驱动人机协同育人

飞速发展的人工智能正在对人类社会、经济、生活等各领域产生深刻影响。生成式人工智能大模型可以通过人机对话实现即时反馈，为外国语学校学生外语的高效学习提供了便利。人工智能借助巨大的技术优势进行数据驱动，能够促进学生学习的个性化，学校教学的差异化和服务的智能化，是当前外语教育领域最重要的颠覆性力量，甚至会重塑外语学习生态和外国语学校形态。外国语学校要积极思考如何热情而理性地拥抱人工智能时代，如何推动外语教育的数字化智能化进程，为外国语学校特色办学赋能，以实际行动回应新背景下"培养什么人""怎样培养人"的根本问题。

**（三）踔厉奋发，强化资源整合协同育人不停步**

1.树立系统思维，完善特色办学体系

中小学办学涉及家长和学生、教师与学生、领导与教师、学校与社会等诸

多关系，是一个比较复杂的组织体系。同时办学又是一项集管理、科学与艺术于一体的复杂活动，特色办学更是一个复杂的系统工程。而外国语学校与普通中学在特色办学有其共性，更有其特质，因此，外国语学校办学特色必须基于自身组织的使命、目标和任务，基于外国语学校系统与社会环境的互动，基于外国语学校组织相对长期的运行、发展和变革。外国语学校一定要基于特色办学体系的打造，构建学校发展的新格局，以多元文化教育理论为指导，将学校原先处于散乱状态的办学路径有机整合，重组形成一套立体式、系统化的学校特色办学体系，丰富外国语学校办学内涵，完善学校的办学格局。

2. 坚持科研创新，赋能特色办学发展

学校的特色办学校长是核心、老师是关键，老师是教育发展的第一资源。外国语学校应切实提高政治站位，以教育家精神为引领，引导全体教师准确把握学校的办学定位和办学使命。要让老师学好外语，走出去学习，特别是到国外姊妹学校和国际学习机构学习，为教师提供跨文化教育的专业发展培训机会。激励老师参与国际研讨会、学习跨文化教学策略，使他们更好地更新教育观念，理解和应用多元文化教育理念和技能，通过全力推进学术型教师队伍的建设，让教科研成为团队建设和教师发展的不竭动力。创新是学校科研永远的追求，唯有创新实践，才能为学校科研注入充足的活力，促使科研创新成为学校管理的重要支撑，从而赢得学校管理的先机。要充分发挥科研赋能提质增效作用，通过立足教育抓科研、跳出学校抓科研、放眼长远抓科研，坚持主题分享常态化、评比精准系列化、教师培养联动化、教师培训互促化、课题研究引领化、科研意识全局化，切实提高站位，彰显科研赋能提质，为学校特色办学、铸魂育人、学校战略发展提供智力支持和动力支撑。

3. 追踪校友发展，凝聚特色办学力量

校友是学校人才培养质量和办学成果的集中体现，是学校与社会沟通的桥梁纽带。一方面，学校要追踪校友的发展，多听取校友对学校建设与未来发展的建议，从而不断改进学校的办学。另一方面，校友也是学校建设发展的重要依靠力量和宝贵资源。外国语学校校友中除外交官外，还有很多企业家、工程师、大学教师，以及各行业的优秀人士，学校要探索"校友导师"制，给学生提供一些展示性的职业介绍，让他们知道不同职业的工作内容和发展方向，通过设置职业科普课程，更加多元地介绍不同的职业，可给予学生对未来更多的选择方向，助力学校做好从学业到专业再到职业的生涯规划教育。学校要加强校友会工作，能更主动引导各地校友会的建立和发展，学校的知名校友推介可以更多元化。要梳理整合毕业生资源，细化、加强校友间的联络，在校友求职及各行业交流间搭建更便捷且优质的桥梁，努力把校友会打造成一个实现学校与校友、校友与校友之间"互联、互通、共赢"的有温度、有品质的校友之家。

4.加强多元合作，整合特色办学资源

外国语学校办学要积极整合社会资源，加强"家校社"协同育人。在办学中可以充分利用家长的特长，开展"父母书院""爸妈进课堂"等选修课建设，让家长在传授学生知识的同时自身也获得成长。人才培养作为一项长期性和系统性工程，因此需要不同阶段的教育相互沟通、密切协作，形成基础教育和高等教育纵向衔接的人才培育机制。通过"英才计划""强基计划""资源共享"等方式，建立起高校与中学之间的有效衔接，发掘和培养各类创新后备人才。在基础学科人才培养方面，外国语学校既要加强与外国语院校的联系，培养外语类拔尖创新人才，又要加强与综合大学、理工类高校间的联合培养，注重研讨如何培养出各领域卓越的顶尖人才的教育机制。学校要带领学生走进科研院所实验室、职业院校实训中心、博物馆、科技馆和高新技术企业，建设线上、线下一体化的科学教育资源平台，借助专家导师和实验室，参与一些前沿的课题项目，培育学生科研志趣，锻炼跨学科思维以及团队协同合作能力。组织学生参加各国使领馆或有关高校组织的外事活动，在实战化的场景中培养外国语学校学生的跨文化理解力、沟通力、传播力，积极培养和造就"有家国情怀、有全球视野、有深厚素养"的复合型预备英才。

## 结语

特色办学是我国外国语学校核心竞争力的重要体现，也是提升外国语学校办学内涵、彰显办学优势、实现高质量发展的必由之路。60 年的外国语学校特色办学探索之路为我国深入推进普通高中育人方式改革，促进普通高中多样化有特色发展提供了良好的样板和示范。外国语学校要继续认真贯彻落实党中央、国务院关于基础教育的重大决策部署，立足教育强国基点战略定位，准确把握特色定位，推进特色强校，把外国语学校教学的独特资源变为鲜明特色，把鲜明特色化为良好品牌。在办学过程中继续秉持外语特色办学，强化资源整合，精心培育复合型预备英才，同时，充分发挥外国语学校的辐射引领，助推城乡教育均衡发展，为到 2035 年我国实现教育现代化、建成教育强国做出更大的贡献。

【作者简介】王华琪，杭州外国语学校党委书记、校长，浙大现当代文学专业硕士，浙大教育领导与管理专业博士生，浙江省语文特级教师，正教授级高级教师，浙江省人民政府督学，浙江省"双带头人"党组织书记。中国教育学会国际教育分会常务理事，华师大、杭师大硕士导师，主要研究方向为语文学科教学，现代学校的治理，中小学校长的领导力；张传鹏，杭州外国语学校教科室主任，数学教师，主要研究方向为高中数学教育、教师队伍建设、中小学教师培训等。

# 学为中心素养导向

## ——"STR"课堂教学模式研究

魏义华

## 【导言】

武汉市常青第一中学（以下简称"常青一中"）是市教育局直属高中，2020年被教育部遴选为普通高中新课程新教材实施国家级示范校。在新课程新教材实施的大背景下，常青一中积极进行课堂教学改革探索，在《学习中心教学论》理论指导下，探索形成"STR"课堂教学模式，强化教师作为教学的引导者、组织者、促进者的角色地位，突出学生能动的、独立学习的主体地位，凸显自主、合作、体验、建构的特征，形成以学习为中心的课堂，有效培养学生自主、合作学习能力以及批判性思维、创新思维，为学生终身学习和长远发展奠定坚实基础。

## 一、课堂教学改革的背景

### （一）政策有要求

2019年6月国务院办公厅《关于新时代推进普通高中育人方式改革的指导意见》中指出：按照教学计划循序渐进开展教学，提高课堂教学效率，培养学生学习能力，促进学生系统掌握各学科基础知识、基本技能、基本方法，培养适应终身发展和社会发展需要的正确价值观念、必备品格和关键能力。积极探索基于情境、问题导向的互动式、启发式、探究式、体验式等课堂教学。

2020年10月中共中央、国务院印发《深化新时代教育评价改革总体方案》第20条深化考试招生制度改革中指出：稳步推进中高考改革，构建引导学生德智体美劳全面发展的考试内容体系，改变相对固化的试题形式，增强试题开放性，减少死记硬背和"机械刷题"现象。

**（二）社会有期待**

"为什么我们的学校总是培养不出杰出的人才？"，我们都知道钱学森之问，那么问题症结究竟在哪里？我国学生从幼儿园到大学所接受的教育方式，都是以讲授式的课堂为主，学生从小到大在课堂上都是老师讲学生听，老师给出问题答案。当学生遇到问题的时候，不是想自己怎么去解决问题，而是想老师在课堂上给出的有哪些答案。长期如此，逐步固化了思维模式，从而只有孱弱的创新能力。

**（三）学校有需要**

1. 学生学习效率不高

教师主要是以"讲授中心教学"的方式进行教学。教师讲、学生听，教师"一言堂""满堂灌"；老师从头讲到尾，课堂氛围沉闷。教师在课堂上往往只关注教师的教，很少关注学生的学，教学存在较为严重的应试主义倾向。教师过度重视知识的传授的问题，一定程度上忽视了支撑学生终身发展、适应时代要求的关键能力的培养，致使学生出现了学习动机不足，学习方式被动、单一，学习效率不高等问题。

2. 学生学习习惯与方法有待改进

一是学生的学习习惯有待改变，一直以来的被动式、应试化学习，学生形成了被动学习、完成任务式学习的习惯，学习没有深度；二是学习能力不足，长期以来的填鸭式教学、被试学习，影响学生主动规划、深入思考、自我调控的学习能力，对具体问题的分析和解决能力不足。

### 3.学校教学质量有待提升

学校虽然已经被评为省级示范高中，但是与老牌省级示范高中相比，作为伴随着武汉市快速城市化进程成长起来的一所新学校，生源质量有待提升。

## 二、课堂教学改革的方向和历程

### （一）改革的方向

通过上述对学生存在问题的分析，为了改变现有的学生状况，我们认为必须从以下两个方面入手：一是培养学生的良好习惯，二是提高学生的学习能力。

### （二）改革的决心

改革的决心来自三个方面：

一是朴素的思想认识：从培养学生习惯和能力入手，在培养学生学习习惯和提升学生学习能力的基础上提升教学质量，为学生的终生学习和长远发展奠定基础。

二是不怕失败的决心：基于学生的学习基础，和更高水平的竞争，只凭勤奋努力去超越对手很难，必须在教育教学上改革创新，实现主动学习、深度学习、更有效地学习，只有这样才有成功的可能。

三是教育工作者的情怀：学校要真正地为国家培养人才，为中华民族的复兴培养有创新意识、研究能力的栋梁之材！这是我们教育工作者的职责，更是我们必须担当的重任！

### （三）改革的历程

摒弃"讲授中心教学"课堂，建设"学习中心教学"课堂，即建设"STR"课堂教学模式共经历了三个改革阶段：

第一个阶段：学习探索起步。

本阶段主要是搭建"STR"教学模式的基本环节框架，教师能够运用模式按照基本环节进行教学，这一阶段课堂教学的重点之一是引导学生进行课前的自主学习，培养学生的自主学习能力，重点之二引导学生合作学习并学会表达和展示，课堂上以学生的展示作为核心，通过学生展示，培养学生的合作学习、理解表达等各种能力和素质。

在这一阶段，各科教师机械执行统一的"STR"教学模式，学科特色没能体现，另外，课堂教学内容没有进行精准筛选，学生展示交流内容成流水线作业，课堂教学有效性欠缺，学生学习批判性不足，学生学习的能动性不足、学习深度不够。

怎样让教师在各科课堂教学中具有学科特色？那就是要让各学科探索形成具备学科特色的"STR"教学模式，让学科教师上课有依靠和抓手。如何让课堂教学更有针对性？如何让学生学习更具能动性？借助于智慧作业本和信息中心提供的大数据，精准筛选学生暴露的问题，以学生的问题为导向教学，引导学生课堂上的质疑与评价，促进批判性深度学习。改革进入第二阶段。

第二个阶段：实践运用提升。

本阶段，各学科探索形成具有学科特色的"STR"课堂教学模式（如下表1），学校成立了数据中心，使用智能作业本，通过扫描，应用电脑和手机线上批阅作业，利用数据处理技术能更精准地把脉学生的问题，课堂教学内容更精准，学生解决自己存在的问题，主动性更强。

### 表1："STR"课堂教学模式表

| 学科 | 学科教学模式 |
|------|------|
| 语文 | 基于"STR"构架下的语文"三为主"课堂教学模式 |
| 数学 | "三问、三步、三提炼"数学STR课堂模式 |
| 英语 | STR"两线三段五环"英语课教学基本模式 |
| 物理 | 物理"STR"课堂教学模式——三步、四核、三呼应 |
| 化学 | 基于真实化学情境的问题解决式教学 |
| 生物 | 生物"STR"课堂教学模式："三步五核、问题驱动" |

续表

| 学科 | 学科教学模式 |
|------|------------|
| 政治 | "四定，三环节，六步走，一目标"政治 STR 课堂模式 |
| 历史 | 历史学科"四步学习法"STR 教学模式 |
| 地理 | 图文导学——地理"STR"课堂教学模式 |

**图 1　智能作业本**

这一阶段，具有学科特色"STR"课堂教学模式日臻完善，通过教学模式的运用，课堂呈现多彩缤纷的特色；"智能作业本"（图1）的推出，减少了线下批阅的工作量，教师的精力集中于为学生问题设计更为精准的教学内容和教学活动，从一定程度上体现了学生问题导向的学习中心原则，课堂学习更具针对性，学生学习更为主动和积极。但是，学生的学习深度还不够，思维的批判性不足，团队合作能力需要进一步提升。带着这些问题，课堂教学改革进入了第三个阶段

第三个阶段：理论指导创新。

在华中师范大学二级教师陈佑清教授团队的专业指导下，我们系统地学习

了《学习中心教学论》，理解到"学习中心教学"，也可称为"学习中心课堂"，是指以学生独立（自主）、能动的学习作为整个课堂教学过程的中心（本体、目的）的教学。学生的问题为导向和以学生的学习活动为本体的思想指明了课堂教学改革的新方向，激发了"STR"课堂教学模式的第三次创新。

重新思考课堂教学中教师、学生角色和作用：把学生能动、独立地学习作为课堂的本体和目的，能个体自学完成的，就不必通过小组合作；能小组合作解决的，就不必进行全班展示，把握好"个体自学、小组互学、全班共学"的内容和时机；教师的角色主要是学生学习的引导者和促进者，而不是讲授者（知识或信息的提供者），教师在课堂中"讲"的技巧教师不是"不讲"，而是讲究"讲"的时机和内容。

重新思考课堂教学的内容和环节：课堂做什么？课堂是解决问题的。问题从哪里来？一是根据教师的教学经验，二是通过批阅学生导学案收集学生的问题，三是学生自学后自主产生问题。问题如何解决？一是通过学生自主学习解决一部分较简单的个性化问题，二是通过小组合作学习解决稍微复杂一点的小众问题，三是通过全班共学解决重难点的共性问题。

基于上述思考，学校在"STR"课堂教学模式基本模式上提出"三个增加"：一是增加小组合作的次数和时间（教师根据课堂中的问题进行安排），二是增加小组内及小组间需要解决的问题，三是增加教师巡查的时间和及时发现学生生成的问题。

将"STR"课堂教学模式各环节进行具体修改和细化后，设计了"STR"课堂教学模式教学流程图，详见图2。

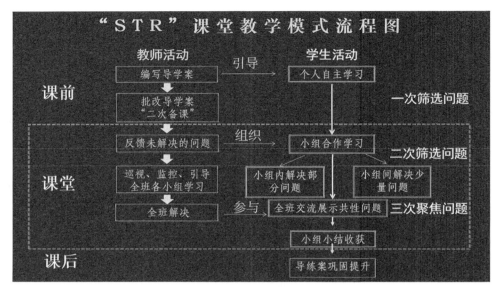

图 2 "STR"课堂教学模式流程图

第三个阶段的课堂教学改革，突出体现了学习中心思想，以学生问题为导向、以学生活动为本体，课堂上教师引导组织学生积极参与到解决自己的问题的学习活动中去，有了教师的引导、组织、参与和促进，学生在自主学习中能动的内化和建构，在小组学习和全班共学中质疑和评价，培养了批判性思维和创新思维，学生全身心参与活动，学习更有深度，全员参与合作、讨论、质疑和评价，促进更高阶的思维发展，创新能力、学习能力得到更有效的提升。

## 三、课堂教学改革的内容——"STR"课堂教学模式

### （一）"STR"的含义

"STR"课堂教学模式中的 S 和 T 分别代表学生（student）和教师（teacher）两大课堂主体，R 既表示课堂的研究（research）特色，也表示我校数据中心为课堂教学提供的资源（resource）支撑。"STR"课堂教学模式旨在强化教师作为教学的组织者、引导者、合作者的角色地位，突出学生的主体地位，凸显自

主、体验、感悟、建构的特征，形成以学习为中心的课堂，主要目标是培养学生自主学习的意识和能力以及良好的团队精神，为学生终身学习和长远发展奠定坚实基础。

## （二）"STR"课堂教学模式的基本环节

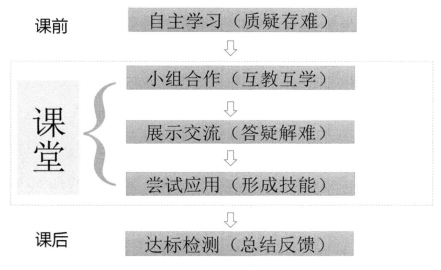

**图3 "STR"课堂教学模式的基本环节**

1.课前环节：自主学习

教师提前1—2天发放编制好的导学（练）案，提出具体的自学要求。学生依照导学案认真自学，在解决导学（练）案中的基础部分之上，对于有一定难度、个人自学无法解决的问题，或在自学过程中发现和提出的新问题做好标记，以便在下一个环节中解决。

2.课堂教学环节

第一环节：小组合作（互教互学）（10分钟）

教师根据二次备课，组织学生以小组为单位，交流讨论，解决个人自学中存在的问题。暴露出学生个人学和小组学都不能解决的共性问题。

第二环节：交流展示（答疑解难）（18分钟）

教师引导学生上台展示，在教师的帮助下，集中精力解决有共性的难题，生成具有迁移功能的认知模型。

第三环节：尝试应用（形成技能）（7分钟）

进行迁移应用，巩固模型，达到提质增效的目的。

3. 课后环节：达标检测

学生通过个人自主学、小组合作学、全班共同学的过程后，以初步习得的知识、形成的技能和养成的素养为条件，独立完成导练案，教师全部批改。普遍性的问题，以学习小组为单位，学生经过准备后，在习题课上讲评，进行教学模式的"二阶循环"。

### （三）"STR"课堂教学模式实施的配套措施

1. 构建"6+1+1"课程体系

"6+1+1"课程体系："6"是国家核心课程；第一个"1"为学科拓展课程；第二个"1"为自主学习课程。该课程体系为"STR"课堂教学模式的改革打下基础。

2. 组建"学习小组"

学校由政教处总负责，指导班主任统一推进学习小组的组建、培训、微调、表彰等工作。学习小组组建时，尊重学生意愿；每个小组4—6人；组内异质，组间同质；以小组为单位表彰。

3. 编写导学（练）案

编写导学（练）案是推行"STR"课堂教学模式下教师备课的主要任务，教师在普通高中课程标准的指导下，根据学校生源实际，二次开发教材，利用优质的数字化资源，编写导学（练）案。导学（练）案实现了诸多教学资源的校本化，提高对学生学习指导的针对性和有效性。

为保证导学（练）案编写工作落实到位，学校主要采取了以下措施：

确定了"提前分工、轮流准备、集体研讨、调整优化"的校本导（学）练案开发的基本流程。修订了现行的教学工作绩效考核实施方案，由原来的针对教师个体进行评价调整为以备课组为单位进行等级评价，在对备课组评价的基础上开展教师个人评价，引导教师在教学工作中注重发挥个人聪明才智和集体智慧，实现共同提高。严令禁止高一高二年级学生使用任何复习资料。自推行"STR"课堂教学模式以来，我们在实践过程中遵循"课时化、研究化、方法化、层次化"的四化原则共编写了覆盖9个学科900余份导学（练）案，教师编写的导学（练）案取代了原有的教辅资料，实现了教学资源的校本化，提高了教学的针对性和有效性。

4. 教师进行二次备课

教师对学生的导学案进行批改后，根据情况反馈进行二次备课。所谓二次备课，就是教师对学生完成的导学案中出现的问题以及学生在自学中提出的问题进行整合，进而提出新的问题，对教学从目标、重难点、方法、练习等方面进行二次设计。它的最大作用是有利于增强教学的针对性，真正做到因材施教，让教学建立在更高的起点上，最大限度地提高教学效率。二次备课在"STR"背景下具有个性化特点，因为它基于本班的整体学情。

那么，如何进行二次备课呢？总体要求就是以解决学生的问题为核心，确定教学思路，优化教学结构、方法和手段。设计更加科学合理，针对性强的教学活动，减少浅层、低效的教学行为，为提高课堂教学效率打下基础。

具体做法是："整、增、改、删、调"。"整"，即梳理导学案中存在的问题以及学生提出的问题，然后进行整合，设计出新的问题，使教学得到整体优化；"增"，即依据导学案中出现的问题增加必要的教学内容，采取更有针对性的教学方法；"改"，即根据实际情况修改导学案中不适应本班学情的教法和学法；"删"，即删除学生已知的内容及不必要的教学环节；"调"，即根据需要调整教学目标、重难点和教学内容的呈现形式。

二次备课主要内容包括：

\* 本节课的目标和任务

①本节课要解决的问题

\* 教学过程与方法

②预设学生展示内容、展示形式、由什么类型的学生展示的安排

③预设教师点评和点拨引导

④多媒体的使用安排

\* 小结与达标检测

\* 课后心得与反思

通过二次备课，设计出了更加科学合理，针对性强的教学活动。课堂教学减少了浅层的、低效的教学行为，为提高课堂教学的效率打下基础。

5. 实行听评课制度

听评课由学校教务处负责组织，以教研组为单位，每周二上午第三节课，由一名教师上公开课，第四节课以教研组（备课组）为单位进行评课。

**武汉市常青第一中学**
**"STR"课堂教学模式课堂评价表**

| 课题 | | | | 日期 | 年 月 日 | | | |
|---|---|---|---|---|---|---|---|---|
| 教师 | | 班级 | 学科 | 赋分 | 评分等级分数 | | | 得分 |
| | | | | | 优 | 良 | 一般 | |
| （一）小组合作 40分 | 教师教学行为 | 1. 能创设学习情境新颖，激发学生求知、探索、发现的欲望和活力，培育民主、和谐、安全的学习环境。 | | 6 | 6-5 | 4-3 | 2-1 | |
| | | 2. 能筛选问题，并整合出典型的问题，问题有启发性。 | | 6 | 6-5 | 4-3 | 2-1 | |
| | | 3. 知识目标、能力目标、素养目标均明确、具体。 | | 6 | 6-5 | 4-3 | 2-1 | |
| | 学生学习状态 | 组内合作 | 1. 学生积极参与小组内活动，如讨论、互帮互学。 2. 组内合作时，成员有明确的任务，并能认真完成。 3. 小组合作氛围愉快，合作效果好。 | 8 | 8-6 | 5-3 | 2-1 | |
| | | 组间合作 | 1. 组间交互充分，规范有序。 2. 小组间能积极讨论分享，善于交流、倾听。 3. 小组能切实解决问题，帮扶效果好。 | 8 | 8-6 | 5-3 | 2-1 | |
| | | 全班合作 | 1. 各小组群策群力，准备展示内容。 2. 小组任务分配合理，能确定展示和点评主讲人。 | 6 | 6-5 | 4-3 | 2-1 | |
| （二）展示交流 40分 | 教师教学行为 | 1. 善于鼓励引导学生展示，组织讨论、探究有实效性。 | | 4 | 4-3 | 2 | 1 | |
| | | 2. 善于引发学生的认知冲突，点燃学生思维的火花，激起相互间的质疑对抗。 | | 4 | 4-3 | 2 | 1 | |
| | | 3. 能机智驾取课堂，灵活处理预设与生成的关系。 | | 4 | 4-3 | 2 | 1 | |
| | | 4. 讲解精练，点拨到位，总结规律，给出方法。 | | 4 | 4-3 | 2 | 1 | |
| | | 5. 评价简洁精辟，能有效调动学生的积极性和聪明才智。 | | 4 | 4-3 | 2 | 1 | |
| | 学生学习状态 | 1. 整个学习过程注意力集中，能积极思考，认真倾听。 | | 4 | 4-3 | 2 | 1 | |
| | | 2. 展示充分，台风自信，站姿端庄自然。声音洪亮，语言组织简洁、板书规范、整洁。能脱稿或半脱稿。 | | 4 | 4-3 | 2 | 1 | |
| | | 3. 合作探究的氛围融洽，探究有效。学生能认真倾听，相互鼓励帮助，敢于上台展示。 | | 4 | 4-3 | 2 | 1 | |
| | | 4. 学生点评能把握分寸，抓住要害。 | | 4 | 4-3 | 2 | 1 | |
| | | 5. 敢于质疑，回答具有创造性，能主动提出新问题。 | | 4 | 4-3 | 2 | 1 | |
| （三）尝试应用 20分 | 教师教学行为 | 1. 能准确了解学生当堂学情，小结梳理总评全面有效。 | | 4 | 4-3 | 2 | 1 | |
| | | 2. 尝试应用的试题设计合理。 | | 3 | 3 | 2 | 1 | |
| | | 3. 在课堂40分钟完成教学，未拖堂。 | | 3 | 3 | 2 | 1 | |
| | 学生学习状态 | 1. 能运用所学知识，自主地、创造性地解决问题。各层次学生均有收获，知识、能力、情感态度价值观均得到发展。 | | 4 | 4-3 | 2 | 1 | |
| | | 2. 能概述总结本节课知识，明确知识结构。 | | 3 | 3 | 2 | 1 | |
| | | 3. 能与老师互动配合，公正地完成一节课的总评。 | | 3 | 3 | 2 | 1 | |
| 课堂亮点 | | | | 总分 | 100 | 总得分 | | |

**图4 "STR"课堂教学模式的课堂评价标准**

研究性学习集体备课展示活动评价表

| 课题 | | 备课组 | | 授课人 | | 日期 | |
|---|---|---|---|---|---|---|---|
| 评分要点 | 1、主备人说课质量。 | | | | | 分数 | |
| | 2、其他教师提出补充、完善、修订意见，讨论的气氛，讨论是否有质量。 | | | | | | |
| | 3、备课组长的组织和总结。 | | | | | | |
| 赋分环节 | （10分）1、说本节课的核心素养、重点内容、对知识及能力要求，对教材整合的设想和课堂整体设计思路； | | | | | | |
| | （10分）2、说导学案的编写细节，自主学习的任务安排； | | | | | | |
| | （15分）3、说展示什么、展示形式、由什么类型的学生展示； | | | | | | |
| | （10分）4、说课堂讨论、课堂展示活动的组织； | | | | | | |
| | （15分）5、说教师点评和点拨引导的重点难点； | | | | | | |
| | （10分）6、预测学生质疑的问题、新生成问题及点拨讨论策略； | | | | | | |
| | （10分）7、说当堂检测反馈的要点，或补偿训练的内容； | | | | | | |
| | （10分）8、说合理使用多媒体，如教育云平台、展示台、Word、ppt、数字化实验； | | | | | | |
| | （10分）9、备课组长的组织和总结。 | | | | | | |
| 亮点点评 | | | | 评价人 | | 总分 | |

集体备课活动注意事项

一、教研组长职责

1.提前1天通知授课教师做好上课和说课的准备；

2.将集备活动时要讨论的内容列成清单，做到任务明确、思路清晰；

3.组织听课、评课活动。

二、教师说课的内容

1.本节课的核心素养、重点内容、对知识及能力的要求，对教材整合的设想，课堂整体设计思路；

2.自主学习的任务是如何安排的、导学案的编写环节；

3.确定学生展示什么、怎样展示、什么类型的学生展示？

4.对课堂讨论、课堂演示活动的组织情况；

5.如何进行点评和点拨？

6.预测学生质疑的问题、新生问题及点拨讨论策略；

7.当堂检测反馈的要点，补偿训练安排的内容；

8.信息技术使用的情况。

**图5　听评课活动的评价标准**

# 四、课堂教学改革取得的成效

## （一）教师教学观念和教学行为发生巨大变化

在传统的高中课堂教学中，教师主要通过讲授来传递知识。讲授这一教学行为占了课堂教学的相当大的比例。教师善于讲，喜欢讲。推进"STR"教学模式的过程之初，最难转变就是教师的观念和行为习惯。新的教学模式要大幅度地减少教师的讲授，教师总是心里不踏实：我讲少了，学生能学好吗？

通过课堂教学改革后，教师认识到：好多内容，我讲少了，学生自学也可以学会；学生能讲出来，讲得对，那是真的学会了！

### （二）学生的学习方式发生深刻变化

通过近三年来的教学实践，学生的学习发生了两个主要变化，一是学生学习变主动了，从"要我学"到"我要学"的转变，并且知道了如何去学。课前，学生自主完成导学案，勾画出疑难问题；课前、课中通过小组合作，讨论交流，解决部分问题；课中，在教师的组织下，全班展示交流，共同解决典型的、难度大的问题。课后，再经过导练案的巩固提高，完成课时学习。二是学习具有批判性更有深度。从初期在课堂上表现不愿、不敢、不能相互讨论、交流，逐渐转变为外向、大胆、能够主动表达观点，如果对同学的展示有瑕疵，马上有学生主动举手质疑，甚至经常有性急的同学直接冲上讲台，在电子白板上写出自己的观点。同学们的学习更有深度，质疑能力、创新意识、批判性思维得到极大提升。

### （三）学校教学质量显著提高

近三年来，学校的生源质量基本不变，但在各种考试中的成绩稳步提升。在组建的"常青联盟"教学联合体中，我校高一、高二年级在联合体组织的期中、期末考试中，总分一本率由刚组建时的最后一名上升为现在的第一名，单学科统计指标基本上也是第一的位次。

2022年高考，我校274人参加文化考试，600分上线7人，特殊本科上线人数跃升至136人，比率达50%。比改革前（2019年）净增102人。此届学生2019年进入高中，是第一个完整的开展三年"STR"教学的年级，经过三年的"STR"教学培养，学生的能力发生了翻天覆地的变化，带来的是教学质量的大幅提升。

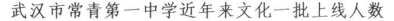

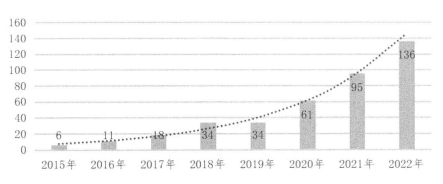

**图6　2015—2022年文化一批上线人数变化情况**

**（四）课堂教学改革获得多个奖项**

在《国务院办公厅关于新时代推进普通高中育人方式改革的指导意见》指引下，武汉市常青第一中学通过近三年的实践探索，构建了信息化背景下，以学习为中心的自主、合作、探究的"STR"课堂教学模式。2020年5月，湖北省仅有3所学校（另两所是华中师范大学第一附属中学、武汉市第二中学、武汉市常青第一中学）被教育部遴选为首批"普通高中新课程新教材实施国家级示范校"，这是对学校课堂教学改革的极大肯定。"学位中心　素养导向"的"STR"课堂教学改革成果陆续被评为"武汉市第二届基础教育教学成果奖"的一等奖，湖北省第二届基础教育教学成果奖的二等奖，国家第基础教育教学成果奖的二等奖。

**（五）课堂教学改革成果在兄弟学校交流和推广应用**

黄冈市浠水县团陂中学等兄弟学校了解到我校"STR"教学改革所取得的成绩后，纷纷组织教师到我校进行交流学习。学校已经与黄冈市浠水县团陂中学、山西省中阳县第一中、山西吕梁市第二中学、河北省永乐第二中学建立了定向合作关系，我校定期派教师到这些学校送教，指导该校教师应用"STR"教学模式，改进教学方式，提升教育质量。

### （六）改革成效赢得社会广泛赞誉

三年前，学校全面推行教学模式改革时，不仅感受到部分年长教师的不理解，更是面对了部分家长的强大压力：老师不讲了，学生能讲好？老师讲得少，学生能学会？

通过三年的实践，尤其是 2019 年入学，如今已经是高三毕业年级学生的家长在日常的陪伴中，一点一滴地见证了学生的成长和变化。家长很少看到课堂的情景，但是学生回家会经常主动和家长分享。学生从初期在课堂上表现得内向、胆小、害羞，不敢登上讲台面对大家展示，也不会表达、板书，逐渐转变为外向、大胆、大方、开朗，敢于主动表达观点。孩子们在老师的指导下，学习变得更加自律和主动，以前沉闷的课堂变得"五彩缤纷"。老师提出问题后，课堂上经常出现众多学生踊跃举手，要求上讲台展示的情况。通过多次调研家长，学校了解了家长对教学改革的态度。家长感受到了孩子性格变得更加外向开朗，孩子的学习变得更加自律和主动。家长们的态度也从反对、不解、疑惑，逐渐变成将信将疑、观望，最后变成信服、信任和支持。

## 五、课堂教学改革的体会

### （一）只要方向正确就必须坚持

在课堂教学改革实践中发现，"STR"教学模式与国内国际的教育教学所倡导的教育教学方式是一脉相承的，都强调和重视学习过程中的主动学习，在学习活动中进行批判性思维，能动地内化和建构知识体系和方法体系，提升学习能力和核心素养，比如学习金字塔理论、"BOPPPS"教学模型等。

其中，学习金字塔是美国缅因州的国家训练实验室研究成果，它用数字形式形象显示了：采用不同的学习方式，学习者在两周以后还能记住内容（平均学习保持率）的多少。它是一种现代学习方式的理论。最早它是由美国学者、著名的学习专家爱德加·戴尔 1946 年首先发现并提出的。

"BOPPPS"教学模型的理论依据是认知理论和建构主义，如何使学生在课堂上最大限度地掌握知识是其关注的重点，因此教学互动和反馈是其突出的特点。BOPPPS教学模型有六大要素，它们是 Bridge（引入）、Objective（学习目标）、Pre-assessment（课前摸底）、Participatory Learning（参与式学习）、Post-assessment（课后测验）、Summary（总结）。

**（二）校长要有坚强的意志**

在目前中小学课堂教学依然以讲授式为主的大背景下，教师、学生、家长和社会大众对学校的"STR"课堂教学改革是不理解、不信任，甚至是抵制，特别是课堂教学改革影响到或可能影响到孩子的考试成绩，即使是短期阶段性的影响，也会带来非议和批评。因此，要想课堂教学改革能持续进行，校长要有坚强的意志，要能承受得起三个方面的压力，一是要承受得起家长及社会的质疑和指责；二是要承受得起教师的不理解、消极和改革中的反复；三是要承受得起短时间内学生成绩滑坡。

**（三）干部要有不折不扣的执行力**

课堂教学改革带来的失败的奉献以及社会对改革的不信任，导致不是所有的教师都愿意并能够进行课堂教学改革，因此，需要学校的领导干部先统一思想，不折不扣地执行相关的改革方案和政策，并以身作则、率先垂范，以此带动各班级班主任、各学科教研组积极投身到课堂教学改革中去。

实施课堂教学改革，教师在教学上的观念和行为转变是比较困难的，有一个反复的过程，要改变教师的教学惰性，除了说服教育，榜样带动，团队建设，还需要干部采取行政的手段强势推进，比如"巡课—谈话—警示—停课"制度（干部巡课，发现不能按照"STR"教学模式上课的教师，第一次与其沟通交流，第二次予以警示，第三次还不能达标者停课）。

**（四）全校一盘棋整体推进。**

课堂教学改革推进过程中，为避免出现"有的人干、有的人看"的情况，必须坚持全员全科同步推进，形成氛围，减少攀比，培植教改文化。首先，领导干部齐上阵，参与到课堂教学改革的每一个环节中去，比如听评课制度，领导干部蹲点承包学科组，促进每个学科组的课堂教学改革；其次，在教务处的领导下，要求学科组探索形成具有学科组特色的课堂教学模式和特色，各个学科组整体推进；再者，在政教处的领导下，每个班级形成班级的学习小组建设、培训、表彰等班级管理特色；最后，高一、二、三所有年级所有班级全部使用的"STR"教学模式上课，没有特例。

课堂教学改革的整体推进，对于教学改革中的一些琐碎或繁重的工作（如导学案的编写，一些可以共享的教学资源的搜集与开发等），通过分工合作的方式，可以减少教师的工作量，以便教师集中时间和精力进行创造性工作，另外，当学校建立整体推进的相应制度时，全校形成课堂教学改革的文化和氛围，教师、学生参与教学改革的积极性就容易调动起来。

自上而下的强力推进，不打折扣的执行力，根本性地改变了传统教学的课堂模式。

【作者简介】魏义华，武汉市教育学会副会长兼秘书长，正高级教师，原武汉市常青第一中学校长、书记，主要研究方向为学习中心教学课堂研究（STR课堂教学研究）。